THE ESSENTIALS OF
STATISTICS
A TOOL FOR SOCIAL RESEARCH 4e

第四版

Joseph F. Healey —— 著

巫麗雪、翁志遠、張明宜 —— 譯

你一定要會的研究工具

社會統計

 Cengage

Australia • Brazil • Canada • Mexico • Singapore • United Kingdom • United States

你一定要會的研究工具：社會統計 / Joseph F. Healey著；
巫麗雪，翁志遠，張明宜譯.-- 初版.-- 臺北市：新加
坡商聖智學習亞洲私人有限公司臺灣分公司, 2023.09
　　面；公分
　　譯自：The Essentials of Statistics : A Tool for Social
Research, 4th ed.
　　ISBN 978-626-97379-4-9(平裝)

　　1.CST: 社會統計

540.14　　　　　　　　　　　　　　112012850

你一定要會的研究工具：社會統計

1 2 3 4 5 6 7 8 9 2 0 2 3

出 版 商　新加坡商聖智學習亞洲私人有限公司台灣分公司
　　　　　104415 臺北市中山區中山北路二段 129 號 3 樓之 1
　　　　　https://www.cengageasia.com
　　　　　電話：(02) 2581-6588　　傳眞：(02) 2581-9118
原　　著　Joseph F. Healey
譯　　者　巫麗雪・翁志遠・張明宜
發 行 人　楊曉華
編　　輯　邱仕弘
封面設計　黃士豪
內文排版　弘道實業有限公司
總 經 銷　巨流圖書股份有限公司
　　　　　802019 高雄市苓雅區五福一路 57 號 2 樓之 2
　　　　　電話：(07) 2265267
　　　　　傳眞：(07) 2233073
　　　　　購書專線：(07) 2265267 轉 236
　　　　　E-mail:order@liwen.com.tw
　　　　　LINE ID：@sxs1780d
　　　　　線上購書：https://www.chuliu.com.tw/
　　　　　臺北分公司：100003 臺北市中正區重慶南路一段 57 號 10 樓之 12
　　　　　電話：(02) 29222396
　　　　　傳眞：(02) 29220464
　　　　　法律顧問：林廷隆律師
　　　　　電話：(02) 29658212
定　　價　750元
出版日期　2023 年 09 月　初版一刷（原文四版）

ISBN 978-626-97379-4-9

(23CRM0)

常用公式

第 2 章

比例

$$p = \frac{f}{N}$$

百分比

$$\% = \left(\frac{f}{N}\right) \times 100$$

第 3 章

平均數

$$\overline{X} = \frac{\Sigma(X_i)}{N}$$

第 4 章

標準差

$$s = \sqrt{\frac{\Sigma(X_i - \overline{X})^2}{N}}$$

第 5 章

Z 分數

$$Z_i = \frac{X_i - \overline{X}}{s}$$

第 6 章

樣本平均數的信賴區間

$$c.i. = \overline{X} \pm Z\left(\frac{s}{\sqrt{N-1}}\right)$$

樣本比例的信賴區間

$$c.i. = P_s \pm Z\sqrt{\frac{P_u(1 - P_u)}{N}}$$

第 7 章

平均數

$$Z(\text{obtained}) = \frac{\overline{X} - \mu}{s/\sqrt{N-1}}$$

比例

$$Z(\text{obtained}) = \frac{P_s - P_u}{\sqrt{P_u(1 - P_u)/N}}$$

第 8 章

平均數

$$Z(\text{obtained}) = \frac{(\overline{X}_1 - \overline{X}_2)}{\sigma_{\overline{x} - \overline{x}}}$$

樣本平均數之抽樣分布的標準差

$$\sigma_{\overline{X} - \overline{X}} = \sqrt{\frac{s_1^2}{N_1 - 1} + \frac{s_2^2}{N_2 - 1}}$$

母體比例的合併估計

$$P_u = \frac{N_1 P_{s1} + N_2 P_{s2}}{N_1 + N_2}$$

樣本比例之抽樣分布的標準差

$$\sigma_{p - p} = \sqrt{P_u(1 - P_u)}\sqrt{(N_1 + N_2)/N_1 N_2}$$

比例

$$Z(\text{obtained}) = \frac{(P_{s1} - P_{s2})}{\sigma_{p - p}}$$

第 9 章

總平方和

$$SST = \Sigma X^2 - N\overline{X}^2$$

組間平方和

$$SSB = \Sigma N_k(\overline{X}_k - \overline{X})^2$$

組內平方和

$$SSW = SST - SSB$$

組內自由度

$$SSW: \quad dfw = N - k$$

組間自由度

$$SSB: \quad dfb = k - 1$$

組內均方

$$MSW = \frac{SSW}{dfw}$$

組間均方

$$MSB = \frac{SSB}{dfb}$$

F 比值

$$F = \frac{MSB}{MSW}$$

第 10 章

卡方

$$\chi^2(\text{obtained}) = \sum \frac{(f_o - f_e)^2}{f_e}$$

第 11 章

Phi

$$\text{Phi } \phi = \sqrt{\frac{\chi^2}{N}}$$

Cramer's V

$$V = \sqrt{\frac{\chi^2}{(N)(\text{Minimum of } r - 1, c - 1)}}$$

Lambda

$$\lambda = \frac{E_1 - E_2}{E_1}$$

Gamma

$$G = \frac{N_s - N_d}{N_s + N_d}$$

Spearman's rho

$$r_s = 1 - \frac{6\Sigma D^2}{N(N^2 - 1)}$$

第 12 章

最小平方法迴歸線

$$Y = a + bX$$

斜率

$$b = \frac{\Sigma(X - \overline{X})(Y - \overline{Y})}{\Sigma(X - \overline{X})^2}$$

Y 截距

$$a = \overline{Y} - b\overline{X}$$

Pearson's r

$$r = \frac{\Sigma(X - \overline{X})(Y - \overline{Y})}{\sqrt{[\Sigma(X - \overline{X})^2][\Sigma(Y - \overline{Y})^2]}}$$

第 13 章

淨相關係數

$$r_{yx.z} = \frac{r_{yx} - (r_{yz})(r_{xz})}{\sqrt{1 - r_{yz}^2}\sqrt{1 - r_{xz}^2}}$$

最小平方法多元迴歸線

$$Y = a + b_1X_1 + b_2X_2$$

X_1 的淨斜率

$$b_1 = \left(\frac{s_y}{s_1}\right)\left(\frac{r_{y1} - r_{y2}r_{12}}{1 - r_{12}^2}\right)$$

X_2 的淨斜率

$$b_2 = \left(\frac{s_y}{s_2}\right)\left(\frac{r_{y2} - r_{y1}r_{12}}{1 - r_{12}^2}\right)$$

Y 截距

$$a = \overline{Y} - b_1\overline{X}_1 - b_2\overline{X}_2$$

X_1 標準化迴歸係數（Beta-weight for X_1）

$$b_1^* = b_1\left(\frac{s_1}{s_y}\right)$$

X_2 標準化迴歸係數（Beta-weight for X_2）

$$b_2^* = b_2\left(\frac{s_2}{s_y}\right)$$

標準化的最小平方法迴歸線

$$Z_y = b_1^*Z_1 + b_2^*Z_2$$

多元決定係數

$$R^2 = r_{y1}^2 + r_{y2.1}^2(1 - r_{y1}^2)$$

目 錄

簡目

目錄

詳目

第 3 章　集中趨勢量數　　　　　　　　　　　　　　71

前言

統計是社會學與其他社會科學（包含政治學、社會工作、公共行政、刑事司法、都市研究、與老年學）日常語言的一部分。這些學科以研究為基礎，經常使用統計資料來表達知識與討論理論和研究。為了參與這些學科的對話，你必須掌握研究、資料分析和科學思考的語彙。統計的知識將讓你能夠瞭解專業的研究文獻、自己執行量化的研究、有助於累積社會科學的知識，並充分發揮你做為一位社會科學家的潛力。

儘管至關重要，但學習（和教導）統計學可能是一大挑戰。社會科學領域的統計學教室裡，學生的數學能力通常十分分歧，同樣地也有十分多樣化的職涯目標。他們常常不知道他們為何需要學習統計學，也常需要處理對數學的焦慮。這本書介紹了社會科學的統計分析，同時也想解決這些現實的問題。

這本書對數學能力作了最小的期待（閱讀簡單公式的能力，幾乎足夠為本書所有的教材做準備了），且具有各種能夠幫助學生成功分析資料的特性。這本書是專門為社會學和社會工作學系所編寫的教科書，但也有足夠的彈性能使用於任何具社會科學基礎的學門。

本書是以中間程度為撰寫目標，其目的是展示統計學對社會科學的價值與相關性。我強調在社會科學研究的脈絡下解釋與理解統計資料，但並未犧牲全面性或統計的正確性。數學解釋保持在初階層次，這對初次接觸社會統計者而言是恰到好處。舉例來說，我沒有處理正式機率理論[1]，取而代之的是在第 5 章與第 6 章討論常態曲線與抽樣分布的概念，以非正式和直觀方式介紹與理解推論統計的必要背景。

這本書不會告訴你統計學是「有趣的」，也不會跟你說不費吹灰之力就能掌握這本書的內容。但是，學生也不會淹沒於抽象證明、公式推導或數學理論中，這些挫敗的學習經驗都是不必要。

---

1 有興趣的人可以在這本書的網站取得關於機率的介紹。
　譯註：線上資源可在 www.cengage.com/permissions 網站註冊會員後取得。

本書的目標

xiv 　　本書的主要目標是培養基本的統計學素養。統計素養是指瞭解與鑑賞統計在研究過程的角色、有能力進行基本的計算、以及能夠閱讀及鑑賞你所在研究領域的專業研究文獻和可能在學術領域之外碰上的任何研究報告。

　　自本書第一版出版以來，培養基本統計知識的主要初衷始終不變。然而，意識到處於高科技時代，「單純計算」已變得較不具挑戰了，因此這個版本持續強調解釋與運用電腦，而不再強調計算。這表現在幾個方面：

- 由於意識到現代技術已經逐漸讓手算成為過時之物，因此每章最後的習題都使用較小、易於處理的資料，儘管仍包含一些更具挑戰的習題。
- 大多數章節都增加「使用 SPSS」的部分，示範如何使用電腦統計套裝軟體產出該章所涉及的統計。
- 現在每章後面的習題已經包含 SPSS 練習，且幾乎所有章節的最後都包含使用 SPSS 的研究計畫。
- 為了因應本書增加使用 SPSS，因此增加幾個資料檔，並將一般社會調查的資料更新至 2012 年的資料。

　　三方面的基本統計素養為討論本書其他特色提供一個架構。

1. 理解統計學。 一個具有統計素養的人能瞭解統計與社會研究的相關性，能夠分析與解釋統計檢定的意義，並且能夠為特定目的與特定資料選擇適當的統計值。這本書在入門性質的限制下，透過幾種方式來發展這些技能。

- 統計學的相關性。第 1 章討論了統計學在社會研究中的角色，強調統計做為分析、處理資料與回答研究問題在方法上的有用性。整本書中，每一範例都有其研究情境脈絡，提出一個問題，然後透過統計的幫助，回答這個問題。一系列的「應用統計」進一步強化了這個中心主題，每一個都說明一些能使用於回答問題的具體統計方法，每一章都有「使用統計」的專欄。

　　章末的習題以其所本的社會科學學科加以標示。$\boxed{SOC}$ 代表社會學，$\boxed{SW}$ 表示社會工作，$\boxed{PS}$ 表示政治學，$\boxed{CJ}$ 表示刑事司法，$\boxed{PA}$ 代表公共行政，$\boxed{GER}$ 表示老

xv 年學。指出習題所反映的特定學科能讓學生更容易看到他們自己的學術興趣與統計學的相關性。（並非偶然，他們也會看這些學科有很大的共同點。）

　　另外，每一章都會包含一系列標題為「日常生活統計學」的部分，這強調統計在現實世界中的相關性，並提供日常應用的範例。

- 解釋統計。對於大多數學生而言，解釋——說出統計值的含意——是一個巨大的挑戰，解釋統計資料的能力只能透過接觸與體驗來培養。為了提供接觸的機會，我在範例中小心翼翼地根據原始研究問題來說明統計意義。為了提供體驗的機會，章末的習題都要求對計算的統計值進行解釋。為了提供示範，本書後面許多奇數習題的答案都提供文字與數字的說明。

- 使用統計：研究專案的思路。附錄 E 提供學生獨立進行資料分析專案的思路，這些專案要求學生使用 SPSS 來分析一個資料檔，它們可以在整個學期或課程結束時指派給學生練習。每一專案都提供學生練習與應用統計技能的機會，最重要的是，能鍛鍊他們瞭解與解釋報表統計值的能力。

2. **計算能力。** 學生在他們的第一門統計學課程後，應該有能力進行基本形式的資料分析。雖然現今電腦已經讓計算不成問題，但計算與統計學是密不可分的，所以我加入一些專欄來幫助學生應付這些數學挑戰。

- 「一次一步驟」專欄將每個統計值的計算拆解成個別步驟，以求最大程度地提高清晰度與理解。

- 每一章節最後都提供廣泛的練習題。在大多數情況下，這些問題為了便於計算而使用虛構資料來設計。

- *SPSS* 讓學生能夠使用電腦的計算能力，這在後面會再詳細解釋。

3. **閱讀專業社會科學文獻的能力。** 有統計素養的人可以理解並批判性地鑑賞別人撰寫的研究報告。這項技能的發展在入門層次是特別困難的，因為（1）專業人員的語彙比教科書要簡潔許多；（2）文獻中的統計要比入門層次所涵蓋的內容要艱深許多。這本書將通過以下方式來跨越這個鴻溝：

- 總是從回答社會科學研究問題的角度來詮釋每一個統計值的意義。

- 提供一系列「成為具批判性的閱聽人」專欄，幫助學生解讀他們在日常生活與專業文獻中可能會遇上的統計值。

其他特色

本書對學生更有意義、對教師更有用的一些其他特色。

- 可讀性與清晰性。本書的寫作風格平易近人，利於學生理解，又不會忽略統計學的傳統語彙。編寫的習題與範例最大限度地提高學生的興趣，並聚焦在關心與有意義的問題。對於較為困難的內容（如假設檢定），學生在面對正式的術語和概念之前，會先透過一個實際範例來引導學生。每一章的結尾都摘述了主要觀點與公式，以及彙總重要概念。封頁及封底的內頁有常見公式清單，也有名詞彙整可供快速參照。

- 組織與涵蓋範圍。全書共分四篇，大部分內容包含單變項描述統計、推論統計、雙變項關聯測量。第 1 章介紹描述與推論之間的區別，並在整本書中保持這樣的區辨。我試圖在學生必須熟悉的基本概念和學生在第一門（或許是唯一一門）統計學課程中可合理期待的學習內容之間取得平衡，同時也將不同教師希望強調的不同面向放在心底、考慮在內。因此本書涵蓋了一般統計學的全部內容，每一章都分成若干小節，以便讓教師可以選擇他們希望涵蓋的特定統計。

- 學習目標。每一章的開頭都先說明學習目標，這些目標旨在做為「學習指南」，幫助學生辨識並聚焦在最重要的內容。

- 使用統計學。在每一章開頭都會介紹一些即將介紹的統計學應用，提供學生一個認識內容的情境脈絡，並進一步提供一些應用統計學的範例。

- 回顧數學技能。本書序言全面性地回顧所有本書使用到的數學技能，提供給對數學沒有經驗或沒有實際演練經驗的學生，能在課程初始加以複習，並／或依據個別需求參閱。這本書還包含自我測驗的部分，以便學生可以檢查他們對課程內容的準備程度。

- 統計技術與每章最後的習題有明確的連結。在介紹完一種技術之後，本書也會引導學生演練特定習題以便進一步練習與複習，立即且明確的加深學生對計算「過程」的掌握。

- 循序漸進地安排每章最後的習題。小規模資料的簡單問題會放在最前面，且通常一組問題的前幾個題目都會提供明確的指示或提示，之後才會安排比較具挑戰性、需要學生做出更多決定的問題（例如，為某種情境選擇合適的統計值。）因此，每一組問題都能循序漸進地發展解決問題的能力。

- 電腦應用。本書內容整合了 SPSS 這個引領社會科學統計的程式軟體，幫助學生能利用電腦的優勢。附錄 F 提供了 SPSS 的簡介，而 SPSS 的示範與練習則整合至各章節的內容之中，各章最後的習題也包含以 SPSS 為基礎的練習題，「你是研究者」的專欄中更提供了使用 SPSS 的研究計畫。

- 真實的、最新的資料。本書在電腦應用上，包含 2012 年一般社會調查（General Social Survey）的簡短版、一個包含 50 個州的人口普查與犯罪的資料、一個包含 99 個國家的人口資料，這些資料都將給予學生機會在「真實生活」的資料上練習統計技能。所有的資料都在附錄 G 中提供說明。

額外的課程設計資源

- 線上 PowerPoint® 投影片。提供修改過的一系列 Powerpoint 投影片，讓教師在課堂講授與討論各章內容時使用。

- 線上教師手冊／題目庫。《教師手冊》包含章節摘要、多選題的測驗檔案、偶數計算題的答案、以及特定問題的分解步驟解答。此外，《教師手冊》還包含持續累積的題目（含答案），可供使用於測驗。若要使用這些教師資源，請在 https://login.cengage.com 登錄你的帳號。

- *Aplia* ™是一個線上互動式學習方案，可以指定為課程的一部分。Aplia 整合了各種媒體與工具，如影片、教程、練習測試、與互動電子書，並為學生提供詳細、立即的問題回饋。關於如何在你的課程使用 Aplia 的更多資訊，請與你當地的 Cengage Learning Consultant 合作。

第四版的改變

以下是本書第四版最重要的改變：

- SPSS 已經移到這本書中更核心的位置：
  - ➢ 幾乎所有的章節都新增一節「使用 SPSS」，說明如何產生該章所涉及的統計值。
  - ➢ 每章最後的習題已增添 SPSS 的習題。在某些章節中（如第 12 章與第 13 章），SPSS 習題已取代手算的習題。
  - ➢ 對於需要複雜計算的統計值——如 Pearson's *r*（第 12 章）和淨相關、多元相關、與迴歸（第 13 章）——現在的解釋與範例都是以 SPSS 為基礎。

- 本書中使用的資料不僅已擴充也更新。這些資料使用於貫穿本書的「使用 SPSS」、章末的習題、大多數章末的「你是研究者」專案計畫。這些資料可以在本書的網站下載：www.cengagebrain.com。它們包含：
  - ➢ 一份資料是來自一般社會調查（GSS）的資料（*GSS2012.sav*），已經更新至 2012 年的資料。
  - ➢ 一份包括 50 個州的人口普查與犯罪的資料（*States.sav*）。
  - ➢ 一份包括 90 個國家的主要人口資訊的資料（*Intl-POP.sav*）。
  - ➢ 第四個資料僅使用於第 2 章的繪圖練習（*CrimeTrends84-10.sav*）。

- 以前的第 11 章與第 12 章已經合併為一個章節（第 11 章，標題為「名義與順序層次變項的雙變項關聯」）。在這新的一章中，不再強調 Phi 與 Gamma 的計算機制，但仍全面處理雙變項交叉表的變項關聯分析。

- 第 2 章已經重新組織，現在從次數分配開始談起。
- 第 4 章已經增添盒形圖。
- 現在所有的章節都在開頭增加一個「使用統計」的專欄，其中列舉那一章介紹的統計值如何應用於社會研究與日常生活的例子。
- 大多數「日常生活統計學」的專欄都已經更新或改寫。
- 已經更新「成為具批判性的閱聽人」，許多部分已縮短篇幅或拆成獨立的內容。
- 範例、專欄、章末習題使用的資料檔都已經更新。
- 所有專欄都已經增添標題以便更清楚呈現內容與目的。

整本書中還做了許多修改，其中大部分都是微幅調整。所有這些修改都是為了讓解釋更清楚、使內容更容易被學生理解。與先前版本一樣，我的目標是為第一次挑戰社會統計的學生，提供一本全面性、靈活的、與以學生為導向的教材。

致謝

這本書已經以不同形式發展了 30 年，許多人都為這個計畫做出貢獻，無論是巨大的或微小的。即使冒著不經意間遺漏某些人的風險，我也必須嘗試為我欠下的人情債一一致謝。

很大程度上，這本書所具有的完整性和品質必須歸功於多年來非常精闢的（並且通常是高度批判性的）評論，我一直對我的同事們能敏感地偵察到學生需求感到印象深刻。當然，本書中的任何缺陷都是我的責任，且這可能是我偶爾決定不聽從我的同事們建議的後果。

我要感謝啟蒙我理解統計學的老師（Satoshi Ito、Noelie Herzog 和 Ed Erikson 教授），以及我在克里斯托弗－紐波特大學的所有同事們的支持與鼓勵（特別是 F. Samuel Bauer, Stephanie Byrd, Cheryl Chambers, Robert Durel, Marcus Griffin, Mai Lan Gustafsson, Kai Heiddemann, Ruth Kernodle, Michael Lewis, Marion Manton, Eileen O'Brien, Lea Pellet, Eduardo Perez, Virginia Purtle, Andrea Timmer, 和 Linda Waldron 等教授）。同時，我也要感謝我學生們的耐心與考慮周到的回饋，並感謝已故 Ronald A. Fisher（F.R.S）爵士的遺著管理人 Frank Yates 博士（F.R.S）以及倫敦朗文集團有限公司，他們允許我重製他們的書籍《生物、農村與醫學研究統計表》（1974，第 6 版）中的附錄 B、C、與 D。

最後，我想感謝我的家人的支持，並將這本書獻給他們。我非常幸運地成為一個在很多方面都非常卓越且規模仍不斷成長的大家庭的一員。雖然我無法一一唱名，但我要特別感謝我的上一代（我的母親 Alice T. Healey，願她安息）、我的妻子 Patricia A. Healey、我的下一代（我的兒子 Kevin 與 Christopher，我的女兒 Jennifer 與 Jessica，我的繼子 Christopher Schroen，繼女 Kate Cowell 及其丈夫 Matt、Jennifer Schroen）、以及最年輕的一代（Benjamin, Caroline 與 Isabelle Healey 和 Abigail Cowell）。

序言：
回顧基礎數學

這本書做為你第一次接觸社會科學研究的統計學書籍，你可能會因為它不強調計算，而大大地鬆了一口氣。雖然你會遇到許多需要處理的數字和許多需要解決的公式，但主要的重點是理解統計在社會研究中的角色，以及經驗上回答研究問題的邏輯。你也將發現在這本書中的示範與作業題目都被有意簡化，不致於讓計算過度阻礙了你對統計本身的理解。

另一方面，你可能會感到遺憾的是，如果你想掌握這些內容，那麼無可避免地會涉及一些算數的問題。可能有些人已經很長一段時間沒有碰數學了，有些人已經自認在任何情況下都無法做數學，還有一些人可能只是缺乏練習而生疏了。你們所有人都會發現，一些乍看之下可能很複雜與令人生畏的數學運算都可以拆解成簡單的步驟。如果你已經忘記如何處理其中的一些步驟或不熟悉這些運算，這篇序言就是為了幫助你掌握這本書中所需的計算能力，同時每當你對未來的章節內容中的數學感到不安時，也可以利用這個章節來複習一下。

計算機與電腦

對這本書來說，計算機幾乎是不可少的工具，即使是最簡單、最便宜的計算機也能節省你的時間與精力，絕對值得投資。然而，我建議你考慮投資具有記憶與預編程式功能更為專業的計算機，尤其是可以自動計算平均數與標準差的統計款式。具備這些功能的計算機大約要價 20 到 30 美元左右，且僅需付出極少的努力便能掌握它，幾乎可以說絕對值得。

同樣地，大學校園中一般可得的幾種電腦統計軟體（或稱**統計套件**，**statpaks**）可以進一步提高你的統計與研究能力。最廣為使用的是 Statistical Package for the Social Science（**SPSS**）。像 SPSS 這種統計軟體比最專業的計算機更強大數倍，花時間學習如何操作這類軟體是相當值得的。

本書不僅在附錄 F 中介紹 SPSS，也將 SPSS 整合至幾乎所有的章節中。這些教材一步一步地向你展示如何使用程式產生每章涉及的統計值，且在每章結尾的習題要求你練習使用該程式。此外，大多數章節最後的「你是研究者」專欄讓你有機會在一些簡化的社會研究專案中使用 SPSS。

還有許多其他程式也可以幫助你在付出最少的努力與時間下計算統計值，甚至像是 Microsoft® Excel 這種試算表程式也具有一些統計功能。你應該知道所有這些程式（除了最簡單的計算機之外）都需要付出時間與精力去學習，但絕對值回票價。

總而言之，你應該在開始這門課程之際找到一種方法——使用計算機、使用統計軟體，或結合兩者——來最小化乏味的單純計算工作。這將讓你能夠投入最大的精力專注於增加你對統計意義和社會研究的理解，這才是真正重要的目標。

變項與符號

統計是一套可以描述、分析與操作變項的技術。**變項**是一種隨著案例或時間而變化的特性，例如身高、體重、偏見程度、與政黨偏好等。與某一特定變項相關的值或分數可能會有很多（如收入），也可能相對較少（如性別）。我通常會使用符號（通常是 X）來表示一般變項或特定變項。

有時我們需要指涉一個變項的特定值或一組值，這通常需要經由下標來完成。因此，符號 X_1（讀做「X-sub-one」）是指一組分數中的第一個，X_2（讀做「X-sub-two」）是指第二個分數，依此類推。此外，我們會使用下標 i 來指涉一組分數中的所有分數。因此符號 X_i（X-sub-i）是指與一特定變項相關的所有分數（例如，某一班級的考試成績）。

運算

大家都熟悉加法、減法、乘法、除法這四種基本的數學運算，以及它們的標準符號（＋、－、×、÷）。我應該提醒你們，乘法與除法可以用多種方式表示，例如，將一個數字 a 乘以數字 b 的運算可以用六種（至少）不同方式表示：

$$a \times b$$
$$a \cdot b$$
$$a * b$$
$$ab$$
$$a(b)$$
$$(a)(b)$$

在本書中，我們通常使用「相鄰符號」的格式（即 ab）、傳統的乘號（×）或相鄰括號來表示乘法。星號（*）的乘法符號大多數使用於計算機和電腦中。

除法運算也可以用幾種不同的方式表示。在本書中，除了標準的除法符號之外，我們還會使用以下兩種方法之一：

$$a/b \text{ 或 } \frac{a}{b}$$

一些公式需要我們求一個數的平方。要做到這點，需要將這個數乘以它自己，這個操作以符號 X^2（讀作「X 平方」）表示，等同於 $(X)(X)$。如果 X 的值為 4，則：

$$X^2 = (X)(X) = (4)(4) = 16$$

或是我們可以說成「4 的平方為 16」。

一個數的平方根是指當它自己相乘時的原始數值。因此，16 的平方根是 4，因為 (4)(4) 等於 16。求一個數的平方根的運算符號為：

$$\sqrt{X}$$

你應該熟悉的最後一個運算是加總，即與特定變項相關聯的分數的加總。當一個公式需要加總一系列分數時，這個運算通常被表示為 ΣX_i。"Σ" 是希臘字母 sigma 的大寫，代表「總和」。因此，符號 ΣX_i 的組合表示「所有分數的總和」，即讓我們「加總該變項的所有分數」。如果四個人的家庭規模分別是 2、4、5 和 7，那麼這個變項的四個分數的總和可以表示為：

$$\Sigma X_i = 2+4+5+7 = 18$$

Σ 是一個運算符號，就像 + 和 × 一樣。它指引我們將變項（用 X 標示）的所有分數加起來。

這個總和符號有另外兩種常見用途，但不幸的是，乍看之下，這兩個符號的標示並沒有太明顯的不同、也未明顯不同於先前使用的符號。仔細注意這些不同的含義，應該可以減少混淆。

第一組符號是 ΣX^2，它表示「分數平方的總和」。這個數是先將每個分數平方，然後再加總這些平方的分數而得的。第二組常見的符號是 $(\Sigma X_i)^2$，它表示「分數總和的平方」。這個數是先加總分數，然後再將總和進行平方而得到的。

剛開始這些差異可能會讓人感到困惑，因此讓我們使用一個例子來做一些澄清。xxiii
假設我們有一組包含三個分數的數列：10、12、13。所以：

$$X_i = 10, 12, 13$$

這些數值的總和是：

$$\Sigma X_i = 10+12+13=35$$

數值平方的總和將會是：

$$\Sigma X_i^2 = (10)^2+(12)^2+(13)^2=100+144+169=413$$

請注意這裡的運算順序。首先，逐一對每一數值進行平方，然後再加總這些平方後的數值。這是一個完全不同於對分數總和進行平方的操作：

$$(\Sigma X_i)^2=(10+12+13)^2=(35)^2=1225$$

求這個數值，首先要先加總所有數值，然後將所有數值的總和平方。數值總和的平方（1225）並不等於數值平方的總和（413）。

總之，與每組符號相關的運算可以總結如下：

符號　　運算

ΣX_i　　加總數值。

ΣX_i^2　　先平方數值，然後加總這些平方後的值。

$(\Sigma X_i)^2$　　先加總數值，然後再將這個數值平方。

負數的運算

一個數值可以是正數（如果它前面有正號或沒有符號）或負數（如果它前面有負號）。正數大於 0，負數小於 0。注意數值前的正負符號是非常重要，因為它們幾乎影響所有數學運算的結果。這一節簡要說明處理負數的相關規則。

首先，加一個負值相當於減去，例如：

$$3+(-1)=3-1=2$$

第二，減一個負值相當於加法，需變負號為正：

$$3-(-1)=3+1=4$$

請留意在此處追蹤正負號的重要性。如果你忘記改變上述第二個式子中的負數符號，你會得到錯誤的答案。

對於乘法和除法，您需要留意負數和正數的各種組合。在忽略所有正數的情況後，留下的幾種可能組合需要多加注意。負數乘以正數得到負值：

$$(-3)(4)=-12$$

$$(3)(-4)=-12$$

一個負數乘以負數則永遠為正值：

$$(-3)(-4)=12$$

除法也遵循相同的模式。如果計算中有一個負數，那麼答案會是負值，如果兩者皆為負數，則答案會是正值，因此：

$$\frac{-4}{2} = -2$$

與

$$\frac{4}{-2} = -2$$

但

$$\frac{-4}{-2} = 2$$

負數沒有平方根，因為將一個數字乘以自己不可能得到負值。對一個負數進行平方總是得到一個正值（參見前面的乘法規則）。

準確性與四捨五入

計算中存在混淆的一種可能來源是來自準確度與四捨五入。人們在不同的精確度上運算，僅出於這個原因就可能得到不同的答案。這一點很重要，因為如果你在一個精確度上運算，而我（或你的教師或學習夥伴）在另一個精確度上運算，我們的答案可能至少會有些不同。你有時可能會誤以為答案錯誤，但實際上只是在計算中採用了不同的四捨五入方法或在不同的位數進行了四捨五入所致。

這裡涉及兩個議題：何時進行四捨五入與如何進行四捨五入。我的做法是盡可能地在計算機或統計軟體所允許的準確度下運算，然後只在最後一步進行到小數點後兩位的精確度位置進行四捨五入。如果一組計算很長且需要報告中間總和或小計，我會在進行計算時將小計四捨五入到小數點右邊兩位。

在進行四捨五入時，先看要保留的最後一個數字右邊的位數。如果你想四捨五入到百分之一（小數點後兩位），則要查看千分位（小數點後三位）的數字。如果該數字為 5 或以上，則進行進位。例如，23.346 將四捨五入為 23.35。如果右邊的數字小於 5，則進行捨去。因此，23.343 將變為 23.34。

讓我們再看一個按照四捨五入規則的例子。如果你正在計算一組考試成績的平均值，你的計算機顯示的值為 83.459067，你想四捨五入到小數點後兩位，那麼看一下小數點之後第三位的數字。在這個情況下，數字為 9（大於 5），因此我們會將小數點之後第二位進位，並報告平均值為 83.46。如果值為 83.453067，則我們的最終平均值將報告為 83.45。

公式、複雜運算與運算順序

數學公式是一組用一般符號陳述的指示，用於計算特定統計值。要「解決一個公式」，你需要用正確的值替換符號，然後進行一系列的計算。即使是最複雜的公式，也可以透過將運算拆解為較小的步驟加以簡化。

完成這些步驟需要瞭解一般程序和數學運算的優先規則，因為進行計算的順序會影響你最後的答案。思考一下下面的式子：

$$2+3(4)$$

如果你先加，則該式的計算結果為：

$$5(4)=20$$

但如果你先進行乘法，則變成：

$$2+12=14$$

很明顯地，以正確的順序完成計算的步驟是相當重要的。

優先順序的基本規則是先找到所有的平方和平方根，然後進行所有的乘法和除法，最後再完成所有的加法和減法。因此，這個式子

$$8 + 2 \times 2^2/2$$

將為：

$$8 + 2 \times \frac{4}{2} = 8 + \frac{8}{2} = 8 + 4 = 12$$

括號可以凌駕優先順序的規則。在應用先前規則之前，要先解決括號內的所有式子。對於本文中的大多數公式，計算順序將由括號控制。

請考慮下面的式子：

$$(8 + 2) - \frac{4}{(5 - 1)}$$

先處理括號內的式子，我們得到

$$(8 + 2) - \frac{4}{(5 - 1)} = (10) - \frac{4}{4} = 10 - 1 = 9$$

在本書中的的某些公式裡，你會遇到的最後一個運算是分數的分母本身就包含分

數的情況。在這種情況下，先處理分母中的分數，然後再完成除法運算。例如：

$$\frac{15-9}{6/2}$$

將變成

$$\frac{15-9}{6/2} = \frac{6}{3} = 2$$

當您遇到諸如此類的複雜式子時，不要被嚇倒了。如果你耐心地一步一步解決它們，從括號內的式子開始，即使是最令人生畏的公式也可以應對。

習題

你可以利用下面的習題來自我測試對這篇回顧所提供的內容的理解程度。如果你能夠處理這些問題，你就已經足夠完成本書中所有的算術運算了。如果你對任何一個問題感到困難，請回顧這篇序言中相應的內容。你可能也想利用這節提供的機會以便更熟悉計算機的操作。這些練習題的答案隨即提供在後，並附上一些評論與提醒。

1. 計算下面各小題：

　　a. $17 \times 3 =$

　　b. $17(3) =$

　　c. $(17)(3) =$

　　d. $17/3 =$

　　e. $(42)^2 =$

　　f. $\sqrt{113} =$

2. 對於一數列（X_i）為 50、55、60、65 和 70，求以下各式的解：

　　$\Sigma X_i =$

　　$\Sigma X_i^2 =$

　　$(\Sigma X_i)^2 =$

3. 求下列各式的解：

　　a. $17+(-3)+(4)+(-2) =$

　　b. $(-27)(54) =$

　　c. $(-14)(-100) =$

　　d. $-34/(-2) =$

　　e. $322/(-11) =$

　　f. $\sqrt{-2} =$

　　g. $(-17)^2 =$

4. 將以下每一數值四捨五入到小數點後兩位：

    a. 17.17532

    b. 43.119

    c. 1076.77337

    d. 32.4641152301

    e. 32.4751152301

5. 求下列各式的值：

    a. (3＋7)/10＝

    b. 3＋7/10＝

    c. $\dfrac{(4-3)+(7+2)(3)}{(4+5)(10)}=$

    d. $\dfrac{22+44}{15/3}=$

習題的解答

1. a. 51　b. 51　c. 51

（很明顯地，前三個問題的目的是提醒你乘法有多種不同的表示方法。）

d. 5.67（注意四捨五入）　e. 1764

f. 10.63

2. 第一個式子是「數值的總和」，因此運算將為

$$\Sigma X_i =50+55+60+65+70=300$$

第二個式子是「數值平方的總和」，因此

$$\Sigma X_i^2 =(50)^2+(55)^2+(60)^2+(65)^2+(70)^2$$
$$\Sigma X_i^2 =2500+3025+3600+4225+4900$$
$$\Sigma X_i^2 =18{,}250$$

第三個式子是「數值總和的平方」，因此

$$(\Sigma X_i)^2 =(50+55+60+65+70)^2$$
$$(\Sigma X_i)^2 =(300)^2$$
$$(\Sigma X_i)^2 =90{,}000$$

請記得 ΣX_i^2 與 $(\Sigma X_i)^2$ 是兩個完全不同的式子，具有非常不同的值。

3. a. 16　　b. -1458　　c. 1400　　d. 17　　e. -29.27

f. 這個問題可能會讓你的計算機顯示某種錯誤訊息，因為負數沒有平方根。

g. 289

4. a. 17.18　　b. 43.12　　c. 1076.77　　d. 32.46　　e. 32.48

5. a. 1

b. 3.7（請注意括號的重要性）

c. 0.31

d. 13.2

第 1 章

導 論

學習目標

完成本章的學習，你將能夠：

1. 描述統計學在社會科學中有限但又關鍵的角色。
2. 區分統計學的三種應用並且知道在何種狀況使用是較為適切的。
3. 辨識與描述測量的三種層次，針對每一種測量層次都能舉出正確的變項範例。

使用統計

本教科書最重要的主題之一是展現統計學是用來分析與瞭解資料、做為和他人溝通我們的結論的有用工具。為了強調這個主題，每一小節將會以一系列統計學可以有效應用的情境開始。在這個導論章節，我們將聚焦於一般範例，但在其他章節，這個部分將強調每個章節所呈現之特定統計方法的可用之處。

統計學將可以用在：

- 展現吸菸與癌症間的關聯。
- 測量政治偏好，包括特定公職候選人受歡迎程度。
- 追蹤人們對於同性婚姻、墮胎、以及其他具爭議性議題的態度。
- 比較不同地區（城市、洲、國家）的生活費用（房價和租金、物價與油價、健康照護等等）。
- 測量不同職業員工的生產力與效率，包括工廠工人、電腦程式設計人員、專業運動員等等。

為什麼要學習統計？

2

　　學生通常會好奇學習統計的價值何在？這些數字與公式如何能幫助我們更瞭解人類與社會？當我們一章章的學習下去，統計學的價值就會變得愈來愈清楚，但此時，我們可以利用**研究**（research）來展現統計的重要性：研究是一項嚴謹且非常仔細的回答研究問題、檢驗研究構想、驗證理論的歷程，研究有各種不同形式，但統計在**量化研究**（quantitative research）計畫或是以數據形式蒐集資訊或**資料**（data）之專案計畫中都極為重要。**統計**（statistics）是社會科學利用數學技術來分析資料，藉以回答研究問題與驗證理論。

　　為什麼學習如何處理資料是非常重要？一方面，我們可以看到某些社會科學中非常重要且極具啟發性的作品實際上完全沒有利用統計方法，因此，在科學探究中僅僅只是呈現數字實際上無法說明什麼。

　　另一方面，資料又是研究者所能獲得的最值得信賴的資訊，因此，值得特別關注。經由仔細蒐集的資料結合精細的分析實際上是建立任何理論時最強的、最客觀的證據支持，將有助於強化我們對於這個社會世界的理解。

　　讓我們更清楚的澄清一個重點：僅僅只是蒐集資料本身是永遠不夠的（或者是，蒐集任何形式的資訊）。即使是經由非常仔細的資訊蒐集，這些數字本身實際上無法說明什麼，研究者必須利用統計方法非常有效的去組織、評量、與分析這些資料才能讓數字說話，同時，缺乏對於統計分析方法良好的理解，研究者也無法有意義的呈現這些資料，而缺乏對統計方法的適當應用，資料本身是沒有用的。

　　對於社會科學而言，統計是不可缺少的工具，因為它們提供了研究大量有用的技術，供研究者評估其研究構想與驗證其理論。下一單元將會更清楚地說明理論、研究與統計間的關係。

統計在科學探究中扮演的角色

　　圖 1.1 視覺化呈現了統計在研究流程中扮演的角色，這個流程圖是基於 Walter Wallace 的思維修改設計的，適用於任何科學相關專案的發展與進展。

　　這張流程圖的重點在於科學理論與研究持續形塑著彼此，當研究與理論交會時，統計是其中一項最重要工具，接著，讓我們更進一步細看這個流程。

科學歷程的旅程

　　因為圖 1.1 是環狀的，沒有明確的起點或終點，我們可以從任何一處開始我們的旅程，為了說明方便，讓我們從這張圖的上方，從理論開始，依循著箭頭方向說明。

圖 1.1 科學的輪轉

資料來源：修改自 Walter Wallace，《社會學中的科學邏輯》（*The Logic of Science in Sociology.* Chicago: Aldine-Atherton, 1971）

理論。理論（**theory**）是解釋現象間的關係。人們很自然地、也總是會對社會上的問題感到好奇（例如偏見、貧窮、兒童虐待或是連環殺人案件等），為了幫助自己理解這些問題，人們也會試著對這些現象發展可能的解釋（例如，教育程度低可能導致偏見）。然而，科學和我們日常生活中對於社會問題的解釋是不同的，科學理論取決於嚴格的驗證歷程，以下，讓我們以偏見為實例來說明怎麼樣才算是科學歷程。

為什麼有些人會對其他群體的人有偏見呢？一個可能的答案是由社會心理學家 Gordon Allport 在 50 年前所發表的理論所提供的，這個理論已經經過很多次檢驗了。[1]

這個理論主張：當不同團體中的成員有相同的地位，而且，能夠為了一項共同的目標一起合作時，偏見將會減少。當不同群體中的團體成員能夠有愈多平等且合作式的接觸，成員將更能將其他人視為獨立的個體而非任一個特定團體的代表，例如，我們可以利用這個理論來預測一個混合不同族群的運動團隊，在團體成員共同合作贏了一場比賽後，他們將可以經驗到彼此間的偏見降低。另一方面，當不同的團體為了某項工作、住宅或其他資源而產生競爭時，他們彼此間的偏見也可能因此而增加。當然，Allport 的理論無法完全解釋偏見，但是，在此，它可以用來協助說明社會學理論。

3

---

1 Allport, Gordon. 1954. *The Nature of Prejudice*. Reading, MA: Addison-Wesley。這個理論通常稱為「接觸假設」。近期關於測試這個理論的研究，請見：McLaren, Lauren. 2003. "Anti-Immigrant Prejudice in Europe: Contact, Threat Perception, and Preferences for the Exclusion of Migrants." *Social Forces*, 81:909-937; Pettigrew, Thomas. 1997. "Generalized Intergroup Contact Effects on Prejudice." *Personality and Social Psychology Bulletin*, 23:173-185; and Pettigrew, T. F., Tropp, L. R., Wagner, U., & Christ, O. 2011. "Recent advances in intergroup contact theory." *International Journal of Intercultural Relations*, 35: 271-280.

變項與因果。請注意 Allport 的理論是用來宣稱兩個變項之間具有因果關係的。**變項**（**variable**）是一項可以依據每個個案不同，改變其數值的任何特質，例子包含了性別、年齡、收入、政黨隸屬或是偏見等。

4　　　理論可以將某些變項識別為原因，而其他變項識別為效果或結果。若使用科學語言來說明，原因是自變項（independent variables）而效果或結果是依變項（dependent variables）。以我們所提到的這個理論為例，地位平等的接觸將會是自變項（或原因），偏見則是依變項（結果或效果）。換句話說，這個理論主張一個人的偏見將取決於（或將因為）與其他團體成員間地位平等、合作式的接觸多寡而定。

　　　流程圖（Diagrams）通常是呈現變項間關係很有效的方式：

地位平等的接觸→偏見

自變項→依變項

$X \to Y$

箭頭代表了因果關係的方向性，X 和 Y 則是一般用來代表自變項與依變項的符號。

假設。目前為止，我們有一個關於偏見的理論，也有自變項與依變項。那麼，這個理論究竟是對的或是錯的？要找出答案，我們需要拿我們的理論和事實比較，也就是說，我們需要做研究。

　　　我們的下一個步驟是定義研究構想和所使用的研究術語，在研究過程中，常常遇到的問題是：理論通常是複雜而且抽象的，但是在進行理論的有效驗證上需要非常的具體明確，要達成這個目的，我們通常透過從理論來產生假設：**假設（hypothesis）**是關於變項間關係具體而準確的陳述。

　　　例如，假如我們想要驗證 Allport 的理論，必須說清楚什麼是我們所指的偏見，也會需要詳細的說明什麼是「地位平等、合作式的接觸」。同時，也會需要回顧研究文獻來幫助發展與澄清我們的定義以及我們對這些概念的理解。

　　　當假設形成了，就可以開始研究歷程的下一個步驟，此時，我們會明確的決定要如何蒐集資料，我們必須決定個案如何選擇與檢驗、變項如何測量、以及一些相關事項。最終，這些計畫將引導我們至觀察階段（科學之輪的底端），在此，我們會實際的測量社會真實狀況，在這之前，必須對我們想要觀察什麼有一個非常清楚的構想，同時，也要有要完成這項研究的明確策略。

從事觀察與使用統計方法。為了驗證 Allport 的偏見理論，也許可以從一群不同種族或族群的人開始，我們可以把一些人分派至合作式的情境中，而另外一些人則分派至競爭式的情境中。在開始與結束每一類型的接觸時，需要測量人們的偏見水準，我們可能會透過執行一些調查，如詢問受訪者是否同意以下陳述，例如「為了讓公立學校中的種族融合必須付出更多的努力」。 我們的目標是去看看是否人們處於合作式的接觸情境確實會讓偏見變得比較少。

現在，我們終於可以開始使用統計方法至我們的研究中。在觀察階段，我們會蒐集一大筆數據型的資訊或資料。假如我們有一個由 100 人組成的樣本，我們將會有200 個完整的調查來測量偏見：100 份調查在接觸狀況發生之前完成，而另 100 份則在接觸狀況結束之後完成。請試著想像我們應該如何處理這 200 份完整調查資料。假如我們針對每一個受訪者只問 5 個題目來測量他們的偏見，我們會需要處理共 1000個不一樣的、片斷的資訊，應該怎麼做呢？我們必須組織與分析這些資訊，而統計在此時將會給我們許多幫助。統計會提供我們非常多關於應該怎麼來處理這個資料的想法。從下一個章節開始，我們會開始檢視資料處理的要點，但在此，關於統計有兩個重點要特別的注意：

第一點，統計是很關鍵的，沒有統計的話，量化研究幾乎是不可能完成的。我們需要統計方法來分析資料、形塑與重新定義我們對於這個社會世界的理論。

第二點，某種程度上似乎有些矛盾，是統計的角色實際上是有限的。圖 1.1 很清楚的展示科學研究是在這些相互依賴的階段中持續不停的進行，統計只有在觀察階段的後期才變得直接相關，在任何統計分析開始可以正當應用之前，任何前期階段都必須成功地完成，假如研究者問了不恰當的問題、或是做了錯誤的研究設計、用錯方法，那麼，再複雜的統計分析都是沒有價值的。統計雖然有用，但仍無法取代嚴謹的概念化，詳盡與仔細的計畫、或其他關於理論的創意發想。統計無法讓設計不恰當的研究計畫起死為生，也無法讓垃圾變得有意義。

另一方面，不恰當的統計應用也會限制了一個原本設計良好的研究計畫，只有成功的完成研究歷程的所有階段，才能讓一個量化研究計畫可能對於現象的理解有貢獻。對社會科學研究人員的教育而言，如同對於理論與研究方法的訓練一般，對於統計方法的用處與限制有合理的認識也是必須的。

經驗研究通則化。我們的統計分析將會聚焦評估我們的理論，但是我們通常會同時檢視資料中的其他趨勢。例如，如果我們發現地位平等、合作式的接觸一般而言會降低人們的偏見，我們可能會繼續探究是否應用在男性身上的模式可以同樣的應用在女性身上？應用在受過高等教育的人身上的模式也同樣可以套用在那些沒有接受良好教育的人？當我們繼續深入挖掘這個資料，我們可能會基於在這個實徵研究所觀察到的樣態發展的一些通則化的推論。 例如，假如我們發現對年輕的受訪者而言，接觸本身可以減少偏見，然而對年長受訪者卻不是如此，那麼，有可能是年輕人的思維較不僵固，而且，他們的態度和想法是較為開放、較容易改變的嗎？當我們發展出這些試探型的解釋，我們就會試著重新修正或試著闡述指引研究背後的理論。

發展新的理論？如果我們因為經驗研究通則化而改變我們的理論，可能需要發展一個新的研究計畫來驗證我們重新修改的理論，整個科學之輪會重新開始輪轉。我們（或可能有其他的研究人員）將會使用這個新的、希望有改善的理論重新走過一次這個完整的歷程。這第二個計畫也可能再衍生出進一步重新修改過的版本，需要更多的研究，而只要科學家能夠建議新版本或發展新的洞見，科學之輪就會持續地運轉。每一次，當這個輪子持續轉動，我們對於現象的理解也（希望）會愈來愈好。

日常生活 **統計學**	**推手民調** 政治競選有時會透過「推手民調」（push polls）來影響公共言論。這些民意調查是設計來影響人們的言論，有時是藉由散佈一些流言或是影射。例如，他們可能會問一些問題藉此將競爭對手貼上類似不值得信賴等的標籤，這些問題可能是「如你發現他是一個酗酒者你仍會持續支持這個候選人嗎？」即使是類似這種完全是虛構的問題仍可能在選民心裡產生負向的關聯。統計可以用於分析這些由推手民調所蒐集的資料（或使用類似手法的商業調查），但是得到的結果可能只有部分或完全缺乏科學效力。

6　　**總結：理論與研究的對話**。科學研究的歷程實際上不會像是在實驗室中，穿著白袍帶著記事本的科學家在研究時忽然靈光一閃、大叫一聲「我成功了！」似的發現一些關於事實的根本證據。事實上，在一般科學歷程中，我們很少直接站在判定理論為真或假的位置上，相反的，證據會隨著時間慢慢累積，經過許多年的努力工作、研究、思辯，才能得到對於真實的最終判定。

　　讓我們簡短的回顧我們想像中的研究計畫。我們從理論開始，為了驗證理論是否為真，在研究計畫中的各種階段中仔細的檢驗，謹慎的回到這個輪轉的起點，準備好依據我們修訂過的理論重新開始一個新的研究計畫。在這個過程中，我們可以看理論如何刺激一個新的研究案成形、我們的觀察可能導致理論的修改、也因此刺激一個新的研究案：理論刺激研究、研究重塑理論。這個持續互動的過程是科學的命脈、也是增進我們對於這個社會世界瞭解的關鍵。

　　理論與研究的對話發生在許多不同層次與不同形式中，統計學是聯結兩者其中一個最重要的部分，統計允許我們分析資料、辨識與探究趨勢與關係、發展經驗研究通則化、修訂與改善我們的理論。如同你將在本書中看到的，統計在許多方面也有它的限制。在研究這項事業中，統計是不可或缺的一部分、是完成研究、塑造理論必須的工具。(實務上，描述理論與研究的關係、與統計在研究中的角色，請見習題 1.1 與 1.2。)

本書目的

很明顯的，統計是社會科學研究中很關鍵的部分，每一個社會科學家都需要一些統計分析的訓練。在這個部分，我們將強調多少統計訓練是必須的、以及這些訓練的目的。

首先，這本教科書將統計視為工具：是一個有用的工具，但統計的本身並非目的。因此，在統計這個科目上，我們不會採用一個「數學」取向，雖然我們將會涵蓋足夠的數學教材讓讀者可以發展對於為什麼統計學可以這麼做的基本理解。相對的，本書會展現統計做為一個可以用來回答重要問題的工具，並且將我們的焦點放在這些技巧如何應用在社會科學中。

第二，在你的主要研究領域中，你將會很快的投入到進階的課堂作業中，你也將會發現多數專業文獻會預設你至少有基本的統計素養。更進一步，在你畢業後，你將會發現在不同的職位上——在某個職位上或是研究所中——對統計的基本瞭解將會非常有幫助或者可能是必備技能。你們當中極少數的人可能將會成為統計學家，為了要在你的專業中能夠閱讀並且批判的理解研究文獻，你必須能夠掌握統計學。做為社會科學領域的學生，在未來的更多與社會科學有關的職涯中，你將會瞭解如果沒有統計學背景，你將無法完全發揮你的潛力。

在社會科學的統計應用中，這本教科書是統計學的入門級的導論教材，這本教科書的一般目標是發展對於統計的理解與認識——從一個較健康的觀點——對統計學以及他們在研究過程中的位置。從這個經驗中，你將會培養智慧的使用統計的能力，而且知道其他人以前也是這麼做——以及他們什麼時候不這麼做。你將會熟悉這些常用的統計技巧，了解其優點與限制，以及在一個既定的目標下，這些技術是否適合。最後，你將會發展足夠的統計與計算技巧、與足夠的經驗能夠解釋這些統計值，這些將能幫助你靠自己去完成一些基礎的資料分析。

描述與推論統計

前面已經提及，統計是用來分析資料、回答研究問題的工具。在這個部分我們將

7

介紹兩個類型的統計技術，這些都能幫助我們達成上述任務。

描述統計

第一類型的統計技術是所謂的**描述統計（descriptive statictics）**，可以用於以下幾種情境中：

1. 當研究者需要摘要與描述一個單一變項的分布狀態。這些統計技術是單變數（*univariate*）（「一個變項」）描述統計。
2. 當研究者希望能夠描述兩個或多個變項之間的關係。這些統計技術是雙變數（*bivariate*）（「兩個變項」）或多變數（*multivariate*）（「多於兩個變項」）描述統計。

單變數描述統計。這些統計技術，可能有許多是你已經很熟悉的技術。例如，百分比、平均數、以及一些可以用來描述單一變項的圖表。

日常生活 統計學	使用描述統計
	近年美國社會民眾的上網率急速增加。在 2014 年，大約 87% 的美國成人至少偶爾使用網路，從 2000 年的 53% 戲劇性上升。然而，使用程度因社會階級不同而改變：99% 最富裕的民眾使用網路，然而窮人卻只有 77% 使用網路。是否這些窮人被遠遠拋在後頭？是否窮人對於這些基本資源的低使用率可能影響他們的孩子未來的教育與工作展望，可能因此使得他們一代接著一代持續低收入？如果你需要回答這個研究問題，你還需要哪些額外資訊呢？
	資料來源：U.S. Bureau of the Census. 2012. *Statistical Abstract of the United States: 2012*. Available at http://www.census.gov/prod/2011pubs/12statab/infocomm.pdf Pew Research Center. 2014. http://www.pewinternet.org/files/2014/02/12-internet-in-2014.jpg

8 　　為了說明單變項描述統計的功用，想想以下問題：假設你想摘要說明 10,000 個家庭的社區的家庭收入分配狀況，你會怎麼做？很明顯的，你不會只是列出所有家庭的收入狀況，然後就這樣直接呈現。你會想要使用一些對於整體分布的摘要性測量——可能是圖表、一個平均數、或者是低、中、高收入者的各占多少百分比。不論你選擇使用什麼方法，它的功能都是在將成千上萬個資訊縮減為一些清楚、精確、且易於理解的數字。這個只使用一些數字來總結許許多多數據的技術稱為**資料化約（data reduction）**，是單變數描述統計的基本目標。本書的第一篇主要就是在講述這些統計技術。

雙變數或多變數描述統計。第二類的描述統計量設計來幫助我們瞭解兩個變項或多個變項之間的關係。這些統計技術，稱為**關聯測量（measures of association）**，允許我們量化一個關係的強度與方向性。對任何科學而言，我們都可以使用這些統計量來探究以下兩項重要事項在核心理論與實務上的重要性：因果（causation）與預測（prediction）。關聯測量幫助我們釐清變項間的連結、同時追溯某些變項可能如何影響其他變項。我們可以藉此用一個變項的分數去預測另一個變項的分數。

　　例如，你可能對於兩個變項間的關係感到興趣——讀書時間長短和成績——同時，你也從一群大學生中蒐集了一些資料。藉由適當的關聯計算方法，你可以決定這兩個變項的關係強度和它的方向性。假如你發現這兩個變項間存在一個很強的正向關係，這個結果可能暗示「讀書時間」與「成績」之間是密切相關（關係的強度）、同時，當一個變項的數值增加，另一個變項的數值也會隨之增加（關係的方向性），此時，你將可以使用一個變項來預測另一個變項（「讀書時間愈長，成績表現也愈好」）。

　　關聯測量可以給我們關於變項間關係的寶貴資訊，而且可以幫助我們瞭解一個變項可能如何影響另一個變項。關於這些統計量，一個需要特別注意的點是這些統計量本身並無法證明兩個變項之間具有因果關係，即使是兩個變項之間可能存在很強的關聯，如讀書時間與成績，我們仍無法下結論說這是因為一個變項歸因於另一個變項的變化。相關和因果並不是同一件事，僅僅只是存在相關關係無法證明變項間具有因果關係。我們將會在這本教科書的第三篇討論雙變項關聯或相關，同時，在本書的第四篇，我們會討論多變數分析。

推論統計

　　第二類型的統計技術在下列狀況中變得非常重要：當我們希望將結果推論至**母體（population）**——研究者感興趣的所有個案的集合，而且，希望對它有更好的瞭解。可能的母體例子如美國具有投票權的民眾、所有有國會的民主政體、或亞特蘭大州所有未就業的民眾等。

　　理論上，母體的範圍可能極廣（「全體人類」）、也可能很小（在你的校園中的二年級學生），但通常其數量都是相當大的。社會科學家幾乎無法有足夠的資源或時間可以測試母體裡的每一個個案，因此需要**推論統計（inferential statistics）**。這類統計技術通常牽涉到**樣本（sample）**（很仔細選定的一組母體的子集合）資訊的使用，可以用來推論母體的狀況。因為樣本通常只使用較少量的個案資訊，因此，樣本是用很節省的方式來代表母體，同時，假如我們有接著使用適當的技術，則基於樣本所建立的推論將可以非常精確的代表母體。

　　許多牽涉到推論統計的概念或程序我們也許較不熟悉，但我們之中多數人可能都是推論統計有經驗的使用者，最常見的是民意調查或是投票預測。當民意調查結果顯示 42% 的美國選民計畫投給特定的總統候選人時，這個結果基本上反應了一個對於母體的推論：從母體（「美國選民」——超過 13 億人）中精挑細選出來的樣本（通常是介於 1000 到 3000 位受訪者）所得到的結果的推論。推論統計將會在本書的第二篇中佔據我們的注意。（對於描述不同統計應用的實務程序，請看習題 1.3 和 1.7。）

日常生活 統計學 | **使用推論統計**
在 2014 年，一組由 1028 位美國成人所組成的樣本被問到他們對於同性婚姻的看法，其中，約 55% 的多數人（1996 年時僅約 27%）說他們認為同性伴侶的婚姻應該被法律所認可，而約 42% 的人（1996 年時約 68%）則持反對意見。有一部分的人認為美國社會對於同性婚姻議題的看法日益兩極化。這項統計結果支持這個看法嗎？為什麼？

資料來源：Gallup Polls. Available at http://www.gallup.com/poll/169640/sex-marriage-support-reaches-new-high.aspx

---

測量層次

10　　從下一個章節開始，我們會開始看到有許多統計技術可以從中去挑選，但對於每一個特定的情境，應該如何挑選最適合的統計方法呢？

挑選統計方法中，最基本且最重要的指引就是**測量層次（level of measurement）**了，或是考慮變項的數學本質。有一些變項，像是年齡還有收入，有數字上的分數（年數、金額數），而且可以使用不同方式和使用許多不同的統計技術來分析。例如，我們可以使用一個單一的平均數來統整這些變項，並且下結論如「這個城市居民的平均收入是 $43,000」或是「這個校園的學生的平均年齡是 19.7」。

其他變項，例如性別與郵遞區號，雖然有「分數」，但這個分數實際上只是標籤，並非數值，這種變項，我們只有一些分析的選項，使用平均數來描述這些變項可能完全沒有意義。你個人的郵遞區號可能看起來像是一個數字，但它實際上只是一個標籤，剛好使用這串數字來表達。這些「數字」無法拿來相加或是相除，而且，統計值如將一群人的郵遞區號加以平均是沒有意義的。

測量層次是非常關鍵的，因為我們的統計分析必須配合變項的數學特性，在量化研究計畫中的第一個步驟便是決定變項的測量層次，在這整本教科書中、以及在每一次決定要使用什麼統計技術時，我們都必須考量變項的測量層次。

測量層次有三種，依據其複雜程度，分別為名義層次（nominal）、順序層次（ordinal）以及等距－比率層次（interval-ratio）。接下來我們會依序討論。

名義層次測量

　　名義層次的測量變項有非數值的「分數」或是類別。屬於此一測量層次的變項範例包括性別、郵遞區號、政黨歸屬、以及宗教信仰偏好等。名義層次測量變項可使用的統計方法侷限於比較不同類別間的相對數量、並且可以做「在這個宿舍中女性人數較男性多」或是「在這個校園中最常見的郵遞區號是 20158」之類的陳述。

　　讓我們進一步看一些名義層次測量變項的範例，同時花一點時間瞭解相關的專有名詞。稍早在這個章節，我們定義了變項，變項是任何可能依據個案不同而變化的特質。一個變項由一組類別或分數組成——其特質可能改變。我們將個案歸類至其中一個類別（例如男性或是女性）或指定一個分數給它，藉此來「測量」一個變項（例如性別），表 1.1 列出一些名義層次的測量變項範例及其分數或是類別。

表 1.1　**一些名義層次測量及其類別之範例**

變項 →	性別	政黨偏好	宗教信仰偏好
類別 →	1. 男性 2. 女性	1. 民主黨 2. 共和黨 3. 其他 4. 獨立人士	1. 基督教 2. 天主教 3. 猶太教 4. 無 5. 其他

　　請注意在表 1.1 中都有一個數字被指派來代表一個特定類別（例如 1 代表基督教，2 代表天主教），我們在量化研究中很常使用相同的做法，特別是當資料未來準備利用電腦進行分析。試著回想一下，在名義層次測量的變項中，這些「數字」只是用來做為標籤，而且，不能做為數學運算時使用：他們無法被加、除、或是進行其他運算。這些類別或是分數無法組成數學尺度，他們的每一個類別都是不同於其他類別，沒有「多或少」或是「高或低」的區別。男性與女性在「性別」這個方面來說並不相同，但是這不代表其中一個類別比另一個類別多一點或少一點「性別」。同樣的，一個郵遞區號 54398 是不同於另一個郵遞區號 13427，但這不代表郵遞區號 54398 比郵遞區號 13427「高分」。

　　雖然名義層次測量是初級的測量層次，但是仍然需要遵守一些標準才能適當測量，事實上，這些標準可以應用到所有層次的變項測量上，這些標準呈現於表 1.2 上，同時，在表 1.3 中加以說明。以下，我們將逐一說明這些標準。

　　1. 第一個標準（「相互排除」）意思是指：關於一個個案屬於哪一個類別不能有重疊、混淆、或模糊的狀況。為了清楚說明，請參考表 1.3 中測量層次 A，這個

測量分類就違反了這個原則，因為在「基督教」和「聖公會教」這兩個類別就
有重疊的情況。

表 1.2　變項類別宣告的標準

變項的類別必須
1. 相互排除的（每一個個案必須有合適的類別，而且只能有一個合適的類別）
2. 窮盡的（針對每一個個案都必須有一個合適的類別）
3. 包含的元素必須是相似的（在每一個類別內的個案彼此間必須是相似的）

表 1.3　測量宗教信仰歸屬的四種層次

測量層次 A	測量層次 B	測量層次 C	測量層次 D
基督教	基督教	基督教	基督教
聖公會教	天主教	非基督教	天主教
天主教	猶太教		猶太教
猶太教			無
無			其他
其他			

2. 第二個標準（「窮盡的 exhaustive」）意思是指對每一個個案或分數都必須有一
   個類別涵括它。表 1.3 中測量層次 B 就違反了這個標準，因為當人們沒有任何
   宗教信仰時，或是當人們的宗教信仰不屬於上面三種宗教時，沒有任何一個類
   別可以適用。通常，我們會納入「其他」這個類別選項，如同測量層次 D，來
   讓選項有達到「窮盡」的標準。

3. 第三個標準（「相似」）意思是指類別應該包含是真的可以比較的個案，換句話
   說，我們應該避免將風馬牛不相及的事物放在一起比較。實際上，當我們試著
   在將相似的項目歸納至同一個類別時並沒有一個明確的指引可以協助判斷，研
   究者必須基於研究的特定目的來做決定，有時候，在一個研究中過於廣泛的
   類別歸類可能在其他研究中是正好合適的，表 1.3 中測量層次 C 可能因為使用
   一個特定類別（例如非基督教可能包含了天主教、猶太教、佛教、無神論者、
   與其他）而違反這個標準，使得這個類別對於一項有意義的研究而言可能過於
   廣泛。

表 1.3 中的測量尺度 D 也許是在北美地區最常見的宗教信仰偏好測量方式了，而
且，這個測量尺度可以適用在許多不同情境中。然而，對於某些研究目的而言，它可
能過於一般，例如像是是否支持墮胎合法化這類型的道德問題研究而言，可能必須區
辨各種基督教的分支，同樣的，在這個議題上，也必須努力去紀錄多元的宗教信仰如

佛教、穆斯林、以及其他宗教信仰等帶來的不同影響。

順序層次測量

　　屬於順序測量層次之變項相對於名義層次而言是更複雜的，他們有分數或是類別可以從高排列到低，所以，除了將個案分派至不同的類別，我們還可以使用「比較多或是比較少」來描述每一個類別。因此，關於順序層次測量變項，我們不只可以說一個個案不同於另一個個案，我們還可以說一個個案在這項特質上是比另一個個案高或低、多或少。

　　例如，社經階級變項我們通常使用順序層次來測量，通常使用像是表 1.4 中的類別。每一個個案可以用他們所分屬的類別來加以比較，因此，若一個人被歸類為 4（上層階級），那麼，他的社經階級排序是高於其他被分類為 2（勞工階級）的人，而下層階級（1）的人在社經階級的排序是低於中產階級（3）的人。其他常用順序層次測量的變項包括態度與意見量表，例如偏見、疏離、或是政治意識型態等測量。

表 1.4　社經階級測量

如果你被要求描述你自己，你會說你自己歸屬於下列哪一個階級？	
分數	階級
1	下層階級
2	勞工階級
3	中產階級
4	上層階級

　　順序層次測量的最大限制是分數沒有絕對或客觀意義：一個分數只代表它相對於其他分數的位置。我們可以區辨高分或是低分，但是無法用精確的數字形式來描述不同分數之間的距離。因此，如同表 1.4 所呈現之測量層次而言，我們知道一個社經階級分數 4 比社經階級分數 2 來得高，但我們不知道它是否是 2 的兩倍。

　　我們使用順序層次變項來進行統計分析的選項是有限制，因為我們無法知道分數之間精確的距離。例如，加法（或其他數學運算）假定分數之間的間距是完全相等的，如果分數與分數之間的距離是不相等的，那麼，2+2 可能會等於 3 或 5 或甚至是 15。

　　嚴格來說，統計數值如平均（average）或均數（mean）（特別指需要將所有的分數加總後除以個數所得到的分數）是不被允許用在順序層次的變項，順序層次變項所能運用的最複雜的數學運算就是依照類別與個案排序（雖然如此，未來我們將會看到許多社會科學家並不一定依循這項標準。）

成為具批判性的閱聽人：緒論

本教科書的目的在發展你瞭解與運用統計資訊的能力，本書中的專題「成為一個具批判性的閱聽人」就是在協助你達成這項目的。在這個專題中，我們將會檢視你可能會在媒體中、或日常對話中、以及在專業的社會科學研究文獻中遇到的「日常生活」統計學。在此，我會簡要說明這個專題可能包含的活動，我們將從社會科學研究開始，然後檢驗統計學的其他應用。

如同你可能已經知道的，就你目前接受的統計教育而言，發表在社會科學期刊論文中使用的統計學，通常是非常難懂的。相較於這本教科書，專業研究者使用的語言大多非常精要，在學術期刊中的空間通常是很昂貴的，而且，一個典型的研究計畫通常會分析許多變項，因此，非常大量的資訊必須用很少的文字加以濃縮、摘要，研究者可能只能用幾個字或一兩項重點來陳述我們可能原本必須用一大段文字才能說明清楚的話。同樣的，專業的研究者會假定他們的讀者可能具備某種程度的統計知識：他們寫作是為了給他們的同僚閱讀，而非為了大學生寫作。

那麼我們將如何為你們和文獻之間的鴻溝搭建起橋樑？如何讓你們能夠閱讀這些極具挑戰性的學術文章？這個（不幸但又無法避免的）事實是這個鴻溝無法透過一個單一的統計課程就能跨越的，然而，這本教科書將幫助你能夠閱讀多數的研究文獻，並且，給你足夠的能力能批判地分析文獻中的統計資訊，讓你能夠藉由檢視文獻典型的報告風格並且考量其範例來解構研究文獻。

同時，你將會發展足夠能力能批判地分析你在日常生活中遇到的統計數值。在這個資訊時代，統計識讀能力並非只是學術研究者所需要的，對於統計的批判洞察將能幫助你更批判式的思考、評估那些每天都幾乎淹沒我們的大量資訊、意見、與事實，並且對於極為廣泛的議題做較好的決策。

例如，類似以下的陳述其真實的意義是？

- 州長選舉的民主黨候選人預測將贏得 55% 的選票。
- 延長壽命是 77 歲。
- 這個城市的同居伴侶從 1980 至今增加了 300%。
- 教會出席率與離婚率之間有高度相關。教會活動的出席率愈高，離婚率愈低。

你將如何評估這些陳述的真偽？事實是難以判斷的──我們如何在一看到它的同時就能夠知道？幫助你閱讀專業研究文獻的相同技巧將能協助你去整理、歸納這些你在媒體或日常對話中遇到的統計值。在這本教科書中插入的這些專題將能幫助你更批判式且更有根據的評估這些統計值。

當然，統計識讀能力也許無法每次都導引你事實，但它將會增強你分析與評估資訊的能力，檢視你所看到的訴求或相反的訴求，並且有見識的去評估這些資訊。

等距－比率層次測量 [2]

測量層次為等距－比率層次的變項分數可以用所有可能的統計技術來進行分析的數值，這個意思是我們可以將這些分數相加、或是相乘，計算平均數或平方根，或是運用任何其他數學運算。

順序層次測量變項和等距－比率層次測量變項有兩項關鍵的差異，第一，等距－比率層次測量變項分數與分數之間擁有相等的間隔，例如，年齡這個等距－比率層次變項因為其測量單位（年）有相等的間隔（年與年之間的距離是 365 天），相同的，假如我們問民眾他有多少個兄弟姊妹，我們會製造一個有相等間隔的變項：兩個手足之間是比一個手足再多一個手足，而 13 個手足是比 12 個手足再多一個。

第二，等距－比率變項有真實的零點。這個意思是指，在這個變項中，0 這個分數並非是無理的，它代表的是在這個測量的特質上，完全沒有或缺乏這項特性，例如，這個變項「手足人數」有真實的零點，因為人們是有可能完全沒有任何一位手足的。相似的狀況，教育年數為 0 年也是可能的，或是完全沒有收入，在一個多選題測驗中得分為 0、以及 0 歲（雖然活得還不久）。其他等距－比率的例子還包含了子女數、預期壽命、以及結婚年數。所有的數學運算方法都能夠運用在這類型等距－比率測量變項上。

一些最後的重點

表 1.5 摘要了三種測量層次的討論。請注意當我們從名義層次測量移至順序層次、乃至於等距－比率層次測量時，能夠進行數學運算的數字也隨之增加。順序層次的測量變項比起名義層次變項更複雜也更具彈性，而等距－比率變項能夠進行更大範圍的數學運算。

讓我們用以下三個重點來結束這個章節。第一個重點強調測量層次的重要性，而其他兩個重點則是討論在應用這個概念時常見的混淆處。

1. 知道變項的測量層次是很關鍵的，因為它告訴我們使用何種統計是適切而且有用的。並非所有的統計都可以用在所有的變項上，如同表 1.5 所呈現的，每一個測量層次能使用的數學運算不同，因而必須用不同的統計值。例如，計算平均數需要加法和除法，而找出中位數（或中間分數）需要將分數由高排列到低。加法和除法對於等距－比率層次變項是合適的，但排序只可能用在至少是順序層次的測量變項

15

16

---

2 許多統計學家會明確區辨等距層次測量（相等間距）與比率層次測量（具有真實零點）。我覺得這樣的區辨對於一本入門等級的統計教科書而言是沒有必要的麻煩，因此，在本書中將這兩種測量層次視為是同一種測量層次。

上。處理變項時，你的第一個步驟以及選擇適合的統計方法永遠是決定變項的測量層次。

一次一步驟	決定一個變項的測量層次

步驟　操作

1. 如變項實際所宣稱的那樣來檢查變項的分數，將這三種測量層次的定義記在心裡（見表 1.5）。

2. 改變分數的順序。他們還有意義嗎？如果答案為是，則變項為**名義層次**，如果答案為否，繼續步驟 3。

   實例：性別是一個名義變項，而且它的分數可以用任何順序來表示：

   1. 男性
   2. 女性

   或是

   1. 女性
   2. 男性

   這兩種分數的表達方式是同樣合適的。在名義層次的測量變項中，沒有任何一個分數是比其他分數高或低的、而且其排列順序是可以任意排列的。

3. 分數之間的距離是不相等的或無法界定的嗎？如果答案為是，變項為**順序層次**。如果答案為否，繼續步驟 4。

   實例：考慮以下用來測量對於死刑支持程度的量表：

   1. 強烈支持
   2. 有一點支持
   3. 不支持也不反對
   4. 有一點反對
   5. 強烈反對

   強烈支持死刑的人們通常比有一點支持死刑的人更熱烈支持死刑，但是從一個支持程度到另一個支持程度之間的距離（從分數 1 到分數 2）是無法界定的，我們沒有足夠的資訊可以確認增加 1 分對於死刑的支持程度是增加多少。

4. 假如你在步驟 2 和 3 的答案都是否，則變項為**等距－比率層次**。這個層次的變項分數為實際的數值：它們相對於其他分數是有順序的、而且有明確界定、相等寬度的距離。他們通常有一個真實的零點。等距－比率變項的例子包括年齡、收入、以及家庭子女數。

資料來源：這個決定變項測量層次的系統是由來自 Louisiana State University 的 Michael G. Bisciglia 所設計的。

表 1.5　三種測量層次的基本特性

層級	例子	測量程度	允許的數學運算
名義	性別、種族、宗教、婚姻狀態	歸納至類別中	計算每一個類別的數量，比較各類別數量大小
順序	社經階級、態度與意見量表	歸納至類別中同時將類別排序	所有上述操作，再加上判斷「大於」或「小於」
等距－比率	年齡、子女數、收入	所有上述操作，加上將分數用同等單位加以描述之	所有上述操作，再加上其他數學運算（加法、減法、乘法、除法、平方根……等）

2. 在決定測量層次時，永遠記得先檢查這個變項實際的計分方式，特別是當這個變項實際上是等距－比率變項，但是以順序層次來測量。

　　舉例來說，考慮收入這個變項，假如我們問受訪者以元為單位列出他們實際的收入，我們會得到一個等距－比率的測量變項，利用這個方式來測量，這個變項會有真實零點（完全沒有收入）以及分數之間具有相同間距（1 元），然而，對於受訪者而言，最方便的方式是從一系列收入範圍中找出最適合他們的收入類別，如表 1.6。表 1.6 中的這四種分數或類別是順序層次的測量變項，但由於這些類別間之間距是不相等的，而且，這個測量沒有真實零點，對於研究者而言，為了讓受訪者更方便回答，在測量時犧牲精確程度（實際收入多少錢）是很常使用的方式，此時，在決定測量層次之前你應該要更小心仔細的檢查這個變項的測量方式。

表 1.6　使用順序層次測量來量測個人收入

選項	收入範圍
1	$24,999 以下
2	介於 $25,000 至 $49,999
3	介於 $50,000 至 $99,999
4	$100,000 以上

3. 通常在社會科學學者最感興趣的變項（如種族、性別、婚姻狀態、態度與意見等）以及最有效力與最有趣的統計值（如平均數）之間常會有錯置的狀況出現，前者通常是名義層次或順序層次的測量，然而比較複雜的統計方法通常需要測量層次為等距－比率層次的測量。

　　這種錯置的狀況有時為社會科學研究人員帶來極度的困難，一方面，研究人員希望能夠用最高層次的測量變項、盡可能讓測量層次愈精確愈好，例如，若收入能夠以實際收入多少來測量，研究者就能夠非常精確的描述不同的人的收入狀況，例如李小姐的收入比陳先生多了 $12,547 元。但若同樣的變項用比較廣泛的、非等距類別方式測量，如表 1.6，那麼，不同人之間的收入比較將會較不精確，同時，能夠提供的資訊也較少，例如李小姐的收入比陳先生多。

另一方面，即使在測量方式不同帶來的資訊落差狀況下，研究人員會較希望能夠將變項以較高層級的測量層次而非變項本身實際的測量層次來處理，特別是當變項是以順序層次測量，當這些變項有很多可能的類別或分數時，研究者常常將這些變項視為等距－比率層次測量，並且使用較有力、較具彈性且較有趣等較高層級測量所能使用的統計方法，這在實務上非常常見，然而，研究者仍需非常小心的評估由此得到的統計結果，在結果解釋上也需格外注意，特別是當測量尺度的標準被違反時。

最後，測量層次是變項最基本的特性，當我們要決定後續的統計流程前永遠得先考量它。測量層次同時也是後續材料的主要組織原則，因此，你應該要確信自己對於這些指引非常的熟悉。（實務上在決定變項的測量層次上，請見習題 1.4 至 1.9。）

重點整理

1. 統計的目的是組織、處理與分析資料，讓研究者可以檢驗理論與回答研究問題。依循理論與方法，統計是社會科學研究人員用來強化他們對於這個社會世界的理解的基本工具。

2. 統計學有兩種，描述統計是用來統整單一變項的分布、以及兩個或更多變項之間的關係。我們使用推論統計來將隨機樣本中獲得的結論推論至母體。

3. 變項測量有三種不同層級的測量層次，在名義層次層級，我們能夠比較不同類別的大小，在順序層次測量中，分數可以由高排列至低，等距－比率層次測量則可以進行所有的數學運算。

名詞彙總

資料（Data）。使用數字來表達的資訊。

資料化約（Data reduction）。使用一些統計量來表達許多數值資料。

依變項（Dependent variable）。被認定為效果或是結果的變項，依變項被認為是受到自變項所引起的結果。

描述統計（Descriptive statistics）。統計的一個分支，主要用來（1）統整描繪單一變項的分配狀態，或是（2）測量二個或多個變項間的關係。

假設（Hypothesis）。源自於理論，關於變項之間關係的一個特定的陳述。

自變項（Independent variable）。被認定為原因的變項，自變項被認為是依變項的原因。

推論統計（Inferential statistics）。統計的一個分支，主要用於將從樣本得到的發現推論到樣本所來自的母體。

測量層次（Level of measurement）。變項的數學特性與選擇統計技術的主要標準。變項可以使用三種測量層次中的任一種來測量，每一個測量層次都能使用特定的數學操作或統計技術，表 1.5 摘要了三種測量層次的特性。

關聯測量（Measures of association）。用來摘要變項之間關係的強度與方向性的統計技術。

母體（Population）。研究者感興趣的所有可能個案的完整集合。

量化研究（Quantitative research）。蒐集數據形式的資料或資訊的研究計畫。

研究（Research）。任何系統性的蒐集資訊的歷程，仔細的回答研究問題或測試理論，在研究計畫中，統計對於蒐集數字的資訊或數據是很有用的。

樣本（Sample）。從母體中經過很仔細的考量後選擇出來的子集，在推論統計中，從樣本所獲得的資訊與發現將能夠類推至母體中。

統計（Statistics）。一組用來組織與分析數據資料的數學技術。

理論（Theory）。兩個變項或更多變項之間關係的通則性解釋。

變項（Variable）。一項特性，這項特性可以隨著個案不同而有變化。

習題

1.1　請使用你自己的語言來說明統計在研究歷程中所扮演的角色。用「研究之輪」做為架構，解釋在研究中統計如何連結至理論。

1.2　請在任一本社會科學期刊中找出一篇研究論文。

　　選擇一篇論文，這篇論文的主題是你感興趣的，不用擔心你是不是能夠完全理解論文呈現的所有統計值。

　　a. 統計在這篇論文中貢獻多少？

　　b. 這個研究是基於樣本的發現推論到某個母體嗎？樣本有多大？受訪者或個案是如何選定的？研究發現可以推論到某個母體嗎？

　　c. 使用了什麼變項？自變項是什麼？依變項又是什麼？請說明變項的測量層次。

　　d. 使用了什麼統計技術？試著依循論文中的統計分析，看看你能理解多少。保存這篇文章並且在完成這門課後重讀一遍看看是否能理解更多。

1.3　分辨描述統計與推論統計。

　　　請各舉一個使用描述統計與推論統計的研究情境。

1.4　一個民意調查使用了以下題項，請說明這些題項的測量層次。

　　　a. 你在哪個國家出生？_____

　　　b. 你目前幾歲？_____

　　　c. 你完成多少年的學校教育？_____

　　　d. 你的職業是什麼？_____

　　　e. 如果使用以下四種社會階級，你覺得你是屬於哪一個社會階級？

　　　　　_____上層_____中間

　　　　　_____勞工_____下層

　　　f. 你的成績（GPA）是？_____

　　　g. 你的主修是？_____

　　　h. 處理毒品問題的唯一方法是將所有的毒品合法化。

　　　　　_____完全同意

　　　　　_____同意

　　　　　_____無法決定

　　　　　_____不同意

　　　　　_____完全不同意

　　　i. 你的星座是？_____

　　　j. 你有幾個兄弟姊妹？_____

1.5　讀完以下關於研究如何測量變項的簡單描述，針對每一個情境，決定變項的測量層次。

　　　a. **種族或族群**。請勾選合適的選項：

　　　　　_____黑人

　　　　　_____白人

　　　　　_____西班牙裔

　　　　　_____亞裔或太平洋裔島民

　　　　　_____美國原住民

　　　　　_____其他（請說明：_____）

　　　b. **誠實**。觀察受訪者在路上撿到別人遺失的錢包時的反應。錢包裡面有錢和完整身分辨識文件。受訪者被分類為以下種類之一：

　　　　　_____歸還錢包裡的錢

_____歸還錢包，但把錢留下來

_____沒有歸還錢包

c. **社會階級**。當你 16 歲時你家裡的狀況是？

_____和其他家庭相比好很多

_____普通

_____不太好

d. **教育**。你完成多少年的學校教育？_____

e. **校園內的種族融合**。持續在校園內的餐廳觀察學生午餐時的情況，計算每餐與其他種族學生同桌用餐的學生數。

f. **子女數**。你有幾個小孩？_____

g. **教室中學生座位類型**。上課第一天，講師注意到每個學生的座位安排。座位型態每兩週紀錄一次，一直持續紀錄到學期末。每個學生被歸類為：

_____和上次紀錄相同座位

_____相鄰座位

_____不同座位，無相鄰

_____缺席

h. **人均醫師數**。計算 50 個城市中每個城市的醫師人數，研究者使用人口統計資料來計算每千人醫師數。

i. **外表吸引力**。由十位裁判所組成的一組人員，被要求評估 50 張照片中，不同性別、不同種族的人的外表吸引力，分數介於 0 至 20 分，其中，20 分為最高分。

j. **交通意外次數**。紀錄 20 個十字路口每年交通意外發生的次數，同時，每次意外被評定為：

_____輕微損傷，無人受傷

_____中等程度損傷，人員受傷需入院治療

_____嚴重損傷與人員受傷

1.6　請找出下列研究計畫中的研究變項，並且辨識變項的測量層次，以及這些變項分別是依變項還是自變項。

a. 政治科學課程中的一個研究計畫，學生蒐集了 50 個國家的資訊。她使用嬰兒死亡率（每 100,000 人口中嬰兒死亡人數）做為生活品質的測量，同時，使用成人擁有投票權的百分比做為民主化的測量，她的研究假設是愈民主化的國家，生活品質愈好。

b. 高速公路工程師懷疑在流量高的高速公路增加速限可能會導致更多交通意外，他

計畫蒐集交通流量資訊、意外發生次數、速限改變前後六個月的死亡人數。

c 一群學生設計一個課程來提倡校園中的「安全性行為」以及其他健康關懷意識，為了測量這個課程的有效性，他們計畫在課程開始與結束時利用問卷調查瞭解學生對於安全性行為相關的知識。

d. 一個研究生問了 500 位女學生他們在校園中是否有被性騷擾的經驗，每個學生被要求評估這些事件發生的頻率為「常常、有時、很少、從未」。研究者同時也蒐集了他們的年齡與主修，想藉此瞭解這些變項與性騷擾頻率間是否有任何的關聯。

e. 市政府固體廢棄物管理部的督導正在評估兩種垃圾收集的方法。這個城市中的某些地區是一台貨車搭配兩位清潔人員至民眾家後院收垃圾，其餘地區則是讓一位清潔人員駕駛「高科技」貨車在路邊自動收垃圾。這項評估包括兩種不同垃圾收集方法區域在過去六個月收到民眾抱怨的數量、哪些地區收到抱怨、以及每一桶垃圾收集衍生的費用。

f. 對於多元文化的包容性是否會因種族或族群不同而改變？隨機抽取一組樣本，包含白人、黑人、亞裔、西班牙裔、以及美國原住民，調查他們對於不同族群文化的興趣、以及是否珍惜異族文化。其中，多元文化包容性分數等級分為「高、中、低」。

g. 州政府近期大砍人民心理健康照護的預算，不曉得這樣是否會導致無家可歸的遊民人數增加？一位研究者聯繫了各州服務遊民的機構，展開一項調查想估算預算縮減前後遊民人數。

h. 學校附近的成人書店因被警察突襲而關門。你的社會研究課程決定隨機抽取一組學生樣本來調查學生是否贊成關閉這家店、他們曾經造訪過這家店幾次、以及他們是否同意「色情可能導致對於女性的性騷擾」。此外，你們還蒐集了關於學生性別、政治理念、以及學生的主修等資訊，藉此瞭解這些特性是否會影響他們的意見。

1.7 下列研究情境，確認所有變項的測量層次，同時，決定合適的統計方法：描述統計（單一變項），描述統計（兩個或更多變項），或推論統計。請注意，在一個特定研究情境中常常會需要多於一種統計應用。

a. 你就讀的學校正在提倡改變學校的停車政策，你隨機選了一群學生樣本，詢問每位學生他們有多贊成或是有多反對這個改變？你使用這個結果去推測全校學生對於這項改變的支持程度。

b. 你問了你社會研究班級中的每個人他們在任一堂數學課程中得過最高的成績等級（A~F）以及他們在最近一次統計測驗中的成績（答對題數的百分比）。你試著比較這兩組分數，看兩者間是否存在關係。

c. 你的阿姨正在競選市長，她請你協助從選民中抽取一組隨機樣本，調查他們的意見，她想利用這個資訊去推測整個城市選民的政黨傾向、性別、以及他們之中有多少百分比的人贊成拓寬這個城市的主要幹道。

d. 幾年前，一個州對於一級謀殺重新開始執行死刑。這是否能降低兇殺率？一位研究人員蒐集了這個州在這項改變前後兩年間兇殺案數量資訊。

e. 當地一位汽車銷售人員很關心顧客滿意度，他郵寄了一份問卷給他過去一年的所有客戶，詢問他們購車經驗的滿意程度是非常滿意、滿意、還是不滿意。

1.8　請辨認社會概況調查（General Social Survey）前 20 題（請見附錄 G）的變項測量層次。

1.9　請找出下列研究情境中的所有變項、辨認這些變項的測量層次，哪些變項是自變項、哪些是依變項。

a. 一個研究人員對於大學生約會時的種族偏好感到好奇，他蒐集了一組大樣本，先詢問他們自己的種族認同，接著，她請受訪者對於潛在約會對象的種族－族群類別（包括白人、黑人、拉丁美洲人、亞洲人）依據個人偏好來排序。

b. 對高中生而言，成績（grade-point average, GPA）是否會影響他們的性活動？一組樣本被訪問關於他們曾有過的不同戀愛關係次數、性行為次數、以及他們高中時的成績（GPA）。

c. 將這個國家中的數百個選區依據弱勢選民的百分比、投票率、以及當地民選官員為弱勢族群的百分比來分類。是否選區中弱勢族群的選民百分比愈高、投票率愈低？選區中民選官員為弱勢族群的百分比愈高，投票率也愈高？

d. 當國家變得愈來愈富裕（使用人均收入來測量），兒童入學的百分比是否會跟著提升？國家富裕程度與兒童入學百分比間的關係是否依男童或是女童而有不同？

e. 槍枝管控的支持程度是否會因受教育年數而改變？槍枝管控的支持程度與教育年數間的關係是否又會隨著性別、地區、或是政黨偏好而不同？槍枝管控的支持程度是利用五點量表來測量的，從強烈支持到強烈反對。

你是研究者
緒論

學習統計與瞭解統計重要性的最好方法，也許也是唯一方法，就是應用與使用它們。這包含了依循既定目的選擇正確的統計方法，做好計算，並且解釋結果。我在本章結束前提供了許多練習題讓你有機會去選擇與計算統計量，並且說明這些方法的意義。這些問題中的大部分是用簡單的手算就能解答的，這樣不切實際的題目設計是為了讓乏味的繁複運算不致於干擾你的學習歷程，這些題目提供你一個重要而且有用的機會去發展你的統計技巧。

正因為這些練習非常重要，這些章節結束前的題目是經過簡化的，其中有部分步驟被移除了以簡化社會科學研究中的真實複雜度。為了提供你更符合現實的統計經驗，我在這本書中加入了一個單元叫「你是研究者」，在這個單元中你將會完整走過一個研究計畫案的許多步驟，決定該如何運用你日漸增進的研究與統計知識來做決策、並且解釋你所得到的統計結果。

為了完成這些研究計畫案，你將會分析一組 2012 年一般社會調查（2012 General Social Survey, GSS）短版數據，請造訪 **www.cengagebrain.com** 來下載這組數據。社會概況調查是美國自 1972 年起透過國家級代表性樣本所進行的一項民意調查，完整的調查包含上百組題目，涵括了廣泛的社會與政治議題。在這本教科書中使用的版本只包含其中一些變項與部分個案數，即使如此它還是一個實際的、「真實世界」中的數據資料，因此，你將有機會可以在一個更真實的情境中來練習你的統計技巧。

即使我們在這本教科書中使用的是短版 GSS 數據，它仍然是一組很大的數據資料，包含了超過 1 500 位受訪者以及 49 個變項，這些資料對於再強大的手算能力而言仍過於龐大。為了分析 GSS 數據資料，你將會學習使用社會科學統計套裝軟體（the Statistical Package for the Social Sciences, SPSS），這個套裝軟體的優點在於：因為統計程式語言已經先寫好了，可以用有限的電腦素養與接近空白的程式語言經驗就能運用電腦強大的運算能力。記得在你嘗試想分析任何數據資料前先閱讀附錄 F。

從第 2 章開始，在大部分的研究演練中，你將會像一位專業的研究人員般在研究計畫中做相似的決策，走過類似的步驟。你會選擇變項與統計方法、產生分析結果、同時說明你的研究結論。當你完成這些練習，你將會準備好能夠執行你自己的研究計畫（當然是有限度的！），也許你也可能為仍不停在成長中的社會科學文獻做出你獨特的貢獻。

第一篇 描述統計

第一篇共有四章，聚焦於討論單變項的各種描述統計（descriptive statistics）的應用。第 2 章涵蓋「基本的」描述統計，包含次數分配（frequency distributions）、百分比（percentages）、比率（rates）、比值（ratios）、與統計圖（graphs）。相對來說，第 2 章的內容較為基礎，至少對大多數的人來說應該是相對熟悉的部分。但儘管這些統計值是「基礎」的，但它們不一定是簡單或淺顯易懂的，因此在嘗試回答第 2 章後面的練習題或在實際研究中使用它們時應該再三思考。

第 3 章和第 4 章分別介紹集中與離散趨勢量數。集中趨勢量數在於描述典型案例或平均分數（例如：平均數，mean），離散量數則在於描述數值之間的變異量或多樣性〔例如：全距（range）——是指從最高分到最低分的距離〕。由於變項的集中性與離散性有其各自的獨立特性，因此這兩種類型的統計值將分開於不同章節介紹。然而，你應該要意識到這兩種量數都是必要的，且經常與第 2 章介紹的一些統計值同時呈現。本書為了強化這個觀點，第 4 章後面的練習題都要求同時計算第 3 章介紹的集中趨勢量數。

第 5 章是本書中關鍵的一章，這一章的內容需要應用第 2 章到第 4 章的統計值來說明統計學中非常重要的概念——常態曲線（normal curve）。常態曲線其實是一種透過平均數（見第 3 章）與標準差（見第 4 章）來描述分數位置的折線圖（見第 2 章）。第 5 章也會用到比例（proportions）與百分比（第 2 章）。

常態曲線除了在描述統計中有其重要性之外，常態曲線更是推論統計（這是本書第二篇的主題，inferential statistics）的核心概念，因此，第 5 章總結了單變項描述統計，也為接續的推論統計奠定重要基礎。

基礎的描述統計：
表格、百分比、比值與比率、和統計圖

學習目標

完成本章的學習，你將能夠：

1. 解釋描述統計如何讓資料更容易被理解。
2. 建構與分析三種測量層次變項的次數分配。
3. 計算與解釋百分比、比例、比值、比率、與百分比變化。
4. 分析長條圖、圓餅圖、直方圖、與折線圖。
5. 使用 SPSS 分析次數分配與製做統計圖。

使用統計

本章的統計技術能用來摘要單變項的分數。它們可使用於：

- 將資料整理成為容易閱讀的表格與統計圖。
- 呈現某社區居民各種宗教信仰的百分比，含無宗教偏好與無神論者。
- 呈現爭議性議題的意見結構（例如，對同居的反對程度或對槍枝管制的支持度），以及追蹤其歷時變化。
- 呈現犯罪率的逐年變化。

研究結果無法不言而喻，研究人員需要利用統計來組織與處理資料，以便讓讀者能夠理解數據的意義，而描述統計能夠讓研究人員清楚而有效地呈現研究結果。

我們在本章介紹一些普遍使用的技術來呈現研究結果，包含表格、百分比、比率與統計圖。這些單一變項的描述統計並未涉及複雜的數學（雖然乍看之下也可能沒那麼簡單），但它們在組織、分析、及傳達結果上是非常有用的工具。

很多時候，量化研究計畫的第一步是檢查變項，並察看其數值的分布狀態，其中最有效的方法是建構表格，或是稱為**次數分配**（**frequency distributions**），它能呈現任何測量層次變項的每一類別的個案數。我們將從名義層次的變項著手討論次數分配，以及介紹一些能夠提升清晰度的統計值。

名義變項的次數分配

建構名義層次變項的次數分配通常很容易理解，你需要先計算變項的每一類別或分數出現的次數，再以表格的形式來呈現次數。例如，表 2.1 顯示了 113 位受訪者的性別分布。

你需要留意，每一個表格都應該有一個標題和明確的類別標籤，且需要在表格的次數欄的最底端呈現案例總數（N），次數分配表必須**完全**包含這些項目。

在某些情況中，研究人員可能必須對表格要包含多少類別做出選擇。例如，回想一下我們在第 1 章提到的表 1.3，它呈現了幾種測量北美宗教歸屬的不同方法，最常見的可能是使用五個類別的測量（見表 1.3 的 D 測量）。然而，若有研究人員想強調宗教歸屬的多樣性，那麼可以如何處理呢？我們可以透過包含更多宗教類別來取代「其他」這一類別，但是這樣細緻化「其他」類別的過程究竟要做到什麼程度？美國有成百上千種宗教，增加類別可能更精準展示美國宗教的多樣性，但這也可能有損表格的清晰度與溝通的便利性。

表 2.2 與表 2.3 說明上述提及的選擇過程。表 2.2 使用「標準」的五個類別來呈現美國當代的宗教歸屬。表 2.3 則增加三個規模最大的「其他」宗教，以提供更詳盡的資訊。如果我們包含更多的「其他」宗教，或者我們若將基督新教進一步細分出不同教派（衛理公會、路德會、聖公會等），那麼類別數將隨之增加。

在什麼情況下，我們具有「足夠」的細緻度？什麼時候表格的圖像會顯得過於複雜、過於雜亂、不清楚呢？這些問題的答案必須取決於研究目的的脈絡。如果你想強調基督新教徒在美國的人數優勢，那表 2.2 可能是最佳選擇。另一方面，如果你想強調宗教歸屬的多樣性，表 2.3 可能比較合適。在更詳細（更多類別）與更清晰（更少類別）之間的選擇，不存在一成不變的規則，而且在建構三種不同測量層次變項的次數分配時都會遇到這種兩難的選擇。

表 2.1　性別（虛構資料）

性別	次數
男性	53
女性	60
	$N = 113$

表 2.2　2008 年美國成人自述的宗教歸屬

宗教團體	次數
基督新教	116,203,000
天主教	57,199,000
猶太教	2,680,000
其他	6,116,000
無	34,169,000
	$N = 216,367,000$

資料來源：美國人口普查局，2012。美國統計摘要：2012，頁 61。檢索自 http://www.census.gov/prod/2011pubs/12statab/pop.pdf

表 2.3　2008 年美國成人自述的宗教歸屬

宗教團體	次數
基督新教	116,203,000
天主教	57,199,000
猶太教	2,680,000
伊斯蘭教	1,349,000
佛教	1,189,000
一神教	586,000
其他	2,992,000
無	34,169,000
	$N = 216,367,000$

資料來源：美國人口普查局，2012。美國統計摘要：2012，頁 61。檢索自 http://www.census.gov/prod/2011pubs/12statab/pop.pdf

提高清晰度：百分比與比例

26   你可能已經注意到在閱讀表 2.2 與表 2.3 時的一些困難：這是因為表格的次數的數值極大而難以理解。例如，想像一下，你試著用次數來解釋這些表格：「216,367,000 名美國成人中有 116,203,000 人是基督新教徒。」這句話就字面上的意思來說並沒有錯，但同樣的觀點若用**百分比（percentage）**來傳達將更清楚：「大約 54% 的美國成人是基督新教徒。」

百分比是一個非常有用的統計值，它是透過將原始次數標準化為以 100 為基底的方式，做為理解資料的參考架構。百分比的數學定義是

公式 2.1   百分比：$\% = \left(\dfrac{f}{N}\right) \times 100$

其中，f = 次數，或是特定類別的案例數

N = 所有類別的案例總數

我們使用表 2.1 的資料來說明百分比的計算，樣本中男性的百分比如何計算？請看到男性的次數為 53（$f = 53$），總案例數為 113 位（$N = 113$），因此

$$\% = \left(\frac{f}{N}\right) \times 100 = \left(\frac{53}{113}\right) \times 100 = (0.4690) \times 100 = 46.90\%$$

利用相同的程序，我們也可以計算出女性的比例：

$$\% = \left(\frac{f}{N}\right) \times 100 = \left(\frac{60}{113}\right) \times 100 = (0.5310) \times 100 = 53.10\%$$

27   百分比一般比原始次數更容易閱讀與理解，因此在呈現所有測量層次變項的次數分配表時，增添一欄百分比的資訊是普遍的。例如，表 2.4 提供的資訊與表 2.3 相同，但表 2.4 比表 2.3 額外提供百分比的訊息，使表格更容易理解。

表 2.4　2008 年美國成人自述的宗教歸屬

宗教團體	次數	百分比
基督教	116,203,000	53.71%
天主教	57,199,000	26.44%
猶太教	2,680,000	1.24%
伊斯蘭教	1,349,000	0.62%
佛教	1,189,000	0.55%
一神教	586,000	0.27%
其他	2,992,000	1.38%
無	34,169,000	15.79%
$N = 216,367,000$		100.00%

資料來源：美國人口普查局，2012。美國統計摘要：2012，頁 61。檢索自 http://www.census.gov/prod/2011pubs/12statab/pop.pdf

　　當我們想比較不同規模的群體時，百分比的優勢是特別明顯的。我們來看表 2.5 提供的資訊。哪一所大學主修社會科學專業**相對**較多？由於兩所學校的總入學人數相當不同，因此很難透過比較原始次數得到答案。百分比透過將兩所學校的次數分配標準化為以 100 為基底，來消除兩個學校的規模差異。表 2.6 列出了與表 2.5 相同的資料，但以百分比的形式呈現。

表 2.5　**兩所大學的主修領域（虛構資料）**

主修專業	A 學校	B 學校
商學	103	3120
自然科學	82	2799
社會科學	137	1884
人文學科	93	2176
	$N = 415$	$N = 9979$

表 2.6　**兩所大學的主修領域（虛構資料）**

主修專業	A 學校	B 學校
商學	24.82%	31.27%
自然科學	19.76%	28.05%
社會科學	33.01%	18.88%
人文學科	22.41%	21.81%
	100.00%	100.01%
	(415)	(9979)

　　表 2.6 更容易讓我們掌握相似與相異之處。A 學校主修社會科學專業的百分比高於 B 學校（儘管 A 學校主修社會科學專業的絕對數值少於 B 學校），人文專業的百分比大致相同。你會如何描述另外兩個專業領域的差異？ 28

　　社會科學家使用百分比之外，也使用**比例（proportions）**。比例介於 0.00 到 1.00 之間：比例是將結果標準化為以 1.00 為基底，而百分比是以 100 為基底。簡單而言，比例與百分比相同，只是**沒有**乘以 100。

公式 2.2　　比例 $= \left(\dfrac{f}{N}\right)$

　　百分比可以透過除以 100 轉換為比例，反過來說，比例可以藉由乘以 100 轉換為百分比。這兩個統計值是相同資訊的等效表達，並且可以互換。例如，我們可以將表 2.1 中男性的相對值以比例的方式呈現：

$$比例 = \left(\frac{f}{N}\right) = \left(\frac{53}{113}\right) = 0.47$$

　　我們如何在這些統計值之間進行選擇？對大多數人（包括統計學家）來說，百分比比較容易理解，通常也比較受歡迎。比例使用的頻率較低，通常是在處理機率時使用（見第 5 章）。比例和百分比都是表達結果的有效方式（且呈現相同的內容），但偏好使用百分比完全是基於其易於溝通、理解的優勢。請務必熟悉應用統計 2.1 中所描述的指南。（練習計算和解釋百分比和比例，請見習題 2.1 和 2.2。）

一次一步驟	尋找百分比與比例

步驟	操作
1.	找出 f（某一類別的案例數）和 N（所有類別的案例總數）。請記得 f 是特定類別中的案例數（例如，你就讀學校中的男性學生數），N 是所有類別的案例數（例如，你就讀學校中的所有學生，男性與女性），且除非類別案例數與整體案例數相同（例如，當所有學生都是男性時），否則 f 小於 N。比例不會超過 1.00，百分比不會超過 100%。
2.	比例的計算是 f 除以 N。
3.	百分比的計算是將步驟 2 得到的數值乘以 100。

應用統計 2.1　使用百分比與比例

這些統計值雖然相對簡單，但在使用時應該依循以下準則。

1. 當案例數較小時（例如，少於 20），此時最好呈現實際次數，而不是百分比或比例。在案例數較少的情況下，百分比並不穩定，它會因為相對較小的次數變動而發生劇烈的變化。例如，如果一開始有 10 位男性與 10 位女性（亦即男女各占 50%），再增加 1 位女性，此時女性所占百分比將變為 52.4%，男性降為 47.6%。當觀察數量增加，每額外增加一名案例造成的影響是較小的。倘若我們初始有 500 位男性和 500 位女性，然後再增加一位女性，女性所占的百分比的變化將不到十分之一（從 50% 變為 50.05%）。

2. 總是同時呈現觀察次數與比例和百分比。如此可以讓讀者判斷樣本數是否充足，也有助於防止研究人員利用統計撒謊。像「三個人中有兩個人喜歡統計學課程，而不是其他課程」，這真讓人印象深刻，但如果樣本數僅有三個人，這種說法就頓時失去光彩。你應該對那些沒有提及案例數的報告抱持懷疑態度。

3. 儘管百分比與比例需要進行除法，但它們可以被用於處理順序與名義層次的變項，並不違反測量層次的原則（見表 1.5）。百分比與比例並非對變項的數值進行除法（計算考試平均分數時，即屬此情況），相反地是以某一類別的案例數（f）除以樣本的案例總數（N）。「53.10% 的樣本是女性」，相當於「113 位受訪者中有 60 位女性」，百分比的表達是更方便、更易於理解的方式。

應用統計 2.2　　用統計溝通

不久前，在一家大型社會服務機構裡，機構的執行董事與其中一位部門主管有了以下一段對話。

執行董事：好吧！我不想讓人覺得唐突，但我只有幾分鐘時間。盡可能簡短地告訴我，你提的人事配置的問題。

主管：女士，我們沒有足夠的員工來處理我們的工作。在我們機構中，有 177 位全職員工，但我的部門僅有 50 位。然而，去年我們機構處理的 16,772 件案件中，我的部門就處理了 6,231 件。

執行董事（強忍哈欠）：非常有趣！我一定會就這個問題，給你回覆。

主管可以怎樣更有效率地陳述他的情況呢？因為他想比較兩組數字（他的員工與全體員工，以及他的部門的工作量與機構的總工作量），比例或百分比將是一個陳述結果的更有力方式。如果主管這麼說：「我的部門分配到 28.25% 的員工，但我的部門承擔的工作量卻占機構總工作量的 37.26 %？」這是不是傳達了更清晰的訊息？

第一個百分比可以這麼算

$$\% = \left(\frac{f}{N}\right) \times 100 = \left(\frac{50}{177}\right) \times 100$$
$$= (0.2825) \times 100 = 28.25\%$$

第二個百分比可以如此找到

$$\% = \left(\frac{f}{N}\right) \times 100 = \left(\frac{6231}{16,722}\right) \times 100$$
$$= (0.3726) \times 100 = 37.26\%$$

順序層次變項的次數分配

建構順序層次變項的次數分配的方法與名義層次變項相同。表 2.7 報告了學生支持校園生育控制程度的次數分配。請注意這張表格為了增加清晰度，增列一欄百分比的資訊。

表 2.7 顯示意見分布相當平均。最受歡迎的一個回答是「同意」（33.72%），大多數學生（59.27%）同意或非常同意應該提供保險套與其他「安全性行為」物品。如果研究人員想強調這種模式或讓表格更緊湊，可以像表 2.8 那樣合併類別。然而，如此做是需要付出代價的：同意與不同意程度間較為精準的區別就喪失了。正如同我們在討論表 2.2 與表 2.3 的宗教歸屬時面對的兩難困境一樣，研究者必須在更細緻（較多類別）和更清晰（較少類別）之間取得平衡。（練習建構和解釋名義與順序層次變項的次數分配，見習題 2.5 與 2.12。）

<table>
<tr><td rowspan="2">日常生活
統計學</td><td>**大學主修專業**</td></tr>
<tr><td>表 2.5 與表 2.6 是關於大學生主修專業領域的虛構資料。這個變項在全國資料是什麼樣子呢？多年來是如何變化呢？下表列出六個最常見的專業領域、以及「其他」類別。

2011-2012 年美國各專業領域授與學士學位情況

主修專業	百分比
商學	20%
人文學科	17%
社會科學和行為科學	16%
自然科學和數學	8%
資訊科學與工程學	8%
教育學	6%
其他	25%
總計	100%

　　自 1970 年以來，學士學位的數量已經超過兩倍。其他許多變化中，商學專業的比例從 14% 增加到 20%，教育學專業的百分比急遽下滑，而「其他」專業的百分比則是從不到 10% 增升至 25%。

資料來源：國家教育統計中心，檢索自 https://nces.ed.gov/programs/digest/d13/tables/dt13_318.20.asp</td></tr>
</table>

表 2.7　一所大學中對於生育控制的支持程度（虛構資料）

你非常同意、同意、不同意、還是非常不同意大學健康中心應該依學生需求，在不收取額外費用下提供保險套和其他「安全性行為」物品？

回應	次數	百分比
非常同意	350	25.55%
同意	462	33.72%
不同意	348	25.40%
非常不同意	210	15.33%
	1370	100.00%

表 2.8　一所大學中對於生育控制的支持程度——類別縮減（虛構資料）

你非常同意、同意、不同意、還是非常不同意大學健康中心應該依學生需求，在不收取額外費用下提供保險套和其他「安全性行為」物品？

回應	次數	百分比
非常同意或同意	812	59.27%
不同意或非常不同意	558	40.73%
	1370	100.00%

等距－比率層次變項的次數分配

一般而言，建構等距比率層次變項的次數分配會比建構名義、順序變項之次數分配更為複雜。等距－比率變項的數值通常範圍很廣，這意味著研究者必須對資料進行合併或分組，以產生合理的、壓縮的表格。我們再一次看到研究人員需要在更細緻與更清晰之間抉擇。

舉例來說，假設你希望報告某一社區之「年齡」變項的分布情況。在大多數社區中，年齡的範圍會非常廣泛，從新生兒到 90 多歲或甚至更老的人。如果你只是陳述每一年齡（或數值）出現的次數，你可能會陷入一個具有 80、90、甚至更多類別的次數分配，這樣的表格是非常難以閱讀的。數值（年齡）必須被組織到範圍較大的類別以便於理解。但這些類別範圍究竟需要多大？表格中應該包含多少類別？我們究竟是應該提供更多資訊（類別數較多但類別範圍較窄）還是更清晰的訊息（類別數少但類別範圍較寬）？

建構等距－比率層次變項的次數分配

為了便於說明，讓我們來思考一個由 20 位學生組成的某大學小班級的次數分配。由於大學生的年齡範圍較小，我們可以讓一年自成一個類別（在處理等距－比率層次資料時，這些類別稱為**組距，class intervals**）。建構次數分配的方法是按順序列出年齡，計算每一數值（以年計的年齡）出現的次數，然後加總每一類別的案例數。表 2.9 呈現這些訊息，並顯示年齡集中於 18 和 19 這兩組。

32

表 2.9　某大學班級的學生年齡（虛構資料）

區間寬度設定為一歲	
年齡	次數
18	5
19	6
20	3
21	2
22	1
23	1
24	1
25	0
26	1
	$N = 20$

　　儘管這個表格已經相當清晰，但假使你希望建構一個更緊湊的（不那麼細緻的）的資料摘要。為了達到此一目標，你必須將數值歸入更廣的組距。增加組距的寬度（例如，增加至兩年）將減少組數，並產生一更壓縮的資料圖像。表 2.10 中的數值分組明顯強調年輕受訪者的主導地位，透過增加一欄百分比的訊息，可以更突顯此一趨勢。

表 2.10　某大學班級的學生年齡（虛構資料）

區間寬度設定為二歲		
年齡	次數	百分比
18-19	11	55.0%
20-21	5	25.0%
22-23	2	10.0%
24-25	1	5.0%
26-27	1	5.0%
	$N = 20$	100.0%

設定組限

　　請注意表 2.10 的組距，它們之間有一明顯的間隔；亦即**設定的組限（stated class limits）**之間有一個單位的距離。乍看之下，這些間隔似乎違反第 1 章介紹的周延性原則（見表 1.2），但是因為年齡是以整數來測量的，因此「間隔」實際上並不構成問題。在考量測量的精確程度下（以整年為單位，而不是以 0.1 年為單位），沒有任何案例的數值會落在兩個組之間。表 2.10 的組距是周延、互斥的，20 位受訪者都可以被歸類至一個且唯一一個的年齡類別。

　　然而，想一想若要更精準的測量年齡會有什麼困難？如果年齡是以 0.1 年來測量，那麼 19.5 歲的受訪者會被歸類到表 2.10 中的哪一組呢？我們總是必須以與資料同樣精確的程度來設定組限，藉以避免這種含糊不清的局面。因此，如果年齡以 0.1 年進行測量，那麼表 2.10 的組限也將以 0.1 年來表示。例如：

　　17.0-18.9

　　19.0-20.9

　　21.0-22.9

　　23.0-24.9

　　25.0-26.9

　　為了維持類別間的互斥原則，組距間不應該重疊。倘若你使用與資料相同的精確度來設定組限（可能是整數、十分之一、百分之一等），並在組距之間保持一個「間隔」，你將總是能產生一個次數分配，將所有案例分配到其中一個且唯一一個的類別。

組中點

有時——例如在建構某些統計圖時——你需要指出組距的中間點，稱為**組中點**（**midpoints**）。組中點恰好是位在組距之上下限範圍的一半，你可以透過加總上下限再除以 2 來找到組中點。詳細說明請見「一次一步驟」的指引。（練習尋找組中點的，請參照習題 2.8b 與 2.9b 。）

表 2.11　尋找組中點

組距寬度設定為 3	
組距	組中點
0-2	1.0
3-5	4.0
6-8	7.0
9-11	10.0

組距寬度設定為 6	
組距	組中點
100-105	102.5
106-111	108.5
112-117	114.5
118-123	120.5

一次一步驟　　**尋找組中點**

步驟	操作
1.	找到次數分配表中最低組距之上限與下限。以表 2.11 的上半部來說，最低組距（0-2）包含 0、1、與 2，組距的下限為 0，上限為 2。
2.	加總下限與上限後除以 2。表 2.11 上半部最低組距（0-2）之組中點為 1：$(0+2)/2 = 1$。
3.	其他組距的組中點可以藉由重複步驟 1 與步驟 2 求得。另一種算法是以組距寬度的數值加上鄰近較低一組的組中點。例如，表 2.11 上半部最低一組是 0-2，組中點為 1，其組距寬度為 3（亦即包含三個數值），因此下一組較高組距（3-5）之組中點即為 1+3，或 4。組距 6-8 的組中點即為 4+3，或 7，以下類推。

累積次數與累積百分比

34　　　　**累積次數**（cumulative frequency）與**累積百分比**（cumulative percentage）是等距－比率資料之基本次數分配常用的輔助工具。這些欄位可以讓我們一目了然地掌握次數分配中處於或低於某一數值或組距的案例數。增加這些欄位訊息的方法請依循「一次一步驟」的指引。表 2.12 是以表 2.10 為基礎，再增加累積次數與累積百分比兩欄訊息。

　　　　當研究人員想要說明案例在廣泛數值範圍中的分布情況時，這些呈現累積資訊的欄位相當有用。舉例而言，表 2.12 清楚表示，班級中絕大多數的學生都小於 21 歲。如果研究人員希望強調這個訊息，那麼增加這些累積資訊的欄位就極為方便。

表 2.12　某一大學班級的學生年齡分布

年齡	次數	累積次數	百分比	累積百分比
18-19	11	11	55.0%	55.0%
20-21	5	16	25.0%	80.0%
22-23	2	18	10.0%	90.0%
24-25	1	19	5.0%	95.0%
26-27	1	20	5.0%	100.0%
	$N = 20$		100.0%	

一次一步驟	在次數分配表中增加累積次數與累積百分比

步驟　操作

累積次數欄位

1. 從最低組距（數值最小的組距）開始。累積次數的開始欄位將等同於該組距的案例數。

2. 焦點轉至下一個組距。這個組距的累積次數是此組距的案例數，加上低於該組距的總案例數。

3. 持續增加（或累加）各組距的案例數，直到完成最高的組距為止，最高組距的累積次數將等同於 N。

步驟　操作

累積百分比欄位

1. 計算每個類別的案例百分比，再依循上述計算累積次數的模式計算累積百分比。最低組距的起始值等同於該組距的案例百分比。

2. 下一個組距的累積百分比。累積百分比是該組距的案例百分比加上低於該組距的案例百分比總和。

3. 持續增加（或累加）各組距的百分比，直到完成最高組距的計算，此時最高組距的累積百分比將為 100%。

大多數真實研究情境中考量的案例數與類別數，都遠多於我們所示範的表格，且累積百分比通常比累積次數更常被使用。

不等距的組距

就一般規則而言，次數分配表的組距寬度應該相等，以便於最大限度的提升清晰度與理解性。例如，表 2.12 的組距寬度皆為 2 年。但仍有其他幾種表示組距的方式，以下我們將個別檢視每一種情況。

開放組距（Open-Ended Interval）。如果我們在表 2.12 增加一個 47 歲的學生，那該表格的次數分配會發生什麼變化？我們現在會有 21 個案例，最年長的受訪者（現在 47 歲）和第二年長的受訪者（26 歲）之間有很大的差距。如果我們要在表 2.12 中納入這個年齡較大的學生，我們就不得不包括九個新的組距（28-29、30-31、32-33 等），但在 46-47 的組距之前，這些組距的案例都是零，這不僅浪費空間，也可能不清楚、令人困惑。處理一些非常高（或低）的數值的方法，是在次數分配表中增加一個「開放」的組距，如表 2.13 所示。

表 2.13 中的開放組距允許我們能較緊湊地呈現資料。我們可以增加一個最低的開放組距來處理極低的數值（例如，「17 歲及以下」）。當然，這種效率仍需付出代價——表格中忽略了開放組距中確切數值的資訊，因此這種技術不應該被任意使用。

不等距的組距（Intervals of Unequal Size）。在某些變項上，大多數數值都緊密聚集在一起，而其他數值卻散布在廣泛範圍間。請你看一下 2012 年美國的收入分配，大多數家庭（約 54%）的年收入在 25,000 至 100,000 美元間，有相當規模的群體（24.4%）的年收入低於這個數字。從統計的角度來看，建構表格的困難來自於處理那些收入超過 10 萬美元等較為富裕的家庭。儘管這些類別的家庭相對較少（21.6%），但我們仍然必須考慮這些家庭。

表 2.13　**某一大學班級的學生年齡分布（** $N = 21$ **）**

年齡	次數	累積次數
18-19	11	11
20-21	5	16
22-23	2	18
24-25	1	19
26-27	1	20
28 及以上	1	21
	$N = 21$	

如果我們使用等距組距，如在表 2.14 中以 10,000 美元為組距寬度，那麼表 2.14 將需要 30 或 40 或更多組距來涵蓋所有較富裕的家庭，但在許多較高收入的組距中，案例數很少或為零，特別是那些超過 150,000 美元以上的組距。如此將產生一個非常龐大、冗長的表格，且難以理解。

在這種情況下，我們可以使用不等組距來更有效率地描述變項訊息，如表 2.14 所示。表 2.14 中一些組距的寬度為 10,000 美元，另一些組距的寬度為 25,000 美元或 50,000 美元，還有兩個（最低和最高的組距）是開放組距。使用多種組距寬度的表格可能會讓讀者讀起來有些混亂，但可換來較緊湊與較有效率的表格。（練習建構與解釋等距－比率層次變項的次數分配，可見習題 2.5 與 2.12。）

表 2.14　2012 年美國家戶收入分配

收入	家戶百分比	累積百分比
少於 $10,000	7.7%	7.7%
$10,000 - $14,999	5.6%	13.3%
$15,000 - $24,999	11.1%	24.4%
$25,000 - $34,999	10.4%	34.8%
$35,000 - $49,999	13.8%	48.6%
$50,000 - $74,999	18.0%	66.6%
$75,000 - $99,999	11.9%	78.5%
$100,000 - $149,999	12.4%	90.9%
$150,000 - $199,999	4.6%	95.5%
$200,000 及以上	4.6%	100.1%
	100.01%	
$N = 115,969,540$		

資料來源：美國人口普查局，2014。2012 年美國社區調查。檢索自：http://factfinder2.census.gov/faces/tableservices/jsf/pages/productview. xhtml？pid=ACS_12_1Yr_DP03&prodtype=table

總結：等距－比率層次變項的次數分配

37　　　請記住，建構等距－比率變項的次數分配並沒有絕對的規則。你只要在設定組距時讓組距間存在一「間隔」，且讓每一數值都能歸類至相應的組距，便可以在達到細緻度（更多類別）與清晰度（更少類別）的最佳平衡下，自由地做出屬於你自己的決定。「一次一步驟」提供你一些建構這些表格的普遍準則。另外，你可能有機會使用電腦與像 SPSS 這種軟體來幫助你建構表格。「使用 SPSS」說明如何使用 SPSS 來產生次數分配。

一次一步驟	建構等距－比率變項的次數分配

步驟	操作
1.	決定使用多少個組距（k）。一個合理的慣例是建議組距數應該是 10 個左右（$k = 10$）。許多研究情境可能要求組距數少於 10 個，但有 15 或 20 個組距數的次數分配也是常見的。但只有少數情況下才會使用超過 20 個組距，因為這樣產生的次數分配將過大而不易於理解。
2.	利用最大數值減去最小數值來找出全距（R）。
3.	找出組距的大小（i，組距的寬度），以 R（第 2 步驟）除以 k（第 1 步驟）： $$i = R / k$$ 將求得的 i 四捨五入到一個方便的整數，此即為組距的大小或寬度。
4.	設定最低組距，使其下限等於或低於最低數值。最高組距將等於或大於最高數值。一般而言，組距的寬度應該相等，但在方便的情況下，也可以使用不等組距和開放組距。
5.	設定組距的上下限時必須使用與測量資料相同的精準度，組距間不能重疊。如此你將完成組距的設定，且使每一個案例都能被歸類到一個且唯一一個類別。
6.	計算每一組距的案例數，並在標有「次數」的欄位中呈現這些計數。在這一欄位的底部呈現案例總數（N）。表格中還可以包括百分比、累積次數和累積百分比的欄位。
7.	仔細檢查次數分配。是否有太多細節被省略了？如果是的話，應該用更多組距來重建表格（或者用更小的組距寬度）。表格是否過於詳細？如果是的話，應用更少的組距來重建表格（或者使用更寬的組距）。是否有太多組距沒有案例？如果是的話，可以考慮使用不等組距，或是開放組距。請記住，次數分配是由你以一種人為的方式做出決定後所產生的，因此如果考慮到研究目的，表格看起來似乎不是那麼理想，請重製表格，直到你滿意它在細緻度與簡潔之間取得最佳平衡為止。
8.	賦予你的表格一個清晰、簡明的標題。如果你的報告中包含多個表格，請為這些表格編號，所有的類別與欄位也必須標示清楚。

應用統計 2.3　次數分配

下表呈現參與監外工作之 50 名囚犯的年齡。這個群體是年輕還是年老呢？次數分配將提供整體年齡結構的精確圖像。

18	60	57	27	19
20	32	62	26	20
25	35	75	25	21
30	45	67	41	30
37	47	65	42	25
18	51	22	52	30
22	18	27	53	38
27	23	32	35	42
32	37	32	40	45
55	42	45	50	47

　　我們將使用大約 10 個組距來展現這些資料。透過檢視，我們看到最年輕的囚犯是 18 歲、最年長的囚犯是 75 歲。全距（R）是 57，區間寬度是 57/10，或 5.7，因此可以將其四捨五入為 6、或無條件捨去小數點為 5。讓我們從 18 歲開始並設定組距寬度為 6。最低組距的範圍將是

18-23。現在我們必須設定其他所有組距的範圍，計算每一組距的案例數，並以次數分配的形式展現這些計數，欄位中可以增加百分比、累積百分比、及／或累積次數的訊息，表格如下：

年齡	次數	百分比
18-23	10	20%
24-29	7	14%
30-35	9	18%
36-41	5	10%
42-47	8	16%
48-53	4	8%
54-59	2	4%
60-65	3	6%
66-71	1	2%
72-77	1	2%
	$N = 50$	100%

囚犯的年紀相當平均地分布在 18-35 的年齡組，然後次數開始下降，明顯地，幾乎沒有囚犯被歸至最老的年齡組。

使用 SPSS 產生次數分配表

38　　在「使用 SPSS」的第一部分，我們將使用 SPSS 替 *attend* 變項（這是衡量美國人參加宗教儀式頻率的指標）建構次數分配。

　　請按以下步驟來取得次數分配。

1. 找到並點擊桌面 SPSS 圖標。

2. 下載 2012 年一般社會調查（General Social Survey）資料檔。

　　a. 在選單的最左邊找到 **File** 指令，然後點擊 **File→Open→Data**。

　　b. 找到隨本書提供的 *GSS2012* 資料檔。如果你還沒有取得，你可以從本書網站下載這個檔案。

3. 從 SPSS 視窗頂端的選單中，點擊 **Analyze, Descriptive Statistics** 與 **Frequencies**。

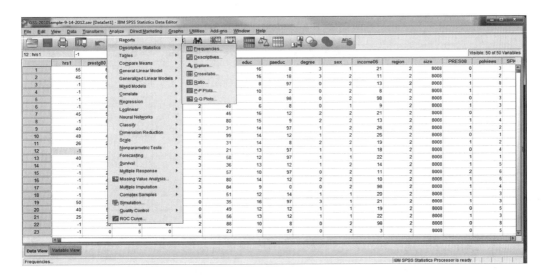

4. 在 Frequencies 視窗左邊的變項方框中找到變項（*attend*），並點擊箭頭將變項   39
attend 移至右邊的方框，你將看到相似於下圖的畫面。

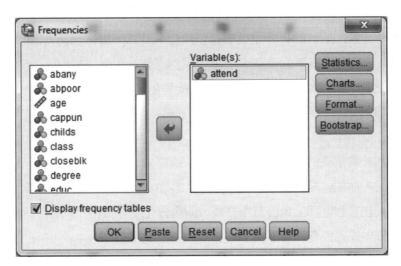

左邊視窗可以依名稱（如 *abany, abpoor*）或依標籤（如 ABORTION IF
WOMAN WANTS FOR ANY REASON）顯示變項。如果顯示的是標籤，你可
以透過點擊 **Edit, Options**，然後在 General 選項中進行切換、改為變項名稱。
更多訊息請見附錄 F 與表 F.2。

5. 點擊 **OK**，次數分配將傳送至 "SPSS Output" 視窗。
輸出畫面如下所示：

How Often R Attends Religious Services

		Frequency	Percent	Valid Percent	Cumulative Percent
Valid	NEVER	364	25.0	25.1	25.1
	LT ONCE A YEAR	83	5.7	5.7	30.8
	ONCE A YEAR	194	13.3	13.4	44.2
	SEVRL TIMES A YR	135	9.3	9.3	53.5
	ONCE A MONTH	97	6.7	6.7	60.2
	2-3X A MONTH	126	8.6	8.7	68.8
	NRLY EVERY WEEK	55	3.8	3.8	72.6
	EVERY WEEK	289	19.8	19.9	92.6
	MORE THN ONCE WK	108	7.4	7.4	100.0
	Total	1451	99.6	100.0	
Missing	DK,NA	6	.4		
Total		1457	100.0		

40　　　　首先要注意的是，*attend* 這個變項是順序測量層次的變項。有一個真正的零點（「從不」），但出席率被整理到一廣泛、不等距的一系列類別中。

其次，這個表格看起來與本章介紹的次數分配極為相似。類別（或數值或組距）列於左邊，下一欄位是次數。我們可以馬上看到，參加教會最普遍的是數值是「從不」（364 位受訪者），其次是「每周」（289 位受訪者）。

下一欄位（Percent）的百分比是根據整體樣本計算而得，包括六個回答 DK（不知道）或 NA（沒有回答）的受訪者，這些案例應該被視為「缺漏」，不應歸在計算範圍內，因此我們將忽略這一欄位的訊息。接著焦點轉至有效百分比一欄，此即排除所有缺漏案例之後的百分比。掃視一下這一欄位，就會看到兩個最常見的數值是「從不」（25.1%）與「每周」（19.9%）。最後，累計百分比一欄顯示，大多數受訪者（53.5%）參加教會儀式的頻率為「每年幾次」或更少。

總結來說，你如何描述此表的資料樣態？參加宗教活動在美國是一個重要的價值觀嗎？美國人在宗教信仰上是否有所分歧或兩極分化？你覺得不同教派、不同年齡或性別的宗教參與模式會有什麼不同？

比值、比率、與百分比變化

比值、比率和百分比變化是用於簡單與清楚地摘要結果的統計值。它們可以單獨使用或與次數分配合併使用，且對任何測量層次的變項都可以計算比值、比率和百分比變化。雖然它們彼此相似，但每一個統計值都有其特定的應用與目的，我們將逐一地斟酌、考量這些統計值。

比值

41　　**比值（Ratios）**的計算方法是將一類的次數除以另一類的次數。比值的計算公式為

公式 2.3　　比值 $= \dfrac{f_1}{f_2}$

其中，f_1 為第 1 類的案例數

f_2 為第 2 類的案例數

比值對於比較一個變項中不同類別的相對規模是特別有用的。為了說明這一點，假使你對各種宗教教派的相對規模感到興趣，並發現一個社區包含 1370 戶基督新教家庭與 930 戶天主教家庭，基督教（f_1）與天主教（f_2）的比值是以 1370 除以 930：

$$\text{比值} = \frac{f_1}{f_2} = \frac{1370}{930} = 1.47$$

比值 1.47 意味著每一戶天主教家庭就有 1.47 戶基督新教家庭。

比值是表現相對規模極為經濟的方式。在我們的例子中，從原始資料可以明顯發現基督教的戶數多於天主教，而比值則精確地告訴我們，一個類別的數目究竟比另一類別多出多少。

比值通常要乘以 10 的某個次方，以消除小數點。例如基督新教徒與天主教徒的比值，可能被乘以 100 後以 147 來呈現，而非 1.47。這代表著，社區中每 100 戶天主教家庭就有 147 戶基督新教家庭。為了確保清晰性，比值的比較單位也經常被呈現出來。以一為單位，則基督新教徒與天主教徒的比值將被表示為 1.47：1；以百為單位，則相同的統計數可以表示為 147：100。（關於計算與解釋比值的練習題，參見習題 2.1 與 2.2）。

應用統計 2.4　　比值

表 2.5 中，與社會科學專業相比，B 大學裡有多少自然科學專業的學生？這個問題可以次數的方式來回答，但使用比值來回答是一個更容易理解的表達方式。自然科學對社會科學的比值為：

$$\text{比值} = \frac{f_1}{f_2} = \frac{2799}{1884} = 1.49$$

在 B 大學，每一位社會科學專業的學生中有 1.49 位自然科學專業的學生。

比率

比率（Rates）是另一種摘要單變項分布的方式。比率定義為每單位時間內的特定現象實際發生次數除以潛在發生次數。比率通常會透過乘以 10 的某個次方以消除小數點。

例如，一個人口的粗死亡率定義為該人口每年的死亡總數（實際發生數）除以該人口總數（潛在發生數），再將此數乘以 1000。公式可以下述方式表示：

$$粗死亡率 = \frac{死亡數}{人口總數} \times 1000$$

如果一個 7000 人的城鎮在某一年有 100 人死亡，則粗死亡率應為

$$粗死亡率 = \frac{100}{7000} \times 1000 = (0.01429) \times 1000 = 14.29$$

或是說，在這一年裡，每 1000 人中有 14.29 人死亡。

比率通常可用於衡量犯罪。對於某種特定的犯罪，比率是指發生數除以人口總數，再乘以 100,000。例如，如果一個 237,000 人的城市在某一年發生 120 起汽車竊盜案，則該城市在那一年的汽車竊盜案率將為

$$汽車竊盜率 = \frac{120}{237,000} \times 100,000 = (0.0005063) \times 100,000 = 50.63$$

或是說，每 100,000 人中有 50.63 起汽車竊盜案。（練習計算與解釋比率，請見習題 2.3 與 2.4a）。

應用統計 2.5　比率

一個 16.7 萬人口的城市在 2010 年有 2500 位新生兒。該城市在 1970 年時，城市總人口為 13.3 萬人，當時有 2700 位新生兒。這個城市的出生率是上升或下降呢？

雖然從前面的訊息可以判斷這個問題，但如果我們計算這二年的出生率，出生率下降的趨勢將更為明顯。與粗死亡率一樣，粗出生率通常以乘以 1000 來表示，1970 年的粗出生率為：

$$粗出生率 = \frac{2700}{133,000} \times 1000 = 20.30$$

該城市在 1970 年時每 1000 人中有 20.30 位新生兒。而 2010 年的粗出生率為：

$$粗出生率 = \frac{2500}{167,000} \times 1,000 = 14.97$$

該城市在 2010 年時每 1000 人中有 14.97 位新生兒。這些統計值可以清楚表達出粗出生率下降的趨勢。

百分比變化

衡量各種社會變化是所有社會科學的重要任務。**百分比變化**（**percentage change**）是達成此目標的重要統計值，它可以告訴我們一個變項在一段時間範圍內增加或減少多少。

計算這個統計值，我們必須掌握一個變項在兩個不同時間的數值，這數值可以是次數、比率或百分比的形式。百分比變化可以讓我們知道，相對於較早的時間點，較後期時間點之數值的變化有多大。讓我們再以死亡率為例，當一個社會遭逢嚴重的疾病擴散，其死亡率從 2000 年每 1000 人有 16 人死亡，上升到 2010 年每 1000 人有 24 人死亡，顯然 2010 年的死亡率較高，但相對於 2000 年而言，2010 年的死亡率高出多少呢？

百分比變化的公式為：

公式 2.4　　百分比變化 $= \left(\dfrac{f_2 - f_1}{f_1}\right) \times 100$

其中，f_1 為第 1 個時間的數值，次數或值

f_2 為第 2 個時間的數值，次數或值

在這個例子中，f_1 是 2000 年的死亡率（$f_1 = 16$），而 f_2 是 2010 年的死亡率（$f_2 = 24$）。計算公式是由後期數值減去前期數值後再除以前期數值，計算出來的結果表示為兩數值的變化量（$f_1 - f_2$）與前期數值（f_1）的相對規模，將此結果以百分比的形式呈現則需再乘以 100：

$$\text{百分比變化} = \left(\frac{24 - 16}{16}\right) \times 100 = \left(\frac{8}{16}\right) \times 100 = (0.50) \times 100 = 50\%$$

2010 年的死亡率比 2000 年高出 50％，這意味著 2010 年的死亡率等於 2000 年的死亡率再加上 2000 年一半的死亡率。如果 2010 年的比率上升到每 1000 人中有 32 人死亡，百分比變化將變為 100％（表示死亡率增加一倍，或 2010 年是 2000 年的二倍）；如果死亡率下降為每 1000 人中有 8 人死亡，那麼百分比變化將變為 −50％。請注意其中的負號，這意味死亡率下降了 50％，2010 年的死亡率是 2000 年的一半。

我們用另一個例子來更清楚地說明百分比變化的計算與解釋。假設我們想比較不同國家到了 2050 年時的推估人口成長率，表 2.15 呈現相關的資訊，其中呈現了每一國家在 2013 年的實際人口數與 2050 年的推估人口數。「增加／減少」一欄顯示了在這一段時間內將增加或減少的人口數。

哪一個國家的人口成長最快？或許隨意一瞥就能看出端倪，但我們可以使用百分比變化來進行精確比較。表 2.15 最右邊的欄位是以 2050 年的數值（f_2）減去 2013 年的數值（f_1），除以 2013 年的數值，再乘以 100 計算而來的。

44

表 2.15　2013-2050 年間六個國家的人口成長推估

國家	2013 年人口數 (f_1)	2050 年人口數 (f_2)	增加／減少 ($f_2 - f_1$)	百分比變化
中國	13,574,000,000	1,314,400,000	− 43,000,000	− 3.17
美國	313,200,000	399,800,000	86,600,000	27.65
奈及利亞	173,600,000	440,400,000	266,800,000	153.69
墨西哥	117,600,000	150,000,000	32,400,000	27.55
英國	64,100,000	78,800,000	14,700,000	22.93
加拿大	35,300,000	48,400,000	13,100,000	37.11

資料來源：Population Reference Bureau, 2014。2013 世界人口數據。取自 http://www.prb.org/Publications/Datasheets/2013/2013-world-population-data-sheet/data-sheet.aspx

---

應用統計 2.6　百分比變化

美國家庭在過去幾十年一直迅速變化。其中一個主要的變化是已婚女性與育有年幼子女的媽媽出外工作的人數增加。例如，在 1970 年，育有 6 歲以下子女的已婚女性中有 30.3％ 外出工作，在 2012 年時此百分比上升至 64.8％。這一個變化究竟有多大？

　　很明顯地，2012 年的百分比高出許多。計算百分比變化將告訴我們精確的變化幅度。1970 年的百分比是 f_1，2012 年的

百分比是 f_2，所以

$$百分比變化 = \left(\frac{64.8 - 30.3}{30.3}\right) \times 100$$

$$= \left(\frac{34.5}{30.3}\right) \times 100 = 113.86$$

在 1970 至 2012 年之間，育有 6 歲以下子女的已婚女性外出工作的百分比增加 113.86％，這是一個極大的變化——比早期的百分比增加了一倍多，這點出了家庭此社會制度的重大變化。

資料來源：U.S Department of Labor, 2014。2012 年家庭就業特性。取自 http://www.bls.gov/news.release/famee.nr0.htm U.S. Bureau of the Census. 2012。2012 年美國統計摘要（頁 385）。Washington, DC: Government Printing Office。取自 http://www.census.gov/prod/2011pubs/12statab/labor.pdf

---

一次一步驟　尋找比值、比率和百分比變化

步驟　操作

比值

1. 確定 f_1 與 f_2。f_1 是第一個類別的個案數（例如，你的學校中的男性人數），f_2 是第二個類別的個案數（例如，你的學校中的女性人數）。

2. 用 f_1 除以 f_2。

3. 報告結果時，你可以將步驟 2 計算得到的數值乘以 10 的某個次方。

比率

1. 確定實際發生數（例如，出生、死亡、兇殺、襲擊），此數值是公式中的分子。

2. 確定潛在發生數，這個數值通常是某地區的總人口數，是公式中的分母。

3. 將實際發生數（步驟 1）除以潛在發生數（步驟 2）。

4. 將步驟 3 計算得到的數值乘以 10 的某個次方。傳統上，出生率與死亡率通常乘以 1000，犯罪率通常乘以 100,000。

百分比變化

1. 確定 f_2 與 f_1 的數值，前者是 t_1（較早時間）的數值，後者是 t_2（較晚時間）的數值。

2. 將 f_2 減去 f_1。

3. 將你在步驟 2 中計算而得的數值除以 f_1。

4. 將第 3 步驟計算而得的數值乘以 100。

中國是這六個國家中人口數最多的國家，但到 2050 年時中國將減少大約 3% 的人口數。美國在這段時間的人口將成長將近 28%，墨西哥和英國的人口數也將約增加其 2013 年人口數的四分之一。加拿大增加的更快──大約是 37%，但奈及利亞的成長率是最高的，她增加的人口數是最多的，其人口成長將超過 150%，這代表奈及利亞在 2050 年的人口數將是 2013 年的 2.5 倍。（練習百分比變化的計算與解釋，見習題 2.4b。）

日常生活 **統計學**	**交通事故死亡人數** 美國的高速公路是否變得更危險？這裡有一些統計數據：在 1994 年發生 40,716 起死亡車禍，而在 2011 年這個數字下降至 32,367，此數值減少了 20.5%，這當然是好事。但這些原始資料是否說明了完整始末？如果我們考慮了人口的變化，道路使用者（汽車與駕駛人數量）、或駕駛習慣的變化後，其比較是不是更有意義也富有更多訊息？ 　　一個讓統計表達地更清楚的方法是依據美國人每年駕駛里程數來計算交通死亡率。每行駛 1 億英里，交通死亡率從 1990 年的 1.7 下降至 2011 年的 1.1，比先前的原始資料的下降幅度更大，約下降了 35.3%。哪些因素可能讓高速公路更加安全呢？ 資料來源：National Highway Traffic Safety Administration, 2014。取自 http://www-fars.nhtsa.dot.gov/Main/index.aspx

成為具批判性的閱聽人：用統計說謊

數字可能不會說謊，但人們可以掩蓋真相、混淆問題、誤導、誤解與欺騙。成為一位具有統計素養者，一部分是能夠批判性的分析數字，與確保自己不受他人誤導。已有專書書寫統計如何撒謊：在這有限的篇幅裡，我們所能做的是提醒你一些常見的誤用，並提醒你裝備好自己，成為具有批判能力的人。

　　或許，用統計「撒謊」的最具挑戰性的例子，是當統計數字沒有錯，但卻呈現出不完整或帶有偏誤的情況。經濟學家 Charles Wheelan[*] 給我們一個很棒的例子。在他居住的州，個人所得稅從 3% 提高到 5%，支持提高稅率的政黨認為這僅僅是兩個百分點的變化，實際上這並沒有錯。另一方面，反對者透過計算百分比變化，則顯示出稅率有 67% 的大幅度成長：

$$百分比變化 = \left(\frac{5-3}{3}\right) \times 100$$
$$= \left(\frac{2}{3}\right) \times 100 = 66.67$$

　　這兩個統計值都是對的，但哪一個更相關也更合適呢？

*Wheelan, Charles. 2013. Naked Statistics: Stripping the Dread from the Data. New York: Norton, p. 29.

使用統計圖呈現資料

46　　　研究者常常使用統計圖來視覺化他們的數據資料。這些工具在傳達整體分配形狀與強調某一特定範圍內的個案群是特別好用的。

　　統計圖的型態相當多元，但這邊我們只介紹四種統計圖。圓餅圖與長條圖適用於任何測量層次的變項，直方圖與折線圖（或次數多邊形圖）適用於等距－比率層次的變項。

　　這邊所介紹的統計圖都可以輕易地利用 SPSS 統計軟體、微軟的 Excel 和其他大學中常見的軟體程式來繪製。這些程式相對靈活也易於使用。我將在下一節與本章最後的「你是研究者」中示範用 SPSS 繪製統計圖。

圓餅圖

　　圓餅圖（pie charts）是呈現某變項的類別之間相對規模的絕佳工具。圖 2.1 展示表 2.2 中美國成人的宗教歸屬的分布情況，在此表 2.16 重置表 2.2 但加上百分比的資訊。

　　圓餅圖是將一個圓分成與類別相對次數成比例的「片」。最大的一片代表基督新教，幾乎占了 54% 的個案，最小的一片是猶太教，是最小的類別。你可以將圓餅圖想像成一種視覺化的次數分配，而圖 2.1 可明顯且清晰的展示各種宗教的相對規模。

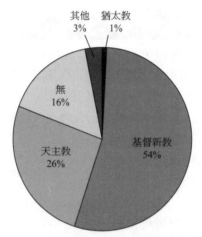

圖 2.1　2008 年美國成人自述之宗教歸屬

表 2.16 **2008 年美國成人自述之宗教歸屬**

宗教團體	次數	百分比
基督教	116,203,000	53.71
天主教	57,199,000	26.44
猶太教	2,680,000	1.24
其他	6,116,000	2.83
無	34,169,000	15.79
	$N = 216,367,000$	100.01

資料來源：見表 2.2

　　如同圓餅圖，**長條圖（bar charts）**也相當直觀。變項的類別沿著水平軸（或橫 47
座標）排列，次數或百分比（如果你偏好呈現百分比的話）沿垂直軸（或縱座標）排
列，長條的高度與類別的相對次數成比例。與圓餅圖一樣，長條圖也是次數分配表的
視覺化呈現。圖 2.2 再現圖 2.1 與表 2.16 中展示的宗教歸屬的數據資料。

　　圖 2.2 的詮釋與圖 2.1 的圓餅圖完全相同，研究者可以自由選擇圓餅圖或長條圖
來呈現數據資料。然而，如果一個變項的類別超過四或五個，則長條圖會是比較好的
選擇，因為圓餅圖會因為類別數過多而變得非常擁擠。（練習建構與解釋圓餅圖與長
條圖，可見習題 2.13。）

直方圖

　　直方圖（Histograms）乍看之下很像長條圖，事實上建構方式也大致相同。然 48
而，直方圖中的直條在從最低到最高數值的連續序列中緊緊相鄰。這種統計圖最適合
用於呈現那擁有廣泛範圍數值之等距－比率變項。

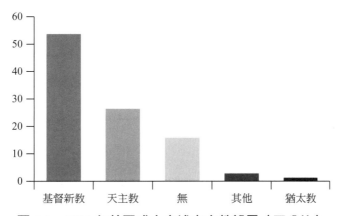

圖 2.2 **2008 年美國成人自述之宗教歸屬（百分比）**

　　圖 2.3 是使用直方圖展示資料的例子，此統計圖呈現 2012 年美國人口的年齡分布。請你留意，年齡是一個等距－比率變項，但除了最年長的類別（85 歲及以上）為一個開放組距的類別之外，它已經被壓縮為每 5 年（組距寬度）為一個類別的變項。

　　圖中的直條寬度為 5 年，其高低不一的高度則反映每 5 年一組的受訪者人數的差異。正如你所想的，圖中從 60 歲左右開始有一個明顯的陡降，一直到最年長的年齡組，這反映較高年齡組有較高的死亡率。

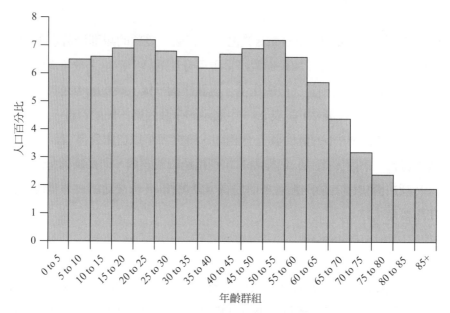

圖 2.3　2012 年美國人口的年齡分布

　　請看到這張圖中，在 50 到 55 歲的年齡組（1962-1967 年間出生者）和 20-25 歲的年齡組（1992-1997 年間出生者）出現高峰，其中較年長的年齡組是「嬰兒潮」世代的一部分，這是導因於第二次世界大戰結束後到 1960 年代中期的高出生率，第二個或較年輕高峰是對第一個高峰的回應，這兩個高峰相隔約 30 年，或約是一代之隔，年輕高峰的許多成員是年長高峰成員的子女。

折線圖

　　折線圖（**Line charts**）（或**次數多邊形圖**，**frequency polygons**）相似於直方圖，但不是利用直條來呈現次數，而是連結各組中點相對應的點來呈現，點的高度反映各組的個案數。這種統計圖特別適用於具有很多數值的等距－比率變項。圖 2.4 展示了 1964 到 2012 年間男性與女性年輕選民在總統選舉中的投票率。

　　請留意這兩條線隨著時間平移，而女性的投票率始終高於男性，此外這兩群體的投票率在 1960 年代和 1972 年最高，此後普遍呈現下降的趨勢，儘管 1992 年（柯林頓總統首次當選）與 2008 年（歐巴馬總統首次當選）的投票率有再出現高峰。

　　直方圖與折線圖本質上是展示相同訊息之互為替代工具。因此這兩種工具之間的選擇取決於研究者的美學感受。（練習建構與解釋直方圖與折線圖，見習題 2.10 與 2.13。）

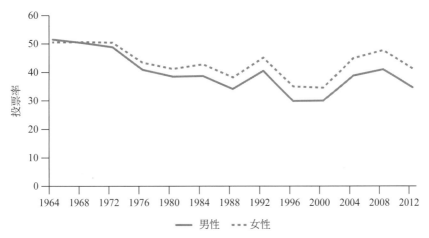

圖 2.4　年輕（18-24 歲）男性和女性選民在總統選舉年的投票率，1964-2012 年

使用 SPSS 產生統計圖

　　SPSS 可以製做各種統計圖。這裡我們將透過使用一般社會調查（General Social Survey, GSS）資料來製作圓餅圖和直方圖，以說明這些程序。我們將再次使用 *attend* 這個變項繪製圓餅圖，使用 *age* 變項繪製直方圖，我們可以比較 GSS 的年齡分布與圖 2.3 展示之母體的年齡分布。

　　依照這些步驟可以繪製圓餅圖：

1. 在你的桌面找到 SPSS 圖示並點擊該圖示。

2. 載入資料。

　　a. 在選單最左側找到 **File** 指令，然後點擊 **File→Open Data**。

　　b. 找到隨書提供的 2012 一般社會調查（*GSS2012.sav*）資料檔。如果你還未下載該資料檔，你可以從本書的網站下載這個檔案。

3. 從 SPSS 視窗頂端的選單中，點擊 **Graph, Legacy Dialog** 和 **Pie**。

51

日常生活
統計學

結婚與離婚

在美國社會中，人們對美國家庭的未來擔憂甚深，更明確地說，是對高離婚率感到擔憂。美國離婚率比西方其他工業化國家來得高，但你可能會驚訝的發現——美國的離婚率自 1980 年代初期以來就一直在下降。為什麼呢？其中一個原因是源於結婚率也在下降——除非你結婚，否則就不會離婚！折線圖展示這兩種比率的趨勢變化。

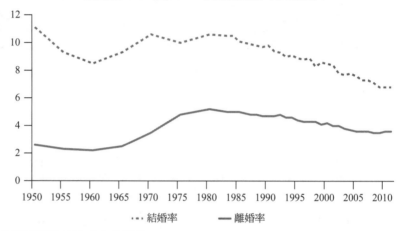

美國在 1950 至 2011 年間的結婚率與離婚率

······ 結婚率　　——離婚率

比率是指每 1000 人中的比率

資料來源：1950-2008: U.S. Bureau of the Census, 2012。取自 http://www.census.gov /prod/2011pubs/12statab/vitstat.pdf; 2009-2011: Centers for Disease Control. 2014. 取自 http://www.cdc.gov/nchs/nvss/marriage_divorce_tables.htm

這些訊息可使用表格的方式呈現，以統計圖呈現「圖像」的優勢為何？例如，你是否可以看到兩條線下降速度的差異？其中一條下降的速度是否比另一條快？這個差異代表什麼意義呢？這張圖對於美國家庭生活還有哪些暗示呢？有哪些社會的變項可能有助於解釋這些變化呢？

　　使用統計圖而非使用表格有任何缺點嗎？什麼變項最適合使用折線圖來呈現呢？

成為具批判性的閱聽人：統計圖的詭計

統計圖是摘要數據資料的有力方法，但就像其他的統計工具一樣，它們也可以被操縱與扭曲。改變統計圖所傳達的訊息的方法之一便是更動水平軸或垂直軸的設定。例如，再看一次「日常生活統計學」中展示結婚率與離婚率的統計圖，請你留意到：離婚率在這段時間裡有升有降，這張圖只要在水平軸改變呈現的資料，如只使用最久遠（1950 年）與最近（2011 年）的數據，就會給人一種離婚率從 2.6 上升到 3.6 的印象。

垂直軸（離婚率）也可以被操弄。如果有人想製造離婚率在這段時間基本上保持不變的印象，他們只要增加垂直軸的刻度即可。在下圖中，刻度從「0 到 12」擴充為「0 到 100」，然後這條直線看起來基本上是平坦的。因為離婚率一般而言都低於 5.0，因此擴充刻度是沒有必要的。你應該特別對那些擴大或誇大刻度的統計圖有所警惕。

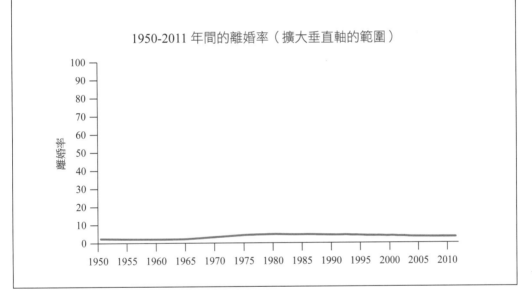

1950-2011 年間的離婚率（擴大垂直軸的範圍）

4. "Pie Charts" 的視窗伴隨預先選定的 "Summaries for groups of cases" 將出現，此即我們所要的，點擊 **Define** 。

5. 出現一個新的視窗。在左邊的變項列表中找到 *attend*，並點擊箭頭，將變項移　52
至 "Define Slices by: " 框中。當你完成之後，該視窗應該如下圖所示：

6. 點擊 **OK**，圓餅圖將傳送至 "SPSS Ourput" 視窗中。

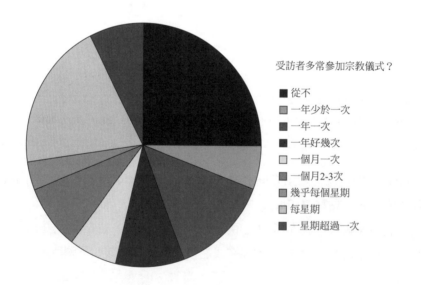

53 　請記得圓餅圖基本上是視覺化的次數分配。正如我們之前所看到的，最普遍的數值是「從不」（最大的「切片」），而「每星期」的切片幾乎與「從不」一樣大。

　　建構直方圖的完整步驟如下：

　　1. 點擊 **Graphs, Legacy Dialog** 與 **Histogram** 。

　　2. 在 "Histogram" 視窗中，找到 age 並將其移至 "Variable: " 框中。

3. 點擊 **OK**，統計圖將傳送至 "SPSS Output" 視窗。

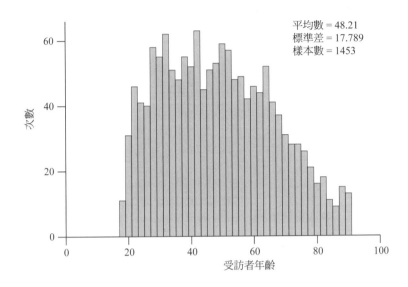

請注意：該圖相較於圖 2.3 更不規則和參差不齊，這一部分是樣本規模造成的。這張統計圖是立基於 1500 名受訪者而來，而圖 2.3 則包含超過 3 億人。還需要留意的是，由於一般社會調查只針對成年人進行調查，因此這張圖沒有 18 歲以下的受訪者。

成為具批判性的閱聽人：專業文獻中的統計值

最近的一份報告聲稱青少年抽煙、飲酒和使用毒品是「美國第一大公共衛生問題」，特別是基於物質濫用與意外傷亡、心理健康問題、非預期懷孕、參與犯罪活動之間的關聯。報告的作者使用一些簡單的統計值來說明他們的觀點，包括百分比、表格和統計圖。這邊我們將簡要說明他們的論點，並檢視他們的統計數據。

這個問題有多廣泛？根據該報告，物質濫用始於高中之前，並在各年級加速發展。該報告透過一系列圖表來說明這一論點，這裡轉載其中兩個圖表。

表格顯示，飲酒在高中新生中是很常見的，意味著這種樣態在他們生活早期就開始了。酗酒（一次喝五杯或更多的酒）也很常見，且高年級學生的比率增加至三分之一。

成為具批判性的閱聽人（延續上一頁）

曾經飲酒與和酗酒之高中學生：依年級分

年級	曾經飲酒	酗酒
9th	63.4%	15.3%
10th	71.1%	22.3%
11th	77.8%	28.3%
12th	79.6%	33.5%

哥倫比亞大學國家成癮和物質濫用中心
（2011），頁 24。

下圖顯示，在過去十年中物質使用的比率—包括香菸、酒精、大麻、古柯鹼—有所下降，但仍然相當高。在最近幾年，四分之三的高中生使用某物質至少一次（終生使用物質），只有不到一半的學生說他們是現在才使用藥物。

這一份報告是為了公眾、家長和政策制訂者而做的，且只使用本章介紹的各種統計值與統計圖。然而，作者建立一個強而有力的案例—完全以經驗證據為基礎，說明他們所處理的問題的嚴重性。

資 料 來 源：National Center on Addiction and Substance Abuse at Columbia University. 2011. *Adolescent Substance Use: America's #1 Health Problem.* 取自 http://www .casacolumbia.org/uplo ad/2011/20110629adolescentsubstanceuse.pdf

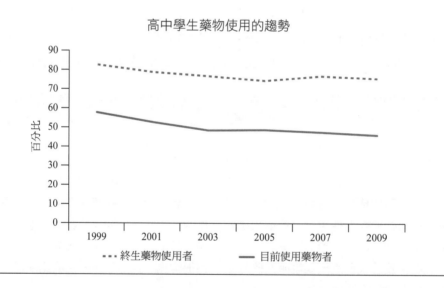

高中學生藥物使用的趨勢

重點整理

1. 我們討論好幾種摘要整理單變項分布的不同方法，更廣泛地說，是報告研究結果的方法，而我們自始至終都強調必須清晰與簡潔地傳遞結果。

2. 次數分配是彙整某一變項整體分布的表格。統計分析幾乎總是始於建構和檢視這些變項的表格，百分比、累積次數、和／或累積百分比等欄位，常常能提高次數分配的可讀性。

3. 百分比和比例、比值、比率、與百分比變化為我們提供了以相對次數為基礎的另一種表達結果的方式。百分比與比例呈現一個變項的某些類別相較於整體分布的相對發生率。比值是兩個類別間的比較，比率是報告某些現象的實際發生數與在某一時間內潛在發生數之間的比較。百分比變化顯示一個變項在一段時間內的相對增加或降低量。

4. 圓餅圖、長條圖、直方圖、與折線圖（或次數多邊形圖）是統計圖，他們是以一種較為濃縮與視覺效果的方式，來表達包含於次數分配中的訊息。

公式摘要

公式 2.1	百分比：	$\% = \left(\dfrac{f}{N}\right) \times 100$
公式 2.2	比例：	$p = \left(\dfrac{f}{N}\right)$
公式 2.3	比值：	$\text{Ratio} = \dfrac{f_1}{f_2}$
公式 2.4	百分比變化：	$\text{Percent Change} = \left(\dfrac{f_2 - f_1}{f_1}\right) \times 100$

名詞彙總

長條圖（Bar chart）。適用於僅有幾個類別的名義和順序變項的統計圖，類別是用等寬的直條表示，而每個直條的高度則對應於該類別的個案數（或百分比）。

組距（Class intervals）。在等距－比率變項的次數分配中所使用的類別。

累積次數（Cumulative frequency）。次數分配中一個可選擇陳列的欄位，展示一個組距和此組距之前的個案數。

累積百分比（Cumulative percentage）。次數分配中一個可選擇陳列的欄位，呈現一個組距和此組距之前的案例百分比。

次數分配（Frequency distribution）。顯示一個變項的每個類別的個案數的表格。

次數多邊形圖（Frequency polygon）。請參照折線圖的說明。

直方圖（Histogram）。使用於等距－比率變項的統計圖。組距是由等寬（等於組上限與下限的範圍）的直條連續排列來表示，每一直條的高度則相應於該組距的案例數（或百分比）。

折線圖（Line chart）。使用於等距－比率變項的統計圖。組距是由擺在組中點位置的點來表示，每個點的高度則相應於該組距的個案數（或百分比），再以直線連接所有的點。

組中點（Midpoint）。一個組距的上限與下限之間的中間點。

百分比（Percentage）。變項某一類別的個案數除以該變項所有類別個案數，再將所得數值乘以 100。

百分比變化（Percent change）。這是表達一個變項從時間點 1 到時間點 2 之變化幅度的統計值。

圓餅圖（Pie chart）。使用於僅有幾個類別的名義和順序變項的統計圖。一個圓（餅）被分為若干份，其大小與變項的每一類別之個案百分比成比例。

比例（Proportion）。變項中每一類別的案例數除以該變項所有類別的案例總數。

比率（Rate）。某一現象或特性的實際發生數除以每單位時間內的潛在發生數。比率通常乘以 10 的某個次方來表示。

比值（Ratio）。一個類別的個案數除以另一類別的個案數。

設定組限（Stated class limits）。次數分配中的組距。

習題

2.1　 $\boxed{SOC}$ 下面的表格呈現兩個社區大樓各 20 名受訪者的婚姻狀況。（提示：當你在解此題目時要確保分子與分母的數字是正確的。例如，習題 2.1a 詢問「每一社區大樓中已婚受訪者所占的百分比」，在這兩個分數中的分母皆為 20。另一習題 2.1d 詢問「單身受訪者住在 B 社區大樓的百分比」，此分數的分母為 4+6 或 10）。

a　每一社區大樓中已婚的百分比為何？

b　每一社區大樓中單身受訪者對已婚受訪者的比值為何？

c　每一社區大樓中喪偶的受訪者的比例為何？

d　單身受訪者住在 B 社區大樓的百分比是多少？

e　每一社區大樓中「未婚／同居」與「已婚」的比值為何？

狀況	A 社區大樓	B 社區大樓
已婚	5	10
未婚（同居）	8	2
單身	4	6
分居	2	1
喪偶	0	1
離婚	1	0
	20	20

2.2　 $\boxed{SOC}$ 下表列出 St. Winnerfred 醫院中各種職業類別的男性與女性人數。

請你在建構分數與解題之前仔細閱讀每一問題。（提示：確定你在每一分數的分母中放入適當的數字。例如，有些問題是使用男性或女性的總人數為分母，其他有些問題則是以研究對象的總人數為分母。）

職業	男性	女性	總計
醫師	83	15	98
護理師	62	116	178
勤務員	151	12	163
實驗室技術員	32	30	62
行政人員	12	1	13
辦事員	72	141	213
總計	412	315	727

a. 護理師為男性的百分比為何？

b. 勤務員為女性的比例為何？

c. 在醫師中，男性相對於女性的比值為何？

d. 全體員工中，男性員工的百分比為何？

e. 全部樣本中，男性相對於女性的比值為何？

f. 事務員為男性的比例為何？

g. 行政人員在樣本中所占的百分比為何？

h. 護理師相對於醫師的比值為何？

i. 女性實驗室技術員相對於男性實驗室技術員的比值是多少？

j. 男性樣本中事務員的比例為何？

2.3　[CJ] 在過去一年中，Kansas 州的 Shinbone 鎮的總人口數為 211,732 人，發生了 47 起銀行搶劫案、13 起謀殺案、23 起汽車竊盜案。請你計算每 10 萬人中的每種犯罪類型的犯罪率。（提示：確定分數中的分母為人口規模。）

2.4　[CJ] 下面兩個表格列出 1997 年與 2012 年美國五州與加拿大五省的兇殺案數量。

a. 計算各州及各省在各年每 10 萬人口的兇殺率。相對而言，各年中哪一州與哪一省分別有最高的兇殺率？哪一社會的兇殺率較高？請你簡單說明這些結果。

b. 請你利用第一小題的計算結果，再計算每一州與每一省在 1997 年與 2012 年之間的百分比變化。哪一州與哪一省的增加幅度與下降幅度最大？哪一社會的兇殺率變化較大？請你簡單總結你的分析結果。

州	1997		2012	
	兇殺案數	人口數	兇殺案數	人口數
紐澤西	338	8,053,000	388	8,864,590
愛荷華	52	2,852,000	45	3,074,186
阿拉巴馬	426	4,319,000	342	4,882,023
德州	1327	19,439,000	1144	26,059,203
加州	2579	32,268,000	1884	38,041,430

資料來源：Federal Bureau of investigation. *Uniform Crime Reports*。取自 http://www.fbi.gov/about-us/cjis/ucr/crime-in-the-u.s/2012/crime-in-the-u.s.-2012/tables/4tabledatadecoverviewpdf / table_4_crime_in_the_united_states_by_region_geographic_division_and_state_2011-2012.xls

省	1997		2012	
	兇殺案數	人口數	兇殺案數	人口數
新斯科系亞省	24	936,100	17	945,100
魁北克	132	7,323,600	108	8,043,600
安大略	178	11,387,400	162	13,490,500
曼尼托巴省	31	1,137,900	52	1,274,100
英屬哥倫比亞	116	3,997,100	71	4,678,100

資料來源：Statistics Canada。取自 http://www.statcan.gc.ca/tables-ableaux/sum-som/l01/cst01/legal12a-eng.htm

2.5　SOC 下表列出 15 位受訪者在四個變項上的分數。這些資料是來自一個名為 General Social Survey（GSS）的公眾意見調查，亦即為本書電腦實做練習的資料檔，實際問卷題目請參照附件 G。這些變項的數值編碼如下所示。

性別	支持槍枝管制	教育程度	年齡
1 = 男性	1 = 支持	0 = 低於高中	實際年數
2 = 女性	2 = 反對	1 = 高中	
		2 = 專科	
		3 = 大學	
		4 = 研究所	

案例號碼	性別	支持槍枝管制	教育程度	年齡
1	2	1	1	45
2	1	2	1	48
3	2	1	3	55
4	1	1	2	32
5	2	1	3	33
6	1	1	1	28
7	2	2	0	77
8	1	1	1	50
9	1	2	0	43
10	2	1	1	48
11	1	1	4	33
12	1	1	4	35
13	1	1	0	39
14	2	1	1	25
15	1	1	1	23

請為每一個變項建構次數分布表，其中應包含直行百分比。

2.6　│SW│ 一地區青年服務機構為曾被少年法庭推介之青少女展開性教育方案。這些青少女在進入時接受一個包含 20 道關於性、避孕、解剖學與生理學常識之題目的測驗，並且在完成該性教育方案後再次接受測試。15 名少女首次與完成方案後的分數如下所示：

案例	前測	後側	案例	前測	後側
A	8	12	I	5	7
B	7	13	J	15	12
C	10	12	K	13	20
D	15	19	L	4	5
E	10	8	M	10	15
F	10	17	N	8	11
G	3	12	O	12	20
H	10	11			

請建構前測與後測的次數分配，必須包含百分比欄位。（提示：試題包含 20 道題目，因此分數範圍的最大值為 20，如果你使用 10 個類別組距來呈現這些分數，那麼組距規模為 2。不論前後測都沒有 0 或 1 分的案例，因此你可以把第一個組距設定為 2-3。為了易於比較，兩個次數分配應該要使用相同的組距。）

2.7　│SOC│ 16 名高中生完成一個為大學入學考試做準備的課程，他們的分數羅列如下表。

420	345	560	650
459	499	500	657
467	480	505	555
480	520	530	589

這 16 位學生也接受數學與語言能力的測驗以評估他們對大學學習的準備情況，以下為其分數，此分數是以答對的百分比來呈現。

數學測驗			
67	45	68	70
72	85	90	99
50	73	77	78
52	66	89	75

語言測驗			
89	90	78	77
75	70	56	60
77	78	80	92
98	72	77	82

請你呈現每一變項的次數分配，次數分配表需包含百分比與累積百分比的欄位。

2.8　GER　某一老年社區的 25 名住民被要求記錄他們在過去一週看電視的時數。

20	2	12	7	32
7	10	7	13	17
14	15	15	9	27
5	21	4	7	6
2	18	10	5	11

a. 建構一個次數分配來呈現這些數值。

b. 這些類別組距的組中點為何？

c. 在表格中增列百分比分布、累積次數與累積百分比的欄位。

d. 寫一小段文字來摘述這些數值的分布概況。

2.9　SOC　25 名學生完成一份測量他們對人際暴力態度的問卷，高分表示受訪者認為在許多情況下可以正當、合法地使用身體暴力，低分表示受訪者認為僅在少數情況下或沒有任何情況可以合法使用暴力。

52	47	17	8	92
53	23	28	9	90
17	63	17	17	23
19	66	10	20	47
20	66	5	25	17

a. 建構一個次數分配來呈現這些數值。

b. 這些類別組距的組中點為何？

c. 在表格中增列百分比分布、累積次數與累積百分比的欄位。

d. 寫一小段文字來摘述這些數值的分布概況。

2.10　**PA/CJ**　你蒐集以下資料做為評估你所在地之警察效率的指標，這些資料是關於警察在兩個年度回應求助電話的時間（時間以分鐘為單位，並四捨五入取整數）。請你將兩個次數分配轉換為百分比，並簡要說明兩個年度的回應時間之變化。

回應時間，2000	次數（f）
21 分鐘或更多	20
16-20 分鐘	90
11-15 分鐘	185
6-10 分鐘	370
少於 6 分鐘	210
	875

回應時間，2010	次數（f）
21 分鐘或更多	45
16-20 分鐘	95
11-15 分鐘	155
6-10 分鐘	350
少於 6 分鐘	250
	895

使用 SPSS 進行統計分析

2.11　**SOC**　本練習題將使用 SPSS 繪製美國的犯罪趨勢。請你使用 *CrimeTrends84-12* 的資料集，你可以從本書網址下載此資料檔。

- 在桌面找到 SPSS 圖示並點擊該圖示。

- 載入 *CrimeTrends84-12* 資料。

- 從 SPSS 視窗頂端的選單點擊 **Graphs**，然後再點擊 **Legacy Dialogs** 與 **Line** 。

- "Line Chart" 對話框開啟。在此視窗頂端點擊 **Simple**，在 "Data in Chart Are" 框中選取 **Values of Individual Cases** 。

- 點擊 Define 。

- "Define Simple Line" 對話框開啟。在 "Category Labels" 框中點擊 **Variables**，接著點擊變項選項中的 *year* 後，點擊箭頭將 *year* 移至 "Variable" 框中。

- 點擊變項選項中的其中一個測量犯罪的變項，並點擊指向 "Line Represents" 方框

的箭頭後再按 **OK**，折線圖將被繪製並輸出至 "SPSS Output" 視窗中。

- 重複對其他測量犯罪的變項進行這些步驟。

  - 每次都必須回到 "Define Simple Line" 對話框，點擊 "Line Represents" 中的變項後並點擊指向左邊的箭頭，將該變項移回至變項選單中。

  - 點擊一個新的測量犯罪的變項後，點擊指向 "Line Represents" 的箭頭後點擊 **OK**，另一個折線圖繪製完成。不要改變 *year* 變項，重複以上步驟，直到五個測量犯罪的變項的折線圖都被繪製完成。

簡單描述每一張折線圖。你有觀察到這三張圖有哪些相似與不同的地方嗎？（例如，犯罪率是否都朝同一方向改變？）請注意謀殺率折線圖與其他較為普遍的犯罪變項在縱軸上的不同之處，其縱軸範圍較小許多，因此使用較小的區間來呈現其比率。

2.12 **SOC** 本練習題中，你將使用本書提供的 *GSS2012.sav* 資料，對三個變項建構次數分配、長條圖或圓餅圖，步驟與本章「使用 SPSS：次數分配」的說明相同，差異在於你需要自己選擇自己有興趣的變項。

- 在桌面找到 SPSS 圖示並點擊該圖示。
- 載入本書提供的 2012 GSS 資料檔（*GSS2012.sav*）。
- 利用附錄 G 從中各選擇一個名義層次、一個順序層次（除 *attend* 之外）和一個等距－比率層次的變項。請你使用第 1 章與表 1.5 的「一次一步驟：確定一個變項的測量層次」來確認測量層次。請確保你所檢驗的變項分數實際陳述的方式。
- 從 SPSS 視窗頂端的選單中，點擊 **Analyze, Descriptive Statistics** 與 **Frequencies**。
- 從變項選單中選出你想要分析的三個變項，然後點擊箭頭將每一變項一次一個移到右邊的方框中。
- 點擊 **OK**，則次數分配的結果將傳送至 "Output" 視窗。

仔細研讀這些表格，包括**有效百分比**欄位、**累積百分比**（如果適合的話），並簡單解釋每一個表格。

2.13 **SOC** 在此練習題中，請你使用 *GSS2012.sav* 資料檔製作宗教身分（*relig*）變項的圓餅圖與長條圖，以及工作時間（*hrs1*）的折線圖與直方圖。載入 *GSS2012.sav* 資料檔後，點擊 **Graphs, Legacy Dialogs** 後，你可以在次選單中看到可用的圖表類型。每當你完成一個統計圖之後，重新回到 "Data Editor" 視窗，再次點擊 **Graph**、**Legacy Dialogs** 並完成下一個統計圖。

- 圓餅圖

  - 點擊 **Pie** 後在 "Pie Chart" 視窗點擊 **Define**。

- 在 "Define Pie" 視窗中將 *relig* 變項移至 "Define Slices by" 方框中。
- 點擊 **OK**。
- 長條圖
  - 點擊 **Bar** 後在 "Bar Chart" 視窗點擊 **Define**。
  - 在 "Define Simple Bar" 視窗中將 *relig* 變項移至 "Category Axis" 方框中。
  - 點擊 **OK**。
- 折線圖
  - 點擊 **Line** 後在 "Line Chart" 視窗點擊 **Define**。
  - 在 "Define Simple Line" 視窗中將 *hrs1* 變項移至 "Category Axis" 方框中。
  - 點擊 **OK**。
- 直方圖
  - 點擊 **Histogram**。
  - 將 *hrs1* 變項移至 "Variables" 方框中。
  - 點擊 **OK**。

透過統計圖提供的訊息，簡單說明每一個變項。

你是研究者
美國是否存在「文化戰爭」？

研究計畫的早期步驟之一是製做所有變項的次數分配。如果沒有意外的話，這些表格可以提供很好的基本資訊，有些時候你可以使用它們來開始回答研究問題。在這次的「你是研究者」中，你將使用 SPSS 來彙整幾個變項的表格，這些變項測量了人們對美國社會中的一些爭議性問題的態度，它們可能映射出許多人所謂的美國文化戰爭的戰場。

美國似乎在一些宗教、政治和文化議題與價值上存有歧異。我們用「自由與保守」、「現代與傳統」、或「進步與老派」這樣的語彙來描述對立的雙方。雙方最激烈的爭論包括墮胎、同性婚姻與槍枝管制。如你所知，在這些議題上的辯論可能是激烈、痛苦、甚至是充滿暴力的，一種立場的擁護者可能極度藐視其對手，將其妖魔化、否定他們的論點。美國社會的這條斷裂究竟有多深呢？

我們可以從 2012 年的一般社會調查（GSS）中選擇三個可能可以區分出美國文化戰爭立場的變項，來啟動對這些問題的調查。在開始之前，讓我們花點時間來思考「挑選變項」的過程。嚴格來說，選擇一個變項來反映像是「文化戰爭」這種概念的過程，稱為操作化（operationalization），而這正是研究計畫中最困難的步驟之一。

　　我們在第 1 章回顧研究過程時討論過操作化（見圖 1.1），當我們從「理論」階段進入「假設」階段時，我們需要確認特定變項（像是調查題項的回應）符合我們的概念（像是偏見）。由於我們的概念經常十分抽象且受到各種觀點的影響，因此這個操作化的過程可能相當有挑戰。究竟何謂文化戰爭？且為什麼有些站在自由或傳統的立場、保守或進步的立場？為了進行研究，我們必須使用具體的變項來代表抽象的概念，但哪些變項是相關於哪些概念呢？

　　我們在連結變項與概念上至少都會有那麼一點武斷。在許多情況下，用好幾個變項去代表一個概念是最好的策略：如果一個合理的操作化，我們選擇的變項會有相似的表現，且如果我們可以直接測量抽象概念的話，那每一變項的表現也會與抽象概念一樣。這就是為什麼我要求你們選擇三個不同變項來代表文化戰爭的原因。每個研究者可能選擇不同的變項，但如果每一研究者做出的決定是合理的，那麼所選擇的變項應該都能有效地反映這個概念。

　　首先啟動 SPSS 並打開 2012 GSS，如果你還沒有這個資料檔，你可以從這本書的網站上下載此資料檔。

　　接下來，你可以透過瀏覽附錄 G 的變項清單，選擇三個可能與文化戰爭相關的變項。你也可以透過「數據編輯器」視窗的選單上點擊 **Utilities→Variables** 看到變項清單。在你完成選擇後，接續完成以下步驟。

步驟 1：確定你的三個變項

　　寫下你所選的變項在資料檔中的名稱（例如：*abany*、*marital* 或 *sex*）。若要「解釋變項所測量的內容」，請參照附錄 G 中的調查題目，或使用 **Utilities→Variables** 視窗中的簡要陳述。

SPSS 變項名稱	精確解釋這個變項測量的內容

步驟 2：操作化

　　解釋你的每一變項與文化戰爭的關係。哪一種立場是自由派？哪種是保守派？例如，在墮胎的議題，你可能主張自由派會傾向支持墮胎，在槍枝管制上，保守派可能會更支持槍枝管制。

SPSS 變項名稱	解釋每一變項與文化戰爭的關係，哪一種立場是自由派？何種是守派？

步驟 3：產生次數分配

現在我們準備好產生結果，並得到一些關於美國人在價值與議題上分歧的基本資訊。

產生次數分配表

我們已經對附錄 F 的變項 *sex* 以及本章在「使用 SPSS」示範的變項 *attend*，產生次數分配並檢視之。透過相同程序，你可以對你選擇的三個反映文化戰爭的變項，產生次數分配表。從選單中點擊 **Analyze, Descriptive Statistics**、然後是 **Frequencies**。

在**次數**視窗中找到你的三個變項，一一點擊每一變項名稱再點擊視窗中的箭頭按鈕，將變項名稱移至右邊的視窗中。SPSS 將同時處理列在右側方框中的所有變項。當你將三個變項都列在右側方框中時，點擊**次數**視窗中的 **OK**，SPSS 就會建立你所要求的次數分配表。這些表格將出現在 SPSS 的瀏覽器中或 "Output" 視窗中，此時這些視窗會排在你所有螢幕視窗的「最上方」。

閱讀 SPSS 的次數分配表

我們在本章前面「使用 SPSS」的示範中，討論了如何閱讀 SPSS 產生的次數分配表。請記住無須理會「百分比」這一欄的訊息。

步驟 4：解釋結果

根據填答每一答案的受訪者百分比（不是次數），來總結你的分析結果。美國價值的分歧有多大呢？你選擇的變項所測量的議題是否存有共識（絕大多數贊同相同的答案），或是存有相當大的歧異？共識越低，該議題被納入文化戰爭的討論的機會就越大。

SPSS 的變項名稱 1：＿＿＿＿＿＿
根據填答每一立場的受訪者百分比來摘要該變項的次數分配。
這些結果是否與美國價值存有「戰爭」的觀點一致？以及如何一致／不一致呢？

SPSS 的變項名稱 2：＿＿＿＿＿＿
根據填答每一立場的受訪者百分比來摘要該變項的次數分配。
這些結果是否與美國價值存有「戰爭」的觀點一致？以及如何一致／不一致呢？

SPSS 的變項名稱 3：＿＿＿＿＿＿
根據填答每一立場的受訪者百分比來摘要該變項的次數分配。
這些結果是否與美國價值存有「戰爭」的觀點一致？以及如何一致／不一致呢？

第 3 章

集中趨勢量數

學習目標

本章結束之前,你將能夠:

1. 解釋集中趨勢量數的目的並且詮釋它們所傳達的訊息。

2. 計算、解釋以及比較與對照眾數(mode)、中位數(median)與平均數(mean)。

3. 解釋平均數的數學特性。

4. 根據測量層次與偏度選擇一個適合的集中趨勢量數。

5. 使用 SPPS 算出平均數、中位數與眾數。

使用統計

本章所呈現的統計技術可用以發現單一變項的典型個案或平均分數。它們能夠用來:

- 辨識一個社區之中最受歡迎的政黨。

- 比較不同城市或不同州的平均生活費用、住宅或天然氣價格。例如,2012 年時,舊金山的典型住宅所列出的售價為美金 967,280 元,而在底特律,類似房型的售價則為美金 129,900 元。

- 藉由比較女性和男性的平均工資以測量收入上的「性別落差」(gender gap)。

- 追蹤美國家庭生活的平均子女數或初婚典型年齡的長時間變化。

　　次數分配表與統計圖的一個好處就是能夠摘要出分數的分布形狀，讓人可以很快理解。然而，你幾乎總還是需要報告出關於一個分布的其他更重要的資訊。具體而言，兩類額外的統計值極其有用：分布之中的典型或平均個案的概況（例如，「在這個州的社工員平均起薪為美金 43,000 元」），以及分布內有多大變異性的概況（例如，「在這個州，社工員的起薪介於每年美金 35,000 元到 47,000 元之間」）。第一類的統計值稱為**集中趨勢量數**，就是本章的主題。第二類的統計值，離散趨勢量數，會在第 4 章呈現。

64　　三種常用的集中趨勢量數 —— 眾數（mode）、中位數（median）與平均數（mean），你或許已經非常熟悉。它們能夠對一個分數的分布給予重點摘要，描述出那個分布之中最常見的分數（眾數）、位居中間的個案之分數（中位數），以及平均的分數（平均數）。這些統計值相當有威力，因為它們能夠將大量的資料化約為單一易懂的數字。記住描述統計值的核心目的就是摘要重點或「化簡」資料。

　　即便它們享有共同的目的，這三個集中趨勢量數還是不同的統計值，只有在某些情況下這三個數值才會相同。它們之所以會出現變化，取決於測量層次，或者更重要地，取決於它們如何定義集中趨勢。它們不必然會將同一個分數或個案界定為所謂的「典型」。因此，合適的集中趨勢量數之選擇，部分取決於你所想要傳達的資訊類型。

眾數

　　任何分數的分布之**眾數（The Mode）**就是那個最常發生的數值。例如，在一組分數 58, 82, 82, 90, 98 之中，眾數就是 82，因為它出現兩次，而其他數值只出現一次。

表 3.1　2012 **最多遊客的國家**

國家	遊客數目
中國	57,700,000
法國	83,000,000
德國	30,400,000
義大利	46,400,000
馬來西亞	25,000,000
俄羅斯	25,700,000
西班牙	57,700,000
土耳其	35,700,000
英國	29,300,000
美國	67,000,000

資料來源：聯合國世界旅遊組織。讀取自 http://dtxtq4w60xqpw.cloudfront.net/sites/all/files/pdf/unwto_highlights14_en.pdf

　　眾數是一個簡單的統計值,當你想要找出最常見的分數或處理名義層次變項時最為有用。事實上,眾數是名義層次變項唯一的集中趨勢量數。表 3.1 報告 2012 年遊覽過十個最受歡迎國家的旅客人數。這個分布的眾數,唯一最常見的目的地(就當時而言),正是法國。

　　你應該注意到眾數有幾個限制。第一,分布內有可能完全沒有眾數(當所有的分數出現的頻率都一樣),或者有太多眾數以致這個統計值變得沒有意義。例如,看看表 3.2 所列出的測驗分數之分布,雖然不常見,但也並非不可能發生。測驗 A 沒有「單一最常見」的分數,也就沒有眾數。測驗 B 有四個不同的眾數,55, 60, 86 和 97──報告四個眾數,對於這個分布的集中趨勢,實在不太可能傳達出任何有用的資訊。

　　第二,順序或等距-比率變項的眾數,可能無法反映出整體分布的集中趨勢。也就是說,最為常見不必然可以界定出分布的核心特徵。例如,看看表 3.3 中那些同樣雖不常見,但並非不可能發生的測驗分數之分布──分布的眾數是 93。這個分數有接近大多數的分數嗎?假如這個講師利用眾數將這個分布進行重點摘要,他或她有傳達出這個分布整體的正確圖象嗎?(關於找出與詮釋眾數的練習,參見習題 3.1 至 3.7)。

65

表 3.2　兩份測驗分數的分布

分數(正確 %)	測驗 A 分數的次數	測驗 B 分數的次數
97	14	22
91	14	3
90	14	4
86	14	22
77	14	3
60	14	22
55	14	22
	$N = 98$	98

表 3.3　測驗分數的分布

分數(正確 %)	次數
93	8
68	3
67	4
66	2
62	7
	$N = 24$

<table>
<tr>
<td rowspan="2">日常生活

統計學</td>
<td>變遷中的美國宗教生活剖面</td>
</tr>
<tr>
<td>在美國眾數上（最常見）的宗教至今為止是基督新教（參見表 2.2 到 2.4）。然而，在這個生活領域內，這個國家正經歷快速的變化，就如同其他的生活領域一般。例如，自 1990 年起，自認為「基督徒」的美國人百分比已從 61% 降至 54%，同時間沒有宗教歸屬（「無」）的美國人百分比已經幾乎加倍，從 8% 多一點到將近 16%。還有，「其他」類已經從 1.5% 增加到 3%。基督新教仍然是眾數上的宗教，但隨著美國愈益多元，已經失去很多數量上的優勢。

資料來源：美國人口普查局（U.S. Bureau of the Census），2012。美國統計摘要：012（Statistical Abstract of the United States: 2012）. p. 61. Retrieved from http://www.census.gov/prod/2011pubs/12statab/pop.pdf</td>
</tr>
</table>

中位數

不同於眾數，**中位數**（*Md*）永遠處於分數的分布裡面正中央的位置。中位數就是位於分布中央那個個案的分數：有一半的個案分數會高於中位數，同時有一半的個案分數會低於中位數。因此，假如一個社區的家庭收入中位數是美金 52,000 元，那麼一半的家庭賺得比 52,000 元多，同時一半的家庭賺得比 52,000 元少。

在找到中位數之前，你必須將個案依分數由高而低——或由低而高——依序排列。然後，藉由找出能夠將分布分為相同兩半的個案，就能決定中位數為何。中位數就是中間個案的分數。假如五個學生的測驗成績分別為 93, 87, 80, 75 和 61，那麼中位數就是 80，那個能將分布剖為相同兩半的分數。

當個案的數目（*N*）是單數時，中位數的數值毫無疑問，因為總會有一個正中央的個案。然而，當個案數目為偶數時，就會出現兩個正中央的個案，在這個情況下，中位數就定義為位居這兩個正中央個案的分數之間的分數。

舉例說明，假定我們要求七個學生在一個 0（不支持）到 10（強烈支持）的尺度上，說出他們對於自己的大學在大學校際運動比賽上的支持程度。把他們的分數從高到低排列之後，找出將分布分為相同兩半的個案就可以得到中位數。全部有七個學生，中間的個案就會是第四個個案，因為這個個案上下各有三個個案。表 3.4 將個案依序排列並找出中位數。因為有七個個案，中位數就是第四個個案的分數。

現在假定我們再加入一個學生，其支持的程度為 1。這樣使得 *N* 成為偶數（8），而我們就不會有唯一的中間個案。表 3.5 呈現分數上新的分布，如你所見，任何位於 5 到 7 的數值，技術上都可以滿足中位數的定義（也就是能夠將分布切為相同的兩半，各四個個案）。為了解決這個曖昧的狀況，我們進一步定義中位數為兩個中間個

66

案的分數之平均值。在這個例子裡，中位數就會是（7+5）/2，或者說就是 6。

表 3.4　找出 7 個個案的中位數（N 為奇數）

個案	分數	
A	10	
B	10	
C	8	
D	7	← Md
E	5	
F	4	
G	2	

表 3.5　找出 8 個個案的中位數（N 為偶數）

個案	分數	
A	10	
B	10	
C	8	
D	7	
		← Md = (7 + 5)/2 = 6
E	5	
F	4	
G	2	
H	1	

　　記得我們遵循不同的程序得到中位數，取決於 N 是奇數或偶數。在「一次一步驟」的方塊內以一般性的用詞陳述這些程序。

　　以名義層次測量的變項無法計算中位數，因為其要求將分數從高至低排序，而名義層次變項無法排序。名義層次變項的分數彼此不同，但並無法形成任何數學上的位階。中位數在順序或等距－比率數據皆可求得，但在前者更為適用（在本章最後的問題都可以求得）。

一次一步驟	找出中位數

步驟	操作
1.	將分數由高而低依序排列。
2.	計算分數的數目決定 N 是奇數或偶數。

N 為奇數	N 為偶數
⇓	⇓
3. 中位數就是中間個案的分數。	3. 中位數是兩個中間個案的分數之間正中央的數字。
4. 要找到中間的個案，將 N 加上 1 再除以 2。	4. 要找到第一個中間個案，將 N 除以 2。
5. 在第 4 步計算出來的數值就是中間個案的數目，中位數就是這個個案的分數。例如，假設 $N=13$，中位數就會是第（13+1）/ 2，或第七個個案的分數。	5. 要找到第二個中間個案，將第 4 步計算出來的數字再加 1。
	6. 將兩個中間個案的分數加起來再除以 2，結果就會是中位數。例如，假設 $N = 14$，中位數就是第七個和第八個個案的分數之間正中央的分數。假如兩個中間個案的分數相同，這個分數就定義為中位數。

平均數

平均數（$\bar{X}$，讀成 "ex-bar"），[1] 或算術平均值，可說是目前使用得最廣的集中趨勢量數。它報告出一個分布的平均分數，是將分數的總和除以分數的個數（N）計算而得。

舉例說明，一個生育控制的診所，對 10 位患者進行一個 20 題的測驗，內容是關於節育的一般性知識。正確回答的題數分別為 2, 10, 15, 11, 9, 16, 18, 10, 11, 和 7。要找到這個分布的平均數，先加總分數（總和 =109），再除以分數的個數（10），結果（10.9）就是這個測驗的平均分數。

平均數的數學公式是

$$\bar{X} = \frac{\Sigma(X_i)}{N}$$

其中 $\bar{X}$ = 平均數
$\Sigma(X_i)$ = 分數的總和
N = 個案的數目

---

1 這是樣本平均數的符號，母體平均數的符號是希臘字母 μ（μ 讀作 "mew"）。

　　讓我們花點時間來想想這個公式裡面出現的新符號。首先，Σ（大寫希臘字母 sigma）這個符號是一個數學運算子，就像加號（＋）或除號（÷）一樣，其代表「……的加總」，指示我們將其後面所陳述的數量全部加在一起。[2]

　　第二個新符號是 X_i（"X-sub-i"），其代表任一個分數——第 "i" 個分數。如果我們要指涉某個特定個案的分數，我們可以用個案的數字替換下標的 i。因此，X_1 指的就是第一個個案的分數，X_2 指的就是第二個個案的分數，X_{26} 指的就是第 26 個個案的分數，以此類推。

　　將所有分數加總在一起的運算是以符號 Σ(X_i) 代表，也是上述兩個符號的組合，指引我們將所有分數相加，從分布中的第一個分數加到最後一個分數。因此，公式 3.1 用符號所傳達的意義，和先前的文字表達（要計算平均數，將分數加總後再除以分數的個數）如出一轍，但更加精簡與準確。

　　因為平均數的計算要用到加法和除法，照理只能用在以等距－比率層次測量的變項。然而，研究者也會對以順序層次測量的變項計算其平均數，因為平均數比中位數的彈性更大，也是許多有趣和威力強大的進階統計技術的核心特徵。因此，假設研究者打算比單純描述資料做更多的事情，那麼平均數或許是更受到偏愛的集中趨勢量數，即使對順序層次的變項亦然（關於平均數的計算，參見本章最後的習題）。

一次一步驟	**找出平均數**
步驟	操作
1.	加總分數 Σ(X_i)。
2.	將第一步得到的數字除以 N。

平均數的三個特徵

　　平均數是最廣為使用的集中趨勢量數，我們將要更仔細地考量其數學與統計特徵。　　　69

1. 平均數平衡所有的分數。 第一，平均數是絕佳的集中趨勢量數，因為它宛如支點一般，可以「平衡」所有的分數：在平均數這個點之上，所有分數會相互抵消。我們可以用符號表達出這個特徵：

$$\Sigma(X_i - \bar{X} = 0)$$

---

2 參見序言（回顧基礎數學），關於加總符號與加總運算有更深入的資訊。

這個式子說明假如我們將分布之中所有分數（X_i）都減去平均數，再將所有這些差相加之後，結果永遠都會等於 0。

舉例說明，看看表 3.6 呈現的測驗分數。五個分數的平均數是 390/5，或者 78。每一個分數和平均數的差都列在右邊的直行之中，而這些差的總和就是 0。負的差值的總和（－19）恰好就等於正的差值的總和（＋19），而且永遠都會是這個樣子。因此，平均數「平衡」所有的分數，並且位於分布的正中央。

2. 平均數將分數的變異最小化。 平均數的第二個特徵稱為「最小平方」（least-sqares）原則，可用以下式子表達：

$$\Sigma(X_i - \overline{X})^2 = 最小值$$

或者：分布之中所有分數圍繞在平均數這個點上的變異可以被最小化。假如將所有分數和平均數的差先平方再相加，所得的總和將會小於所有分數和分布之中其他點的平方差之總和。

70

表 3.6　闡釋：圍繞在平均數的所有分數相互抵消

X_i	$X_i - \overline{X}$
65	$65 - 78 = -13$
73	$73 - 78 = -5$
77	$77 - 78 = -1$
85	$85 - 78 = 7$
90	$90 - 78 = 12$
$\Sigma X_i = 390$	$\Sigma(X_i - \overline{X}) = 0$
$\overline{X} = 390/5 = 78$	

表 3.7　闡釋：平均數上的變異最小化

1	2	3	4
X_i	$X_i - \overline{X}$	$(X_i - \overline{X})^2$	$(X_i - 77)^2$
65	$65 - 78 = -13$	$(-13)^2 = 169$	$65 - 77 = (-12)^2 = 144$
73	$73 - 78 = -5$	$(-5)^2 = 25$	$73 - 77 = (-4)^2 = 16$
77	$77 - 78 = -1$	$(-1)^2 = 1$	$77 - 77 = (0)^2 = 0$
85	$85 - 78 = 7$	$(7)^2 = 49$	$85 - 77 = (8)^2 = 64$
90	$90 - 78 = 12$	$(12)^2 = 144$	$90 - 77 = (13)^2 = 169$
$\Sigma(X_i) = 390$	$\Sigma(X_i - \overline{X}) = 0$	$\Sigma(X_i - \overline{X})^2 = 388$	$\Sigma(X_i - 77)^2 = 393$

舉例說明，看看表 3.7。表中直行 1 列出和表 3.6 中一樣的五個分數，直行 2 顯示每個分數和平均數的差。直行 3 則將每個分數和平均數的差加以平方，而這些平方

差的總和就是 388。

　　假如我們再做一次相同的數學運算，但這次不用平均數，而是隨便選一個數字，例如 77，得到的總和結果就會大於 388，這可由表 3.7 中的直行 4 加以闡明，可以看到圍繞著 77 的平方差之總和是 393，這個數字明顯大於 388。

　　這個最小平方原則指出一個事實，那就是平均數比其他的集中趨勢量數都還要更接近所有的分數。同時，平均數的這個特徵對於相關和迴歸之類的統計技術來說相當重要，這些主題在本書稍後都會討論。

3. **平均數受到所有分數的影響，如果分布之中出現「極端值」（outliers），平均數可能會誤導我們。**平均數最後一個重要特徵就是，分布之中所有的分數都會加入它的計算（「要求得平均數，加總所有分數再除以 N」）。與之對比，眾數只有反映最常出現的那個分數，而中位數只有涉及中間個案的分數。

　　從一方面來說，這個特徵是個優勢，因為平均數利用了所有可得的資訊。另一方面，當一個分布出現**極端值**，或者某些特別高或特別低的分數，平均數就有可能誤導我們：它可能並不代表核心或典型的分數。擁有極端值的分布會產生**偏斜（skew）**。假如出現某些極端高的分數，就叫做正偏斜（positive skew），如果出現一些極端低的分數，那就是個負偏斜（negative skew）的分布。

　　要記得的重點就是，平均數會被拉往相對於中位數更為極端的分數所在的方向。產生正偏斜時，平均數會比中位數來得更大；負偏斜出現時，平均數會比中位數來得更小。

　　這會是個問題嗎？因為中位數只利用了中間的個案，它永遠會反映分布的中心所在。平均數則利用了所有的個案（包括極端值），可能高於或低於大部分的分數，讓人對於集中趨勢產生錯誤的印象。

表 3.8　闡釋：平均數受每個分數的影響

1	2	3	4	5	6
分數	集中趨勢量數	分數	集中趨勢量數	分數	集中趨勢量數
15		15		0	
20	Mean = 25	20	Mean = 718	20	Mean = 22
25	Median = 25	25	Median = 25	25	Median = 25
30		30		30	
35		3500		35	

71　　　舉例說明，看看表 3.8。直行 1 的五個分數是對稱而不偏斜的：它們彼此之間距離相當，高分和低分與中間分數 25 的距離也都相同。因為這些分數沒有偏斜，中位數和平均數擁有相同的數值（參見直行 2）。

　　　直行 3 中，加入一個極端高的分數（3500），現在這個分布產生了正偏斜。直行 4 中，可以看到這個非常高的分數對於中位數沒有效果，它仍然是 25。這是因為中位數只基於中間個案的分數，而不受到其他個案分數的影響。平均數則因為將所有分數納入計算，因此受到很大的影響。平均數從 25 增加到 718，純粹就因為 3500 這一個極端高分的影響。

　　　最後，直行 5 中的分數和直行 1 相同，除了低分現在變成 0，因此產生了負偏斜。直行 6 顯示中位數仍為 25，但受到低分的影響，平均數現在掉到了 22。

　　　關於表 3.8，還有幾點可以談談：

1. 平均數和中位數只有在對稱的分布之中才會有相同的數值，就好像直行 1 的分布一般。

2. 特別注意直行 4 的平均數和直行 3 中所列的五個分數非常不同。在這個例子裡，究竟是平均數還是中位數比較能夠代表分數的集中趨勢呢？當一個分布出現明顯的偏斜，中位數可能是更受青睞的集中趨勢量數，就算是對等距－比率變項而言也是如此。

3. 比較直行 4 和直行 6 中的平均數和中位數。在直行 4 中，平均數和中位數非常不同，反映出「極端值」或 3500 這個極端分數和其他分數非常不同。直行 6 中的平均數和中位數的差異就小得多，因為偏斜沒有那麼極端。

　　　一般性的原則，再強調一次，就是平均數永遠會被拉往相對於中位數更為極端的分數所在的方向。偏斜愈大（不論正向或負向），兩個集中趨勢量數的差異也會愈大。只有當分布對稱時，平均數和中位數才會有相同的數值。圖 3.1 到 3.3 描繪出三種不同的線圖展示出這些關係。

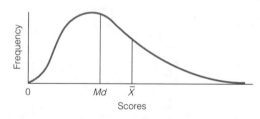

圖 3.1　正偏分布（平均數大於中位數）

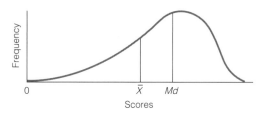

圖 3.2　負偏分布（平均數小於中位數）

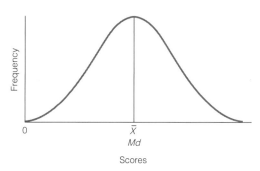

圖 3.3　不偏／對稱分布（平均數等於中位數）

日常生活 **統計學**	平均數、中位數與棒球薪資 [*] 大聯盟棒球會公布每隊的薪資，而這樣的資訊能夠產生一個有趣的比較。例如，比較一下紐約洋基隊和波士頓紅襪隊，這兩隊大概是棒球界互相競爭最激烈的死對頭，就算在所有運動領域之中也是屬一屬二。附表展示了 2014 年球季開幕日時各隊的部分薪資統計。 　　特別注意薪資平均數都遠高於薪資中位數，兩隊皆然。同時也注意到，兩隊薪資中位數的差距（美金 215,000 元）比薪資平均數的差距（美金 1,264,492 元）來得更為接近。 　　透過這些比較，能夠讓你對於兩隊的薪資帳冊有什麼發現嗎？你能偵測到有偏斜出現嗎？如果有，又是哪個方向呢？兩隊之中誰的偏斜比較大呢？你如何得知？造成這些差異的原因又是什麼？ 　　再給你一個提示和一些更深入的資訊。兩隊最低的薪資都是大約美金 500,000 元，大聯盟的薪資下限。最高薪和最低薪的差距在洋基隊大約是美金兩千四百萬，在紅襪隊則是約美金一千六百萬。

兩隊開幕日薪資帳冊的摘要統計值

統計值	紐約洋基	波士頓紅襪
中位數	$2,000,000	$2,214,847
平均數	$6,479,339	$5,214,847

[*] 感謝 John Shandra 教授建議這樣的比較

72　　　中位數和平均數之間的這些關係有其實用的價值。第一，快速的比較一下中位數和平均數將能告訴你分布有無偏斜以及偏斜的方向。如果平均數小於中位數，分布就有負偏斜；如果平均數大於中位數，分布就有正偏斜。

　　　　第二，平均數和中位數的這些特徵也能提供一個簡單且有效的方法利用統計來「騙」人。例如，假設你想要極大化一個正偏斜分布的平均分數，那就報告平均數。收入數據幾乎總會都有正偏斜（只有少數一些人非常富有）。對於一個收入不均的社區，如果你想讓人覺得這個社區總體而言相當富足而印象深刻，那就報告平均數。如果你想要降低數字的話，那就報告中位數。

73　　　哪一種集中趨勢量數更適合偏斜的分布呢？這取決於研究者想要強調的重點為何，但是，做為一個基本的準則，當分布有一些極端的分數時，可以兩個統計值都報告，或者只報告中位數也行（處理極端分數對於平均數與中位的效果之練習，參見習題 3.4, 3.11, 3.13 以及 3.15。）

使用 SPSS 計算集中趨勢量數

　　　　在此處「使用 SPSS」的部分，我們要計算美國五十個州在兩個不同年份的謀殺率之集中趨勢量數。我們的資料庫來自 States 檔案。接著利用**「次數分配」**（**Frequencies**），這是 SPSS 中唯一能夠同時計算三個集中趨勢量數的程序。

　　　　遵循以下的步驟：

　　1. 點擊桌面的 SPSS 圖像。

　　2. 找到 *States* 資料檔。

　　　　a. 在工具列極左側找到 **File** 指令然後點擊 **Fileà→Openà→Data**。

　　　　b. 找到 *States* 資料檔。你可以從本書的網站上下載這個檔案。

　　3. 從 SPSS 視窗上排的工具列中，點擊 **Analyze, Descriptive Statistics** 以及 **Frequencies**。

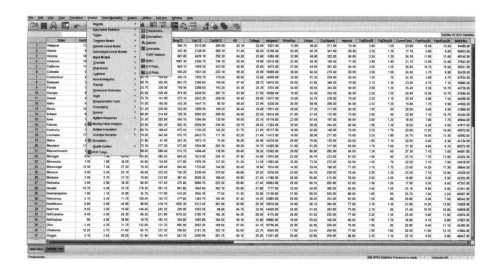

4. 在 "Frequencies" 視窗左側的方塊中，找到 *Hom95*（1995 謀殺率）和 *Hom12* 74
（2012 謀殺率）兩個變項，點擊箭頭將變項名稱移到右邊的方塊中。完成之
後，螢幕會看起來像這樣：

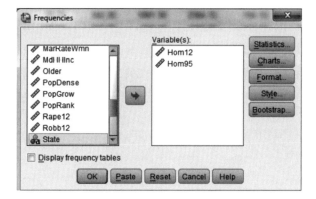

5. 確定在變項清單視窗下方有個 "Display frequency tables" 選項，旁邊的方塊不
要勾選。在這裡我們只要摘要統計值就好，不需要次數分配表。

6. 點擊 **Statistics**，然後把 Mean, Median 以及 Mode 旁邊的方塊勾選起來。點擊
Continue 。

7. 點擊 **OK** 。

輸出報表會看起來像這樣：

Statistics

		Homicide rate 2012	Homicide rate 1995
N	Valid	50	50
	Missing	0	0
Mean		4.2600	6.7120
Median		4.2000	6.2500
Mode[a]		1.80	1.80

[a]Multiple modes exist. The smallest value is shown.

75　　　在輸出表格之下的註記告訴我們兩個年份都有不只一個眾數，所以這個統計值不是很有用。以 1995 年來看，平均數（6.71）比中位數（6.25）高，顯示資料有正偏斜。假如我們細察 1995 年各州的分數，我們會發現路易西安那州是「極端值」，其謀殺率（17.00）遠比其他各州來得高出許多。

　　　2012 年的謀殺率比較低，平均數與中位數都如此顯示。如果我們細察個別的分數，我們會發現每一個州在 2012 年的謀殺率都比 1995 年來得低，這也說明了 2012 年的集中趨勢量數為何比較低。比較 2012 年的平均數（4.26）和中位數（4.20）可知，分布之中只有一點輕微的正偏斜。如同在 1995 年一般，路易西安那州依然是極端值：其謀殺率 10.8 比次高的州多了 3.2 個百分點。

　　　總體而言，我們可以下個定論，謀殺率在 1995 年和 2012 年之間出現下降，而且第二個年份的正偏斜比較輕微。關於這些變項的討論先到此為止，等到第 4 章介紹離散的概念時我們再繼續討論。

選擇集中趨勢量數

　　　選擇集中趨勢量數時應該考慮兩個主要的標準。第一，確定你知道正在討論的變項之測量層次為何。這大致上能夠告訴你應該要報告眾數、中位數還是平均數。

　　　表 3.9 列出測量層次和集中趨勢量數的關係。粗體加黑的「**是**」標示出每一個測量層次最適合的集中趨勢量數，沒有加黑的「是」則指出也能夠允許計算特定集中趨76　勢量數的測量層次。表格中的「否」則表示這個統計值不能在該測量層次計算。最後，在底部橫列細格中的「是（？）」顯示平均數常用於順序層次的變項，即使嚴格說來，這種做法違背了測量層次的指引。

　　　第二，考慮一下三個集中趨勢量數的定義，並記住它們提供不同類型的資訊。只有在某些特定條件（只有一個眾數的對稱性分布）之下，它們會有同樣的數值，每一個量數都在傳達各自的訊息。在大多數的情況之下，你可能需要三者全都加以報告。

表 3.9　測量層次與集中趨勢量數的關係

集中趨	測量層次		
勢量數	名目	順序	等距－比率
眾數	是	是	是
中位數	否	是	是
平均數	否	是 (?)	是

　　表 3.10 的指引強調上述兩種標準，對於如何選擇一個特定的集中趨勢量數或許會有幫助。

表 3.10　選擇集中趨勢量數

使用眾數：	1. 變項以名義層次測量
	2. 對於順序以及等距－比率變項你想要一個簡單快速的量數
	3. 你想要報告最常見的分數
使用中位數：	1. 變項以順序層次測量
	2. 等距－比率變項嚴重偏斜
	3. 你想要報告正中央的分數。中位數永遠位於分布的正中央
使用平均數：	1. 變項以等距－比率層次測量（除非變項嚴重偏斜）
	2. 你想要報告典型的分數。平均數是「能夠平衡所有分數的支點」
	3. 你預期進行額外的統計分析

應用統計 3.1　平均數、眾數、以及中位數

10 個學生被問到過去一個禮拜他們花多少小時在大學圖書館。這些學生平均的「圖書館時間」是多少呢？下面列出了他們所回報的時間，而我們將要找出這些數據的眾數、中位數和平均數。

學生	上週待在圖書館的時數（X_i）
A	0
B	2
C	5
D	5
E	7
F	10
G	14
H	14
I	20
J	30
	$(\Sigma X_i) = 107$

審視這些分數之後，我們可知有兩個分數 5 和 14 出現兩次，其他的分數都出現不超過一次。這個分布有兩個眾數，就是 5 和 14。

　　因為個案數目是偶數，將所有個案依序排列之後，中位數就是兩個中間個案的平均。這裡有 10 個個案，第一個中間個案就是（$N/2$）或（10/2），也就是第 5 個個案。第二個中間個案就是（$N/2$）＋ 1 或（10/2）＋ 1，也就是第 6 個個案。中位數就是第 5 個和第 6 個個案的分數之間正中央的分數。從上往下數，可發現第 5 個個案（學生 E）的分數是 7，第 6 個個案（學生 F）的分數是 10。這筆資料的中位數就是（7 ＋ 10）／ 2 或（17/2），也就是 8.5。因此，中位數，將分布一分為二的數

字就是 8.5。

　　平均數的計算則是先將所有分數加總，再除以分數的個數。分數的總和是 107，除以平均數就是

$$\bar{X} = \frac{\Sigma(X_i)}{N} = \frac{107}{10} = 10.7$$

這 10 個學生上週平均花了 10.7 個小時在圖書館。

　　這顯示分布之中有正偏斜（少數極高的分數）。仔細審視，可以發現正偏斜肇因於兩個學生花了比其他學生更多的時間（20 和 30 個小時）在圖書館。

| 日常生活 統計學 | 評估美國人的財務健全狀態 |

評估美國人的財務健全狀態

今天的美國人在財務水準上都比過往更好嗎？開始回答這個問題的一個方式就是去看看跨時間的收入中位數和平均數。平均收入（平均數）現在是增加還是降低？最典型的美國人（中位數）有多少收入？

　　下面的圖提供這些問題的部分答案。注意到收入是以 2012 年的幣值呈現，以消除通貨膨脹的影響。若沒有做這個調整，晚近的收入會顯得比以往的收入更多，但這不是因為購買力或生活福祉的提升，而只是來自貨幣價值的改變。

　　同時，這個圖是基於整個家戶的全體收入，而非個人收入。

美國家庭收入的平均數與中位數，1967-2012（以 2012 **幣值計算**）

中位數顯示一般美國家戶的收入從 1967 年的美金 40,000 元增加到最近一年的美金 50,000 元。圖中的線代表中位數多年來的起伏，在 90 年代後段達到最高峰，並自 2007 年的經濟衰退開始出現下滑。儘管最近出現下滑的趨勢，中位數顯示一般美國人的生活水準在這整段時期內仍有上升。

　　收入平均數的起伏幾乎和中位數如出一轍。然而，注意到平均數總是高於中位數，反映出收入數據的正偏斜特徵。同時也注意到平均數和中位數的落差隨著時間增加，意謂偏斜的程度也在增加。這是因為富裕者的收入相對於一般美國家戶的收入正在增加。

　　這些趨勢顯示典型美國家戶在 2012 年的財務優於 1967 年，但也暗示更富裕者的收入出現不成比例地增長。我們在第 4 章會再回到這個話題。

重點整理

1. 本章所呈現的三個集中趨勢量數共享同一個目的。每一個都在對分布之中最典型或最具代表性的數值提供某些資訊。恰當的使用這些統計值可讓研究者以單一、易懂的數字，針對分數的整體分布，報告出重要的資訊。

2. 眾數報告最常見的數字，最適合使用在名義層次的變項上。

3. 中位數（*Md*）報告分布內處於正中央的分數，最適合用於順序層次變項，或者當分布偏斜時的等距－比率變項。

4. 平均數在三個量數之中最常用來報告最為典型的分數，其最適合使用於以等距－比率層次測量的變項（除非分布高度偏斜）。

5. 平均數有許多重要的數學特徵。第一，在分數的分布之中，圍繞在這個點上的其他分數彼此抵消。第二，平均數這個點可以將變異最小化（「最小平方」原則）。最後，平均數受到分布之中每個分數的影響，因此會被拉往極端分數的方向。

公式摘要

公式 3.1　　　　　　　平均數：　　　　　　　$\bar{X} = \dfrac{\Sigma(X_i)}{N}$

名詞彙總

平均數（Mean）。分數的算術平均值。$\bar{X}$ 代表樣本的平均數，μ 則是母體的平均數。

集中趨勢量數（Measures of central tendency）。將分數的分布摘要出重點的統計值，報告分布中最典型或最具代表性的數值。

中位數（Median, Md）。分數的分布中的一個點，在其之上與之下各有剛好一半的個案。

眾數（Mode）。分布之中最常見的分數。

極端值（Outlier）。相較於其他大多數的分數，非常高或非常低的分數。

Σ（大寫希臘字母 sigma）。「…的加總」。

偏斜（Skew）。分數的分布之中出現一些極端高（正偏斜）或極端低（負偏斜）的分數之程度。

X_i（"X-sub-*i*"）。分布之中的任何分數。

習題

3.1　*SOC* 從一群大一和大四學生的樣本蒐集到許多不同的資訊，包括：

- 他們出生的地區
- 他們支持大麻合法化的程度（以一個七分尺度測量，7＝強烈支持，4＝中性，1＝強烈反對）
- 每個禮拜從自己腰包中掏出並花費在食物、飲酒與娛樂的金錢
- 上週在宿舍房間看過幾部電影
- 對於學餐的意見（10 ＝ 極好，0 ＝ 極差）
- 宗教歸屬

有一些調查結果會呈現在這裡。先針對大一學生，再針對大四學生找出每個變項最合適的集中趨勢量數。報告每一個變項你選擇何種量數以及它的數值（例如，「眾數 ＝ 3」、「中位數 ＝ 3.5」）。（提示：先決定每一個變項的測量層次。一般而言，這將會告訴你何種集中趨勢量數是合適的。看看「選擇集中趨勢量數」這一節，回顧集中趨勢量數和測量層次之間的關係。同時，記得眾數是最常見的分數，特別記得在找到中位數之前要將分數由高而低排列。）

			大一生			
學生	出生地區	合法化同意度	自掏腰包花費	電影	學餐食物	宗教
A	北	7	43	0	10	基督教
B	北	4	49	14	7	基督教
C	南	3	55	10	2	天主教
D	中西部	2	57	7	1	無
E	北	3	72	5	8	基督教
F	北	5	58	1	6	猶太教
G	南	1	62	0	10	基督教
H	南	4	75	14	0	其他
I	中西部	1	61	3	5	其他
J	西	2	53	4	6	天主教

			大四生			
學生	出生地區	合法化同意度	自掏腰包花費	電影	學餐食物	宗教
K	北	7	75	0	1	無
L	中西	6	72	5	2	基督教
M	北	7	70	11	8	基督教
N	北	5	95	3	4	天主教
O	南	1	72	4	3	基督教
P	南	5	67	14	6	基督教
Q	西	6	50	0	2	天主教
R	西	7	59	7	9	無
S	北	3	55	5	4	無
T	西	5	95	3	7	其他
U	北	4	88	5	4	無

3.2　從地區高中蒐集到許多不同的資訊。針對每一個變項找出最合適的集中趨勢量數，並將這些資訊摘要成一段的說明。（提示：變項的測量層次大致可以告訴你何種集中趨勢量數是合適的。記得在找出中位數之前，要將分數由高而低加以組織。）

高中	學生人數	最大種族／族群團體	% 大學升學率	最受歡迎運動	硬體設施狀況（10= 優良）
A	1400	白人	25	美式足球	10
B	1223	白人	77	棒球	7
C	876	黑人	52	美式足球	5
D	1567	西班牙裔	29	美式足球	8
E	778	白人	43	籃球	4
F	1690	黑人	35	籃球	5
G	1250	白人	66	足球	6
H	970	白人	54	美式足球	9

3.3　PS 你一直在觀察一個大城市中的在地民主黨，並從一個小樣本的死忠黨員身上持續蒐集某些資訊。針對每一個變項找到合適的集中趨勢量數。

受訪者	性別	社會階級	入黨時間（年）	教育	婚姻狀態	子女數目
A	M	高	32	高中	已婚	5
B	M	中產	17	高中	已婚	0
C	M	勞工	32	高中	單身	0
D	M	勞工	50	八年級	鰥寡	7
E	M	勞工	25	四年級	已婚	4
F	M	中產	25	高中	離婚	3
G	F	高	12	大學	離婚	3
H	F	高	10	大學	分居	2
I	F	中產	21	大學	已婚	1
J	F	中產	33	大學	已婚	5
K	M	勞工	37	高中	單身	0
L	F	勞工	15	高中	離婚	0
M	F	勞工	31	八年級	鰥寡	1

3.4　PA 下表所呈現的是 2009 年時，一些城市裡整年因為交通阻塞所損失的時間（單位為「個人－小時」）。這些統計數字在測量交通阻塞的程度。

城市	每年每人因交通阻塞所浪費的時數
巴爾的摩	33
波士頓	28
水牛城	11
芝加哥	44
克里夫蘭	13
達拉斯	32
底特律	23
休斯頓	37
堪薩斯市	14
洛杉磯	40
邁阿密	26
明尼蘇達	27

城市	每年每人因交通阻塞 所浪費的時數
紐奧良	20
紐約	24
費城	26
鳳凰城	23
匹茨堡	23
聖安東尼奧	19
聖地牙哥	23
舊金山	30
西雅圖	27
華盛頓特區	41

來源：美國人口普查局 2012。美國統計摘要 2012，表 1099。取自：http://www.census.gov/prod/2011pubs/12statab/trans.pdf

a. 計算這個分布的平均數和中位數。

b. 比較平均數和中位數。何者數值較大？為什麼？

c. 假如你將芝加哥（擁有最高分數的個案）從這個分布中移除，再重新計算，平均數會發生什麼事？中位數呢？為什麼？

d. 以正式研究報告的格式說明平均數與中位數。

3.5　**SOC** 從 15 個受訪者身上蒐集到四個變項的資料（參見下表）。找出並報告每一個變項適合的集中趨勢量數。（在「對於墮胎的態度」這個量表上，高分代表強烈的反對。）

受訪者	婚姻狀態	種族／族群團體	年齡	對墮胎的態度
A	單身	白人	18	10
B	單身	西班牙裔	20	9
C	鰥寡	白人	21	8
D	已婚	白人	30	10
E	已婚	西班牙裔	25	7
F	已婚	白人	26	7
G	離婚	黑人	19	9
H	鰥寡	白人	29	6
I	離婚	白人	31	10
J	已婚	黑人	55	5
K	鰥寡	美國亞裔	32	4
L	已婚	美國原住民	28	3
M	離婚	白人	23	2
N	已婚	白人	24	1
O	離婚	黑人	32	9

3.6　**SOC** 下表列出家庭收入中位數，資料分別來自 2000 年、2011 年時加拿大的 13 個省分與領地，以及 1999 年、2012 年時美國的 13 個州。針對每一個個案，計算每一年份的家庭收入中位數的平均數與中位數，並比較這兩種集中趨勢量數。每一年份

何種集中趨勢量數較大？這些分布有偏斜嗎？往哪個方向偏斜呢？

2000 與 2011 加拿大各省與各領地的收入中位數（以加拿大幣計算）		
省分或領地		
紐芬蘭與拉布拉多	38,800	67,200
愛德華王子島	44,200	66,500
新斯科舍	44,500	66,300
新布藍茲維省	43,200	63,930
魁北克	47,700	68,170
安大略	55,700	73,290
曼尼托巴	47,300	68,710
薩克其萬	45,800	77,300
亞伯達	55,200	89,930
不列顛哥倫比亞	49,100	69,150
育空	56,000	90,090
西北地區	61,000	105,560
努納福特	37,600	65,280
Mean=		
Median=		

來源：加拿大統計，取自 http://www.statcan.gc.ca/tables-tableaux/sum-som/l01/cst01/famil108a-eng.htm

1999 與 2012 美國 13 州的收入中位數（以美金計算）		
州	1999	2012
阿拉巴馬	36,213	43,464
阿拉斯加	51,509	63,348
阿肯色	29,762	39,018
加州	43,744	57,020
康乃迪克	50,798	64,247
伊利諾	46,392	51,738
堪薩斯	37,476	50,003
馬里蘭	52,310	71,836
密西根	46,238	50,015
紐約	40,058	47,680
俄亥俄	39,617	44,375
南達科達	35,962	49,415
德州	38,978	51,926
Mean=		
Median=		

來源：1999 美國普查局。2001 美國統計摘要，p.436。取自
http://www.census.gov/prod/2002pubs/01statab/income.pdf
2012 美國普查局。2012 美國社區調查。取自 http://www.census.gov/hhes/www/income/data/statemedian/

3.7　SOC 問題 2.5 中所列的每一個變項，找出合適的集中趨勢量數。以正式研究報告的格式，說明每一個統計值。

3.8　SOC 附表提供 30 個個案在四個變項上的分數，資料來自美國一般社會調查

（General Social Survey）：

• 「年齡」以年為單位。

• 「幸福感」包含對於以下問題的回答：「總的來說，你會說自己：1. 非常幸福，2. 頗為幸福，3. 不是太幸福？」

• 「伴侶數目」指的是過去五年的性伴侶：0-4 分代表實際數目，5 分代表 5-10 位伴侶，6 分代表 11-20 位伴侶，7 分代表 21-100 位伴侶，8 分代表超過 100 位伴侶。

• 「宗教」是自我認定的宗教歸屬（基督新教、天主教、猶太教、其他，或無宗教）

針對每一個變項，找出合適的集中趨勢量數，然後以正式研究報告的格式說明這些統計資訊。

受訪者	年齡	幸福感	伴侶數	宗教
1	20	1	2	基督教
2	32	1	1	基督教
3	31	1	1	天主教
4	34	2	5	基督教
5	34	2	3	基督教
6	31	3	0	猶太教
7	35	1	4	無
8	42	1	3	基督教
9	48	1	1	天主教
10	27	2	1	無
11	41	1	1	基督教
12	42	2	0	其他
13	29	1	8	無
14	28	1	1	猶太教
15	47	2	1	基督教
16	69	2	2	天主教
17	44	1	4	其他
18	21	3	1	基督教
19	33	2	1	無
20	56	1	2	基督教
21	73	2	0	天主教
22	31	1	1	天主教
23	53	2	3	無
24	78	1	0	基督教
25	47	2	3	基督教
26	88	3	0	天主教
27	43	1	2	基督教
28	24	1	1	無
29	24	2	3	無
30	60	1	1	基督教

3.9　*SOC* 大學行政單位正考慮全面禁止學生開車。你針對這個議題進行一項民調，訪問了 20 位大學生與 20 位住在校園附近的居民，並計算出受訪者的分數。在你所使用的量表上，高分代表強烈反對這個禁令的提案。兩組的分數在此呈現。計算合適

的集中**趨勢量數**，並用一到兩個句子寫出兩組的比較。

學生		鄰居	
10	11	0	7
10	9	1	6
10	8	0	0
10	11	1	3
9	8	7	4
10	11	11	0
9	7	0	0
5	1	1	10
5	2	10	9
0	10	10	0

3.10　$\boxed{SW}$ 做為社福機構的長官，你相信你手下的 20 名社工員比起十年前更加工作過勞。每一個社工在這兩個年份的案量陳列如下。平均案量有增加嗎？哪一種集中趨勢量數最適合回答這個問題？為什麼？

2002		2012	
52	55	42	82
50	49	75	50
57	50	69	52
49	52	65	50
45	59	58	55
65	60	64	65
60	65	69	60
55	68	60	60
42	60	50	60
50	42	60	60

3.11　$\boxed{SOC}$ 下表列出 15 個國家中，每一千名人口中汽車的大約數輛。比較這筆數據的平均數和中位數，何者數值較大？資料中是否出現正偏斜？你如何得知？

國家	每千人汽車數量（2009）
美國	786
德國	588
加拿大	608
日本	588
澳洲	703
以色列	330
俄羅斯	271
墨西哥	278
突尼西亞	130
波利維亞	87
中國	69
尼日	8
肯亞	25
泰國	172
印度	18
平均數	
中位數	

來源：世界銀行，2014。取自 http://data.worldbank.org/indicator/IS.VEH.NVEH.P3

3.12　$\boxed{\textit{SW}}$ 問題 2.6 中有列出一個測驗的前後測分數，分別計算出中位數與平均數，並詮釋這些統計值的意義。

個案	前測	後測
A	8	12
B	7	13
C	10	12
D	15	19
E	10	8
F	10	17
G	3	12
H	10	11
I	5	7
J	15	12
K	13	20
L	4	5
M	10	15
N	8	11
O	12	20

3.13　$\boxed{\textit{SOC}}$ 在一個大型大學中由 25 名大一學生組成的樣本接受一項調查，測量他們種族偏見的程度（分數愈高，偏見愈大）。

a. 計算這些資料的中位數與平均數。

10	43	30	30	45
40	12	40	42	35
45	25	10	33	50
42	32	38	11	47
22	26	37	38	10

b. 相同的 25 名學生在大四時又接受了一次同樣的調查。計算第二次調查的中位數與平均數，並和上一次的調查進行比較。發生了什麼事呢？

10	45	35	27	50
35	10	50	40	30
40	10	10	37	10
40	15	30	20	43
23	25	30	40	10

3.14　$\boxed{\textit{SOC}}$ 地區高中在學生畢業時選出「十年後最可能成功」的人選，而你找到這些人並蒐集他們現在的資訊。針對每一個變項，找出最適合的集中趨勢量數。

個案	目前收入	婚姻狀態	是否擁有房子	高中以後受教年數
A	104,000	離婚	是	8
B	68,000	離婚	否	4
C	54,000	已婚	是	4
D	45,000	已婚	否	4
E	40,000	單身	否	4
F	85,000	分居	是	8
G	30,000	已婚	否	3
H	27,000	已婚	否	1
I	93,000	已婚	是	6
J	48,000	單身	是	4

3.15　*SOC* 職業運動員威脅著要罷工，因為他們主張他們所領的薪資不符身價。球隊老闆則發出聲明表示：「去年運動員的平均薪資是美金一千兩百萬元。」運動員則發出反對聲明表示：「一般典型的球員去年只賺了美金七十五萬三千元。」有哪一個陣營說謊嗎？如果你是體育記者且剛剛讀了本書的第 3 章，關於這些統計數字會讓你產生什麼問題呢？

使用 SPSS 進行統計分析

3.16　*SOC* 在此練習中，你將會使用 SPSS 計算 *States* 資料檔中數個不同變項的集中趨勢量數，檔案可由本書的網站上取得。

- 找到並點擊桌面上的 SPSS 圖像。
- 載入 *States* 資料檔。
- 從 **SPSS** 視窗上緣的工具列中，點擊 **Analyze, Descriptive Statistics** 以及 **Frequencies**
- 從 "Frequencies" 視窗左側的方塊中找到變項：*FamPoor09*（一州之中位於貧窮線以下的家庭之比例），*ForBorn*（2009 年一州之中出生於美國本土之外的人口之比例），以及 *TeenBirthRate*（2011 年每一千個 15-19 歲女性的生育數）。點擊箭頭將變項名稱移到右邊的方塊。
- 點擊 **Statistics** 按鈕，在 "Central Tendency" 之下，選取 **Mean, Median** 以及 **Mode**。點擊 **Continue** 回到 "Frequencies" 視窗。
- 確定 "Display frequency tables" 選項旁邊的方塊沒有勾選。我們只要摘要統計值，不需要次數分配表。
- 點擊 **OK**。

a. 寫一段文字分析並重點摘要這三個變項。有任何分布出現偏斜嗎？往哪個方向？

b. 選擇一個偏斜的變項，瀏覽一下 SPSS Data Editor 視窗中變項的分數，以找出極端值。也就是說，找到儲存變項的直行，瀏覽這些分數，並尋找特別高的分數（如果是正偏斜）或特別低的分數（如果是負偏斜）。哪一些社會學因素可以解釋這些非常高或非常低的分數？

3.17 *SOC* 在此練習中，你將會使用 SPSS 計算 *GSS2012* 資料集中數個不同變項的集中趨勢量數，檔案可由本書的網站上取得。在這個資料集中，個案是美國人口的代表性樣本（參見第 1 章）。

- 找到並點擊桌面上的 SPSS 圖像。

- 載入 *GSS2012* 資料集。

- 從 SPSS 視窗上緣的工具列中，點擊 **Analyze, Descriptive Statistics** 以及 **Frequencies**。

- 從 "Frequencies" 視窗左側的方塊中找到以下變項：*closeblk, hrs1, partnrs5* 以及 *region*。參見附錄 G 的資訊可以找到每一個變項測量什麼以及分數的編碼規則。點擊箭頭將變項名稱移到右邊的方塊。

- 點擊 **Statistics** 按鈕，在 "Central Tendency" 之下，選取 **Mean, Median** 以及 **Mode**。點擊 **Continue** 回到 "Frequencies" 視窗。

- 確定 "Display frequency tables" 選項旁邊的方塊沒有勾選。我們只要摘要統計值，不需要次數分配表。

- 點擊 **OK**。

針對每一個變項，選擇最適合的集中趨勢量數（參考表 3.9 與 3.10），並且寫下一個摘要的句子。

3.18 *SOC* 在此練習中，你將會使用 SPSS 計算 *Intl-POP* 資料集中數個不同變項的集中趨勢量數，檔案可由本書的網站上取得。這個資料集涵括了 99 個國家的資訊。

- 找到並點擊桌面上的 SPSS 圖像。

- 載入 *Intl-POP* 資料集。

- 從 SPSS 視窗上緣的工具列中，點擊 **Analyze, Descriptive Statistics** 以及 **Frequencies**。

- 從 "Frequencies" 視窗左側的方塊中找到以下變項：*Corruption, GNIcap, IncLevel, Rights* 以及 *Urban*。參見附錄 G 的資訊可以找到每一個變項測量什麼以及分數的編碼規則（如果適用的話）。點擊箭頭將變項名稱移到右邊的方塊。

- 點擊 **Statistics** 按鈕，在 "Central Tendency" 之下，選取 **Mean, Median** 以及 **Mode**。點擊 **Continue** 回到 "Frequencies" 視窗。

- 確定 "Display frequency tables" 選項旁邊的方塊沒有勾選。我們只要摘要統計值，不需要次數分配表。

• 點擊 **OK**。

針對每一個變項，選擇最適合的集中趨勢量數（參考表 3.9 與 3.10），並且寫下一個摘要的句子。

典型美國人

真有所謂的「典型美國人」嗎？在此練習中，你將利用自己從 2012 年美國一般社會調查（*GSS2012*）中選出的十個變項之集中趨勢量數，針對一般的美國人進行側寫。選出你覺得定義一個社會成員最重要的變項，再針對每個變項選擇合適的集中趨勢量數。利用這些資訊寫下典型美國人的描述。我們會利用這個機會介紹新的 SPSS 程序。

步驟 1：選擇你的變項

利用**附錄 G**，或利用 SPPS 中的 **Utilities Variables** 指令取得線上編碼簿，再逐一檢視變項清單。選出在你心中，對於定義或描述「典型美國人」具有核心地位的十個變項，並陳列在下表之中。**每一個測量層次至少都要選一個變項。**

變項	SPSS 變項名稱	解釋此一變項測量什麼	測量層次
1			
2			
3			
4			
5			
6			
7			
8			
9			
10			

步驟 2：取得統計值

找到並點擊桌面上的 SPSS 圖像。載入 2012 GSS（*GSS2012*）資料集。

利用 "Frequencies" 程序求得眾數與中位數

唯一能取得全部三種集中趨勢量數的 SPSS 程序就是 **Frequencies**。在這個步驟中，針對你在第一步選出的名義與順序層次變項，利用 **Frequencies** 求取眾數與中位數。

點擊 **Analyze→Descriptive Statistics→Frequencies**。在 "Frequencies" 對話框中，從左側清單中找到你的名義與順序層次變項的名稱，然後點擊螢幕中間的箭頭按鈕將變項名稱移到右邊的 "Variables" 方塊中。

點擊 **Statistics** 按鈕，找到右邊的 "Central Tendency" 方塊，點擊 **Median** 與 **Mode**。點擊 **Continue**，你就會回到 "Frequencies" 對話方塊。點擊（取消勾選）"Display frequency tables" 方塊，SPSS 就不會產生次數分配表。點擊 **OK**，再將結果記錄到下列的表格之中。針對所有名義層次變項報告眾數。針對所有順序層次變項報告中位數。視需要可以多寫幾列。

變項	SPSS 變項名稱	測量層次	眾數	中位數
1				
2				
3				
4				
5				
6				
7				
8				
9				

使用 "Descriptives" 程序計算平均數

SPSS 中的 **Descriptives** 指令是用來提供等距－比率層次變項的摘要統計值。在 SPSS 預先設定中（除非你告訴 SPSS 改用其他設定），**Descriptives** 產生平均數、最小值與最大值（也就是最低與最高的分數），以及標準差。我們會在下一章中介紹全距與標準差。

要使用 **Descriptives**，點擊 **Analyze, Descriptive Statistics** 以及 **Descriptives**。"Descriptives" 對話框就會開啟。這個對話框看起來就像 "Frequencies" 對話框，運作方式也一模一樣。從左邊的清單中找到你的等距－比率層次變項的名稱，選中之後，點擊螢幕中間的箭頭按鈕將其轉移到右邊的 "Variables" 方塊中。點擊 **OK**，再將結果記錄到下列的表格之中。視需要可以多寫幾列。

變項	SPSS 變項名稱	平均數
1		
2		
3		
4		
5		
6		
7		
8		
9		

步驟 3：詮釋結果

　　檢視兩個表格中的結果，寫下一段摘要性的文字，描述典型的美國人。確保十個變項都要報告，在合適的情況下，描述最常見的個案（眾數），典型的個案（中位數），以及典型的分數（平均數）。寫作時想像自己在寫報紙中的新聞：你的寫作應該以清楚與準確為目標。以下是一個寫作範例，你可如此報告：「典型的美國人是基督徒並且已婚。」

第 4 章

離散趨勢量數

學習目標

完成本章的學習，你將能夠：

1. 解釋離散趨勢量數的目的，並且能詮釋他們傳達的訊息。
2. 計算與解釋全距（R）、四分位距（Q）、標準差（s）與變異數（s^2）。
3. 能依據測量層次選擇合適的離散量數，而且能正確的計算與解釋這個統計值。
4. 描述與解釋標準差的數學特性。
5. 能繪製與分析盒形圖。
6. 使用 SPSS 來產生標準差與全距。

使用統計

在這一章中呈現的統計技巧是用來描述一組分數的變化或分散程度。他們可以用來描述：

- 成績的變化程度。有些學生幾乎每次成績都相同，但有些學生的成績卻從很高分變為很低分。
- 在不同社會環境中生活方式的差異。大城市通常較小鄉鎮更能支持廣泛多元的生活方式。
- 種族與族群多樣性的地區差異。某些州（例如加州、紐約）是許多不同種族、文化與語言族群的家園，然而其他州（如愛荷華州與緬因洲）則很明顯較不多元。
- 收入不平等跨國家、跨時間的變化。有些國家中最有錢的人與最窮的人在財富與收入上有很大的差距，但有些國家的差距比較小。

在第 2 章與第 3 章，你學會了描述一個變項的各種方法，包括次數分配、圖表與集中趨勢量數。對一組分數的完整描述，我們必須將前面章節學到的統計量與這些名之為**離散趨勢量數**的統計量結合，集中趨勢量數描述典型的、平均的、在中間的分數，而離散趨勢量數描述的是一組分數分布狀態的變化、多元或異質性。

88　　　　**離散**概念的重要性透過下列例子的協助可能比較容易掌握。假定公共安全部門主管想評估這個城市中，目前已簽約提供緊急醫療協助的兩種救護車服務，在這個評估的其中一部分調查，她蒐集了民眾尋求協助時，救護車平均反應時間的數據資料，其中，服務 A 平均為 7.4 分鐘，而服務 B 平均為 7.6 分鐘。

這些平均數幾乎沒有什麼差異，也無法提供清楚的判斷基準來確定一個服務比另一個服務更有效，然而，即使在集中趨勢量數是相同時，離散趨勢量數仍可以顯示不同分布之間的實質差異，例如，考慮圖 4.1 的情況，圖中呈現了兩種服務的反應時間分布。

請注意服務 B 的線型圖比服務 A 更平緩，這是因為服務 B 分數的分布比服務 A 更分散或是更多元，換句話說，服務 B 的反應時間是更多變、差異較大的，有更多分數在較高或較低的地方，在中間的分數比較少。服務 A 在反應時間上是較一致的，它的分數較為聚集、或聚成一群，集結在平均數附近。兩個分配基本上有相同的反應時間平均數，但是服務 B 在反應時間上被認為有較多的變異、或是較分散。

如果你是這位公共安全部門主管，你會更傾向選擇一個救護車服務在緊急時反應時間大約相同（服務 A）？或是選擇有時候非常慢、有時候又反應非常快的服務（服務 B）？請注意假如你沒有考慮到離散量數，兩種救護車服務表現上可能存在的重要差異就會被遺漏了。

89

請將圖 4.1 的兩種分布形狀離散概念的視覺化圖像記在心中，分數愈聚集於平均數附近如服務 A 表示分數較不分散，分布曲線愈平緩如服務 B 表示分數更多變化、或分散。任何離散趨勢量數分數愈小表示變化較小，且其分布會變得更集中於尖峰（也就是說，分布狀態會愈來愈像服務 A），當離散趨勢量數分數愈大表示分數愈多變、差異愈大，其分布也會變得較為平坦（也就是說，此時分布狀態會看起來愈來愈像服務 B）。

這些概念和圖 4.1 可能給你一個什麼是離散意義的一般性概念，但是，這個概念其實不容易單獨用文字來描述：我們必須考量某些統計量數，這些統計量數是設計來量化一組分數的變化狀態。在這一章，我們會帶入一些離散趨勢量數較常見的測量，我們會從全距和四分位距開始，不過，我們會將大部分的注意力集中在標準差上。我們也會考量離散趨勢的視覺化呈現，也就是所謂的盒形圖。

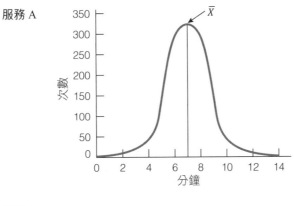

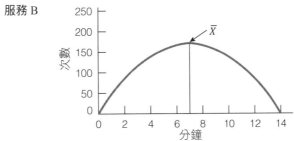

圖 4.1　**兩種救護車服務的反應時間**

全距（R）和四分位距（Q）

　　全距（Range, R） 的定義是一個分布中最高分與最低分之間的距離：

公式 4.1　　　全距（R）＝ 最高分－最低分

　　全距容易計算，而且以一個可以快速計算的一般變異指標而言，它可能是最有用的指標，統計值也很容易解釋：全距的數值愈大，最高分到最低分之間的距離也愈大，表示這個分布狀態的離散程度也愈大。

　　不幸的是，因為它只使用了最高分與最低分資訊，全距有一些重要的限制：第一，大部分由夠多樣本數組成的分布，多半都會有一些和其他分數相比特別高或特別低的分數（特異值）（請見表 3.3 的例子）。因此，全距可能會誇大了這個分布中多數分數的離散程度，同時，全距並未含括除了最高分與最低分以外的其他變異資訊。

　　四分位距（interquartile range, Q） 也是一種全距，藉由只考慮一組分數分布中間 50% 的個案，它避免了類似全距可能有的問題。要計算 Q，首先將分數由最高分依序排至最低分，然後將這個分布分割為四等分（如同我們在尋找中位數時將分布區隔為兩半）。第一個四分位數（Q_1）所在的位置是有 25% 的個案分數低於這個點，75% 的個案分數高於這個點。第二個四分位數（Q_2）將這個分布分成兩半（因此，Q_2 等於中位數），第三個四分位數（Q_3）是有 75% 的個案分數低於它，25% 的分數高於它。

　　四分位距的定義是第三個四分位數到第一個四分位數的距離：

公式 4.2　　　　$Q = Q_3 - Q_1$

90　　　四分位距本質上是抽取分布中間 50% 的個案分數，避免像 R 一樣只使用兩個分數，Q 與 R 的解釋方法相同，數值愈大，分布分散的程度也愈大，但與全距不同的是 Q 避免了只使用最極端兩個分數的問題，但它同樣也無法獲得基於它所使用的兩個分數以外的任何分數變異資訊。

計算全距與四分位距

　　表 4.1 提供了 40 個國家的出生率（每 1000 人口出生數），這組數據資料的全距與四分位距是多少？請注意分數已經由高至低排序了，這讓全距的計算變得很容易，這也是計算四分位距必要的步驟，在這 40 個國家中，尼日出生率為 50，是出生率最高的國家，德國和日本的出生率最低，為 8，全距為 50-8 即是 42（$R=42$）。

表 4.1　　40 個國家的出生率（每 1000 人口出生數），2013

排序	國家	出生率	排序	國家	出生率
40（高）	尼日	50	20	利比亞	22
39	安哥拉	47	19	印度	22
38	烏干達	45	18	委內瑞拉	21
37	莫桑比克	44	17	墨西哥	19
36	尼日利亞	42	16	哥倫比亞	19
35	馬拉威	40	15	科威特	19
34	坦尚尼亞	40	14	澳大利亞	18
33	幾內亞	38	13	越南	17
32	塞內日爾	38	12	愛爾蘭	16
31	多哥	37	11	智利	15
30	肯亞	36	10	冰島	14
29	茅利塔尼亞	35	9	美國	13
28	依索比亞	34	8	俄羅斯	13
27	迦納	33	7	法國	13
26	瓜地馬拉	32	6	中國	12
25	巴基斯坦	30	5	加拿大	11
24	海地	26	4	西班牙	10
23	柬埔寨	25	3	義大利	9
22	埃及	25	2	日本	8
21	敘利亞	25	1（低）	德國	8

一次一步驟	找到四分位距（Q）

步驟	操作方法
1.	將所有個案由大至小排序。
2.	利用 N 乘以 0.25 找出位於第一個四分位數（Q_1）的個案，如果計算出來的數值不是整數，四捨五入至最接近整數。找出這個排序的個案，這個個案的分數就是第一個四分位數。
3.	將 N 乘以 0.75，找出第三個四分位數（Q_3），如果數值不是整數，四捨五入至最接近整數，找出這個排序的個案，這個個案的分數就是第三個四分位數。
4.	將第三個四分位數（Q_3）減去第一個四分位數（Q_1），得到的結果就是四分位距也就是 Q。

日常生活
統計學

增加中的種族多樣性

在第 3 章，我們注意到美國的宗教多樣性正在增加中，在種族、族群、文化和語言上，都能發現類似的轉變。像是種族或族群這類變項測量層次是名義變項，因此，我們不能用類似全距這種離散趨勢統計量來表示其變異，然而，變異的增加可以從下面的表格中迅速察覺，到本世紀中，美國預計將成為「少數族群成為主流族群」的國家，愈來愈多的西班牙裔、亞裔以及太平洋島嶼裔將成為主流，讓美國人口種族愈來愈多樣化。

美國種族與族群組成，1980 至 2050：佔全部人口百分比

種族與族群	1980	2010	2050（人口推估）
非西班牙裔白人	81%	65%	47%
非西班牙裔黑人	11%	13%	13%
西班牙裔	6%	16%	28%
亞裔美國人和太平洋島嶼人	2%	5%	10%
美國原住民	1%	1%	1%
	101%	100%	99%

資料來源：美國普查局，2012。資料取自 http://www.census.gov/population/projections/data/national/2008/summarytables.html

---

計算 Q，我們必須找到第一個和第三個四分位數的位置（Q_1 和 Q_3），我們依據一些特定個案的分數來定義這些點，和我們尋找中位數時相同。Q_1 是由 N 乘以 0.25 來決定的，因為（40）×（0.25）=10，所以 Q_1 是第 10 個分數，從最低分數開始計算，第 10 筆是冰島，分數是 14，所以 Q_1=14。

91   第三個四分位數（Q_3）是將 N 乘以 0.75 得到的，（40）×（0.75）=30，是第 30 個個案，同樣地，從最低分開始算起，是肯亞，出生率數值是 36（Q_3=36），因此，

$$Q = Q_3 - Q_1$$
$$Q = 36 - 14$$
$$Q = 22$$

（練習找 R 和 Q，見習題 4.12 和 4.13。全距可以在本章結尾習題中任一題中找到。）

標準差和變異數

92   Q 和 R 的基本限制是它們只使用兩個分數，沒有使用所有可取得的資訊，同時，這兩個統計值也沒有提供任何關於分數彼此間距離或是到某一個中心點如平均數的距離等相關資訊，我們是否能設計一個能避免這些限制的離散趨勢量數？

        我們可以從一些標準開始，想一想，一個好的離散趨勢測量應該要：

• 使用分布中的所有分數。這個統計值應該使用所有可用的資訊。

• 描述這組分數的平均或典型偏誤，這個統計值應該給我們一個關於分數彼此之間距離或是到分布中心點距的概念。

• 當我們比較不同分布時，如果它能讓我們一眼就看出哪個分布的變異較大，這將會是一個很方便的功能：這個統計量的數值愈大，表示分布愈分散。

        一個發展這個統計量的方法是從計算每一個分數到平均數間的距離開始，也就是**離均差（deviations, $X_i - \bar{X}$）**，當分數與平均數間的差異增加時，離均差的數值也會跟著增加，如果分數圍繞在平均數周圍（回想圖 4.1 中服務 A 的狀況），離均差將會很小，而如果分數散得很開、或是變異很大（像是圖 4.1 中的服務 B），離均差將會比較大。那麼，我們如何使用這個離均差分數來發展一個有用的統計量？

        一個可能的做法是將這些離均差分數加總，$\sum (X_i - \bar{X})$，做為這個統計量的基礎，如同我們在第 3 章看到的，這個離均差的和將會是 0。舉例來說，表 4.2 提供了五個分數組成的分布，如果我們從任何一組分數與平均數的差異計算離均差的和，我們最終都會得到一個總和為 0，不管這個分布的分數多分散。

93   儘管如此，離均差的和是計算離散趨勢測量的合理基礎，統計學家已經發展一個方法來處理正離均差的和總是等於負離均差的和。如果我們計算每一個離均差的平方，所有的值都將會是正數，因為負值乘上自己後將會變成正數。例如，（−20）×（−20）=+400，表 4.2 列出來的分數，其離均差平方加總將會是（400+100+0+100+400），也就是 1000（見表 4.3）。因此，基於離均差平方和的統計值將具有我們希望一個離散趨勢量數應有的特性。

表 4.2　示範分數與平均數間距離差異加總得到離均差的和總是為零

分數 (X_i)	離均差 $(X_i - \overline{X})$
10	$(10 - 30) = -20$
20	$(20 - 30) = -10$
30	$(30 - 30) = \quad 0$
40	$(40 - 30) = \quad 10$
50	$(50 - 30) = \quad 20$
$\Sigma(X_i) = 150$	$\Sigma(X_i - \overline{X}) = \quad 0$
$\overline{X} = 150/5 = 30$	

表 4.3　計算標準差

分數 (X_i)	離均差 $(X_i - \overline{X})$	離均差平方 $(X_i - \overline{X})^2$
10	$(10 - 30) = -20$	$(-20)^2 = \quad 400$
20	$(20 - 30) = -10$	$(-10)^2 = \quad 100$
30	$(30 - 30) = \quad 0$	$(0)^2 = \quad\quad 0$
40	$(40 - 30) = \quad 10$	$(10)^2 = \quad 100$
50	$(50 - 30) = \quad 20$	$(20)^2 = \quad 400$
$\Sigma(X_i) = 150$	$\Sigma(X_i - \overline{X}) = \quad 0$	$\Sigma(X_i - \overline{X})^2 = 1000$

在我們完成離散趨勢量數設計之前，我們還必須解決另一個問題，隨著樣本數增加，離均差平方和也會變大，離均差分數愈多個時，加總後的數值也會愈大，這將使我們難以比較樣本數大小不同所組成的各種分布，我們可以透過將離均差平方和除以 N（樣本數）來解決這個問題，如此即可「標準化」不同大小的樣本。

這個程序產生了一個我們稱之為**變異數（variance）**的統計量，代表符號是 s^2。變異數主要用於推論統計中，雖然它是用來設計某些關聯測量的核心概念。為了描述一個分布分散狀況，通常使用另一個很接近的統計量，稱為**標準差（standard deviation，代表符號為 s）**，這個統計量是這一章接下來的重點。

公式 4.3　　　$s^2 = \dfrac{\Sigma(X_i - \overline{X})^2}{N}$

公式 4.4　　　$s = \sqrt{\dfrac{\Sigma(X_i - \overline{X})^2}{N}}$

嚴格來說，公式 4.3 和 4.4，是計算母體變異數與標準差的公式，當我們使用機率樣本時，公式略有差異，應該使用 $N-1$ 來替代原本的分母 N。這是一個重要的問題，因為許多你可能會用到的電子計算機和統計套裝軟體都是使用 $N-1$ 當分母，因此，計算的結果可能與公式 4.3 和 4.4 有些微差異，差異的大小將隨著樣本數大小的增加而減少，但這個章節中的許多例子與問題都是使用小樣本，因此，分母 N 與 $N-1$ 之間的差異可能會相當大。有一些計算機可以允許使用者在計算標準差時選擇使用分母 $N-1$ 或 N，如果你的計算機有這個功能，請選擇使用分母 N，這樣你的答案才會與我們的答案一致。

在計算標準差時，非常推薦使用類似表 4.3 的表格，在這個範例中，五個分數列在表格的左邊欄位，離均差在中間欄位，而離均差平方則放在右邊欄位。

表 4.3 的最後一欄的和是將所有離均差平方加總，可以直接用來代入公式 4.4 中：

$$s = \sqrt{\frac{\Sigma(X_i - \overline{X})^2}{N}}$$

$$s = \sqrt{\frac{1000}{5}}$$

$$s = \sqrt{200}$$

$$s = 14.14$$

請參閱「一次一步驟」專欄以獲取計算公式 4.3 與 4.4 的詳細指引。

一次一步驟　　**找出標準差（s）與變異數（s^2）**

步驟	操作方法
1.	建構一個類似表 4.3 的計算表，包含原始分數（X_i）、離均差（$X_i - \overline{X}$）和離均差平方（$X_i - \overline{X})^2$。
2.	在左側欄位中列出原始分數（X_i），將分數加總後除以 N 以找出平均數。
3.	將每個分數減去平均數以求取離均差（$X_i - \overline{X}$），一次一個分數，在第二欄列出離均差。
4.	將離均差加總，總和應等於零（包含捨入誤差）。若離均差的總和不等於零，可能是計算錯誤，需要重複一次步驟 3。
5.	將離均差平方，在第 3 欄列出計算結果。
6.	將第 3 欄的數值（離均差平方）加總、將計算得到的數值代入公式 4.4 做為分子。
7.	將步驟 6 得到的離均差平方的和除以 N 以求出變異數（s^2），即是標準差（s）的平方。（注意：此數值為變異數或 s^2）。
8.	找出步驟 7 數值的平方根，即為標準差。

應用統計 4.1　標準差

在當地的一個幼稚園中觀察 10 個兒童 1 個小時，每個兒童的攻擊行為紀錄如下表，這個分布的標準差是多少？我們將使用公式 4.4 來計算標準差。

攻擊行為次數

X_i	$(X_i - \overline{X})$	$(X_i - \overline{X})^2$
1	$1 - 4 = -3$	9
3	$3 - 4 = -1$	1
5	$5 - 4 = 1$	1
2	$2 - 4 = -2$	4
7	$7 - 4 = 3$	9
11	$11 - 4 = 7$	49
1	$1 - 4 = -3$	9
8	$8 - 4 = 4$	16
2	$2 - 4 = -2$	4
0	$0 - 4 = -4$	16
$\Sigma(X_i) = 40$	$\Sigma(X_i - \overline{X}) = 0$	$\Sigma(X_i - \overline{X})^2 = 118$

$$\overline{X} = \frac{\Sigma X_i}{N} = \frac{40}{10} = 4.0$$

將數值代入公式 4.4 後我們就能得到

$$s = \sqrt{\frac{\Sigma(X_i - \overline{X})^2}{N}} = \sqrt{\frac{118}{10}} = \sqrt{11.8} = 3.44$$

這組資料的標準差是 3.44。

計算標準差：另一個範例

　　另一個範例將有助於澄清計算與解釋標準差的程序。一個研究者正在比較兩個校園的學生，一所學校位於一個小鄉鎮，幾乎所有學生都住校，另一所學校位在一個大城市，學生幾乎都是在職進修，研究者希望比較兩個校園中學生的年齡，他將資料整理在表 4.4。哪個校園的學生年齡更年長？哪個的年齡更分歧？（當然，這些團體人數實在是太少了，不適合嚴謹的研究，在此只是簡化計算。）

　　我們可以從平均數看出，和大城市的學生相比，小鄉鎮中的學生都相當年輕（19歲對比 23 歲），而哪個團體在年齡上更加多變呢？計算標準差（使用公式 4.4）將有助於回答這個問題：

小鄉鎮中的校園：

$$s = \sqrt{\frac{\Sigma(X_i - \overline{X})^2}{N}} = \sqrt{\frac{4}{5}} = \sqrt{0.8} = 0.89$$

表 4.4　計算兩個校園學生年齡的標準差

小鄉鎮中的校園		
分數(X_i)	離均差 ($X_i - \bar{X}$)	離均差平方($X_i - \bar{X}$)²
18	$(18 - 19) = -1$	$(-1)^2 = 1$
19	$(19 - 19) = 0$	$(0)^2 = 0$
20	$(20 - 19) = 1$	$(1)^2 = 1$
18	$(18 - 19) = -1$	$(-1)^2 = 1$
20	$(20 - 19) = 1$	$(1)^2 = 1$
$\Sigma(X_i) = 95$	$\Sigma(X_i - \bar{X}) = 0$	$\Sigma(X_i - \bar{X})^2 = 4$

$$\bar{X} = \frac{\Sigma X_i}{N} = \frac{95}{5} = 19$$

大城市中的校園		
分數(X_i)	離均差 ($X_i - \bar{X}$)	離均差平方($X_i - \bar{X}$)²
20	$(20 - 23) = -3$	$(-3)^2 = 9$
22	$(22 - 23) = -1$	$(-1)^2 = 1$
18	$(18 - 23) = -5$	$(-5)^2 = 25$
25	$(25 - 23) = 2$	$(2)^2 = 4$
30	$(30 - 23) = 7$	$(7)^2 = 49$
$\Sigma(X_i) = 115$	$\Sigma(X_i - \bar{X}) = 0$	$\Sigma(X_i - \bar{X})^2 = 88$

$$\bar{X} = \frac{\Sigma X_i}{N} = \frac{115}{5} = 23$$

大城市中的校園：

$$s = \sqrt{\frac{\Sigma(X_i - \bar{X})^2}{N}} = \sqrt{\frac{88}{5}} = \sqrt{17.6} = 4.20$$

　　大城市中的校園學生年齡標準差的數值較大，也就是說學生的年齡更多變，你如果瀏覽一遍這些分數，可以發現小鄉鎮中這些住校學生年齡落在一個較狹窄的範圍中（$R=20-18=2$），而大城市的學生則較為多元，包括 25 歲和 30 歲的學生（$R=30-18=12$）。（為了練習計算和解釋標準差，請參考本章結尾處的習題，建議使用較小的數據資料，如習題 4.1 和 4.2，請練習到你熟悉計算的程序為止。）

視覺化離散趨勢：盒形圖

97　　**盒形圖**或**盒鬚圖**是提供視覺化分析離散趨勢一個很好的工具，盒形圖使用中位數（見第 3 章）、全距（R）、和四分位距（Q）來描繪一組分布的集中趨勢和變異，還能顯示存在於分布中的任何特異值或極端分數。

　　以圖 4.2 為例，我們可以從檢視盒形圖開始，這張圖呈現了 99 個發展程度和富裕程度不同國家的出生率（每 1000 人口數出生數），盒形圖由一個盒子和兩個 T 形線條組成，一個在盒子上方，一個在下方，這個盒子從頂端第三個四分位數（Q_3）延伸到底端的第一個四分位數（Q_1），因此，盒子的高度反映了 Q 值也就是四分位距的範圍，貫穿盒子中的水平線是落在中位數（Md）。

　　T 形線（或鬍子）反映了分數的全距。它們延伸了 1.5 倍的盒子高度或是從最高分到最低分，以較接近這個盒子的數值為準。在這個例子中，實際出生率最高為每 1000 人口中出生數為 51，這是上鬍子的位置；下鬍子是落在出生率 8 的位置上，這是這群國家中出生率最低的國家。

　　在盒形圖中，「特異值」被定義為那些落在「鬍子」以外的任何分數，或任何超過箱子 1.5 倍的分數。分數無論是高於或是低於盒子高度三倍的分數稱為「極端特異值」。圖 4.2 中顯示的國家中沒有極端分數，不過，我們稍後會看到一些例子。

　　當我們想要比較不同條件或時間的變項分布時，盒形圖特別有用。圖 4.3 呈現了同樣 99 個國家的出生率，但這次，我們將這些國家依照它們的收入組別排列。表 4.5 98 呈現了依收入組別不同國家之出生率統計摘要。

　　這些國家的收入組別是依據世界銀行所發展的經濟標準來分組（http://data. worldbank.org/about/country-classifications/country-and-lending-groups），而且，同一收入組別國家都具有許多相似的社會特徵，包括：

- 低收入國家倚賴農業經濟，通常重視大家庭，這一個組別國家包括許多非洲國家、　99
  海地和一些亞洲國家。
- 中低收入國家通常處於工業化的早期階段，包括埃及、玻利維亞和印度。
- 中高收入國家通常是更進步的經濟體系，這組國家包含阿根廷、土耳其和中國。
- 幾乎所有高收入國家都是高度工業化和都市化，且是生活水平最高的，在這些經濟體系中子女教養費用昂貴，所以以小家庭為主，且出生率偏低。這個類別的國家包含美國、日本、澳洲和紐西蘭。

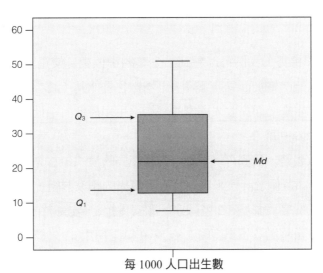

每 1000 人口出生數

圖 4.2　2013 年 99 個國家出生率盒形圖

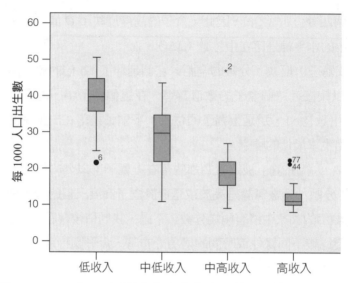

圖 4.3　2013 年 99 個國家之出生率盒形圖：依收入組別區分

表 4.5　2013 年 99 個國家之出生率統計摘要：依收入組別區分

統計值	收入層級			
	低收入	中低收入	中高收入	高收入
最低分	31	11	9	8
Q_1	35.5	22	15.3	10
中位數	40	30	19	11
Q_3	45	36	22	13
最高分	51	44	47	22
Q	9.5	14	6.7	3
R	20	33	38	14
s	7.5	8.6	7.4	3.4
$\overline{X}$	39.2	29.1	19.7	11.8
	$N = 25$	21	24	29

　　首先檢視集中趨勢，我們可以看到出生率的中位數（使用盒子中間標記的水平線）隨著國家收入層次增加而急遽下降，平均數也是如此（請參閱表 4.5）。低收入國家有較高的平均出生率，而高收入國家的平均出生率最低。中低收入和中高收入國家的平均出生率則介於中間。

　　接著看到離散趨勢，我們可以看到有幾種不同的模式，首先，中高收入國家的全距最大（$R=38$），由這個統計值來看，是最具變異的國家群組，然而，這是由於全距受到一個極端值的影響而膨脹（2 號國家，即安哥拉），安哥拉的分數是一個「極端」的異常值（它的分數超過盒子高度的 3 倍），在圖上使用 a* 來標示，你應該還記得，全距是只基於分布中最高分和最低分來計算的，在這種情況下，它可能不是測量離散趨勢的最佳測量指標。

其次，中低收入國家有最大的四分位距和標準差，根據這些統計量，這代表這組國家有最大的離散程度。由於中高收入國家的全距受到異常值的影響而膨脹，此時，Q 和 s 似乎是比較好的離散趨勢測量指標，在目前狀況看來，我們可能得到以下結論：中低收入國家在出生率上有最大的變異。

日常生活 統計學	**全球預期壽命**

富裕社會中的公民通常預期能活到約 70、80 歲，甚至更長壽，當然，對於生活水平、營養和衛生醫療較低的國家而言，狀況就不同了。下表呈現了四種不同收入水平的 40 個國家之預期壽命資訊，請注意，隨著收入水平增加，預期壽命也隨之增加，但其離散趨勢量數（標準差和全距）的變化則相反：離散趨勢量數隨著收入水平增加而減少。為什麼低收入國家在預期壽命這個變項上較為分散？（提示：是否較不富裕的社會中，人們在各種年齡階段都更加脆弱？）

不同收入水準的 40 個國家之預期壽命統計摘要表

收入水準	平均數	標準差	最大值	最小值	全距	N
高	80.8	1.5	83	78	5	10
中高	75.4	1.7	79	73	6	10
中低	65.1	6.3	73	54	19	10
低	58.7	6.7	70	49	21	10

資料來源：美國人口資料局。2013。世界人口資料表。資料取自 http://www.prb.org/Publications/Datasheets/2013/2013-world-population-data-sheet/data-sheet.aspx

---

第三，從盒形圖中可以看到高收入國家具有最短的盒子、最低的四分位距（3）、最小的全距（14）、以及最小的標準差（3.4）。因此，高收入國家是目前為止看來最不具變異的國家群體。這些國家之間彼此都很相似，儘管有兩個極端值（77 號沙烏地阿拉伯和 44 號以色列）。為什麼這兩個國家的出生率與其他高收入國家如此不同呢？

總之，盒形圖提供了關於離散趨勢與集中趨勢最有用的視覺化圖像與資訊，和 R、Q 和 s 一樣，盒形圖在比較不同狀況下的變項時是最好用的。（為了更熟悉盒形圖的解釋，請參考習題 4.18 和 4.19。）

解釋標準差

目前為止，對你而言可能標準差的意義（即為什麼我們要計算它）還不是很清楚，你可能會想問：「花了這麼多力氣計算標準差，到底能得到什麼資訊？」這個離散趨勢量數的意義可以使用以下三種方式來表達。第一個也是最重要的是它牽涉到常態曲線，這個部分我們將在下一章解釋。

第二種理解方式是將標準差視為一個離散指標，當分布變得更多變時，它的數值會隨之增加，換句話說，對變異較大的分布而言，其標準差會比較大，而分布變異較小時，標準差的數值會比較小。標準差的最小可能值是 0，這個狀況發生在當一個分布分數完全沒有任何分散時（亦即，如果樣本的每一個個案的分數完全相同時），因此，0 是標準差可能的最低值（不過，標準差數值沒有上限。）

第三種理解標準差的方法是將一個分布拿去和另一個作比較，我們已經在圖 4.1 中比較了兩種救護車的服務，也在表 4.4 中比較了小鄉鎮和大都市的校園，你還可以比較不同的群體（例如男性與女性、黑人與白人）；或同一個變項在兩個不同時間點的狀況，例如，假設我們發現特定學校學生的年齡隨著時間推移而產生變化，如表 4.6 中摘要統計數據所示。

表 4.6　兩個不同年度大學校園中學生的年齡（虛構資料）

1990	2010
$\bar{X}=21$	$\bar{X}=25$
$s=1$	$s=4$

很顯然，從平均年齡來看，這個校園中的學生族群已經變得更加年長，而且，依據其標準差，學生的年齡分布也變得更加多樣化，1990 年的標準差較低，表示在這個年度中更多學生的年齡集中在平均數周圍（回想圖 4.1 中服務 A 的分布），相較之下，2010 年的標準差較大，表示年齡分布形狀較為平坦，也更加分散，就像是圖 4.1 中服務 B 的分布狀況。換句話說，和 2010 年相比，1990 年時學生的年齡彼此間更為相似，而且年齡分布的範圍更狹窄。標準差在針對這類型分數分布的比較時特別有用。

應用統計 4.2　描述離散趨勢			

下表列出五個新英格蘭州和五個西部州的謀殺率，哪個謀殺率較高？哪個變異較大？

五個新英格蘭州的謀殺率，2012（每 100,000 人口謀殺數）

州	謀殺率	離均差	離均差平方
新罕布什爾州	1.1	−0.76	0.58
麻薩諸塞州	1.8	−0.06	0.00
羅德島	3.2	1.34	1.80
佛蒙特州	1.3	−0.56	0.31
緬因州	1.9	0.04	0.00
	$\Sigma(X_i) = 9.3$	$\Sigma(X_i - X) = 0.00$	$\Sigma(X_i - \bar{X})^2 = 2.69$

$$\bar{X} = \frac{\Sigma X_i}{N} = \frac{9.3}{5} = 1.86$$

$$s = \sqrt{\frac{\Sigma(X_i - \bar{X})^2}{N}} = \sqrt{\frac{2.69}{5}} = \sqrt{0.54} = 0.73$$

五個西部州的謀殺率，2012（每 100,000 人口謀殺數）

州	謀殺率	離均差	離均差平方
內華達州	4.5	0.02	0.00
加州	5.0	0.52	0.27
亞利桑那州	5.5	1.02	1.04
德州	4.4	−0.08	0.00
華盛頓州	3.0	−1.48	2.19
	$\Sigma(X_i) = 22.4$	$\Sigma(X_i - X) = 0.00$	$\Sigma(X_i - \bar{X})^2 = 3.51$

$$\bar{X} = \frac{\Sigma X_i}{N} = \frac{22.4}{5} = 4.48$$

$$s = \sqrt{\frac{\Sigma(X_i - \bar{X})^2}{N}} = \sqrt{\frac{3.51}{5}} = \sqrt{0.70} = 0.84$$

　　即使是像這樣的小團體，你仍可以看出這五個西部州有比較高的謀殺率，這個結果是從平均數得到確認（新英格蘭平均為 1.86，西部州為 4.48）。

　　這五個西部州也更具變異性，這些西部州謀殺率的全距是 2.5（$R=5.5-3.0=2.5$），高於新英格蘭的全距 2.1（$R=3.2-1.1=2.1$）。同樣地，西部州的標準差（0.84）也大於新英格蘭各州的標準差（0.73）。

使用 SPSS 計算離散趨勢量數

　　在第 3 章，我們查看了美國 1995 年和 2012 年謀殺率的平均數與中位數，在此處「使用 SPSS」的部分，我們將要藉由加入離散趨勢量數來擴大之前的分析，我們將會使用敘述統計（Descriptives）指令，這個在第 3 章就已經介紹過了。

　　遵循以下步驟：

102

1. 點擊桌面的 SPSS 圖像。

2. 載入 *States* 資料檔。

    a. 在工具列極左側找到 **File** 指令，然後點擊 **File→Open→Data** 。

    b. 找到 *States* 資料檔。如果你還沒有這個檔案，可以從這本教科書的網站上下載這個檔案。

3. 從 SPSS 視窗上方工具列，點擊 **Analyze, Descriptive Statistics** 和 **Descriptives** 。

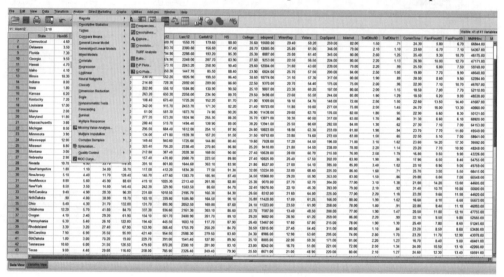

103

4. 在 "Descriptives" 視窗左側的方塊中找到變項 *Hom95*（美國 1995 謀殺率）和 *Hom12*（美國 2012 謀殺率），點擊箭頭將這些變項名稱移至右方的方塊中。當你完成了，螢幕會看起來像這樣：

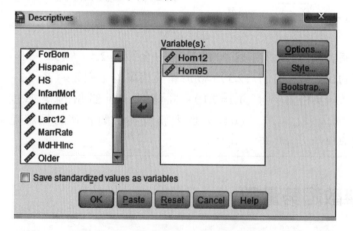

5. 點擊 "Descriptives" 視窗中的 **Options** 按鍵，然後勾選 **Range** 和 **Variance** 旁邊的方塊來選定這些統計量，其他統計量（標準差、平均數、和最低分與最高分）是系統預選的。

6. 點擊 **OK** 。

結果報表看起來像這樣：

Descriptive Statistics

	N	Range	Minimum	Maximum	Mean	Std. Deviation	Variance
Homicide rate 2012	50	9.70	1.10	10.80	4.2600	1.96874	3.876
Homicide rate 1995	50	16.10	.90	17.00	6.7120	3.62027	13.106
Valid N (listwise)	50						

　　我們在第 3 章中看到，1995 年至 2012 年謀殺率的中位數與平均數下降了，離散趨勢量數（全距、標準差、和變異數）也下降了，這顯示在 2012 年時美國各州之間更為相似，以標準差為例，從 1995 年的 3.62 下降至 2012 年的 1.97。回想我們在第 3 章的討論，這些下降趨勢反映了路易斯安那州較低的分數（1995 年的極端值）以及 1995 年至 2012 年間幾乎所有的州謀殺率都下降的事實。

成為具批判性的閱聽人：集中趨勢、離散趨勢與分布的形狀

在這個「成為具批判性的閱聽人」專欄中，我們將會回顧與強調我們在第 2-4 章中提到的四個重點。

1. 當我們在閱讀一份報告中的集中趨勢量數時，要將注意力放在報告中使用了哪一個集中趨勢量數，這個報告是否說了「最常見的」（眾數）、「最典型的」（中位數）、或是「平均分數」（平均數），如我們所看到的，這些統計量數傳達了很不一樣的集中趨勢印象，例如，想想我們在第 3 章中讀到的大聯盟棒球選手的薪資報告，平均數和中位數給了我們完全不同的印象。

2. 請記住，關於離散或變化的資訊和集中趨勢的資訊一樣是必須的，例如，想像你在尋找一個完美的居住地，你偏好住在一個年均氣溫為華氏 72 度的城市，經過仔細研究所有的可能後，現在有三個城市符合你的平均溫度標準，但是，這三個城市溫度的離散趨勢差異極大，城市 A 的氣溫從酷熱到寒冷，城市 B 的溫度變化較小，但仍是「四季分明」的，城市 C 的溫度變異非常小，看來似乎是你的理想居住地。請注意，當你尋求理想居住地時若只考慮集中趨勢時，可能會犯了一個嚴重的錯誤。

城市	平均 每日氣溫	範圍	標準差
A	72	100	20
B	72	50	10
C	72	10	2

3. 延伸第二點的論述，如果可能的話，你應該檢視整體分布狀態，而非只是一些統計摘要資訊。沒有這些資訊，你可能會得到錯誤的結論。例如，考慮 2012 年全國律師協會報告的 20,000 多位律師的起薪圖表 *。

*這個分析是根據 Parikh, Ravi. 2014. "Anscombe's Quartet, and Why Summary Statistics Don't tell the Whole Story." *Heap Analytics*。資料取自 http://data.heapanalytics.com/anscombes-quartet-and-why-summary-statistics-dont-tell-the-whole-story/

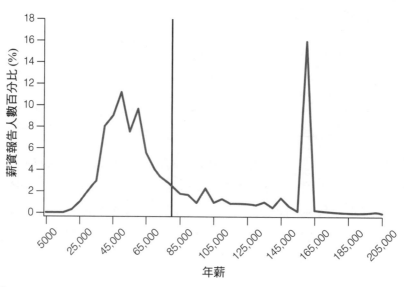

資料來源：http://www.nalp.org/salarydistrib

平均薪資接近 81,000 美元，但是看一眼圖表就可以看出只有很少數個案的薪資接近平均數，相反的，這些律師的薪資分配是雙峰分布，其中一些就讀頂尖名校並且被大公司僱用的律師的平均起薪接近 165,000 美元，大多數畢業律師的收入遠遠低於這個數字，事實上，也低於平均起薪。如果只看集中趨勢量數將會產生對於律師職業相對富裕的嚴重錯誤印象。

4. 由於專業研究文獻側重於變項之間的關係，單變項的描述統計資訊——像是平均數、標準差、以及次數分配表——可能不會被放至最終出版的報告中，然而，某些統計量（例如平均數和標準差）具有雙重功能，他們不僅是有用的描述統計量、而且也是許多分析技術的基礎，因此，如果沒有被放進前者的單變

項描述性分析，也可能會放入後者一起呈現。當最終報告要納入一些統計量時，集中趨勢量數與離散趨勢量數通常會以某種摘要形式呈現例如表格，摘要表格的一部分可能長得像這樣：

樣本的特性

變項	$\bar{X}$	s	N
年齡	33.2	1.3	1078
子女數	2.3	0.7	1077
結婚年數	7.8	1.5	1052
收入	$55,786	1500	987

像這樣的表格簡要地描述了樣本的整體特性，如果你仔細檢視這個表格，你將能對這個計畫方案中樣本的相關特徵有很好的瞭解，請注意，樣本數會因變項不同而改變，這在社會科學研究中是很常見的，這是由於缺失數據或是某些個案的訊息不完整而造成的。

日常生活
統計學

美國收入不平等之變遷

在第 3 章，我們檢視了美國自 1967 年來家戶收入的中位數與平均數如何變遷，我們也看了典型美國人財務狀況的改善（根據中位數的變化），以及伴隨的平均收入上升，我們也看到了一個正偏態的分布（平均數大於中位數），而隨著時間的推移，這個正偏態係數也跟著變大（亦即兩個集中量數間的差距愈來愈大），那麼，透過增加離散趨勢量數的資訊，我們可以多得到什麼資訊？

標準差是測量等距－等比尺度如收入這類變數的最佳離散趨勢量數，但是美國人口普查局並沒有提供這個統計量，在此我們只能使用四分位距（Q）這個統計量來檢視美國家戶收入的離散趨勢。不同於一般四分位距中使用第三個四分位和第一個四分位數，在下面的圖表中，我們利用第 20 個百分位數和第 80 個百分位數來繪製變遷趨勢線，利用歷年來第 20 個百分位數繪製的趨勢線將美國家戶收入區分成兩組，20% 的家戶收入低於此、80% 的家戶收入高於此；同樣的，利用歷年第 80 個百分位數繪製的趨勢線也將美國家戶收入區分成為兩組：20% 的家戶收入高於此、80% 的家戶收入低於此。

請注意，我們可以看到標記第 20 個百分位數的趨勢線在整個時間段中幾乎都保持水平，而第 80 個百分位數的趨勢線卻隨著時間推移逐漸升高（至少到 2007 年），這個結果顯示了低收入美國人的財務狀況幾乎沒有改變，但富裕美國人的收入卻增加了，富裕者的收入增加非常符合我們在第 3 章圖表中看到的正偏態增加的狀況。

美國家戶收入最小的五等分位數（20%）與第四個五等分位數（80%）之變遷，1967~2012（以 2012 幣值計算）

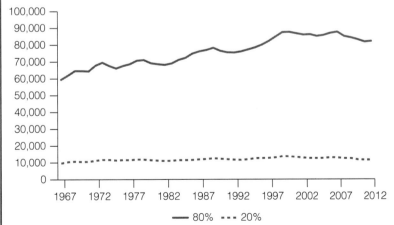

日常生活 統計學 （續）	如果我們將家戶收入之第四個五分位數（即高於 80% 之家戶收入）減去最低的五分位數，我們可以得到一個類似四分位距（*Q*）的離散趨勢量數，這個量數在整個觀察期間持續增加，1967 年時約為 50,000 美元，但在 2012 年時增加到 70,000 美元以上。（如果我們使用 95% 以上家戶收入來取代 80%，則差距將從接近 160,000 美元增加到 300,000 美元以上。） 　　因此，美國家戶收入的變異和不平等其實是隨著時間推移而增加，離散趨勢的增加完全是因為富裕家戶收入上升的結果，而與最低五分位數（20%）沒有任何關聯。 　　我們在第 3 章看到，美國家戶收入中位數和所有美國家戶的收入平均（平均數）在這段時間內持續增加，現在我們可以看到，這個增加並不是全民共享的，對於不太富裕的家戶（最低五分位數或 20%）收入幾乎沒有增加，而收入較高的家戶卻增加很多，因此，美國家戶收入的離散趨勢隨之變大：收入不多的家庭依舊只有有限的收入，而富人變得更加富有。

重點整理

1. 離散趨勢量數摘要一組分數分布的異質性或多變性的資訊。當它與集中趨勢量數合併使用時，這些統計量只使用很少數的數字卻傳達了很大量的資訊。集中趨勢量數落在分布的中心位置，離散趨勢量數則是指出這個分布變化的差異量。

2. 全距（*R*）是一組分數分布由最高分至最低分的距離。四分位距（*Q*）是第三個四分位數和第一個四分位數的距離（中間 50% 分數的「全距」）。這兩個「全距」的測量可以使用於順序層次的變數或是等距－比率層次變數。

3. 標準差（*s*）是最重要的離散趨勢量數，因為它是許多進階統計應用中最關鍵的角色。標準差最小值為 0（表示這個分布沒有任何變異），隨著分布的變異增加，標準差的分數也會隨著變大，它最適合用於等距－比率層次的變數，但也經常用於順序層次的變數。

4. 變異數（s^2）主要用於推論統計與設計一些關聯的測量。

5. 盒形圖提供了視覺化呈現與分析變項離散趨勢的有用方法。

公式摘要

公式 4.1	全距：	最高分－最低分
公式 4.2	四分位距：	$Q = Q_3 - Q_1$

公式 4.3　　變異數：　　　　　　　　　　　$s^2 = \dfrac{\sum(X_i - \overline{X})^2}{N}$

公式 4.4　　標準差：　　　　　　　　　　　$s = \sqrt{\dfrac{\sum(X_i - \overline{X})^2}{N}}$

名詞彙總

盒鬚圖（Box and whiskers plot）。參見盒形圖。

盒形圖（Boxplot）。用於同時呈現一個或多個變項的集中趨勢與離散趨勢的統計圖。

離均差（Deviation）。一個分數與平均數間的距離。

離散（Dispersion）。一組分數分布的變化量或異質的程度。

四分位距（Interquartile range（Q））。第三個四分位數到第一個四分位數間的距離。

離散量數（Measures of dispersion）。用以描述一組分數分布的變化或異質性的統計量。

全距（Range（R））。一組分數分布中最高分減去最低分。

標準差（Standard deviation（s））。這是將各個分數與平均數差距的平方相加之後除以 N，最後再對結果取平方根計算得到的統計量。是最重要而且最有用的離散量數測量。s 代表樣本的標準差；σ 代表母體的標準差。

變異數（Variance）。分數與平均數差距的平方加總後除以 N。變異數是離散量數的一個測量，主要用在推論統計以及相關與迴歸分析；s^2 代表樣本的變異數；σ^2 代表母體的變異數。

習題

4.1　計算下列 10 個分數的全距與標準差。（提示：把分數如同表 4.4 般編排對你的計算會有幫助。）

　　10, 12, 15, 20, 25, 30, 32, 35, 40, 50

4.2　計算下列 10 個分數的全距與標準差。

　　66, 75, 69, 72, 84, 90, 96, 70, 55, 45

4.3　**SOC** 在第 3 章的問題 3.1 中你計算了一群大一和大四學生在六個變項上的集中趨勢量數，其中三個變項在此重複出現。請計算每個變項的平均數（如果有需要的話）、全距與標準差，想想離散趨勢量數多提供了什麼資訊呢？寫一段話來總結大一和大四學生間的差異。

自己掏腰包的花費		電影數		學餐的評分	
大一	大四	大一	大四	大一	大四
43	75	0	0	10	1
49	72	14	5	7	2
55	70	10	11	2	8
57	95	7	3	1	4
72	72	5	4	8	3
58	67	1	14	6	6
62	50	0	0	10	2
75	59	14	7	0	9
61	55	3	5	5	4
53	95	4	3	6	7
	88		5		4

4.4　$\boxed{SOC}$ 第 3 章問題 3.5 中，你計算了 15 位受訪者的集中趨勢量數，其中兩個變項在此重複出現，計算每個變項的平均數（如果需要的話）、全距與標準差。離散趨勢量數多提供了什麼資訊呢？寫下一段話總結這些統計量。

受訪者	年齡	對於墮胎的態度 （高分 ＝ 強烈反對）
A	18	10
B	20	9
C	21	8
D	30	10
E	25	7
F	26	7
G	19	9
H	29	6
I	31	10
J	55	5
K	32	4
L	28	3
M	23	2
N	24	1
O	32	9

4.5　$\boxed{SOC}$ 在問題 3.6，你計算了 1999 與 2012 兩個年度，加拿大 13 個省分與領地，以及美國的 13 個州家庭收入的平均數與中位數，現在，計算每個年度的全距與標準差，同時考量集中趨勢量數與離散趨勢量數，寫下一段話總結家庭收入的分布狀態。離散趨勢量數多提供了什麼你從集中趨勢量數中無法得知的額外資訊？加拿大各省或美國各州收入的中位數隨著時間變遷是變得更多或更少？這些分數重製如下。

2000 年與 2011 年加拿大各省分與領地收入中位數（加幣）

省份或領地	2000	2011
紐芬蘭與拉布拉多	38,800	67,200
愛德華王子島	44,200	66,500
新斯科舍	44,500	66,300
新布藍茲維省	43,200	63,930
魁北克	47,700	68,170
安大略	55,700	73,290
曼尼托巴	47,300	68,710
薩克其萬	45,800	77,300
亞伯達	55,200	89,930
英屬哥倫比亞	49,100	69,150
育空	56,000	90,090
西北領地	61,000	105,560
努納福特	37,600	65,280
平均數 =		
中位數 =		
全距 =		
標準差 =		

資料來源：加拿大統計局，資料取自 http://www.statcan.gc.ca/tables-tableaux/sum-som/l01/cst01/famil108a-eng.htm

1999 年與 2012 年美國 13 個州收入中位數（美元）

州	1999	2012
阿拉巴馬	36,213	43,464
阿拉斯加	51,509	63,348
阿肯色	29,762	39,018
加州	43,744	57,020
康乃迪克	50,798	64,247
伊利諾	46,392	51,738
堪薩斯	37,476	50,003
馬里蘭	52,310	71,836
密西根	46,238	50,015
紐約	40,058	47,680
俄亥俄	39,617	44,375
南達科達	35,962	49,415
德州	38,978	51,926
平均數 =		
中位數 =		
全距 =		
標準差 =		

資料來源：1999：美國普查局。2001 美國統計摘要，頁 436。資料取自：http://www.census.gov/prod/2002pubs/01statab/income.pdf。2012：美國普查局。2012 美國社區調查。資料取自：http://www.census.gov/hhes/www/income/data/statemedian/

4.6　計算問題 2.6 與問題 3.12 使用之前測與後測分數的標準差，那些分數重製在此。考量所有你從這些變項中獲得的資訊，寫下一段話描述這個樣本從前測至後測的變化，標準差提供了你什麼額外的資訊？

個案	前測	後測
A	8	12
B	7	13
C	10	12
D	15	19
E	10	8
F	10	17
G	3	12
H	10	11
I	5	7
J	15	12
K	13	20
L	4	5
M	10	15
N	8	11
O	12	20

4.7　SOC 男性與女性在勞動參與率（就業百分比）、高中畢業百分比、以及平均收入如下表所示。針對每個變項計算兩個群體的平均數與標準差，並描述其差異。男性與女性在這些變項中有不平等的狀況嗎？性別不平等有多嚴重呢？

州	勞動參與率		高中畢業百分比		平均收入	
	男	女	男	女	男	女
A	65.8	54.3	81.0	81.9	55,623	50,012
B	76.7	63.0	88.4	89.7	52,345	51,556
C	71.8	57.2	82.4	84.6	55,789	48,231
D	76.1	66.6	89.5	90.9	48,907	46,289
E	75.1	63.1	86.9	88.7	62,023	58,034
F	69.9	61.1	86.3	86.4	55,000	53,897
G	73.6	59.6	87.1	87.6	49,145	47,148
H	70.5	60.3	87.0	87.6	51,897	50,659
I	66.3	55.2	81.7	84.1	51,238	45,289
J	74.5	67.1	89.1	91.6	60,746	56,489

4.8　SOC 下表為 11 個國家在 2010 關於整體健康與福祉的數個變項測量資料與 2020 的推估資料。11 個國家在這些變項上是變得更多元？還是更同質？針對每個年度、每個變項計算平均數、全距、標準差。用一段話來總結你的發現。

	平均餘命（年）		嬰兒死亡率 *		出生率 #	
國家	2010	2020	2010	2020	2010	2020
加拿大	81	82	5.0	4.4	1.6	1.6
中國	75	76	16.5	12.6	1.5	1.5
埃及	72	75	26.2	17.9	3.0	2.7
德國	79	81	4.0	3.6	1.4	1.5
日本	82	83	2.8	2.7	1.2	1.3
馬利	52	57	113.7	91.9	6.5	5.5
墨西哥	76	78	17.8	13.2	2.3	2.1
秘魯	71	74	27.7	20.2	2.3	2.0
烏克蘭	69	70	8.7	7.3	1.3	1.4
美國	78	80	6.1	5.4	2.1	2.1
尚比亞	52	54	68.4	50.6	6.0	5.3

資料來源：美國普查局，2012。美國 2012 統計摘要，頁 842。

註：＊一年內每 1000 位活產嬰兒數中未滿一歲死亡嬰兒數。

　　＃平均每位女性的子女數。

4.9　`SOC` 20 個國家一般汽油每加侖價格如下表。計算這個變項的平均數、中位數、全距、四分位距、標準差，寫下一段話總結這些統計量。

	國家	2013 年每加侖汽油的價格（美元）
1	挪威	10.08
2	義大利	8.61
3	法國	8.13
4	芬蘭	8.05
5	冰島	7.79
6	英國	7.75
7	南韓	6.44
8	日本	5.90
9	阿根廷	5.38
10	南非	4.94
11	印度	4.74
12	加拿大	4.67
13	中國	4.67
14	哥倫比亞	4.52
15	美國	3.66
16	墨西哥	3.43
17	俄羅斯	3.39
18	馬來西亞	2.31
19	奈及利亞	2.27
20	埃及	1.00

資料來源：http://www.bloomberg.com/visual-data/gas-prices/20133:
South%20Africa:USD:g

4.10 **SOC** 在問題 3.11，你計算了 15 個國家每一千名人口車輛數的集中趨勢量數。這些數據在此重現。計算這個變項的標準差，並且寫下一個段落摘要說明平均數、中位數與標準差。

國家	每千人汽車數（2009）
美國	786
德國	588
加拿大	608
日本	588
澳洲	703
以色列	330
俄羅斯	271
墨西哥	278
突尼西亞	130
波利維亞	87
中國	69
尼日	8
肯亞	25
泰國	172
印度	18
平均數 =	
中位數 =	
標準差 =	

資料來源：世界銀行，2014。資料取自 http://data.worldbank.org/indicator/IS.vEh.nvEh.P3

4.11 **PA** 2000 年與 2010 年 20 個城市的人均公共交通支出報告如下。計算每個年度的平均數、標準差，並描述這十年間支出的差異。

城市	2000	2010
A	52	197
B	87	124
C	101	131
D	52	197
E	115	119
F	88	87
G	100	150
H	101	209
I	95	110
J	78	140
K	103	178
L	107	94
M	85	125
N	117	200
O	167	225
P	180	210
Q	120	201
R	78	141
S	55	248
T	92	131

4.12　a. **PA** 對於習題 3.4 中呈現的數據計算全距、四分位距、標準差。數據資料呈現如下。（注意：為了簡化四分位距 Q 的計算，請將第一個四分位數與第三個四分位數四捨五入至最近的整數。）

　　b. 如果你從這個分布中刪除了芝加哥（分數最高的城市）後重新計算標準差，會發生什麼變化呢？為什麼？

城市	每年每人因交通阻塞所浪費的時數
巴爾的摩	33
波士頓	28
水牛城	11
芝加哥	44
克里夫蘭	13
達拉斯	32
底特律	23
休斯頓	37
堪薩斯市	14
洛杉磯	40
邁阿密	26
明尼蘇達	27
紐奧良	20
紐約	24
費城	26
鳳凰城	23
匹茨堡	23
聖安東尼奧	19
聖地牙哥	23
舊金山	30
西雅圖	27
華盛頓特區	41

資料來源：美國普查局，2012。美國統計摘要：2012。表 1099。資料取自 http://www.census.gov/prod/2011pubs/12statab/trans.pdf

4.13　**SOC** 這邊列出了 20 個州在 1973 年至 1975 年間每 10 萬名婦女墮胎率，計算兩個年份的中位數、平均數、標準差、全距、四分位距，描述在這兩年期間這些分布有什麼變化？這些分布的離散趨勢為何？離散趨勢量數是增加了還是減少了？1973 年至 1975 年間發生了什麼事可能可以解釋集中趨勢與離散趨勢的變遷？（提示：這是最高法院的決定。）

	州	1973	1975
1	密西西比	0.2	0.6
2	阿肯色州	2.9	6.3
3	蒙大拿	3.1	9.9
4	緬因	3.5	9.5
5	南卡羅來納	3.8	10.3
6	田納西	4.2	19.2
7	德州	6.8	19.1
8	亞利桑納	6.9	15.8
9	俄亥俄	7.3	17.9
10	內布拉斯加	7.3	14.3
11	維吉尼亞	7.8	18.0
12	愛荷華	8.8	14.7
13	麻州	10.0	25.7
14	賓州	12.1	18.5
15	科羅拉多	14.4	24.6
16	佛羅里達	15.8	30.5
17	密西根	18.7	20.3
18	夏威夷	26.3	31.6
19	加州	30.8	33.6
20	紐約	53.5	40.7

資料來源：美國普查局，1977。美國統計摘要：1977。華盛頓特區：政府印務署，1977。

4.14　**SW** 做為一個大型社會服務部的新任執行長，你的目標是讓機構內各個部門的工作負荷均衡。你蒐集了每個部門中每位員工的案件量數據，哪一個部門的案件分配比較平均？哪一個比較不平均？

A	B	C	D
50	60	60	75
51	59	61	80
55	58	58	74
60	55	59	70
68	56	59	69
59	61	60	82
60	62	61	85
57	63	60	83
50	60	59	65
55	59	58	60

4.15　你是一位州長，必須決定四個警察局中，哪一個能夠贏得最有效率獎。每個警察局的月平均破案率統整如下表（過去五年平均每月每十萬名人口逮捕人數）。哪一個

警察局可以獲獎？為什麼？

	警察局			
	A	B	C	D
平均數 =	601.30	633.17	592.70	599.99
標準差 =	2.30	27.32	40.17	60.23

4.16 在 St. Algebra 學院，數學系針對大一新鮮人的數學課程使用了多元創新教學法設計了一組實驗課程，學生被隨機分派到傳統教學法與實驗教學法中，所有的學生都接受了相同的期末考試，考試結果摘總如下，實驗課程的效果如何呢？

傳統課程	實驗課程
$\overline{X} = 77.8$	$\overline{X} = 76.8$
$s = 12.3$	$s = 6.2$
$N = 478$	$N = 465$

4.17 這裡呈現了習題 3.13 中的數據資料，計算兩組資料的標準差。比較大一學生和大四學生的標準差，發生了什麼事呢？為什麼？這樣的改變和平均數在這四年間的產生的變化有關嗎？是怎樣的關聯？這些數據背後的分布形狀有什麼變化呢？

大一學生				
10	43	30	30	45
40	12	40	42	35
45	25	10	33	50
42	32	38	11	47
22	26	37	38	10

大四學生				
10	45	35	27	50
35	10	50	40	30
40	10	10	37	10
40	15	30	20	43
23	25	30	40	10

使用 SPSS 進行統計分析

4.18 在這個練習中，你將會使用 SPSS 來分析 *States* 資料集中交通事故死亡率在兩個不同年度（1990 年和 2011 年）的集中趨勢與離散趨勢，同時，你可以選擇是否繪製這些變項的盒形圖。

- 找到並且點擊你電腦桌面上 SPSS 的圖像。
- 載入 *States* 資料集。
- 從 SPSS 視窗上方工作列按下 **Analyze**, **Descriptive Statistics** 和 **Frequencies**。
- 在 "Frequencies" 視窗中的變項列表中，找到 *TrafDths11*（2011 年交通事故死亡率）與 *TrafDths90*（1990 年交通事故死亡率），按下箭頭將這些變項移至右方的方塊中。

- 點擊 **Statistics** 按鍵，從適合的方塊中點選下列統計量：四分位數、平均數、中位數、標準差和全距。按下 **Continue**，接著按下 **OK**。
- 選擇練習：獲取這些變項的盒形圖：
  - 點擊 **Graphs, Legacy Dialogs** 和 **Boxplot**。
  - 在 "Boxplot" 視窗，點選 "Summaries of separate variables"，然後按下 **Define**。
  - 在變項列表中找到 *TrafDths11* 和 *TrafDths90*，按下箭頭將這些變項移至 "Boxes Represent" 方塊中。
  - 點擊 **OK**。

a. 將第 75 百分位數的值減去第 25 百分位數的值來計算每個變項的四分位距 *Q*。

b. 寫下一段文字來描述交通事故死亡率在 1990 年至 2011 年間的變遷，記得分別討論集中趨勢與離散趨勢，並且清楚的界定每一個統計值。（自行決定：納入盒形圖的分析結果。）

  參考本章中其他段落的討論方式來寫下解釋可能會對你有幫助，包括在「使用 SPSS」段落中針對謀殺率變化的討論，什麼因素可能可以解釋交通事故死亡率的變遷？需要哪些額外的資訊才能檢驗你的解釋？

4.19 在這個練習中，你會再次使用 *States* 資料集，這次要分析貧窮水準在 2000 年至 2009 年間的變遷。我們會使用 **Descriptives** 指令來產生以下的報表。

  找到並且點擊你電腦桌面上 SPSS 的圖像。

- 載入 *States* 資料集。
- 從 SPSS 視窗上方工作列按下 **Analyze, Descriptive Statistics** 和 **Descriptives**。
- 在變項列表中，找到 *FamPoor00*（2000 年在美國落於貧窮線以下家庭的百分比）與 *FamPoor09*（2009 年在美國落於貧窮線以下家庭的百分比）。按下箭頭將這些變項移至右方的方塊中。
- 按下 **Options**，選擇範圍（即全距 Range），按下 **continue**，接著按下 **OK**。
- 自行決定：你是否要繪製這些變項的盒形圖：
  - 按下 **Graphs, Legacy Dialogs** 與 **Boxplot**。
  - 在 "Boxplot" 視窗，點選 "Summaries of separate variables"，然後按下 **Define**。
  - 在變項列表中找到 *Fampoor00* 與 *Fampoor09*，然後按下箭頭將這兩個變項移至 "Boxes Represent" 方塊中。
  - 按下 **OK**。

  寫下一段文字來描述美國家庭貧窮狀態在 2000-2009 年間的變遷。記得分別討論集中趨勢與離散趨勢，清楚的說明每一個統計值。（自行決定你的分析是否要包含盒形圖。）參考本章中其他段落的討論方式來寫下解釋可能會對你有幫助。

你是研究者

繼續先前的專案

以下有兩個專案，第一個是第 3 章結束前的專案後續，第二個則是出現在第 2 章結束前的專案後續。在第二個專案中，你將會接觸到一個新的 SPSS 指令。你急切的想要完成這兩個專案。

專案 1：典型的美國人（重新檢驗）

在第 3 章，你用 2012 一般社會調查資料中的十個變項來描述典型的美國人。現在，你將會檢驗你選定的部分變項之變化或分散狀態。

步驟 1：選擇變項

選擇至少五個你在第 3 章使用的順序或等距－比率變項，增加一些變項，假如你之前選擇的變項中屬於這個測量層次的變項少於五個的話。

步驟 2：取得統計值

利用 **Descriptives** 程序來找到你選擇的每一個變項的全距與標準差。當你載入 2012 GSS 資料集，從 SPSS 主要選單點擊 **Analyze, Descriptive Statistics** 以及 **Descriptives**，"Descriptives" 對話框就會開啟。從左邊的列表中找到你的變項名稱，按下右邊箭頭按鈕將它們轉移到 "Variables" 方塊中。按下 **OK**，SPSS 就會產生你在第 3 章分析得到的報表，現在，我們將會檢視變項的離散趨勢而非集中趨勢。

每個變項的標準差會列在標示為「標準差（Std. Deviation）」的欄位上，全距可以利用最小值（Minimum）與最大值（Maximum）欄位計算其數值。在此，全距可能比標準差更容易理解與解釋。如我們所看到的，只有在當我們有一個額外的比較基準時標準差才會更有意義。例如，假定我們對變項 *tvhours* 感興趣，想瞭解電視觀看習慣在這些年有沒有變化，"Descriptives" 結果報表會顯示在 2012 年人們平均每天看電視 3.09 小時，標準差為 2.90。假如 1975 年的資料顯示平均每天觀看電視時間為 3.70 小時、標準差為 1.1。你就可以宣稱，經過 35 年期間，平均而言，美國人民電視觀看時間已經減少了，不過，人們觀看電視的習慣變得更加多樣化。

在下列表格中記錄你的結果，如果需要可以多加幾項橫列：

SPSS 變項名稱	平均數	全距	標準差
1.			
2.			
3.			
4.			
5.			

步驟 3：結果解釋

從你在第 3 章寫下的變項描述開始，增加一些離散趨勢的資訊，要同時提到全距與標準差。現在，你的工作要同時描述「典型」的美國人和說明在集中趨勢外的變化量。

專案 2：文化戰爭（重新檢驗）

在第 2 章中，你檢驗了美國社會中「文化戰爭」的某些面向。在這個專案中，你將重新檢驗這個主題，學習使用一個新的 SPSS 指令去結合既有的變項至一個新的統整變項中。這個加總變項可以用來「概略性」的歸納統整人們的感覺或態度並探索這個議題的新的向度。

步驟 1：創造一個量表來統整人們對於墮胎的態度

美國文化戰爭中最爭議的議題就是墮胎：在什麼情況下，是否有任何可能，你會同意墮胎應該合法化？2012 社會概況調查資料納入兩組變項來測量人們對墮胎合法化的支持程度。這兩組變項的情境不同：一個變項具體詢問如果母親因為貧窮而不想要更多小孩是否可以選擇墮胎（*abpoor*）；另一個變項詢問是否「為了任何理由」都可以選擇墮胎（*abany*）。由於這兩種情境明顯不同，每個題目應就題目本身的目的個別分析。然而，如果你想要也可以創立一個統整性的量表來描述人們對於墮胎的整體感覺。

完成這個目的的一個方法是將兩個變項的分數相加，如此可以創造一個新的變項，我們稱之為 *abscale*，有三種可能的分數：

- 2 分代表受訪者一致性的「贊成墮胎」，並且在兩個題目中都回答「同意」（編碼為 1）。
- 3 分代表受訪者對於是否「贊成墮胎」的態度並不一致，兩個題目中一題回答「同意」而另外一題回答「不同意」。他們的態度會被標示為「中立的」或是「中間的」立場。
- 4 分代表受訪者在兩個題目都回答「不同意」，顯示為一致性的「反對墮胎」的立場。

下表總結了可能的得分。

abany 的答案：	abpoor 的答案：	abscale 得分將會是
1（同意）	1（同意）	2（贊同墮胎）
1（同意）	2（不同意）	3（中立的）
2（不同意）	1（同意）	3（中立的）
2（不同意）	2（不同意）	4（反對墮胎）

這個新變項 *abscale* 統整了每個受訪者在這個議題上的整體立場。一但建立了這個指標，就可以像是操作其他變項般，可以分析、轉換與處理 *abscale* 了。

使用 Compute

　　我們將會使用 **Compute** 指令來創造 *abscale* 變項。要創造這個變項，請先點選 **Transform**、接著從主要選單裡點選 "Compute Variable"，就會跳出 "Compute Variable" 的 視窗畫面，在視窗的左上角找到 "Target Variable" 方框，透過預先載入 *GSS2012* 資料，依 循以下的步驟來計算 *abscale*：

- 首先，請指定一個變項名稱給這個我們即將計算的新變項：在 "Target Variable" 方 框中輸入 *abscale*。
- 接著，我們需要告訴 SPSS 如何計算新變項。在這個範例中，*abscale* 將會透過將 *abany* 和 *abpoor* 的分數相加來建構。
  - 在左側的變項列表中找到 *abany*，點擊視窗中間的箭頭將變項移至 "Numeric Expression" 方框中。
  - 在 "Numeric Expression" 方框下方的計算面版上按下加號（＋）（plus sign），加號 就會浮現在變項 *abany* 旁邊。
  - 最後，在變項列表中選擇變項 *abpoor*，然後按下箭頭按鈕將變項移至 "Numeric Expression" 方框中。
- "Numeric Expression" 方框應該會顯示為 *abany+abpoor*。
- 按下 **OK**，即可建立 *abscale* 變項並加入資料表中。

　　如果你想要永久的保存這個新建立的變項，從 **File** 選單中按下 **Save**，這個包含 *abscale* 變項的更新資料表就會被儲存下來。（假如你使用的是 SPSS 的學生版本，記得你 的資料表變項數限制為 50 個變項，你可能會因此無法新增 *abscale* 至資料表中。）

檢驗這些變項

　　我們現在有三個關於墮胎態度的測量變項——其中兩題是針對特殊狀況，一題是 比較一般性的、統整性質的題目。先檢查變項的次數分配永遠是一個好的開始，這樣能 確保計算的過程以我們希望的方式進行。使用 **Frequencies**（點選 **Analyze, Descriptive Statistics** 與 **Frequencies**）就能得到 *abany, abpoor, abscale* 三個變項的表格。你的報表看 起來會類似下面表格：

女性為了任何理由想要墮胎				
		次數分配	百分比	有效百分比	累積百分比
有效	是	408	28.0	45.1	45.1
	否	496	34.0	54.9	100.0
	總計	904	62.0	100.0	
遺漏	跳答	509	34.9		
	不知道	32	2.2		
	遺漏	12	.8		
	總計	553	38.0		
總計		1457	100.0		

低收入——無法負擔更多小孩				
		次數分配	百分比	有效百分比	累積百分比
有效	是	405	27.8	45.0	45.0
	否	495	34.0	55.0	100.0
	總計	900	61.8	100.0	
遺漏	跳答	509	34.9		
	不知道	35	2.4		
	遺漏	13	.9		
	總計	557	38.2		
總計		1457	100.0		

abscale				
		次數分配	百分比	有效百分比	累積百分比
有效	2.00	350	24.0	39.8	39.8
	3.00	101	6.9	11.5	51.3
	4.00	428	29.4	48.7	100.0
	總計	879	60.3	100.0	
遺漏	系統	578	39.7		
總計		1457	100.0		

遺漏個案

你會注意到大約有 550 位受訪者在 abany 和 abpoor 有「遺漏」分數。請記得沒有任何受訪者需要回答全部的 GSS 問卷，絕大多數「遺漏個案」從 GSS 拿到的問卷題目中並未包含這兩個題目，這些個案在上面表格中被過錄為「跳答」。

現在，請看一下 abscale，你會注意到甚至有更多個案（578）是「遺漏」的，當 SPSS 執行 **Compute** 指令，原始用以加總的題目中有任何遺漏分數的個案都會被忽略，如果這些個案並未從計算中被消除，可能會導致更多種型式的錯誤或分類錯誤。例如，假如個案的遺漏分數被納入，一個人在 *abany* 得分為 2（「反對墮胎」）並且在 *abpoor* 沒有作答將會在 *abscale* 得到總分為 2，因此，這個個案將會被視為他／她是「贊同墮胎」，然而，依據我們僅有的資訊，這個受訪者是「反對墮胎」的。忽略有遺漏值的個案可以避免犯此種類型的錯誤。

步驟 2：解釋結果

比較這三個變項的分布狀態，寫下一份文件報告來回答下列問題：

1. 是否因特定狀況不同人們對贊同墮胎的程度會改變？如果有，是如何變化？

2. 贊同墮胎和反對墮胎的百分比在兩種情境下各是多少？有多少百分比的人在一種情境下贊同墮胎，在另一種情境卻反對墮胎？（使用 *abscale* 的次數分配表來回答這個問題。）

3. 這些答案的型態如何反映美國社會在墮胎議題上的共識？一般而言，美國人在墮胎這個議題上是否有共識？

第 5 章
常態曲線

學習目標

完成本章的學習，你將能夠：

1. 定義與解釋常態曲線的概念。

2. 將經驗分數轉換成 Z 分數，並使用 Z 分數與常態曲線表（附錄 A）尋找曲線下高於、低於各點、及兩點之間的區域面積。

3. 用機率來表示曲線下的面積。

使用統計

本章介紹的統計技巧可以使用於：

- 描述某些測驗分數座落的位置。「John 的分數高於參加考試的 75% 的學生」或「Mary 的數學能力落在第 98 的百分位」。

- 估算某些事件發生的機率。例如，「在這次考試中，隨機選取的學生成績超過 100 分的機率是百分之二十三」。

118　　　**常態曲線**（**normal curve**）是統計學中非常重要的一個概念，它結合平均數與標準差，對經驗分布做出精確的描述說明，同時它也是推論統計的核心理論。因此，本章總結第一篇關於描述統計的介紹，並為第二篇（推論統計）提供重要的基礎。

　　常態曲線有時被使用於為測驗訂定分數，你可能相當熟悉這種應用。在這種形式下，常態曲線常被稱為「鐘型曲線」，且「依曲線」評分是指分數能遵循特定模式：眾數成績為 C，則 A 與 F、B 與 D 將有相等的數量；換句話說，成績的分布看起來應該像一鐘型或丘型形狀。

常態曲線的特性

　　常態曲線是一種理論模型，是一個具有單峰（即單一眾數，或高峰）、完全平
119　滑、且對稱（不偏斜）的折線圖，所以其平均數、中位數與眾數均相等。它是鐘型的，其尾端向兩側無限延伸。當然，沒有任何經驗分布與這個理想模型完全吻合，但有些變項（例如，大班級的測驗結果，像 GRE 這種標準化考試成績）會非常接近這種常態性的假定。反過來，這些假定讓常態曲線的最重要用途成為可能——亦即以理論性常態曲線的知識來描述經驗分布。

　　常態曲線的關鍵點在於，當利用標準差沿著水平軸測量與平均數的距離時，在曲線下的總面積總是具有相同的比例。換句話說，從任何點到平均數的距離——當以標準差為衡量單位時——都會擷取到相同比例的曲線下面積。

　　為了說明這一點，圖 5.1 與圖 5.2 分別呈現男性與女性之假設性的智商分數分布，兩者都是常態分布，虛構的描述性統計資訊如下：

男性	女性
$\bar{X} = 100$	$\bar{X} = 100$
$s = 20$	$s = 10$
$N = 1000$	$N = 1000$

　　圖 5.1 和圖 5.2 的水平軸都有兩個刻度，上方的刻度是「智商單位」，下方的刻度是以離平均數多少個標準差來表示，這兩個刻度是可以互換，我們可以輕易地從一個刻度轉換為另一個刻度。例如，對男性而言，智商 120 分是比平均數高一個標準差（男性的 $s=20$），智商 140 分是比平均數高兩個標準差（往右邊）。在標準差刻度上，平均數左邊的智商分數被標記為負值，因為他們小於平均數，智商 80 分比平均數低一個標準差，智商 60 分比平均數低二個標準差，依此類推。

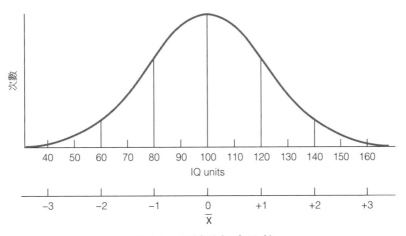

圖 5.1　**男性的智商分數**

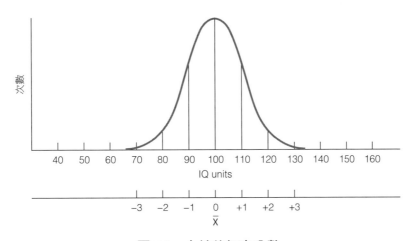

圖 5.2　**女性的智商分數**

　　圖 5.2 的標示方式也相似，只是因其標準差不同（s=10），因此標記在不同的位置。對於女性而言，比平均數高一個標準差的智商為 110 分，低於平均數一個標準差的智商為 90 分，以此類推。

　　回顧一下，在任何常態曲線上沿著水平軸以標準差來衡量距離時，曲線下的面積總是具有完全相同的比例。詳細地說，平均數以上一個標準差和平均數以下一個標準差之間距離（或 ±1 個標準差）正好包含曲線下總面積的 68.26%。這意味著在圖 5.1 中，總面積的 68.26% 位於 80 分（−1 個標準差）到 120 分（+1 個標準差）之間。而女性的標準差為 10，所以同樣比例的面積（68.26%）介於 90 分到 110 分之間。在任何常態分配上，不管測量的特性、平均數與標準差為何，總面積的 68.26% 總是將落在 ±1 個標準差之間。

120

日常生活
統計學

智力測驗

智力測驗被設計於產生近似常態的分數分布，也就是說，測驗將混雜較容易與較困難的題目，使平均數、眾數、中位數都大約落在 100 左右，分數的分布將為鐘型的形狀。

智力測驗可能是有爭議的，我們在此無法詳述，但你應該知道，關於智商分數的意義有很大的爭論。智力測驗可能有文化與其他方面的偏誤，而且對於智力測驗是否真的能衡量原住民的心智能力也有很大的歧異。特別是，你應該意識到，智商分數大約呈現常態分布並不意味那被稱為智力（無論其如何被定義）所隱含與難以描述的品質也是常態分布。

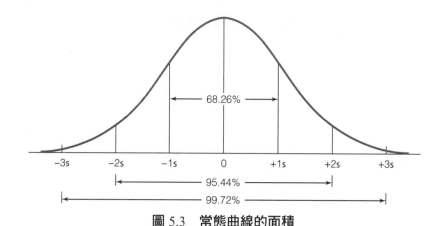

圖 5.3　**常態曲線的面積**

熟悉下面這些離平均數多少個標準差和常態曲線下面積之間的關係，將會有很大的幫助：

之間	面積
±1 標準差	總面積的 68.26%
±2 標準差	總面積的 95.44%
±3 標準差	總面積的 99.72%

121　　圖 5.3 圖示了這些關係。

我們可以利用離平均數多遠和面積的關係，來描述大約近似常態的經驗分布。個別分數位置可以相對於平均數、整體分布或分布中的任何其他分數來描述。

分數之間的面積也可以不用百分比，而是用個案數來表示。例如，常態分布下的 1000 個案例中，約包含 683 個案例（1000 個案例的 68.26%）落在 ±1 個標準差之間，約 954 個案例落在 ±2 個標準差之間，約 997 個案例落在 ±3 個標準差之間。因此，對於任何常態分配來說，只有少數案例會落在 ±3 個標準差之外。

使用常態曲線

我們已經看到，我們可以找到高於或低於平均數 1、2、3 個標準差的分數在常態曲線下的面積。為了處理那些不為標準差的精準倍數的值，我們必須使用標準差為單位來表達原始分數，或是將其轉換為 **Z 分數**。原始分數可以用任何測量單位（英尺、智商、元），但是 Z 分數總是有相同的平均數（0）與標準差（1）。

計算 Z 分數

將原始分數轉換為 Z 分數，是一種改變數值刻度的過程——類似於將米轉換為碼、將公里轉換為英里、或從加侖轉換為公升，這些都是表示距離、長度或體積的不同但同樣有效的測量單位。例如，一英里等於 1.61 公里，所以二個相距 10 英里的城鎮也可以表示為相距 16.1 公里，「5 公里」的比賽約為 3.10 英里。儘管你可能對英里比對公里熟悉，但兩者都是表示距離的理想方式。

同樣地，原始分數（或「原始的，raw」）和 Z 分數是在常態曲線下測量距離的兩種有效但不同的方法。例如，在圖 5.1 中，我們以智商分數（「John 是 120 分」）為單位或以標準差（「John 的分數比平均數高一個標準差」）來描述某一特定分數。

當我們計算 Z 分數時，我們將原始測量單位（智商分數、英吋、元等）轉換為 Z 分數，從而將常態曲線「標準化」為一個平均數為 0、標準差為 1 的分布。經驗性常態分布的平均數將被轉換為 0，標準差轉換為 1，而所有數值將以 Z 分數的型態表示。Z 分數的公式為：

公式 5.1 $$Z = \frac{X_i - \overline{X}}{s}$$

這個公式將轉換經驗性常態分布中的任何分數（X_i）成為等值的 Z 分數。以男性智商資料為例（圖 5.1），與原始分數 120 等值的 Z 分數為

$$Z = \frac{120 - 100}{20} = \frac{20}{20} = +1.00$$

Z 值為正 1 表示原始分數位於比平均數高一個標準差（右邊）的位置。負值將會落在低於平均數的一邊（左邊）。（練習計算 Z 分數，見本章末的任何習題。）

一次一步驟	尋找 Z 分數
步驟	**操作**
1.	用分數（X_i）減去平均數（$\overline{X}$）。
2.	將步驟 1 中求得的數除以標準差（s），這就是原始分數的 Z 分數。

常態曲線表（附錄 A）

123　　統計學家已針對理論性常態曲線進行相當透徹的描述，任何 Z 分數相應的面積已經被精準確立，並被組織成表格。這個常態曲線表（或 Z 分數表）呈現於本書後面的附錄 A，表 5.1 節錄一小部分附錄 A 的內容，方便說明。

表 5.1　說明如何利用附錄 A 尋找常態曲線下的面積

(a) Z	(b) 平均數與 Z 之間的面積	(c) Z 之外的面積
0.00	0.0000	0.5000
0.01	0.0040	0.4960
0.02	0.0080	0.4920
0.03	0.0120	0.4880
⋮	⋮	⋮
1.00	0.3413	0.1587
1.01	0.3438	0.1562
1.02	0.3461	0.1539
1.03	0.3485	0.1515
⋮	⋮	⋮
1.50	0.4332	0.0668
1.51	0.4345	0.0655
1.52	0.4357	0.0643
1.53	0.4370	0.0630
⋮	⋮	⋮

　　常態曲線表包含三個欄位，左欄為 Z 分數（a 欄），中間是 Z 分數與平均數之間的面積（b 欄），右欄是 Z 分數之外的面積（c 欄）。若要找任何 Z 分數和平均數之間的面積，可以順著 Z 分數欄位往下直到找到要找的分數。例如，在附錄 A 或表 5.1 中，順著 a 欄往下，直到找到 +1 的 Z 分數，對應的 b 欄則顯示「平均數和 Z 值之間的面積」為 0.3413。

　　該表是以比例的形式列出面積，但我們可以輕易將這些比例藉由乘以 100 來轉換為百分比（見第 2 章）。我們可以說「曲線下總面積的 0.3413 比例落在 Z 分數 1.00 和平均數之間」，或是說「總面積的 34.13% 位於 Z 分數 1.00 和平均數之間」。

　　為了進一步說明，請在附錄 A 的 Z 分數欄位或表 5.1 的簡表中找到 1.5 的 Z 分
124　數，這個分數是落在平均數右邊 1.5 個標準差的位置，對應於男性智商的原始分數為 130。這個 Z 分數所對應的 b 欄的面積是 0.4332，這意味著曲線面積下的 0.4332 比例或 43.32% 位在這個分數和平均數之間。

　　表中的第三個欄位是「Z 之外的面積」，這是指高於正 Z 分數或低於負 Z 分數的

面積，這部分的應用將在本章後面加以解釋。

　　由於常態曲線完全對稱，因此負 Z 分數與平均數之間的面積──b 欄──與該數等量的相反數的面積（正 Z 分數與平均數之間的面積）是完全相同，而為了節省篇幅，附錄 A 中的常態曲線僅包含正 Z 分數的訊息。舉例而言，−1.00 的 Z 分數與平均數之間的面積也將是 34.13%，與先前我們找到的 +1.00 的 Z 分數的面積完全相同。然而，正如本章後續將反覆示範的那樣，Z 分數的正負號是相當重要的，應該仔細留意。

　　我們透過驗證表 5.2 中男性智商分數的 Z 分數與面積的正確性，練習使用附錄 A 來描述在經驗性常態曲線下的面積。每一智商分數都先透過公式 5.1 轉換為 Z 分數，接著查閱附錄 A 找出分數與平均數之間的面積。

表 5.2　**尋找正值的 Z 分數**（$\overline{X} = 100$，$s = 20$）

IQ 分數	Z 分數	Z 與平均數間的面積
110	+0.50	19.15%
125	+1.25	39.44%
133	+1.65	45.05%
138	+1.90	47.13%

　　如表 5.3 所示，對於一實際分數的等量負 Z 分數來說（換句話說，當原始分數低於平均數），也適用同樣的程序。

表 5.3　**尋找負值的 Z 分數**（$\overline{X} = 100$，$s = 20$）

IQ 分數	Z 分數	Z 與平均數間的面積
93	−0.35	13.68%
85	−0.75	27.34%
67	−1.65	45.05%
62	−1.90	47.13%

　　請記住，不論正負號，對於等量的 Z 分數在附錄 A 中的面積都是相同的。以男性的智商分布為例，介於分數 138（Z=+1.90）與平均數之間的面積，和 62 分（Z=−1.90）與平均數之間的面積是相同的。（練習使用常態曲線，請見本章末的任何習題。）

尋找高於與低於某一分數的面積

　　到目前為止，我們已經看到常態曲線表如何被使用於尋找某一 Z 分數與平均數之間的面積。附錄 A 也可以應用於尋找近似常態型態的經驗性分布中的其他形式的面積。例如，倘若你需要確定圖 5.1 之分布中，低於兩位男性受試者分數的面積。第一位受試者的分數是 117 分（$X_1 = 117$），Z 分數為 +0.85：

$$Z = \frac{X_i - \overline{X}}{s} = \frac{117 - 100}{20} = \frac{17}{20} = +0.85$$

Z 分數的正號表示這個分數應該高於平均數（右邊），若要找到低於某一正 Z 分數的面積，必須將分數和平均數之間的面積（見 b 欄）加上低於平均數的面積。正如我們前面所指出的，常態曲線是對稱的（不偏斜），其平均數等於中位數，因此，平均數以下的面積將是 50%（就像中位數一樣）。仔細研究一下圖 5.4，我們有興趣的是圖中的陰影區域。

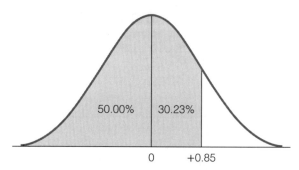

圖 5.4　尋找低於正 Z 分數的面積

　　通過查閱常態曲線表，我們發現分數和平均數之間的面積（見 b 欄）是 30.23%，因此，低於 Z 分數為 +0.85 的面積是 80.23%（50.00%+30.23%）。這個受試者的分數超越 80.23% 的受試者。

　　第二位受試者的智商為 73 分（$X_2 = 73$），其 Z 分數等於 −1.35：

$$Z = \frac{X_i - \overline{X}}{s} = \frac{73 - 100}{20} = -\frac{27}{20} = -1.35$$

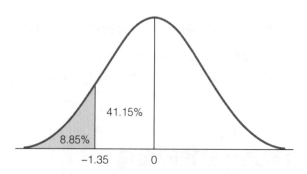

圖 5.5　尋找低於負 Z 分數的面積

　　我們使用右欄或「Z以外的面積」來尋找低於負的 Z 分數之面積。如圖 5.5 所
示，陰影處是我們感興趣的區域，而我們必須確定陰影區域的面積。−1.35 的「之外
的面積」（見 c 欄）是 0.0885，可以轉換為 8.85%。所以第二位受試者（$X_2 = 73$）的
分數比 8.85% 的受試者還高。

　　在前面的範例中，我們找到低於某一分數的面積。基本上，同樣的方法也可以用
於找到高於某一分數的面積。例如，我們想找到智商高於 108 分的面積，我們需先將
原始分數轉換為 Z 分數：

$$Z = \frac{X_i - \overline{X}}{s} = \frac{108 - 100}{20} = \frac{8}{20} = +0.40$$

然後查閱附錄 A。圖 5.6 中的陰影區域即是我們要找的區域，在這種情況下，透
過「Z 之外的面積」一欄可以找到高於正值的 Z 分數的面積，面積即為 0.3446，或
34.46%。

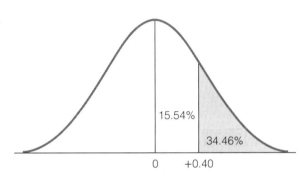

15.54%

34.46%

0　　+0.40

圖 5.6　**尋找高於正 Z 分數的面積**

表 5.4　**尋找高於和低於正 Z 值與負 Z 值的面積**

找面積	正值	負值
高於 Z	見 c 欄	欄 b 面積 +0.5000
低於 Z	欄 b 面積 +0.5000	見 c 欄

　　表 5.4 與「一次一步驟」中摘出這些程序。一開始這些轉換可能會讓你感到混
淆，建議你應該每次都畫出常態曲線，並將你感興趣的區域塗上陰影，這將有助於你
進行轉換。（練習尋找高於或低於某 Z 分數的面積，見習題 5.1 至 5.7。）

一次一步驟	尋找高於和低於正 Z 值與負 Z 值的面積

步驟　操作

1. 計算 Z 分數。留意該數為正值或負值。

2. 在常態曲線表（附錄 A）的 a 欄找到 Z 分數。

3. 找出相應的面積：

   • **低於正的 Z 分數：**

   b 欄面積加上 0.5000。若要以百分比來表示面積，將 b 欄的面積乘以 100 再加上 50.00%。

   • **高於正的 Z 分數：**

   c 欄即以比例形式來表示高於該分數的面積。將 c 欄乘以 100，即是以百分比形式呈現高於該分數的面積。

   • **低於負的 Z 分數：**

   見 c 欄，此為低於負 Z 分數的面積（以比例形式呈現）。將 c 欄乘以 100，即是以百分比形式呈現低於負 Z 值的面積。

   • **高於負的 Z 分數：**

   b 欄面積加上 0.5000。若想以百分比形式呈現，將 b 欄面積乘以 100，再加上 50.00%。

尋找兩分數之間的面積

127　　　　有時候你需要找出兩個分數之間的面積。當分數是分別落在平均數的兩側時，他們之間的面積可以透過加總這兩個分數與平均數之間的面積來完成。讓我們以男性智商分布為例，如果我們想知道智商分數介於 93 與 112 之間的面積，我們需要先將這兩個分數轉換為 Z 分數，透過附錄 A 分別找到這兩個分數與平均數之間的面積，然後加總這兩個面積。第一個智商分數為 93 分，轉換為 Z 分數為 -0.35：

$$Z = \frac{X_i - \overline{X}}{s} = \frac{93 - 100}{20} = -\frac{7}{20} = -0.35$$

第二個智商分數（112）轉換為 $+0.60$：

$$Z = \frac{X_i - \overline{X}}{s} = \frac{112 - 100}{20} = \frac{12}{20} = +0.60$$

圖 5.7 展現這兩個分數的位置。我們有興趣的區域是圖中陰影區域的面積，這兩個分數之間的總面積分別是 13.68%+22.57%。因此，總面積是 36.25%（或 1000 個個案中約有 363 人）落在 93 分和 112 分之間。

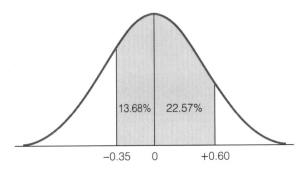

圖 5.7　**尋找二分數之間的面積**

　　當你感興趣的分數是落在平均數的同側時，則需要透過不同的程序來找到它們之間的面積。例如，如果我們想知道 113 與 121 分之間的面積，第一步是將這些分數轉換為 Z 分數：

128

$$Z = \frac{X_i - \overline{X}}{s} = \frac{113 - 100}{20} = \frac{13}{20} = +0.65$$

$$Z = \frac{X_i - \overline{X}}{s} = \frac{121 - 100}{20} = \frac{21}{20} = +1.05$$

圖 5.8 展示這兩分數之間的面積，亦即圖中的陰影部分。若想尋找落在平均數同側之分數間的區域面積，需要先找到每一分數與平均數之間的面積，然後用較大的面積減去較小的面積。利用附錄 A 的 b 欄，我們可以看到 Z 分數 +0.65 到平均數之間的面積為 24.22%，而 Z 分數 +1.05 到平均數之間的面積為 35.31%。因此，這兩分數之間的面積是 35.31%−24.22%，或總面積為 11.09%。如果兩個分數都低於平均數，也可以採用上述的方法求取面積。表 5.5 與「一次一步驟」中摘要了尋找兩分數之間面積的程序。（練習尋找兩分數之間的面積，請見習題 5.3，5.4 和 5.6 到 5.9。）

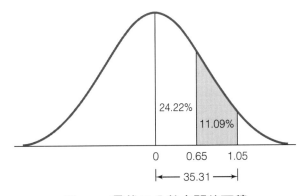

圖 5.8　**尋找二分數之間的面積**

表 5.5　尋找分數之間的面積

情境	程序
兩分數落在平均數的同側	找到個別分數與平均數之間的面積（見 b 欄），較大面積減去較小面積。
兩分數落在平均數的兩側	找到個別分數與平均數之間的面積（見 b 欄），加總兩個面積。

一次一步驟　尋找 Z 分數之間的面積

步驟	操作

1. 計算兩個原始分數的 Z 分數。留意這些 Z 分數是正值或是負值。
2. 找到這些分數與平均數之間的面積（見 b 欄）。

若兩個分數落在平均數的同側：

3. 用較大的面積減去較小的面積，若欲使用百分比的形式呈現，則需將此值乘以 100。

若兩個分數分布在平均值的兩側：

4. 加總兩個面積則可獲得兩個分數之間的總面積，若欲使用百分比的形式呈現，則需將此值乘以 100。

應用統計 5.1　尋找 Z 分數及低於 Z 分數的面積

你剛收到一份標準化考試的成績，你拿到 78 分，你也知道這一次考試的平均分數是 67 分，標準差為 5 分。相較於這次考試的分布，你的表現如何？

如果你能假定考試分數呈現常態分布，那麼你可以依此計算出 Z 分數，並找出低於或高於此分數的面積。你拿到的分數換算為 Z 分數為：

$$Z = \frac{X_i - \overline{X}}{s} = \frac{78 - 67}{5} = \frac{11}{5} = +2.20$$

翻到附錄 A，我們找到此 Z 分數相應的「平均數與 Z 之間的面積」為 0.4861，亦能以 48.61% 表示。此值為正值，因此需要將此值加上 50.00%，藉此表示低於此分數的總面積，你比 98.61%（或 48.61%+50.00%）的受試者要高，表示你表現得很好！

應用統計 5.2　尋找 Z 分數及其之間的面積

一所大型大學的所有生物學 101 課程都進行相同的期末考試，考試成績呈現常態分布，平均數為 72 分，標準差為 8 分。得 60-69 分（D 等第）和 70-79 分（C 等第）的學生比例各為多少？

D 等第的兩個分數都低於平均數。根據表 5.5 的指引，我們必須先計算 Z 分數，分別找出兩個分數與平均數之間面積，然後用較大的面積減去較小的面積：

$$Z = \frac{X_i - \overline{X}}{s} = \frac{60 - 72}{8} = -\frac{12}{8} = -1.50$$

$$Z = \frac{X_i - \overline{X}}{s} = \frac{69 - 72}{8} = -\frac{3}{8} = -0.38$$

$Z = -1.50$ 與平均數之間面積為 0.4332，$Z = -0.38$ 與平均數之間面積為 0.1480，用較大的面積減去較小的面積（0.4332－0.1480）得到 0.2852。轉換成百分比的形式，我們可以說 28.52% 的學生在這次考試中得到 D 的成績。

C 等第的兩個分數（70 與 79 分）落在平均數的兩側（見表 5.5），因此計算拿 C 的學生百分比，我們必須加總 b 欄的兩個面積。

$$Z = \frac{X_i - \overline{X}}{s} = \frac{70 - 72}{8} = -\frac{2}{8} = -0.25$$

$$Z = \frac{X_i - \overline{X}}{s} = \frac{79 - 72}{8} = \frac{7}{8} = +0.88$$

$Z = -0.25$ 與平均數之間面積為 0.0987，$Z = +0.88$ 與平均數之間面積為 0.3106。因此這兩分數之間面積為 0.0987+0.3106，即 0.4093。換算為百分比後，我們可以說，40.93% 的學生在這次的考試中拿到 C。

使用常態曲線估計機率

到目前為止，我們已經認定理論性常態曲線是一種描述高於、低於、與介於分數之間面積的方式，我們也看到這些面積可以轉換為高於、低於、以及介於分數之間的個案數。

在接下來的小節中，我們將探究常態曲線的另一種應用：它可以被使用於估計某一事件發生的機率或機會。我們將使用本章前面用來尋找面積的相同方法來找到機率。這一小節中的新觀念是，理論性常態曲線（附錄 A）下的面積可以被視為一種機率。然而，在我們進入這些機制之前，讓我們先檢視一下「機率」的意思。

估計機率

雖然我們很少有系統地或嚴格地看待，但我們每天都在嘗試處理機率，而且，我們的行為事實上是建立在我們估算某些事件發生的可能性之上。我們經常問（與回答）這樣的問題：下雨的機率是多少？抽撲克牌時，缺 1 張即可組成順子的機率？我車子那磨損的輪胎爆胎的機率？我不讀書卻通過考試的機率？

日常生活	常態曲線有多普遍？
統計學	常態曲線有多常見？它在日常生活中出現的頻率為何？從數學上而言，如果一個變項的分數隨機偏離平均數，那麼它最有可能呈現常態。例如，想像一下製造統一尺寸零件的製造過程，任何失誤或錯誤造成過大或過小零件可能是相等的，而且與我們所想要的尺寸相比，相差越多的錯誤數將越少。換句話說，錯誤將呈現向平均數集中的鐘型曲線：細微的失誤將是常見的，但較大的失誤將是罕見的。 在社會世界中，我們最關心的變項要不是已經知道它們不屬於常態（如收入，其分布屬於右偏態），就是不知道它們的分布形狀（如對死刑的支持程度）。換句話說，當我們檢視研究計畫中的變項時，我們經常找不到常態的分布。正如你將看到的，常態分布的重要性更多是相關於支撐假設檢定的概念與邏輯（這是本書下一篇的主題），而不是描述變項。

在估計一個事件的機率之前，我們首先必需定義「成功」。前面的例子包含好幾種不同的成功定義（下雨、抽到某張牌、輪胎爆胎、成績及格）。測量機率必需建立一個分數，該分數是以成功事件數量為分子、以理論上可能發生成功事件的總數量為分母：

$$機率 = \frac{成功\#}{事件\#}$$

我們利用抽撲克牌的例子來說明機率，假使我們想知道從一副洗好的撲克牌中抽出一張特定紙牌——如紅心 K ——的機率。該例子對成功的定義是明確的（抽到紅心 K），再透過已知的訊息，我們可以建立一個分數。在所有紙牌中，僅有 1 張牌滿足我們對成功的定義，因此成功的事件數為 1，此值即為分數中的分子。總共有 52 個可能事件（亦即此副牌共有 52 張牌），所以分母為 52。這個分數即為 1/52，這表示從一副洗好的撲克牌中抽中紅心 K 的機率，成功的機率也就是 1/52。

我們可以保持分數的表達方式，也可以用其他的方式表達。例如，我們可以透過倒置這個分數來表達其勝算比（odds ratio），表示抽一次牌抽到紅心 K 的機會是 52:1（或是機率為五十二比一）。我們也可以將分子除以分母，以比例形式來表達，相應的比例為 0.0192，這是所有事件中滿足我們對成功定義的比例。在社會科學中，機率經常以比例形式來表達，我們在接下來的討論中也將遵循這種慣例來表示「機率」，抽到紅心 K（或任何特定紙牌）的機率可以表示為：

$$p(紅心\ K) = \frac{成功\#}{事件\#} = \frac{1}{52} = 0.0192$$

按照這裡的概念，機率有一個明確的定義。長期而言，定義為成功的事件將與事件總數構成一定的比例關係。抽取一張撲克牌抽中紅心 K 的機率是 0.0192，實際

上，這是指成千上萬次從 52 張撲克牌中每次抽一張牌，成功抽取紅心 K 的比例是
0.0192，或是說重複 10,000 次從 52 張撲克牌中抽取一張牌，抽到紅心 K 的次數是
192 次，仍有 9808 次會抽到其他紙牌。因此，當我們說抽中紅心 K 的機率是 0.0192 132
時，基本上是將我們對成千上萬次抽牌的知識應用於預測單次抽牌的結果。

　　與比例相同，機率的範圍介於 0.00（意味該事件完全沒有發生）到 1.00（必然發
生）。隨著機率的增加，定義之事件發生的可能性也隨之增加。0.0192 的機率接近於
0，這意味事件（抽中紅心 K）不太可能發生。

　　在任何可以具體指明成功數與總事件數的情境下，這些技術可以用於建立簡單的
機率。例如，一個具有六面不同數值的骰子，數值從 1 到 6，而擲一次骰子得到任何
特定數字（如 4）的機率為：

$$p(\text{擲出 } 4) = \frac{1}{6} = 0.1667$$

機率和常態曲線

　　結合這種機率的思考方式與理論性常態曲線的知識，我們就可以估計出選到落於
某個分數範圍內的可能性。例如，在男性智商分數分布的例子中，我們想知道隨機選
取一位男性受試者的智商落在 95 分到平均數 100 分間的機率。在這邊對成功的定義
是選到分數符合這個範圍的任何受試者。一般而言，我們將建立一個分數，分子等於
分數落在這特定範圍的受試者數量，分母等於受試者的總人數。然而，若經驗資料呈
現常態分布，我們則可以略過這個步驟，因為附錄 A 已經說明了機率（以比例的形
式呈現），也就是說，附錄 A 中的面積可以被解釋為機率。

　　為了測量一個隨機選取個案的分數落在 95 分與平均數之間的機率，我們將原始
分數轉換為 Z 分數：

$$Z = \frac{X_i - \overline{X}}{s} = \frac{95 - 100}{20} = -\frac{5}{20} = -0.25$$

　　利用附錄 A，我們能看到這個分數與平均數之間的面積為 0.0987，這就是我們在
找的機率。一個隨機選取的個案，其得分落在 95 到 100 分之間的機率是 0.0987（或
者，四捨五入後為 0.1、或十分之一）。同樣地，選取一位受試者落在任何分數範圍內
的機率也可以被估計。請留意，估計機率的技術與尋找面積的方法是完全相同的。

　　讓我們再看一個例子，一個隨機選取的男性，其智商低於 123 分的機率為何？
我們將以同樣的方式找出機率，亦即尋找面積。這一個分數（X_i）高於平均數，依循
表 5.4 的指示，我們可以透過加總 b 欄的面積與 0.5000，來找到所欲尋找的機率。首 133
先，需要找到 Z 分數：

$$Z = \frac{X_i - \overline{X}}{s} = \frac{123 - 100}{20} = \frac{23}{20} = +1.15$$

接下來，查閱附錄 A 中的 b 欄即可找到該分數與平均數之間的面積，然後加總該面積（0.3749）與 0.5000，因此選擇一位男性，其智商低於 123 分的機率是 0.3749+0.5000，或是 0.8749，四捨五入到小數第二位為 0.88，我們可以說，選取一位男性其智商在這個範圍內的機率為 0.88（非常高）。理論上，記住這個機率所表達的是一種長期下所發生的情況，在無限次的試驗中，從這個群體選出的 100 位男性，有 88 人的智商分數低於 123 分，僅 12 人高於 123 分。

最後，讓我強調關於機率與常態曲線的一個重要的觀點。從常態分布中隨機選取的任何案例，其分數接近平均數的機率是非常高的。常態曲線的形狀指出：大多數個案聚集在平均數周圍，並且次數隨著遠離平均數而減少（不論是向右或是向左）。事實上，在我們所理解的常態曲線下，一個隨機選取的個案的分數落在平均數 ±1 個標準差之間的機率是 0.6826，四捨五入之後約為 0.68。長遠而言，我們可以這麼說：在 100 個個案中，有 68 個個案（略多於總個案的三分之二）的分數將居於平均數的 ±1 個標準差（或 Z 分數）之間。任何隨機選取的個案的分數接近於平均數的機率是很高的。

相較之下，個案分數超出平均數的三個標準差之外的機率極低。在常態曲線表中查看 Z 分數為 3.00 的情況下所對應的 c 欄（「Z 以外的面積」），你會看的值為 0.0014，將右尾（高於 +3.00）的面積與左尾（低於 −3.00）的面積相加，就可以得到，共 0.0028，這意味選擇一個個案其分數極高或極低的機率是 0.0028。如果我們從一常態分布中隨機選擇個案，在 10,000 的試驗中所選出的個案之 Z 分數超出 ±3.00 僅有 28 次。

你需要記住的普遍特徵為：分數越接近平均數的個案很常見，但分數遠高於或遠低於平均數的個案則相當罕見，這種關係對於理解第二篇的推論統計至關重要。（練習使用常態曲線尋找機率，請見習題 5.8 到 5.10 和 5.13。）

一次一步驟	尋找機率
步驟	**操作**
1.	計算 Z 分數（或分數），並留意這些分數是正值或負值。
2.	在常態曲線表（附錄 A）中找到 Z 分數（或分數）。
3.	就像一般的情況，找到高於或低於分數（或兩分數之間）的面積（見本章前面的「一次一步驟」），並以比例形式表達。通常機率表示為介於 0.00 和 1.00 之間的值，並四捨五入取至小數點後兩位。

應用統計 5.3　尋找機率

延續應用統計 5.2 中利用生物期末考試的分數分布為例，其平均數為 72 分，標準差為 8 分。隨機選取一位學生之分數低於 61 分、高於 80 分、小於 98 分的機率為何？為了回答這些問題，我們需要先計算 Z 分數，再查閱附錄 A。由於我們在尋找機率，因此我們將以比例形式來呈現面積。

分數為 61 分的 Z 分數為：

$$Z = \frac{X_i - \bar{X}}{s} = \frac{61 - 72}{8} = -\frac{11}{8} = -1.38$$

這個分數為負值（低於平均數，或位於平均數的左邊），我們要找的是低於該值的面積。以表 5.4 為指引，我們將在 c 欄中找到低於某負值的面積，這個面積為 0.0838，四捨五入至小數點後二位，我們可以說選擇一位學生其分數低於 61 分的機率僅為百分之八，這個數值告訴我們這將是一個不常見的事件。

分數為 80 分的 Z 分數為：

$$Z = \frac{X_i - \bar{X}}{s} = \frac{80 - 72}{8} = \frac{8}{8} = +1.00$$

此 Z 分數為正值，我們可以透過 c 欄（見表 5.4）找到高於（大於）80 分的面積。此值為 0.1587，代表選擇一個學生其分數高於 80 分的機率是百分之十六，大約是選擇一個學生其分數低於 61 分之機率的兩倍。

分數為 98 分的 Z 分數為：

$$Z = \frac{X_i - \bar{X}}{s} = \frac{98 - 72}{8} = \frac{26}{8} = +3.25$$

為了找到低於某正 Z 分數的面積，我們應該將該 Z 分數與平均數之間的面積（b 欄）加上 0.5000（見表 5.4）。這個數值將為 0.4994+0.5000，即為 0.9994。隨機抽取的學生其分數極有可能出現低於 98 分的情況。請記得與平均數相差 ±3 個標準差的分數是非常罕見的。

日常生活 統計學

行動中的機率理論

如果你喜歡機會遊戲——賓果、紙牌遊戲、國家彩券或棋盤遊戲（像是帕克兄弟十字戲）——你可以利用對機率定律的知識來提升你的表現與獲勝的機會。這可以在暢銷書《拆屋》（*Bringing Down the House*）中得到印證，後來這本書被拍成電影《21 點》。這本書描述一群麻省理工學院學生們的冒險，他們利用對機率的理解開發一套系統，幾乎保證他們在 21 點遊戲中擊敗莊家。他們最後在被賭場保全阻止前贏了數十萬美元。

重點整理

1. 常態曲線結合平均數與標準差，對常態分布的經驗性分布建構精確的描述性說明。這一章的內容也為第二篇的推論統計提供重要的基礎。

2. 為了能夠應用理論性常態曲線，我們必須將原始分數轉換為相應的 Z 分數。Z 分數讓我們可以找到理論性常態曲線下的面積（附錄 A）。

3. 我們考慮理論性常態曲線的三種用途：尋找高於與低於某一分數的總面積、尋找兩個分數之間的面積、以及將這些面積以機率的方式表達。最後一種常態曲線的應用是特別有意義的，因為推論統計主要與估計機率有關，而這種估計機率的方式與本章介紹的過程十分相似。

公式摘要

公式 5.1　　Z 分數：　　　　　　　　　　　　　$Z = \dfrac{X_i - \overline{X}}{s}$

名詞總匯

常態曲線（Normal curve）。常態曲線是一種分數的理論性分布，它是對稱的、單峰、鐘型的。標準化常態曲線的平均數總是為 0，標準差為 1。

常態曲線表（Normal curve table）。常態曲線表見附錄 A，它代表任何標準化常態分布中，關於 Z 分數與平均數之間面積的詳細描述。

Z 分數（Z score）。Z 分數亦即為標準化分數，是分數被標準化成為理論性常態曲線後的一種表達方式。

習題

5.1　某一測驗分數呈現常態分配，其平均數為 10，標準差為 3。請計算下述每一分數的 Z 分數，並找出高於與低於該分數的面積百分比。

X_i	Z 分數	高於 # 的面積（％）	低於 # 的面積（％）
5			
6			
7			
8			
9			
11			
12			
14			
15			
16			
18			

5.2　假定某一大學的入學考試分數呈現常態分布，其平均數為 500、標準差為 100。請

找出下述每一分數相應的 Z 分數，以及高於該分數與低於該分數的面積所占的百分比。

X_i	Z 分數	高於 # 的面積（%）	低於 # 的面積（%）
650			
400			
375			
586			
437			
526			
621			
498			
517			
398			

5.3　高年級班級已經進行全面性的考試以評估其教育經歷。這次考試的平均數為 74，標準差為 10。符合以下條件之學生所占的百分比為何？

　　a. 介於 75 與 85 之間？_____

　　b. 介於 80 與 85 之間？_____

　　c. 高於 80 ？_____

　　d. 高於 83 ？_____

　　e. 介於 80 與 70 之間？_____

　　f. 介於 75 與 70 之間？_____

　　g. 低於 75 ？_____

　　h. 低於 77 ？_____

　　i. 低於 80 ？_____

　　j. 低於 85 ？_____

5.4　有一常態分布，其平均數為 50，標準差為 10。符合以下條件之面積所占的百分比為何？

　　a. 介於 40 與 47 之間？_____

　　b. 高於 47 ？_____

　　c. 低於 53 ？_____

　　d. 介於 35 與 65 之間？_____

　　e. 高於 72 ？_____

　　f. 低於 31 與高於 69 ？_____

　　g. 介於 55 與 62 之間？_____

　　h. 介於 32 與 47 之間？_____

5.5 在 St. Algebra 學院，200 位修生物學概論的大一學生參加了期末考試，其平均數為 72 分，標準差為 6 分。下表列出 10 名學生的成績，請將每位學生的成績轉換為 Z 分數，並找出高於或低於這些分數的人數。（提示：將適當的比例乘以 N 並四捨五入至整數。）

X_i	Z 分數	高於該生分數的人數	低於該生分數的人數
60			
57			
55			
67			
70			
72			
78			
82			
90			
95			

5.6 如果有一考試分數呈現常態分布，其平均數為 78 且標準差為 11。符合以下條件之面積所占的百分比為何？

a. 低於 60？_____

b. 低於 70？_____

c. 低於 80？_____

d. 低於 90？_____

e. 介於 60 與 65 之間？_____

f. 介於 65 與 79 之間？_____

g. 介於 70 與 95 之間？_____

h. 介於 80 與 90 之間？_____

i. 高於 99？_____

j. 高於 89？_____

k. 高於 75？_____

l. 高於 65？_____

5.7 *SOC* 偏見量表使用於測量一個大樣本受訪者的偏見程度，分數接近常態分布，其平均數為 31、標準差為 5。請問有多少百分比的樣本落在：

a. 低於 20？_____

b. 低於 40？_____

c. 介於 30 與 40 之間？_____

　　d. 介於 35 與 45 之間？_____

　　e. 高於 25？_____

　　f. 高於 35？_____

5.8　**SOC** 問題 5.7 中提到的偏見量表，若定義 40 分或以上是「高度偏見」，那麼隨機選取一人，其分數落在這個範圍的機率為何？

5.9　某次數學考試的平均分數為 59 分，標準差為 4 分。隨機從班級中抽出一人，其分數落在下述範圍的機率為何？

　　a. 介於 55 與 65 之間？_____

　　b. 介於 60 與 65 之間？_____

　　c. 高於 65？_____

　　d. 介於 60 與 50 之間？_____

　　e. 介於 55 與 50 之間？_____

　　f. 低於 55？_____

5.10　**SOC** 某學區每年的輟學人數平均為 305 人，標準差為 50 人。那麼明年輟學人數落在下述範圍的機率為多少？

　　a. 少於 250？_____

　　b. 少於 300？_____

　　c. 多於 350？_____

　　d. 多於 400？_____

　　e. 介於 250 與 350 之間？_____

　　f. 介於 300 與 350 之間？_____

　　g. 介於 350 與 375 之間？_____

5.11　**CJ** 地方警察隊對所有申請者進行一項入門考試，並且僅接受分數前 15% 的申請者。如果平均數為 87，標準差為 8，那麼一位獲得 110 分的申請者是否能被錄取？

5.12　學生若想被某一榮譽協會錄取的話，平均成績（GPA）必須在學校的前 10%。如果該校的 GPA 平均為 2.78，標準差為 0.33，那麼下述 GPA 中，哪些符合資格？

　　　　　　　　3.20, 3.21, 3.25, 3.30, 3.35

5.13　在一個平均數為 35、標準差為 4 的分數分布中，下面哪一種情況較可能發生：隨機選一個數值落在 29 與 31 之間？或是隨機選取一數值落在 40 與 42 之間？

5.14　在你參加了學校輔導員與社工員職位的國家考試之後，你收到的考試成績如下表所示，你哪一個考試的表現較佳呢？

學校輔導員	社工員
$\overline{X} = 118$	$\overline{X} = 27$
$s = 17$	$s = 3$
你的分數 = 127	你的分數 = 29

5.15 一所大型大學對所有新生進行了一項入學考試，這項考試亦做為離校考試，對所有畢業生再施測一次。下表提供一組學生的測驗結果。

一年級	四年級
$\overline{X} = 53$	$\overline{X} = 92$
$s = 7$	$s = 4$

a. 下表列出五位學生在兩次考試中的分數。請計算每一位學生的 Z 分數，並指出該學生在大一或大四時表現較好。

學生	一年級 分數	四年級 分數
A	57	97
B	51	94
C	45	82
D	73	101
E	62	98

b. 測量隨機選取一位學生其分數落在下表中每一分數範圍的機率？

一年級	
分數	機率
低於 52	
低於 57	
介於 40 與 50 之間	
高於 51	
高於 52	

四年級	
分數	機率
低於 88	
低於 98	
介於 80 與 100 之間	
高於 97	
高於 85	

第二篇　推論統計

這部分的五個章節將涵蓋推論統計的技術與概念。一般而言，這部分的應用可讓我們從精挑細選選出的較小次群體（也就是樣本）中去認識大的群體（也就是母體）。這些統計技術很強大並極為有用，其用途包括調查民意、研究新產品的潛在市場、預測選舉由誰勝出、檢驗科學的理論與假設等，不管是在社會科學的領域之內或之外，應用的層面不計其數。

第 6 章包括了抽樣的簡單描述，但這章最重要的部分則在於抽樣分布——可謂推論統計中最重要的概念，沒有之一。抽樣分布呈現常態的形狀，並成為母體和樣本之間的關鍵橋樑。這章也會涵蓋估計，為推論統計中兩個主要的應用之一。在這個部分，你會學到如何利用從樣本中計算出來的平均數和比例去推估母體的對應特徵，這種技術最常用於民意調查與選舉預測。

第 7 到第 10 章涵蓋了推論統計的第二個應用：假設檢定。大部分的相關概念會在第 7 章介紹，而每章則會探討假設檢定的不同應用。例如，第 8 章所討論的技術乃用於比較來自兩個不同樣本（如：男性 vs. 女性）的資訊；第 9 章則介紹包含兩個以上樣本的應用（如：共和黨 vs. 民主黨 vs. 獨立選民）。

假設檢定對於初學者而言是所有統計學內涵中較有挑戰性的一個面向，我也提供了許多的學習輔助來減輕消化這些材料的負擔。假設檢定也是社會科學研究中最常見也最重要的統計學應用之一。精熟這部分的學習內容，對於發展出閱讀專業文獻的能力，至關重要。

第 6 章
引介推論統計、抽樣分布與估計

學習目標

本章結束之前，你將能夠：

1. 從樣本對母體進行概括化的方式來解釋推論統計的目的。
2. 解釋隨機抽樣的基本技術，還有以下這些關鍵概念：母體、樣本、參數、統計值、代表性、EPSEM。
3. 區辨抽樣分布、樣本以及母體。
4. 解釋本章呈現的兩個定理。
5. 解釋估計的邏輯，以及樣本、抽樣分布與母體的角色。
6. 定義並解釋偏誤與有效性的概念。
7. 利用樣本平均數與樣本比例建構並詮釋信賴區間。
8. 使用 SPSS 取得樣本統計值以建構信賴區間。

使用統計

本章所呈現的統計概念構成所有推論統計應用的根本，包括從小樣本估計較大母體的特徵。估計可用以評估：

- 多年來在美國之中價值觀與態度的改變（例如：對死刑的支持與對同性婚姻的意見）。
- 全世界不同國家在幸福感與安適感上的程度。
- 在疾病治療上各種藥物與療法的有效性。
- 在不同的選舉人口區塊（例如，女性、天主教徒或南方人）中競選公職的候選人所具有的吸引力。
- 大眾對於爭議性話題的立即反應，例如對於移民或健康照護的新法規。

社會科學研究的目標之一就是利用許多不同的人群、團體、社會和歷史時期去測試我們的理論。很顯然地，對於那些經得起最多歧異的個案與社會考驗為真的理論，我們具有最大的信心。然而，社會科學研究的一個主要問題就是，最為適合測試的人口母體在數量上非常龐大。例如，關於美國公民政黨偏好的理論應該最適合用全體選民進行測試，但要訪問完 2 億 3 千 5 百萬成年美國人實在不可能。的確，就算是那些理當可以用較少人口母體來測試的理論，像是地方社區或大學的學生會，要從這些人口母體中的每一個個案身上蒐集資料的實際工作都會顯得太過龐大而難以實現。

如果我們沒辦法接觸到整個人口母體，如何測試我們的理論？為了解決這個問題，社會科學家從感興趣的人口母體中選擇樣本，或者說是個案的子集合。在推論統計中，我們的目標是基於我們從樣本上的發現去得知一個母體的特徵（通常稱為**參數**）。在這本書中將涵蓋推論統計的兩個應用。本章將說明的估計程序，是指基於樣本中的發現，而對母體參數提出一個「有所根據的猜測」。第 7 章到第 10 章將介紹的假設檢定，則是根據樣本結果去測試假設的有效性。在我們詳細說明這些應用之前，需要先考慮抽樣（選擇個案形成樣本的技術），以及在推論統計中的關鍵概念：抽樣分布。

機率抽樣：基本概念

社會科學家已經發展出各式各樣的抽樣技術。在這節中，我們將回顧選擇機率樣本的基本程序，這種樣本是唯一能夠完全支持推論統計的使用進而將結論概推到母體的類型。這些樣本通常被稱為是隨機的，這個說法你或許更加熟悉。因為這種說法較為人所知，所以我會在後續章節中經常使用隨機樣本這個詞彙。然而，一般更偏好機率樣本這個說法，因為在一般日常語言中，隨機一詞經常被用來代表「碰巧」的意思，或給人一種不可預測的涵義。如同你即將會看見的，機率樣本是有方法有步驟地仔細選擇而來，這種方法絕對不是所謂的偶然碰巧。某天下午在購物中心碰到誰就訪問誰或許說來很「隨機」，但這麼做是無法產出能夠使用推論統計的樣本。

在考慮機率抽樣之前，需要先指出社會科學家也常常使用**非機率樣本**。例如，社會科學家為研究小團體動力學或態度的結構或個人價值觀，可能需要使用在他們班上修課的學生當作研究參與者。這些「便利」的樣本在達成某些目的上非常有用（例如探索想法，或在執行更大型的研究計畫之前，對調查問卷實施前測），而且通常蒐集起來比較便宜和容易。它們的主要限制則是結果無法概推到施測的團體以外。假如一個關於偏見的理論，只有針對特定大學裡面的某一個社會學概論課程上的學生進行測試，我們便無法肯定這個結果也能應用到其他類型的人群身上。因此，對於使用非機率樣本測試的理論，我們很難對其產生足夠的信心，即便得到的證據非常強烈。

選擇有代表性的樣本

在建構機率樣本時，目標就在於選出來的個案所組成的最終樣本能夠代表它們所來自的母體。樣本若能重現母體的重要特徵，就有代表性。例如，如果母體包含 60% 的女性和 40% 的男性，樣本也應該有差不多的性別組成。換言之，一個有代表性的樣本會和母體非常相似，就是規模小了一點。

對於推論統計而言，樣本具有代表性至關重要。我們要如何確保樣本具有代表性呢？很不幸，代表性這件事是無法保證的。然而，我們可以依循 EPSEM（「同等機率抽樣法」）——機率抽樣的根本原則，使得獲取具有代表性樣本的機會極大化。為了遵照 EPSEM 並使我們的樣本具有代表性的機率極大化，我們在選擇樣本時，會使母體中的每一個元素或個案被選中的機率保持相同。就如同擲骰子時，出現 1 到 6 的數字的機會都相同，母體中的每一個個案也必須要有同樣的機會被選入樣本之中。

謹記 EPSEM 和代表性是兩回事。也就是說，就算依照 EPSEM 選擇樣本，也不保證樣本就一定能代表母體。EPSEM 樣本有很大的機會具有代表性，但是，就如同投擲一個沒有作假的硬幣，有時候也會連續出現 10 個人頭，EPSEM 樣本偶爾也會呈現出不正確的母體圖像。推論統計最大的優點之一，就是它們允許研究者對這種類型的誤差加以估計，並在考慮誤差之後詮釋研究結果。

簡單隨機抽樣

最基本的 EPSEM 抽樣技術會產出一個簡單隨機樣本。這個技術有著為數眾多的變化與精進之道，但在本書之中，我們只會考慮這種最簡單的應用。

要抽出一個簡單隨機樣本，我們需要母體中所有個案的清單，每一個個案都有獨一無二的標示，通常是用號碼標示，以及一個能夠確保所有個案都有相同機會被選入樣本的選擇機制。選擇的過程可能包含了投擲硬幣、投擲骰子，或從一個帽子中抽出號碼，但是，在社會科學研究中，我們會使用電腦程式產出一組隨機號碼的清單。在本書的網站上提供了一個亂數表的例子。

當一個個案的標示號碼出現在清單之上，就代表這個個案被選入了樣本之中。如果這串號碼是真的隨機產生，任何一個標示號碼出現的機會和其他的標示號碼都相同，那麼這種選樣過程就可以產出一個 EPSEM 樣本。當你選出的個案數目達到理想的樣本規模時，抽樣就會結束；如果某個標示號碼出現超過一次，第二次或之後都可以直接忽略[1]。

日常生活 **統計學**	**抽樣與電話推銷** 本章所呈現的抽樣技術也同樣運用於商業目的與大眾行銷。下次你因為在晚餐時間被行銷電話打擾而發怒，切記你的電話號碼可能只是被精細、複雜的隨機抽樣應用所選中。這樣想或許不會讓你消氣，但可以提醒你抽樣科技只是日常生活的一個部分，可見於社會科學以外的其他許多領域。

143　　　回想一下，推論統計的目的是基於從樣本蒐集到的資訊以獲取樣本來源的母體之相關知識。本書中每個關於推論統計的應用，都要求樣本是根據 EPSEM 選取出來的。雖然即使是最費盡心力以及最精巧複雜的抽樣技術也不能保證就有代表性，EPSEM 樣本還是有很高的可能足以代表抽樣來源的母體。

抽樣分布

　　一旦我們根據某些 EPSEM 程序選出一個機率樣本，我們能夠知道什麼？一方面，我們可以從樣本之中的個案蒐集到很多資訊。另一方面，我們對母體還是一無所知。的確，如果我們早就知道有關母體的資訊，我們大概也不需要樣本了。還記得我們要利用推論統計去瞭解母體，而由樣本所得到的資訊就顯得很重要，因為它足以讓我們對母體進行概推。

　　當我們使用推論統計之時，我們一般會測量樣本之中的某個變項（例如：年齡、政黨偏好，或關於墮胎的意見），然後利用從樣本獲取的資訊去得知更多關於同一個變項在母體中的狀況。在本書的第一篇中，你學會了要適當地描述一個變項需要三種類型的資訊：

　　1. 它分布的形狀

　　2. 集中趨勢量數，以及

　　3. 離散程度

　　很明顯地，關於一個變項的三種類型資訊全都可以從樣本之中的個案加以蒐集（或計算）。同樣明顯的是，關於母體的資訊則無從得知。除非在很罕見的情況之下（例如，IQ 測驗在設計上就會使得母體中分數的分布近乎常態，還有收入的分布也幾

---

1 忽視重複的標示號碼稱作「無重置抽樣」，技術上，這種做法會破壞抽樣過程的隨機性。然而，如果樣本僅佔了母體的一小部分，我們其實不太可能抽到同一個個案兩次，因此忽略重複的個案將不會造成偏誤的結論。

乎總是正偏態），關於母體中某個變項分布的確實形狀總是不得而知。母體中某個變項的平均數與標準差也同樣無法得知。假如我們早就知道母體中的這些資訊，推論統計將會變得毫無必要。

　　在統計學中，我們利用抽樣分布將來自樣本的資訊和母體加以連結，而**抽樣分布**144是指一個統計值在某個樣本規模（N）下的所有可能的樣本所形成的理論上的機率性分布。也就是說，抽樣分布是基於來自母體的個案之各種可能的組合所形成的一個統計值（如：平均數或比例）的分布。抽樣分布的一個關鍵重點就是它的特徵乃基於機率法則，而非經驗資訊，因而為人所熟知。事實上，抽樣分布是推論統計的核心概念，以下將依序檢視其特徵。

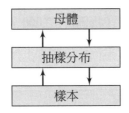

圖 6.1　**樣本、抽樣分布與母體的關係**

　　推論統計中使用的三種分布。如同圖 6.1 所展示，推論統計的所有應用都是利用抽樣分布而在樣本與母體之間游移。因此，在推論統計的每一個應用之中都包含了三種各自分立而又獨特的變項分布。

1. 變項的母體分布，雖然經驗上存在，但往往不得而知。蒐集關於母體的資訊或對母體進行推論乃是推論統計的唯一目的。

2. 變項的抽樣分布，並非經驗上的存在，而是理論上的存在。機率的法則讓我們對於這種分布知之甚深。具體而言，這種分布的形狀、集中趨勢以及離散程度都可以推導而知並加以適當地描述。

3. 變項的樣本分布，同時是經驗性的（存在於現實之中）也是已知的。對某個樣本而言，變項的形狀、集中趨勢以及離散程度都可以確知。然而，來自樣本的資訊之所以重要，是因為可以讓研究者藉此去認識母體。

　　抽樣分布的用途可以從它的定義中推知。因為它包含了來自所有可能樣本結果的統計值，抽樣分布可讓我們估計任何一個樣本結果的機率，這個過程是本章以及接下來四章的焦點。

　　建構抽樣分布。抽樣分布是理論性的，意思是我們不會在現實上去建構它。然而，為了更好地瞭解這個分布的結構與功能，我們可以設想一下它是如何建構出來的。假設我們對於某個 10,000 人的社區想要蒐集其年齡的資訊。我們可以抽出一個包含 100 個居民的 EPSEM 樣本，問出他們的年齡然後計算出平均年齡為 27 歲。這個分數顯示在圖 6.2 上。注意，這個樣本只是從 10,000 人的母體中抽出 100 人的無限可能組合中的其中一種，而這個統計值（平均年齡 27 歲）也只是無數樣本結果中的一種可能。

現在，我們再抽出一個同樣規模（100 人）的新樣本取代第一組的 100 人，而且也再一次計算平均年齡。假設第二組樣本的平均年齡為 30 歲，這個樣本結果也同樣顯示在圖 6.2 上。第二組樣本也是另一個從 10,000 人的母體中抽出 100 人的無限組合之一，而 30 歲的平均年齡也是另一個無數可能的樣本統計值之一。再抽出另一組樣本計算平均數取代第二組樣本，然後再抽第三組、第四組……重複這些操作無限多次，計算並記錄每一組樣本的平均數。現在試著去想像這樣無數次的抽樣與計算、記錄平均數後，圖 6.2 會長成什麼模樣。在我們從 10,000 人的母體中抽出所有可能的 100 人組合之後，這個樣本平均數的分布會有什麼形狀？它的平均數與標準差又是多少？

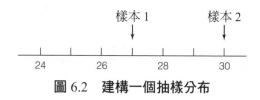

圖 6.2　建構一個抽樣分布

從一方面來說，我們知道每個樣本會和其他任一樣本至少有些微的不同，因為我們不太可能抽到一模一樣的 100 人兩次。由於每個樣本都是獨特的，每個樣本平均數的數值也起碼會有些許差異。

我們也知道，並非所有樣本都會有代表性，即使我們嚴格地遵循 EPSEM 的原則。例如，假設我們繼續抽取 100 人的樣本，只要時間夠久，我們最終將可選到一個只包含最年輕居民的樣本。由這樣的樣本所得到的平均數將會遠低於真實的母體平均數。以此類推，某些樣本可能只包含到年長的公民，因此其平均數將會遠高於母體平均數。然而，即使由常識都可以推知，上述不具代表性的樣本將會非常罕見，而大多數的樣本平均數將會集中在真實的母體平均數之周圍。

為了進一步闡述，假定我們就是知道這 10,000 人母體的真實平均年齡為 30 歲。如同我們剛才所見，大多數的樣本平均數將會很接近 30，這些樣本平均數的抽樣分布將在 30 到達高峰。有些樣本則不具代表性，而其平均數將會「錯失目標」，但這些失準的樣本將會隨著離母體平均數 30 愈遠而愈少出現。也就是說，當離母體的數值愈遠，分布也將會下滑到谷底——樣本平均數 29、30 應該很常見，20 或 40 的平均數就會很罕見。樣本是隨機產生的，所以它們在母體數值的兩側失準的次數會大致相同，分布形狀也就會約略相互對稱。換言之，所有可能樣本平均數的抽樣分布應該

145

趨近常態，長得就像圖 6.3 裡呈現的分布。回想第 5 章，在任何的常態曲線上，接近平均數的個案（比方說，在 ±1 個標準差的範圍內）會很常見，而遠離平均數的個案（比方說，在 3 個標準差之外）就很罕見。（見習題 6.20 示範抽樣分布的建構。）

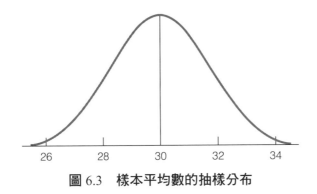

圖 6.3　樣本平均數的抽樣分布

　　兩個定理。關於抽樣分布形狀的常識性想法，還有關於集中趨勢與離散程度的其他非常重要的資訊，可用兩個定理加以陳述。在檢視這些定理之前，我們要先回顧某些待會要使用的符號。回想一下一個樣本的平均數的符號為 $\bar{x}$，而 μ 則是母體平均數的符號。以離散程度量數來說，是用 s 代表樣本的標準差，σ（希臘字母小寫，發音為 sigma）代表母體的標準差。

146

　　第一個定理陳述如下：

　　從一個平均數為 μ、標準差為 σ 的常態母體之中，重複抽取規模為 N 的樣本，則樣本平均數的抽樣分布將會符合常態，其平均數為 μ，標準差為 $\sigma/\sqrt{N}$。

用白話來說：如果有個特質在母體中呈常態（如：IQ 分數），然後我們從那個母體之中抽取無數個相同大小的隨機樣本，則樣本平均數的抽樣分布也會是常態。如果我們已知那個變項在母體中的分布是常態，我們就能假定抽樣分布也將是常態。

　　然而，這個定理告訴我們的事情不只是抽樣分布的形狀而已，它也定義了抽樣分布的平均數與標準差。事實上，它明白指出抽樣分布的平均數將會和母體平均數完全一樣。也就是說，如果我們知道整個母體的 IQ 平均數是 100，那我們也會知道任何樣本 IQ 平均數的抽樣分布的平均數就是 100。

　　在這個層級無法詳盡解釋為什麼這兩個平均數的數值會完全相同。然而，回想一下，長遠來說，大多數的樣本平均數都會集中在母體數值的附近。因此，這兩個數值會相同的事實應該也很符合直觀。以離散程度來說，這個定理說抽樣分布的標準差，也稱作**平均數的標準誤**，會等於母體標準差除以樣本規模 N 的平方根（符號用 $\sigma/\sqrt{N}$

表示）。

147　　如果一個在母體中成常態分布的變項其平均數與標準差已知，這個定理可讓我們算出抽樣分布的平均數與標準差。[2] 因此，我們對於抽樣分布的瞭解（形狀、集中趨勢與離散程度），在程度上就和我們瞭解任何一個經驗性的分布一樣不相上下。

　　第一個定理要求變項在母體中必須是常態分布。如果所關注的變項的分布是未知的，或在形狀上不呈常態（如：收入，總是呈現正偏），那會怎樣呢？像這種偶發狀況（事實上非常常見）就可由第二個定理來解決，稱之為**中央極限定理**：

> 從任一個平均數為 μ、標準差為 σ 的母體之中，重複抽取規模為 N 的樣本，那麼，當 N 變得愈大，樣本平均數的抽樣分布將會趨近常態，其平均數為 μ，標準差為 $\sigma/\sqrt{N}$ 。

用白話來說：對任何變項而言，當樣本規模增加，樣本平均數的抽樣分布也會變成常態，就算這個變項在母體之中並不呈常態分布也是一樣。當 N 很大時，抽樣分布的平均數將會等於母體平均數，且其標準差（或平均數的標準誤）也將等於 $\sigma/\sqrt{N}$ 。

　　中央極限定理很重要，因為它免除了變項在母體之中要常態分布的條件。只要樣本規模夠大，我們就可假定抽樣分布的形狀呈現常態，而且其平均數等於母體平均數、標準差等於 $\sigma/\sqrt{N}$ 。如此一來，就算我們處理的是個已知具有偏斜分布的變項（如：收入），我們還是可以假定常態的抽樣分布。

　　當然，剩下的問題就是，樣本要多大才算大？一個好的通則是，如果樣本規模（N）為 100 或以上，中央極限定理即可成立，你就可以認定某個樣本統計值的抽樣分布具有常態的形狀。當 N 小於 100 時，在你認定抽樣分布為常態之前，最好有證據顯示母體的分布是常態。這樣的話，只要樣本大於 100，我們就可以假定抽樣分布在形狀上呈常態。

日常生活 統計學	使用 GSS 測量美國人的態度變遷
	從 1972 年起對成年美國人的代表性樣本實施的「一般社會調查」（General Social Survey, GSS），可以讓我們追蹤社會中的跨時間變化。舉例來說，從 GSS 的資料中顯示美國人對於同性戀的譴責傾向出現了相當大程度的軟化。在 1970 年代，約有 72% 的受訪者覺得同性戀「永遠都是錯的」，但在最近一次（2012）的 GSS 調查中，上述的比例已降到約 46%。

---

2 在一個典型的研究情境中，母體平均數與標準差的數值當然都是未知。然而，這些數值可以由樣本統計值中估計出來，後續的章節將會加以介紹。

抽樣分布：使用「美國一般社會調查」（GSS）的額外範例

要能瞭解抽樣分布——為何及為什麼重要——會是個有挑戰性的任務。簡要條列出關於抽樣分布的重點或許會有幫助： 　148

1. 定義：抽樣分布是一個統計值（如平均數或比例）在某個固定的規模之下抽取出來的所有樣本結果所形成的分布。
2. 形狀：常態（見第 5 章與附錄 A）
3. 集中趨勢與離散程度：抽樣分布的平均數和母體的平均數是相同的數值。抽樣分布的標準差——或標準誤——等於母體標準差除以樣本規模 N 的平方根（參見定理）
4. 抽樣分布在推論統計中的角色：將樣本和母體加以連結（見圖 6.1）

為了強化上述的重點，可以考慮利用 GSS 提供一個額外的範例，其為本書的 SPSS 練習所使用的資料庫之一。從 1972 年起，GSS 就針對隨機抽樣的美國成人樣本施測，並探索一系列廣泛的人口特徵與社會議題，包括對於最高法院的信心、對於輔助自殺（譯註：安樂死）的態度、手足的數目與教育程度等等。當然，GSS 也有它的限制，但它仍是個非常寶貴的資源，可以用來測試理論並增進對美國社會的瞭解。聚焦在這個調查之上，在使用這筆資料庫時一起來回顧母體、樣本與抽樣分布所扮演的角色。

GSS 與母體

我們先從母體開始，也就是我們真正想要瞭解的那個群體。在 GSS 的例子裡，母體包括所有成年（18 歲以上）美國人，其涵蓋了 2 億 3 仟 5 佰萬人。很明顯地，我們不可能訪問所有這些人，以瞭解他們的面貌或他們對於墮胎、槍枝管制、公立學校性教育或其他議題的看法，但這些資訊有其價值，可為公共討論提供重要參考，在討論許多具有爭議的問題時提供一些基於事實的基礎（例如，民調始終顯示多數的美國人支持某種形式的槍枝管制），從而有助於澄清個人的信念。假如這樣的資訊很寶貴，那我們要如何瞭解這個龐大的母體呢？

GSS 與樣本

上面的討論將我們帶到了樣本，也就是從母體中仔細挑選出來的子集合。GSS 對成千上萬人施測，這些人都是以基於 EPSEM 原理的精細技術挑選出來的。關鍵重點是這種方法所選出來的樣本將非常能夠代表它們所來自的母體。樣本中的發現也就會是母體中的發現（當然，還是具有一些限制與條件）。　149

受訪者會在他們的家裡受訪，並被問到背景資訊（宗教、性別、受教年數等等）、意見與態度。當所有資料蒐集齊全，GSS 資料庫就會涵蓋樣本中每個人在幾百個變項（年齡、偏見程度、婚姻狀態）之上的相關資訊（形狀、集中趨勢、離散程度），所以我們就有這個樣本（實際上回答調查問題的那些人）在變項上的很多資訊，但沒有母體（2 億 3 仟 5 佰萬美國成人）在這些變項上的資訊。要如何從樣本所知去推敲未知的母體？這就是推論統計的核心問題，其答案，但願你現在已經知道，就是「藉由使用抽樣分布」。

GSS 與抽樣分布

不同於樣本與母體，抽樣分布乃存在於理論之中，而基於本章稍早所提到的定理，我們可以得知其形狀、集中趨勢與離散程度。對於 GSS 裡的任何變項來說，這個定理告訴我們：

- 抽樣分布會呈現常態的形狀，因其樣本很「大」（N 比 100 大得多），所以這點一定會成立，不管母體中變項的分布形狀為何。
- 抽樣分布的平均數將會等於母體平均數的數值。假如所有美國成年人平均完成 13.5 年的在學學歷（$\mu = 13.5$），那抽樣分布的平均數也會是 13.5。
- 抽樣分布的標準差（標準誤）會等於母體標準差（σ）除以 N 的平方根。

所以，這些定理告訴我們抽樣分布的統計特徵（形狀、集中趨勢、離散程度），而這些資訊足以讓我們將樣本與母體連結起來。

那麼抽樣分布如何連結樣本與母體呢？當 N 很大時，抽樣分布會呈常態的事實至關重要，這就代表超過 2/3（68%）的樣本會介於抽樣分布平均（和母體平均的數值相同）的 ± 1 個 Z 分數之間、約 95% 在 ± 2 個 Z 分數之間，如此類推。我們並不（也無法）知道抽樣分布平均的實際數值為何，但我們知道樣本統計值會大約等於這個參數的機率很高。同樣地，這些定理給我們關於抽樣分布平均數與標準誤的關鍵資訊，如同你在這章及後面各章將會看到的，能讓我們加以運用而將樣本的資訊和母體加以連結。

總結來說，我們的目標是去推論關於母體（以 GSS 的例子來說是指全體的美國成年人）的資訊。當母體太過龐大而無法直接檢測時，我們就使用從該母體中仔細且隨機抽選的樣本資訊，來去估計母體的特徵。以 GSS 為例，樣本全體包含了數以千計的美國成人對於調查問題的回答。抽樣分布，也是一種理論上的分布，其特徵由前述定理所規範，就能將已知樣本和未知母體加以連結。

150

日常生活統計學	使用調查來比較美國和其他國家

「世界價值觀調查」（The World Values Survey）從 1981 年起便對許多國家的隨機樣本施測。最近一次的調查結果顯示，美國對於同性戀的容忍程度比某些國家來得高，但又比另一些國家來得更低。

* 請告訴我你覺得同性戀是：永遠正當、絕不正當或介於兩者之間（表中顯示的是絕不正當的百分比）

國家	"絕不正當" 的百分比
俄羅斯	54.1%
中國	49.4%
美國	24.0%
德國	17.8%
日本	17.6%

資料來源：World Values Survey, http://www.worldvaluessurvey.org/. Results are for Wave 6 of the survey, 2010-2014/

符號與術語

本章的最後與其後各章，我們將會處理三種完全不同的分布。此外，我們也將關注幾種不同的抽樣分布，包括樣本平均數的抽樣分布以及樣本比例的抽樣分布。

為了區隔出不同的分布，我們會常使用符號。樣本與母體的平均數與標準差的符號，在第 3 章和第 4 章已經有所介紹。為了提供快速的參考，表 6.1 展示了會用在抽樣分布上的符號。基本上，抽樣分布乃根據不同的樣本統計值而使用相對應的下標希臘字母表示。

表 6.1　三種分布的平均數與標準差之符號

	平均數	標準差	比例
1. 樣本	$\bar{X}$	s	P_s
2. 母體	μ	σ	P_u
3. 抽樣分布			
平均數	$\mu_{\bar{X}}$	$\sigma_{\bar{X}}$	
比例	μ_p	σ_p	

注意到樣本的平均數與標準差是用英文字母（$\bar{X}$ 與 s）表示，而母體的平均數與標準差則用相同的希臘字母表示（μ 與 σ）。基於樣本計算的比例以 P_s（大寫 P 加上下標的 s，s 代表樣本）為符號，而母體比例則以 P_u（大寫 P 加上下標的 u，u 代表全體〔universe〕或母體）表示。抽樣分布的符號由希臘字母搭配下標的英文字母。樣本平均數的抽樣分布之平均數與標準差分別為 $\mu_{\bar{X}}$（"mu-sub-x-bar"）和 $\sigma_{\bar{X}}$（"sigma-sub-x-bar"）。樣本比例的抽樣分布之平均數與標準差分別為 μ_p（"mu-sub-p"）和 σ_p（"sigma-sub-p"）。

估計的介紹

　　推論統計在這個部分的目標是從樣本計算所得的統計值中估計母體的數值或參數。你已經熟悉了民意調查和選舉預測，這些都是此類技術最常見的應用。從所有可以想到的議題——從國家大事到生活日常——所進行的民意測驗與調查，都已成為大眾媒體與流行文化的重要核心。在本章中你接著會學到的統計技術，也被那些大名鼎鼎、老練且講求科學的民意測驗專家所使用。

　　估計母體數值的標準程序是建構一段**信賴區間**（confidence interval），也就是以數學的陳述表達參數位於某段區間或數字範圍之內。例如，信賴區間可能說：「68%±3%，或是介於 65% 和 71% 之間的美國人同意死刑。」而在媒體中，這段區間的中心數值（在此例中為 68%）通常會加以強調，但很重要的是，我們必須瞭解母體參數（全體美國人中同意死刑的百分比）可能介於 65% 和 71% 的這段區間之中的任何一處。

估計選擇標準：偏誤與有效性

　　估計程序乃基於樣本統計值。在可計算的眾多統計值中究竟要使用何者？估計式（estimator）可根據兩個標準來加以選擇：**偏誤**與**有效性**。估計值所依據的樣本統計值必須無偏誤和相對有效，以下分開說明。

偏誤

　　如果估計式的抽樣分布之平均數等於興趣所在的母體數值，那麼該估計式即為無偏誤。從本章稍早提到的定理可知，樣本平均數可以滿足這個標準。樣本平均數的抽樣分布之平均數（以符號 μ_x 表示）就等於母體平均數（μ）。

　　樣本比例（P_s）也是無偏誤。如果我們從規模為 N 的重複隨機樣本中計算樣本比例，樣本比例的抽樣分布之平均數（μ_p）會等於母體比例（P_u）。那麼，假如我們投擲公正的硬幣，並一次取樣十個硬幣（$N = 10$），抽樣分布的平均就會是 0.5，這也是一個公正硬幣每次投擲會出現正面（或反面）的機率。在社會研究裡常用的統計值中，只有樣本平均數和樣本比例是無偏誤的（也就是它們的抽樣分布之平均數會等於母體數值）。

　　因為樣本平均數和樣本比例是無偏誤的，我們可以決定，它們會落在我們所要估計的母體數值上下一段範圍內的機率。就用一個特定的問題來舉例說明。假如我們要估計一個社區的平均收入。隨機選取 500 個家戶（$N = 500$）為樣本，計算出樣本平

均收入為 $45,000。在這個例子裡，母體平均數（$\mu$）是社區裡所有家戶的平均收入，而樣本平均數（$\bar{x}$）則是剛好被我們選到的 500 個家戶的平均收入。注意我們並不知道母體平均（μ）的數值——如果我們知道，我們也不需要樣本了——但我們真正感興趣的是 μ。樣本平均收入為 $45,000 之所以重要，是因為它能給我們關於母體平均數的資訊。

關於所有可能的樣本平均數之抽樣分布，本章稍早提到的兩個定理提供給我們很多資訊。因為 N 是大的（$N>100$），我們便知抽樣分布會是常態，而且它的平均就會是母體平均（$\mu_{\bar{x}} = \mu$）。我們也知道所有的常態曲線在 $\pm 1Z$ 之內會包含 68% 的個案（此處的個案就是樣本平均數）；在 $\pm 2Z$ 之內會包含 95% 的個案；在 $\pm 3Z$ 之內會包含超過 99% 的個案。記得這裡討論的是抽樣分布，其為所有可能的樣本結果之分布，樣本結果在這裡是指樣本平均數。因此，我們的樣本平均 $45,000 有不小的機率在抽樣分布平均的 $\pm 1Z$ 之內（也就是每 100 次機會中有 68 次）；有很高的機率在抽樣分布平均的 $\pm 2Z$ 之內（100 次中的 95 次）；有極高的機率在抽樣分布平均的 $\pm 3Z$ 之內（100 次中的 99 次），而抽樣分布的平均也就是母體的平均。這些關係在圖 6.4 中加以闡示。

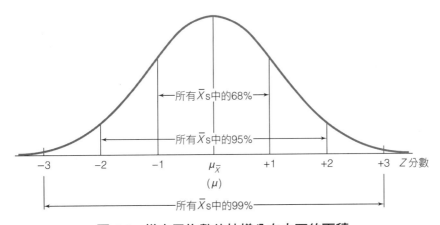

圖 6.4　樣本平均數的抽樣分布之下的面積

如果估計式是無偏誤的，它大概就會是母體參數（本例中為 μ）的正確估計。然而，在少於 1% 的個案中，即使基於隨機的運氣，也會有樣本平均數距離抽樣分布的平均數超過 $\pm 3Z$ 之遠。說白了我們無法得知這個特定的樣本平均 $45,000 是否來自這個少數群體；然而，可以知道的是，我們的樣本平均數距離抽樣分布的平均數（也就是母體平均數）很有可能遠少於 $\pm 3Z$ 之遙。

153

有效性

估計式第二個讓人看重的特徵就是有效性，是指抽樣分布集中於其平均數的緊密程度。有效性，或是集中性，本質上是反映分散的程度（見圖 4.1）。抽樣分布的標準差愈小，集中性和有效性就愈大。

樣本平均數的抽樣分布之標準差，或是平均數的標準誤，等於母體標準差除以 N 的平方根（$\sigma_{\bar{X}} = \sigma/\sqrt{N}$）。因此，抽樣分布的標準差即為 N 的反函數：當樣本規模增加，$\sigma_{\bar{X}}$ 就會降低。我們可以藉由增加樣本規模來改善任何估計式的有效性（也就是降低抽樣分布的標準差）。

舉例說明應該會更清楚。看看表 6.2 列出的兩個樣本。兩個樣本平均數都是不偏的，但哪一個才是更有效的估計式呢？以第一個樣本來說，$N = 100$ 時所有可能的平均數所構成的抽樣分布之標準差會是 \$50.00：

$$\sigma_{\bar{X}} = \frac{\sigma}{\sqrt{N}} = \frac{500}{\sqrt{100}} = \frac{500}{10} = 50.00$$

以第二個樣本來說，$N = 1000$ 時所有可能的樣本平均數之標準差會是 \$15.81：

$$\sigma_{\bar{X}} = \frac{\sigma}{\sqrt{N}} = \frac{500}{\sqrt{1000}} = \frac{500}{31.62} = 15.81$$

第二個樣本的抽樣分布會比第一個樣本的抽樣分布更加集中。事實上，第二個樣本的抽樣分布在 $\mu \pm 15.81$ 的範圍內包含了所有可能的樣本平均之中的 68%，而第一個樣本的抽樣分布需要更寬的區間（$\mu \pm 50.00$）才能包含相同比例的樣本平均。基於規模 $N = 1000$ 的樣本比起規模 $N = 100$ 的樣本所得到的估計值更趨近母體參數。圖 6.5 和圖 6.6 將上述關係以視覺化方式呈現。

154

表 6.2　兩個樣本的抽樣分布之標準差（假設母體標準差 $\sigma = \$500$）

	樣本 1	樣本 2
樣本平均	$\bar{X}_1 = \$45,000$	$\bar{X}_2 = \$45,000$
樣本規模	$N_1 = 100$	$N_2 = 1000$
抽樣分布的標準差（或標準誤）	$\sigma_{\bar{X}_1} = \$50.00$	$\sigma_{\bar{X}_2} = \$15.81$

要記得的重點就是所有抽樣分布的標準差為 N 的反函數：樣本愈大，集中性和有效性愈高。某種程度上，樣本規模和抽樣分布的標準差之間的關係，正好就在強調一個常識性的想法：對於大樣本的信心高於對於小樣本的信心（前提是兩者都由 EPSEM 所選出）。

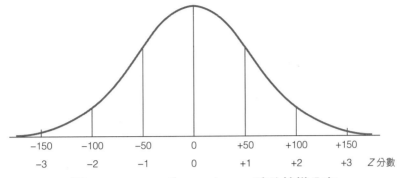

圖 6.5　*N* = 100 和 σ⟨x̄⟩ = $50.00 **時的抽樣分布**

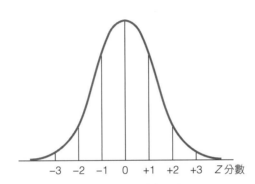

圖 6.6　*N* = 1000 **時的抽樣分布**，σ⟨x̄⟩ = $15.81

區間估計的程序

我們現在已準備好利用樣本統計值來估計母體數值。為了達成這個目的，我們將會建構信賴區間，或是一種數學陳述以表達參數位於一段數值範圍之內。信賴區間的建構有三個步驟。

第一步是決定你願意冒多大的險來犯錯。區間估計若沒有包含到母體參數就是錯的。犯錯的機率稱為 **alpha**（以希臘字母 α 表示）。alpha 的實際數值取決於研究情境的本質，但通常都採用 0.05 的機率。將 alpha 設定為 0.05——也稱為使用 95% **信賴水準**——意味著長遠來說，研究者只願意在 5% 的時間裡犯錯。或是換句話說，如果在這個 alpha 水準下建構無數個區間（而且其他事情都維持不變），會有 95% 的區間包含到母體的數值，只有 5% 的區間不會如此。當然，實際上只會建構一個區間，而且藉由將犯錯的機率設定得很低，那麼這個區間包含到母體數值的勝算就會對我們很有利。

第二步則是描繪出抽樣分布，並將犯錯的機率平分在分布的兩個極端，再去找到相應的 *Z* 分數。例如我們決定將 alpha 設定為 0.05，接著就會將這個機率的一半

155

（0.025）置於分布中低值的尾端，另一半則置於高值的尾端，如圖 6.7 一般將抽樣分布加以劃分。

我們需要找到標示出陰影面積起點的 Z 分數。第 5 章裡，我們學到如何計算 Z 分數，並找出在常態曲線下的面積；這裡我們將反轉這個過程。我們需要找到的 Z 分數是在超過它以外的面積佔全體面積的比例為 0.025。要找到這個 Z 分數，從附錄 A 的 C 欄往下看，直到找到 0.025 的比例，相對應的 Z 分數就是 1.96。因為這個曲線是對稱的，而我們同時需要低值與高值的尾端，我們便可以將對應 alpha 為 0.05 的 Z 分數指定為 ±1.96（見圖 6.8）。

我們現在知道所有可能的樣本結果中，有 95% 會落在母體數值的 ±1.96 的 Z 分數之內。實際上，我們只會有一個樣本結果，但是，如果我們基於 ±1.96 的 Z 分數建構一個區間估計，那麼 95% 的區間將會捕捉到母體數值。因此，我們對於建構出來的區間可以包含到母體數值的可能性有 95% 的信心。

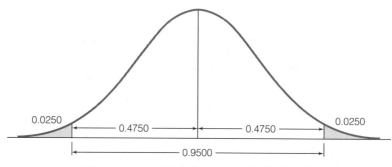

圖 6.7 alpha 設定為 0.05 時的抽樣分布

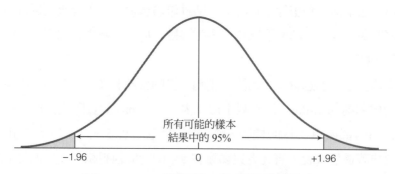

圖 6.8 alpha 設定為 0.05 時的抽樣分布

除了 95% 的水準，還有其他四種常用的信賴水準：90% 的水準（$\alpha = 0.10$）、99% 的水準（$\alpha = 0.01$）、99.9% 的水準（$\alpha = 0.001$），以及 99.99% 的水準（$\alpha = 0.0001$）。要找到相對應這些水準的 Z 分數，依照前面 $\alpha = 0.05$ 時所概述的程序即可。表 6.3 摘要出你所需要的所有資訊。

表 6.3　不同 α 水準下的 Z 分數

Z 信賴水準	Alpha (α)	α/2	Z 分數
90%	0.10	0.05	±1.65
95%	0.05	0.025	±1.96
99%	0.01	0.005	±2.58
99.9%	0.001	0.0005	±3.32
99.99%	0.0001	0.00005	±3.90

　　你應該去看看附錄 A 並確認表 6.3 的 Z 分數對應到這些 α 的水準。注意，當 α 設定在 0.10 和 0.01 時，我們要尋找的確切面積並不在表中。例如，當 α 為 0.10，我們會看向 c 欄（「超越 Z 的面積」）去找 0.0500 的面積。然而，我們只能找到 0.0505（Z = ±1.64）和 0.0495（Z = ±1.65）的面積。我們所要尋找的 Z 值就在上述兩個分數之間。像這種情況發生時，取兩個分數中較大的那個為 Z，這樣會讓區間在這種情況下盡可能地放寬，因此也是一種最保守的做法。

　　若 α 為 0.01，我們也會遇到同樣的問題（0.0050 的確切面積並不在表中），就用同樣的方法解決，取較大的分數為 Z。要是 α 為 0.001，我們在這個面積所列出的幾個分數之中取最大值做為我們的 Z 分數。最後，對於最低的 α 為 0.0001 時，這個表沒有詳細到顯示出確切的面積，那我們就以 3.90 做為 Z 分數。（習題 7.3 可讓你練習找出不同信賴水準下的 Z 分數。）

　　第三步就是建構信賴區間。下面一節中，我們會建構母體參數的區間估計，先考慮樣本平均數，再考慮樣本比例。

使用樣本平均數（大樣本）的區間估計程序

　　基於樣本平均數建構信賴區間的公式如公式 6.1 所示，

157

公式 6.1　　　$c.i. = \bar{X} \pm Z\left(\dfrac{\sigma}{\sqrt{N}}\right)$

其中 $c.i.$ = 信賴區間

　　　　$\bar{X}$ = 樣本平均數

　　　　Z = 由 α 水準決定的 Z 分數

　　　　$\left(\dfrac{\sigma}{\sqrt{N}}\right)$ = 抽樣分布的標準差，或平均數的標準誤

　　假設你想要估計一個社區的平均 IQ，並從中隨機選出了 200 位居民的樣本，且樣本平均數為 105。再假定 IQ 分數的母體標準差大約為 15，也就是 σ 等於 15。若我們願意冒 5% 的犯錯風險並把 α 設定為 0.05，那對應的 Z 分數就是 ±1.96，這些數值

就能直接代入公式 6.1 並建構出一段區間：

$$c.i. = \overline{X} \pm Z\left(\frac{\sigma}{\sqrt{N}}\right)$$

$$c.i. = 105 \pm (1.96)\left(\frac{15}{\sqrt{200}}\right)$$

$$c.i. = 105 \pm (1.96)\left(\frac{15}{14.14}\right)$$

$$c.i. = 105 \pm (1.96)(1.06)$$

$$c.i. = 105 \pm 2.08$$

因此，我們估計母體的平均 IQ 大約在 102.92（150−2.08）與 107.08（150+2.08）之間。因為所有可能的樣本平均數的 95% 都介於抽樣分布平均數的 ±1.96 Z（或 2.08 個 IQ 單位）之間，我們的區間可以包含到母體平均數的機會很大。事實上，就算樣本平均數就剛好和 ±1.96 Z 一般大（其實不太可能），我們的區間還是可以包含到抽樣分布的平均數，也就是母體平均數（μ）。只有當樣本平均數大於抽樣分布平均數的 ±1.96 Z 的距離，我們的區間才會無法包含到母體平均數。

注意本例中有提供母體標準差的數值。毋須說，一般不太可能有關於母體的那類資訊。大部分的情況下，我們不會知道 σ 的數值，但我們可以用樣本標準差 s 去估計 σ。不幸的是，s 是 σ 的偏差估計式，所以公式必須微調以更正偏差。以大樣本而言，s 的偏差對於區間的影響不大。σ 未知時的修正公式為：

公式 6.2 $$c.i. = \overline{X} \pm Z\left(\frac{s}{\sqrt{N-1}}\right)$$

和公式 6.1 相比，注意到這裡有兩個改變。第一，σ 用 s 取代；第二，最後一項的分母是 $N-1$ 的平方根，而不是 N 的平方根。後者的改變就在矯正 s 的偏誤。

這裡要強調的是，只有在大樣本（樣本有 100 或以上的個案）時才可以用 s 取代 σ。在小樣本時，當母體的標準差未知時，附錄 A 裡摘要的標準化常態分布無法適用於估計過程之中。樣本規模小於 100 時，要從樣本平均數建構信賴區間的話，必須使用一個不同的理論性分配，稱為「司徒登 t 分布」（Student's t distribution），去找到抽樣分布之下的面積。我們會等到第 7 章再介紹 t 分配，而將注意力先放在大樣本時的估計程序。

做為這一節的尾聲，我們會以公式 6.2 實際完整處理一個樣本的問題。某個社區中抽取出 500 位居民的樣本，其平均收入為 45,000 元，標準差為 200 元。那麼母體平均收入 μ 的 95% 區間估計會是多少呢？

給定下列前提，

$$\overline{X} = \$45,000$$

$$s = \$200$$

$$N = \$500$$

並將 α 設定為 0.05，我們可以建構出如下的區間：

$$c.i. = \overline{X} \pm Z\left(\frac{s}{\sqrt{N-1}}\right)$$

$$c.i. = 45,000 \pm (1.96)\left(\frac{200}{\sqrt{499}}\right)$$

$$c.i. = 45,000 \pm (1.96)\left(\frac{200}{22.34}\right)$$

$$c.i. = 45,000 \pm (1.96)(8.95)$$

$$c.i. = 45,000 \pm 17.54$$

一次一步驟	利用公式 6.2 建構樣本平均數的信賴區間

步驟　操作

1. 選擇 α 的水準，並找出表 6.3 中相對應的 Z 分數。若使用 0.05 的水準，Z 分數就是 ± 1.96。
2. 將樣本數值代入公式 6.2 之中。

解出公式 6.2

1. 計算 $N-1$ 的平方根。
2. 樣本標準差 s 除以第一步得到的數值。
3. 將第二步得到的數值，乘上 Z 分數。
4. 第三步得到的數值就是信賴區間的一半寬度。要找到區間的上、下限，再將樣本平均數加上以及減去這個數值。

一次一步驟	詮釋利用樣本平均數建構的信賴區間

以下列的元素，在一到兩句話之間表達出信賴區間的意思：

a. 樣本統計值（以本例而言，就是平均數）

b. 信賴區間

c. 樣本規模（N）

d. 你所要估計的母體

e. 信賴水準（例如，95%）

在這一節所建構出來的信賴區間可表達如下：「這個社區的平均收入估計為 $45,000\pm\$17.54。此一估計乃基於 500 位居民的樣本，對此估計我們有 95% 的信心其為正確。」

這個社區的整體平均收入會介於 \$44,982.46（45,000−17.54）以及 \$45,017.54（45,000+17.54）之間。記得這個區間只有 5% 的機會出錯（也就是無法包含到母體平均數）。（使用樣本平均數建構信賴區間的練習，可見習題 6.1、6.4-6.7、6.18 以及 6.19a。）

應用統計 6.1　估計母體平均

一項針對美國人休閒活動的研究，調查了 1000 個家戶的樣本。受訪者指出看電視是主要的娛樂。如果樣本回報每天平均看 3 個小時的電視，母體的平均數會是多少？來自樣本的訊息如下：

$$\bar{X} = 3.0$$
$$s = 2.5$$
$$N = 1000$$

如果將 α 設定為 0.05，相對應的 Z 分數為 1.96，其 95% 的信賴區間將會是：

$$c.i. = \bar{X} \pm Z\left(\frac{s}{\sqrt{N-1}}\right)$$

$$c.i. = 3.0 \pm (1.96)\left(\frac{2.5}{\sqrt{999}}\right)$$

$$c.i. = 3.0 \pm (1.96)\left(\frac{2.5}{31.61}\right)$$

$$c.i. = 3.0 \pm (1.96)(0.08)$$

$$c.i. = 3.0 \pm 0.16$$

基於這個結果，我們估計母體每天平均花費 3.0±0.16 個小時看電視。這個區間估計的下限是（3.0−0.16）即 2.84，而上限是（3.0+0.16）即 3.16。另一種說法就是：

$$2.84 \leq \mu \leq 3.16$$

母體平均大於或等於 2.84 並且小於或等於 3.16。因為 α 設定為 0.05 的水準，這個估計會有 5% 的機會出錯（也就是不會包含到母體平均數）。

使用樣本比例（大樣本）的區間估計程序

只要樣本夠大（$N > 100$），使用樣本比例的估計程序基本上和使用樣本平均估計基本上一樣，在本書中我們不介紹小樣本的估計程序。

因為比例和平均數是不同的統計值，我們必須使用不同的抽樣分布。事實上，同樣基於中央極限定理，我們知道樣本比例的抽樣分布會呈常態的形狀，其平均（μ_p）會等於母體平均（P_u），其標準差（σ_p）會等於（$\sqrt{P_u(1-P_u)/N}$）。基於樣本比例建構信賴區間的公式即為：

公式 6.3　　$c.i. = P_s \pm Z\sqrt{\dfrac{P_u(1-P_u)}{N}}$

P_s 和 N 的數值直接來自樣本，Z 值則由信賴水準決定，和樣本平均的情況一樣。公式之中只有一項 P_u 是未定義的，但這正是我們所要估計的數值！那我們要如何設定 P_u 的數值呢？

我們可以將 P_u 的數值設定為 0.5 來解套。因為在根號之下，分子中的第二個因式（$1-P_u$）剛好是 P_u 的補集（Complement），而整個分式 $P_u(1-P_u)$ 將永遠會得出 0.5×0.5 的數值，這也是這個式子所能得出的最大可能數值。換言之，如果我們將P_u設定為任何非 0.5 的數值，整個分式 $P_u(1-P_u)$ 所得出的數值就會減少。例如，我們將P_u設定為 0.4，第二個因式 $(1-P_u)$ 就會是 0.6，而 $P_u(1-P_u)$ 數值就會降為 0.24。將P_u的數值設定為 0.5 可以確保整個分式 $P_u(1-P_u)$ 將得出最大可能的數值，因此，區間的寬度也會最大。這是在估計方程式中要指派P_u的數值時，最為保守的解方。

為了說明上述程序，假設你想要估計在你的大學裡上學期因為生病而缺席上課至少一天的學生比例。在 200 位學生的隨機樣本中，60 個人說他們曾因病缺席上課至少一天。用來估計的樣本比例因此是 60/200，或是 0.30。在 95% 的水準下，區間估計將會是：

$$c.i. = P_s \pm Z \sqrt{\frac{P_u(1-P_u)}{N}}$$
$$c.i. = 0.30 \pm (1.96) \sqrt{\frac{(0.5)(0.5)}{200}}$$
$$c.i. = 0.30 \pm (1.96) \sqrt{\frac{0.25}{200}}$$
$$c.i. = 0.30 \pm (1.96) \sqrt{0.00125}$$
$$c.i. = 0.30 \pm (1.96)(0.04)$$
$$c.i. = 0.30 \pm 0.08$$

你會推估因為生病而缺席上課至少一天的學生比例介於 0.22 到 0.38 之間。這個估計，當然，你也可以用百分比的方式陳述，說明介於 22% 到 38% 的學生上學期至少受生病影響一次。（使用樣本比例的信賴區間估計之練習，可見習題 6.2、6.8-6.12、6.16、6.17 以及 6.19b。）

一次一步驟　使用樣本比例建構信賴區間

一開始先選擇一個 α 的水準，再從表 6.3 找到相對應的 Z 分數。若你使用的 α 水準為 0.05，Z 分數就是 ±1.96。

步驟	操作
1.	將根號之下的分數的分子的式子$P_u(1-P_u)$置換為數值 0.25。
2.	將 0.25 除以 N。
3.	找出第二步得出的數值的平方根。
4.	將第三步得出的數值乘以 Z 值。
5.	第四步得出的數值就是信賴區間的一半寬度。要找到區間的下限和上限，將樣本比例減去及加上前述數值。

一次一步驟	詮釋利用樣本比例建構的信賴區間

以下列的元素，在一到兩句話之間表達出信賴區間的意思：

a. 樣本統計值（以本例而言，就是比例）

b. 信賴區間

c. 樣本規模（N）

d. 你所要估計的母體

e. 信賴水準（例如，95%）

在這一節所建構出來的信賴區間可表達如下：「在此校園中，30%±8% 的學生在學期中曾因為生病而缺席上課至少一次。此一估計乃基於 200 位受訪者的樣本，對此估計我們有 95% 的信心其為正確。」

應用統計 6.2　估計母體比例

世界價值觀調查（http://www.worldvaluessurvey.org/wvs.jsp）針對不同的議題，從全球各國訪問隨機樣本。下面的表格呈現了來自日本、辛巴威以及美國認為宗教在生活中「非常重要」的百分比。

樣本中同意宗教「非常重要」的百分比

國家	樣本規模 (N)	% 非常重要	95% 信賴區間 ($\alpha = 0.05$)
日本	2443	5.4%	5.4% ± 2.0%
辛辛巴威	1499	83.5%	83.5% ± 2.5%
美國	2232	40.4%	40.4% ± 2.2%

要建構信賴區間，我們必須將百分比轉化為比例。在 0.05 的 α 水準之下，Z 分數為 ±1.96，而美國的信賴區間就是

$$c.i. = P_s \pm Z\sqrt{\frac{P_u(1 - P_u)}{N}}$$

$$c.i. = 0.404 \pm (1.96)\sqrt{\frac{(0.50)(0.50)}{2232}}$$

$$c.i. = 0.404 \pm (1.96)\sqrt{\frac{0.25}{2232}}$$

$$c.i. = 0.404 \pm (1.96)\sqrt{0.000112}$$

$$c.i. = 0.404 \pm (1.96)(0.011)$$

$$c.i. = 0.404 \pm 0.022$$

這個信賴區間也可用百分比來表達：40.4%±2.2%。我們可以推估美國人母體中介於 38.2% 和 42.6% 之間相信宗教「非常重要」。此區間有 5% 的機會不會涵蓋到母體數值。同樣的公式和步驟可用來找出辛巴威和日本的信賴區間。

為何這些國家在宗教信念上有如此大的不同？有哪些國家傳統和價值可能運作於其中？

日常生活統計學	好日子，壞日子
	對美國人來說，一年之中最快樂的是哪一天？根據 2013 年的蓋洛普日常情緒指數（Gallup's Daily Mood Index），答案是感恩節，有 70% 的美國人說他們覺得「幸福與享受而沒有壓力與擔憂」。次高的分數為陣亡將士紀念日（Memorial Day）（65%），而其他的「幸福日子」還包括耶誕節（64%）、復活節（62%），以及母親節（62%）。
	這些結果乃基於約 1000 位美國人的日常樣本，使用 95% 的信賴水準，誤差範圍為 3%。
	資料來源：Sharp, Lindsey. 2014. "Americans' Moods Still Improve on Holidays and Weekends" http://www.gallup.com/poll/167060/americans-moods-improve-holidays-weekends.aspx

表 6.4　　選擇合適的公式以建構信賴區間

如果樣本統計值是	母體標準差（σ）是	使用公式
平均數 $(\overline{X})$	已知	6.1 $c.i. = \overline{X} \pm Z\left(\dfrac{\sigma}{\sqrt{N}}\right)$
平均數 $(\overline{X})$	未知	6.2 $c.i. = \overline{X} \pm Z\left(\dfrac{s}{\sqrt{N-1}}\right)$
比例 (P_s)		6.3 $c.i. = P_s \pm Z\sqrt{\dfrac{P_u(1-P_u)}{N}}$

計算信賴區間：摘要

　　表 6.4 呈現出我們已討論過的三種計算信賴區間的公式，並列出各自使用的情境。要計算平均數的信賴區間，可在兩種公式之間擇一，主要基於母體標準差（σ）是已知或未知。要計算比例的信賴區間，永遠使用公式 6.3。

163

控制區間估計的寬度

　　不管是平均數或比例的信賴區間之寬度，都可藉由操弄公式中的兩項元素予以局部控制。首先，信賴水準可以提高或降低；第二，區間可以藉由蒐集不同規模的樣本予以擴增或縮減。

　　研究者自身可以決定願意冒多大的險犯錯（也就是無法將母體數值包含在區間估計之中）。實際的信賴水準（或 α 的水準）部分取決於研究者的目的。例如，如果是在測試一個對人體有潛在傷害的藥劑，那麼研究者自然會要求一個非常高的信賴水準

（99.99%，甚或 99.999%）。另一方面，如果只是要為一個不求精確的估計建立區間，更低的信賴水準（如 90%）也是可以被接受的。

區間寬度與信賴水準

區間大小和信賴水準之間的關係如下：隨著信賴水準增加，區間就會變寬。這在直覺上應該很合理。愈寬的區間更有可能包含到母體數值，因此，對此估計便可以有著更高的信心。

為了闡明上述關係，讓我們回到先前為一個社區估計平均收入的例子。在這個問題中，我們的樣本有 500 位居民，樣本的平均收入為 $45,000，標準差為 $200。我們建構了 95% 的信賴區間，並發現其以樣本平均為中心向外延伸 17.54（亦即，區間為 $45,000±$17.54）。

164　　如果我們以同樣的樣本數據建構 90% 的區間（較低的信賴水準），公式中的 Z 分數就會降低為 ±1.65，而且區間也會變得更窄：

$$c.i. = \overline{X} \pm Z\left(\frac{s}{\sqrt{N-1}}\right)$$
$$c.i. = 45,000 \pm (1.65)\left(\frac{200}{\sqrt{499}}\right)$$
$$c.i. = 45,000 \pm (1.65)(8.95)$$
$$c.i. = 45,000 \pm 14.77$$

另一方面，如果我們建構 99% 的信賴區間，Z 分數就會增加為 ±2.58，並且區間也會變得更寬：

$$c.i. = \overline{X} \pm Z\left(\frac{s}{\sqrt{N-1}}\right)$$
$$c.i. = 45,000 \pm (2.58)\left(\frac{200}{\sqrt{499}}\right)$$
$$c.i. = 45,000 \pm (2.58)(8.95)$$
$$c.i. = 45,000 \pm 23.09$$

在 99% 的信賴水準之下，Z 分數就會是 ±3.32，區間就會再寬一點：

$$c.i. = \overline{X} \pm Z\left(\frac{s}{\sqrt{N-1}}\right)$$
$$c.i. = 45,000 \pm (3.32)\left(\frac{200}{\sqrt{499}}\right)$$
$$c.i. = 45,000 \pm (3.32)(8.95)$$
$$c.i. = 45,000 \pm 29.71$$

以上四個區間並陳在表 6.5 中，我們就可以輕易地看出隨著信賴水準增加，區間大小就會增加。雖然這裡是用平均數的信賴區間示範，同樣的關係也適用於比例的信賴區間。（想進一步探索 α 和區間寬度的關係，可見習題 6.13。）

表 6.5　**信賴水準增加，信賴區間隨之變寬**（$\bar{X} = \$45,000, s = \$200, N = 500$ **維持不變**）

Alpha (α)	信賴水準	區間	區間寬度
0.10	90%	$\$45,000 \pm \$14.77$	$29.54
0.05	95%	$\$45,000 \pm \$17.54$	$35.08
0.01	99%	$\$45,000 \pm \$23.09$	$46.18
0.001	99.9%	$\$45,000 \pm \$29.71$	$59.42

表 6.6　**樣本規模增加，信賴區間隨之變窄**（$\bar{X} = \$45,000, s = \$200, \alpha = 500$ **維持不變**）

模本規模（N）	信賴區間	區間寬度
100	$c.i. = 45{,}000 \pm (1.96)\left(\dfrac{200}{\sqrt{99}}\right) = 45{,}000 \pm 39.40$	$78.80
500	$c.i. = 45{,}000 \pm (1.96)\left(\dfrac{200}{\sqrt{499}}\right) = 45{,}000 \pm 17.55$	$35.10
1000	$c.i. = 45{,}000 \pm (1.96)\left(\dfrac{200}{\sqrt{999}}\right) = 45{,}000 \pm 12.40$	$24.80
10,000	$c.i. = 45{,}000 \pm (1.96)\left(\dfrac{200}{\sqrt{9999}}\right) = 45{,}000 \pm 3.92$	$7.84

區間寬度與樣本規模

樣本規模有著和區間寬度相反的關係：隨著樣本規模增加，區間寬度就會縮減。較大的樣本可以給出更精準（更窄）的估計。

從實例中可以看得更清楚。表 6.6 陳列出四個不同規模（N）的樣本所建構出來的信賴區間。這裡的樣本數據和表 6.5 的一樣，信賴水準則為 95% 維持不變。中間那欄顯示出信賴區間的計算，每一個區間的寬度則列在右欄。注意到當樣本規模增加時，區間寬度的縮減。表 6.6 所闡述的關係當然也適用於樣本比例。

留意區間寬度的縮減（或可說是精準度的增加）並未和樣本規模形成一個常數，或線性的關係。例如，規模 $N = 500$ 的樣本是規模 $N = 100$ 的樣本的五倍大，但前者的區間並未縮減五倍之多。這是個很重要的關係，因為此意謂著若要很明顯地改善一個估計的精準度，樣本規模 N 可能必須要增加更大的倍數。而研究的成本和樣本規模息息相關，這種關係代表在估計程序的效益上有一個極限。規模 $N = 10,000$ 的樣本會比規模 $N = 5,000$ 的樣本花費近兩倍的成本，但基於較大樣本的估計並不會在精準度上提升兩倍。（想要進一步探索樣本規模和區間寬度的關係，可見習題 6.14。）

使用 SPSS 建構信賴區間

SPSS 並未提供一個專為建構信賴區間的程式，雖然在後面的章節中所涵蓋的某

165

些程序的確會在輸出結果中包含信賴區間。我們將會從 2012 年的 GSS 取得樣本統計
值，然後建構出對母體（2012 年的美國社會）的區間估計。接下來會建構兩個信賴
區間，第一個是針對樣本平均數，第二個則針對比例。

- 從電腦桌面點擊 SPSS 的圖像。
- 載入 *GSS2012* 的資料檔。
  - 從工具列的最左側找到 **File** 的命令，然後點擊 **File Open→Data** 。
  - 找到 *GSS2012* 的資料檔並點擊檔名。

以樣本平均數建構信賴區間

1. 點擊 **Analyze, Descriptive Statistics** 以及 **Descriptives** 。

2. 從 "Descriptives" 視窗左側的變項串中找到 *childs*，點擊箭頭將變項名稱移至右邊的
   方盒中。

3. 點擊 **OK**，結果輸出看起來如下：

Descriptive Statistics					
	N	Minimum	Maximum	Mean	Std. Deviation
NUMBER OF CHILDREN	1455	0	8	1.84	1.67
Valid *N* (listwise)	1455				

4. 我們可將這些數值代入公式 6.2 中以建構 95% 的信賴區間：

$$c.i. = \overline{X} \pm Z\left(\frac{s}{\sqrt{N-1}}\right)$$

$$c.i. = 1.84 \pm (1.96)\left(\frac{1.67}{\sqrt{1454}}\right)$$

$$c.i. = 1.84 \pm (1.96)(0.04)$$

$$c.i. = 1.84 \pm 0.08$$

基於 1455 人的樣本以及 95% 的信賴水準，我們估計美國人平均而言有 1.84±0.08 個
子女，或者子女數介於 1.76 和 1.92 之間。

以樣本比例建構信賴區間

1. 點擊 **Analyze, Descriptive Statistics** 以及 **Frequencies** 。

2. 在左側的變項串中找到 marital，並點擊箭頭將變項名稱移至右邊的方盒。

3. 點擊 **OK**，結果輸出看起來如下：

MARITAL STATUS

		Frequency	Percent	Valid Percent	Cumulative Percent
Valid	MARRIED	639	43.9	43.9	43.9
	WIDOWED	121	8.3	8.3	52.2
	DIVORCED	251	17.2	17.2	69.4
	SEPARATED	50	3.4	3.4	72.8
	NEVER MARRIED	396	27.2	27.2	100.0
	Total	1457	100.0	100.0	

4. 我們將要估計美國人中從未結過婚的百分比。將 "Valid Percent" 欄中的百分比（27.2%）轉化成比例（0.27），然後代入公式 6.3：

$$c.i. = P_s \pm Z\sqrt{\frac{P_u(1 - P_u)}{N}}$$
$$c.i. = 0.27 \pm (1.96)\sqrt{\frac{(0.50)(0.50)}{1457}}$$
$$c.i. = 0.27 \pm (1.96)\sqrt{\frac{0.25}{1457}}$$
$$c.i. = 0.27 \pm (1.96)(0.01)$$
$$c.i. = 0.27 \pm 0.02$$

轉回百分比之後，我們估計，基於 95% 的信賴水準，27%±2% 的美國人從未結婚。此估計乃基於 1457 人的樣本。

成為具批判性的閱聽人：民意調查

民意調查已成為美國和許多其他社會中日常生活的一部分，而且如下的陳述在網路或媒體上隨處可見：

- 55% 的駕駛人因燃油成本提高已改變駕駛習慣。
- 40% 的選民在州參議員的選舉可能投給共和黨候選人。
- 總統的支持率達 48% 之譜。
- 17% 的美國人在過去六個月內曾看過限制級電影。

這些陳述有多可信呢？你是否曾（或聽過某人）問過：「這些調查的數字到底是從哪裡來的？聽起來不像我想像的那樣啊？」在考慮這些調查結果時，以下這些事須牢記在心：

1. **考慮來源**：每當你看到有人企圖描述「大眾」的感覺或想法時，你應該檢視一下該陳述的來源。一般來說，你可以比較信任來自知名民調公司的報告（如：蓋洛普）或全國性的新聞來源（如：哥倫比亞廣播公司的新聞、今日美國），但別輕信基於黨、派立場（調查的組織代表特定的觀點，如政黨或倡議團體）的調查。

2. **考慮問題**：專業的民意調查專家會很費心地讓他們的問題保持中立，避免引發特定的反應。話雖如此，你仍須仔細且以批判的角度檢視調查的問題是否出現偏差的用字或引導式的詞彙（"trigger" phrases），這些狀況可能促使受訪者給出特定的答案。例如，使用「死刑」或是「國家的合法謀殺」這兩種截然不同的說法勢必會影響到民眾對此一制度的支持程度。

3. **考慮報告的完整性**：檢視報告到底呈現多少資訊。專業民調公司使用區間估計，而負責任的媒體在報導時通常會強調估計值本身（例如，「在一項對美國公眾的調查中，47% 的人認可同性婚姻」），但也會報告區間的寬度（「這項估計在 ±3% 之間為正確可信」或「調查數據的抽樣誤差為 ±3%」、α 的水準（通常為 95% 的信賴水準），以及樣本規模（「有 1458 個家戶接受調查」）。以上若有任何一項資訊缺失，你就該保持懷疑。

4. **考慮樣本**：檢視樣本，不只看規模是否適當，也要看有無代表性。你特別應該對基於偶遇法（隨意訪問街上路人）的報告，大打折扣，因為有很多新聞節目都用這種方法，而某些大眾媒體頻道有時會說「來自我們的讀者或觀眾的評論」，也是同樣的例子。這些報導或許很有趣，甚至很有用，但因為不是基於 EPSEM 的樣本，其結果並無法進行推論，或用來描繪實際受訪者以外的任何人。

| 日常生活統計學 | 選舉推估 |

民調人員在預測選舉結果時非常正確，例如 2012 年 Barack Obama 對上 Mitt Romney 的大選即為範例。下面的表格列出大選日之前，由五家不同民調單位所做的預測，旁邊還附上最後的實際得票數。這些預測彼此之間略有差異，因為每家的調查人員使用不同的抽樣技術，並針對「可能投票者」（likely voter）採取不同的定義。

差不多所有的預測都在它們各自的誤差範圍（彼此略有差異的原因主要取決於樣本規模）之內。唯一一個不正確的預測，就是蓋洛普針對 Romney 州長的預測上，比誤差範圍多了 1%。

2012 總統大選：民調與真實結果

民調單位	樣本規模（N）	誤差範圍	預測 Obama 得票率	預測 Romney 得票率
華盛頓郵報／ABC 電視台	3205	±2.5%	50%	47%
皮尤研究中心	3815	±1.8%	50%	47%
CNN	1010	±3.0%	49%	49%
蓋洛普	3117	±2.0%	49%	50%
NBC 電視台／華爾街日報	1475	±3.0%	48%	47%
實際投票			51%	47%

* 資料來源：http://www.realclearpolitics.com/epolls/latest_polls/elections/

注意專業民調人員採用的 95% 信賴區間之正確性只在 2-4 個百分點之間，取決於樣本大小。這意謂著在非常接近的選戰中，民調無法識別出誰是「可能投票者」。2012 總統大選就是非常的接近，幾乎所有的信賴區間彼此重疊。例如，華盛頓郵報／ABC 電視台的聯合民調預測 Obama 會贏 3%，但這個調查的誤差範圍卻只有 ±2.5%，意思就是 Obama 的支持率最低可能只有 47.5%（50%−2.5%），而 Romney 的支持率最高可達 49.5%（47%＋2.5%）。當信賴區間重疊時，這種選戰就會被說是「太過接近而無法判斷」或「統計學上平分秋色」（a statistical dead heat）。

重點整理

1. 因為母體總是太過龐大而無法直接檢測，社會科學研究的根本策略就是從所界定的母體中抽樣，然後利用來自樣本的資訊推論到母體身上。以上可用估計或假設檢定達成。

2. 簡單隨機抽樣就是利用 EPSEM 的原則（每個個案都有相同的機率被選中）從母體的一串名冊中選出個案。基於 EPSEM 的原則所選出來的樣本有非常高的機率具有代表性。

3. 抽樣分布是推論統計的核心概念，指的是所有可能的樣本結果所構成的理論分布。因其整體形狀、平均數與標準差皆為已知（符合兩項定理的條件之下），研究者即可適當地描述其特徵並加以利用。

4. 本章中所介紹的兩項定理指出，當所關注的變項在母體中呈常態分布，或者當樣本規模很大時，抽樣分布會呈現常態的形狀，其平均數將等於母體平均數，其標準差（或稱標準誤）將等於母體標準差除以樣本規模 N 的平方根。

5. 母體數值可以由樣本數值來估計。針對比例或平均數可以計算信賴區間，藉以估計母體數值落在特定的數值範圍之間。區間的寬度取決於我們願意承擔犯錯的風險（α 的水準）有多大，以及樣本規模的大小。當犯錯的機率降低，或樣本規模縮減，區間也會隨之變寬。

6. 基於樣本特徵的估計必須是不偏與有效的。所有的樣本統計值中，只有平均數和比例是不偏的。這些統計值的抽樣分布的平均數就等於各自母體的平均數。有效性大致由樣本規模決定。樣本規模愈大，抽樣分布的標準差之數值愈小，樣本結果就會愈緊密地往抽樣分布的平均聚集，因此估計就會愈有效。

公式摘要

公式 6.1　　樣本平均數的信賴區間
（大樣本，且母體標準差已知）：　　$c.i. = \overline{X} \pm Z\left(\dfrac{\sigma}{\sqrt{N}}\right)$

公式 6.2　　樣本平均數的信賴區間
（大樣本，但母體標準差未知）：　　$c.i. = \overline{X} \pm Z\left(\dfrac{s}{\sqrt{N-1}}\right)$

公式 6.3　　樣本比例的信賴區間
（大樣本）：　　$c.i. = P_s \pm Z\sqrt{\dfrac{P_u(1-P_u)}{N}}$

名詞彙總

Alpha（α）。 犯錯的機率，或是信賴區間未能包含母體數值的機率。α 的水準通常設定為 0.10, 0.05, 0.01, 0.001 或者 0.0001。

偏誤（Bias）。 選擇樣本統計值做為估計式的標準。當統計值的抽樣分布的平均數等於所要推估的母體數值，則其為不偏。

中央極限定理（Central Limit Theorem）。 當樣本很大時，此定理明訂出抽樣分布的平均數、標準差，及其形狀。

信賴區間（Confidence interval）。 以一段範圍的數值來估計母體的數值。

信賴水準（Confidence level）。另一種常用來表示 α 水準的方式，係指區間估計不會包含
母體數值的機率。90%, 95%, 99%, 99.9% 以及 99.99% 的信賴水準可分別對應到 0.10,
0.05, 0.01, 0.001 以及 0.0001 的 α 水準。

有效性（Efficiency）。樣本結果向抽樣分布的平均聚集的程度。

EPSEM（The Equal Probability of SElection Method）。以平均機率抽樣法來選取樣本。
母體中的每個元素或個案必須有相同的機率被選入樣本之中。

μ。母體平均數。

μ_p。樣本比例的抽樣分布之平均數。

$\mu_{\bar{x}}$。樣本平均數的抽樣分布之平均數。

非機率樣本（Nonprobability sample）。不符合 EPSEM 標準所選取出來的樣本。這種樣
本在社會科學研究中有很多不同的用途，但無法用來對母體進行推論。

P_s。樣本比例。

P_u。母體比例。

參數（Parameter）。母體的一項特徵。

代表性樣本（Representative sample）。樣本能夠複製其所來自的母體之主要特徵。

抽樣分布（Sampling distribution）。某個統計值在特定樣本規模之下，所有可能的樣本結
果所形成的分布。在兩定理指明的條件之下，抽樣分布的形狀呈常態，其平均數等於
母體數值，其標準差等於母體標準差除以樣本規模 N 的平方根。

簡單隨機抽樣（Simple random sample）。母體中的每個個案或個案的組合有相同的機率
被選中的抽樣方法。

平均數的標準誤（Standard error of the mean）。樣本平均數的抽樣分布之標準差。

習題

6.1　針對以下每一組樣本結果，在估計母體平均數時，使用公式 6.2，建構 95% 的信賴
區間。

a. $\bar{X} = 5.2$	**b.** $\bar{X} = 100$	**c.** $\bar{X} = 20$
$s = 0.7$	$s = 9$	$s = 3$
$N = 157$	$N = 620$	$N = 220$

d. $\bar{X} = 1020$	**e.** $\bar{X} = 7.3$	**f.** $\bar{X} = 33$
$s = 50$	$s = 1.2$	$s = 6$
$N = 329$	$N = 105$	$N = 220$

6.2　針對以下每一組樣本結果，在估計母體比例時，使用公式 6.3，建構 99% 的信賴區
間。

a. $P_s = 0.40$　**b.** $P_s = 0.37$　**c.** $P_s = 0.79$
　$N = 548$　　　$N = 522$　　　$N = 121$

d. $P_s = 0.14$　**e.** $P_s = 0.43$　**f.** $P_s = 0.63$
　$N = 100$　　　$N = 1049$　　　$N = 300$

6.3　針對以下每一個信賴水準，決定其相對應的 Z 分數。

信賴水準	Alpha	超越 Z 的面積	Z 分數
95%	0.05	0.0250	±1.96
94%			
92%			
97%			
98%			

6.4　SW 你已經發展出一系列的問題來測量紐約市公車司機的工作滿意度。一組由 100 位司機組成的樣本測出來的平均分數為 10.6，標準差為 2.8。你估計紐約市公車司機母體的平均工作滿意度會是幾分？使用 95% 的信賴水準。

6.5　SOC 研究者從 178 個家戶組成的隨機樣本中蒐集資訊。針對以下每個變項，建構信賴區間以估計母體平均數。使用 90% 的信賴水準。

　　a. 每個家戶平均有 2.3 人居住，標準差為 0.35。

　　b. 每個家戶平均有 2.1 台電視機（$s = 0.10$）以及 0.78 部電話（$s = 0.55$）。

　　c. 每家平均每天收看電視 6.0 個小時（$s = 3.0$）。

6.6　SOC 隨機抽樣 100 部有線電視的電影，平均每片有 3.38 個暴力行為，標準差為 0.30。在 99% 的信賴水準下，你估計母體數值為多少？

6.7　SOC 隨機抽樣 429 位大學生，並對其進行調查訪問。利用訪問結果，在 99% 的信賴水準下建構母體平均數的信賴區間。

　　a. 他們在上個學期平均花費 $478.23 元買教科書，樣本標準差為 $15.78 元。

　　b. 他們一個學期平均就診 1.5 次，樣本標準差為 0.3 次。

　　c. 平均而言，樣本每學期因病缺課 2.8 天，樣本標準差為 1.0 天。

　　d. 平均而言，樣本每學期因生病以外的理由缺課 3.5 天，樣本標準差為 1.5 天。

6.8　PA 從最高安全等級的監獄中隨機抽樣 100 位受刑人顯示有 10 位在服刑期間曾經是暴力犯罪的受害者。估計受害者的母體比例，使用 90% 的信賴水準。（提示：使用公式 6.3 前先計算樣本比例。記得比例等於次數除以 N。）

6.9　SOC 問題 6.5 提到的調查發現 178 個家戶中，有 25 個家戶是由同居未婚的伴侶組成。你估計母體比例會是多高？使用 95% 的信賴水準。

6.10　PA 在一棟高聳的辦公大樓中隨機抽樣 260 名勞工，顯示有 30% 非常滿意電梯服務的品質。在 99% 的信賴水準下，你估計母體比例有多高？

6.11　在一個主要都會區域隨機抽樣 1496 名受訪者進行調查。針對以下的結果，在 95%
　　　的信賴水準下，估計母體的數值。最終的信賴區間以百分比的方式呈現（例如，
　　　「認同婚前性行為永遠是錯的人介於 40% 到 45% 之間」）。

　　　a. 被問到「網路色情導致強暴和其他性犯罪」的問題，823 人同意。

　　　b. 被問到「應該立法禁止手槍」的問題，650 人同意。

　　　c. 樣本中 375 人同意大麻應該合法化。

　　　d. 樣本中 1023 人說他們在過去一個月內有上過基督／天主教教堂、猶太教教堂、
　　　　 清真寺，或其他可供宗教崇拜的場所。

　　　e. 800 人同意公立小學應從五年級開始提供性教育課程。

6.12　SW 在過去 10 年因酒精與藥品依賴而接受某種方案治療的人當中隨機抽選 100
　　　人，發現其中有 53 人在離開後又重新進入此方案至少一次。在 95% 的信賴水準
　　　下，估計母體的比例。

6.13　根據以下的樣本資料，分別利用 90%, 95%, 99%, 99.9% 和 99.99% 的信賴水準，建
　　　構五個不同的母體平均數之區間估計。當信賴水準增加時，區間寬度發生什麼變
　　　化？為什麼？

$$\overline{X} = 100$$
$$s = 10$$
$$N = 500$$

6.14　依據以下三種樣本規模，若樣本比例為 0.40，建構出母體比例之 95% 的信賴區間，
　　　當樣本規模增加時，區間寬度發生什麼變化？為什麼？

$$P_s = 0.40$$
Sample A: $N = 100$
Sample B: $N = 1000$
Sample C: $N = 10,000$

6.15　PS 你的選區有兩個人競選市長。在選前一週你做了一項選舉調查，並發現 51% 的
　　　受訪者支持 A 候選人。利用 99% 的信賴水準，你能預測出贏家嗎？（提示：當選戰
　　　有兩個候選人，贏家需要多少百分比的選票？信賴區間有顯示出 A 候選人取得必然
　　　勝選的領先差距嗎？切記就算母體的參數可能〔$\alpha = 0.01$〕落在信賴區間之中，它
　　　有可能會是這個區間中的任何一個數值。）

$$P_s = 0.51$$
$$N = 578$$

6.16　SOC 世界價值觀調查定期向全球各國的隨機樣本提出問題。每一個國家中說他們
　　　「非常快樂」的受訪者百分比陳列在下表。在 95% 的信賴水準下，建構每個國家的
　　　信賴區間估計。

國家	「非常快樂」的百分比	樣本規模	信賴區間
德國	21.1%	2046	
日本	32.3%	2443	
智利	24.4%	1000	
中國	15.7%	2300	
馬來西亞	56.5%	1300	
奈及利亞	55.6%	1759	
俄羅斯	14.8%	2200	

6.17 **SOC** 聖幾何大學的兄弟會和姐妹會在過去幾年都深受會員人數下降之苦，因此很想知道新進的大一新生能否為他／她們注入新血。因為沒有錢去調查全部 1600 名大一新生，他們請你選取隨機樣本調查大一新生對兄弟會和姐妹會的興趣。你發現在 150 名受訪者中有 35 人對於此類社團有「高度」興趣。在 95% 的信賴水準下，你估計新生中有多少人會有「高度」的興趣？（提示：信賴區間中的高值與低值皆為比例，你要如何將比例改以人數來表示？）

6.18 **SOC** 你是週刊《消費者當心》的權威專家，你的工作中有一部分就是要調查汽車製造商在電視廣告中的宣傳。有一輛經濟型房車，製造商宣稱每加侖的汽油可以跑 78 英哩，你對此深表懷疑。隨機抽樣 125 名車主並調查他們的油耗數字後，你發現平均油耗量為每加侖 75.5 英哩，標準差為 3.7。在 99% 的信賴水準下，你的發現是會支持還是否定汽車製造商的宣傳？

使用 SPSS 的統計分析

6.19 在本練習中，你將使用 SPSS 從 2012 年「一般社會調查」（*GSS2012*）中計算出樣本統計值。你將建構信賴區間以估計母體數值或參數。

• 點擊桌面上 SPSS 的圖像。

• 載入 *GSS2012* 資料檔。

• 使用 **Descriptives** 程式找出勞動時間（*hrs1*）與年齡（*age*）的平均數與標準差。

a.使用公式 6.2 估計每一個變項的母體數值。使用 95% 的信賴水準並將信賴區間以幾個句子加以表達。

• 使用 **Frequencies** 程式計算宗教歸屬（*relig*）與支持死刑（*cappun*）的次數分配。

b.使用公式 6.3 估計天主教徒百分比與支持死刑百分比的母體數值。使用 95% 的信賴水準並將信賴區間以幾個句子加以表達。

6.20 本練習將讓你清楚地理解抽樣分布與本章中的兩個定理。在這個特定的練習中，*GSS2012* 資料檔將被視為母體，其特徵也將被視為參數。我們將用 SPSS 抽取十個隨機樣本，並計算每一組樣本中 *age* 的統計值。回想一下，抽樣分布包含了所有可能的樣本，所以十組樣本僅僅只是真實抽樣分布的開始。

　　抽出每組樣本之後，你要記錄 age 的平均數，以及平均數的標準誤。回想一下，標準誤就是抽樣分布的標準差（$\sigma_{\bar{x}}$）。十組樣本的平均數們應該會在母體平均數 48.21（$\mu = 48.21$）周圍的標準誤之內。

- 找到並點擊桌面上 SPSS 的圖像。

- 載入 *GSS2012* 資料檔。

- 從資料編輯器的選單條中點擊 **Data**，然後點擊 **Select Cases**。接著，點擊 **Random sample of cases** 旁邊的按鈕，然後點擊 **Sample** 鈕。在 "Select Cases: Random Sample" 視窗中，我們可以用兩種不同的方式指定樣本規模。我們會用第二種方式並選擇樣本規模為 200（$N = 200$）。點擊 **Exactly** 旁邊的按鈕，在方框中填入數字，讓整列讀為 "Exactly 200 cases from the first 1457 cases."

- 點擊 **Continue**，再從 "Select Cases" 視窗中點擊 **OK**，樣本即被選出。

- 要計算樣本中 *age* 的平均數，點擊 **Analyze, Descriptive Statistics** 以及 **Descriptives**。在變項串中找到 *age*，將它移至 "Variable(s)" 視窗。

- 在 "Descriptives" 選單中，點擊 **Options** 按鈕，除了平常的統計值外，再選擇 **S.E. MEAN**。點擊 **Continue**，然後 **OK**，所要求的統計值就會出現在輸出視窗中。

- 在下表中寫下結果。我已經寫出第一組樣本的結果。

- 在取得下一組樣本前，我們要先回復到原先的資料檔（$N = 1457$）。要做到這點，點擊 **Data, Select Cases**，然後點擊視窗底部的 **Reset** 鈕。點擊 **OK**，然後 GSS 資料檔就會回復到原來的規模。

- 再產出第二組樣本，點擊 **Data, Select Cases**，然後點擊 **Random sample of cases** 旁邊的按鈕。點擊 **Sample**，如同之前一樣，指定樣本規模為 "Exactly 200 cases from the first 1457 cases."

- 點擊 **Continue** 以及 **OK**，第二組樣本即被選出。使用 **Descriptives** 計算統計值並在下列表格中記錄結果。

- 重複這些步驟取得第三組樣本並記錄你的結果。確認每次在選擇下一組樣本前你都有回復到完整的資料檔（點擊 **Data, Select Cases** 以及 **Reset**）。重複以上步驟直到你得到十組樣本的結果。

要完成表格的記錄，

- 針對每一組樣本，在合適的直行中輸入樣本平均數以及平均數的標準誤（S.E.）。

- 在右手邊的直行中會顯示出樣本平均數加、減標準誤的區間。區間的下限為平均數減去標準誤，上限為平均數加上標準誤。母體平均數（$\mu = 48.21$）幾乎都會在這個區間之內。

	$\bar{X}$	S.E.	$\bar{X} \pm$ S.E.
1.	47.81	1.29	46.52 to 49.10
2.			_____ to _____
3.			_____ to _____
4.			_____ to _____
5.			_____ to _____
6.			_____ to _____
7.			_____ to _____
8.			_____ to _____
9.			_____ to _____
10.			_____ to _____

我們的結論為何？第一，如果你有耐心抽出十組樣本，恭禧！第二，要先指明一點，若你能抽取更多樣本，這個練習會更完美。記得關於抽樣分布特徵的定理乃基於無限多個樣本結果。

第三，表格中十個結果雖然不夠完善，仍算是抽樣分布。若我們要建立真實的抽樣分布，表格中的十個結果只是一個漫長過程的開端。

回想一下，抽樣分布呈現常態，其平均數等於母體平均數，其標準差等於標準誤（S.E.）。大約 68% 的樣本結果會分布在平均數 ±1 個標準誤之內，95% 的樣本結果會分布在平均數 ±2 個標準誤之內，以此類推。你的十個樣本平均數中，有多少百分比在這些範圍之內？隨機偶然性會在此發揮作用，因此你的某些樣本平均數可能和母體平均數非常不同，但大多都會合理地靠近（也就是在 ±1 S.E. 之內）。

我們通常不會知道母體平均數為何，但我們知道該值會等於抽樣分布的平均數。因此，我們運氣通常會不錯，任何特定的樣本平均數都會接近母體參數。這個練習應該能讓你相信適當抽取的 EPSEM 樣本很有可能可以代表母體，而由這些樣本所計算出來的統計值，也應該會接近它們各自代表的參數。

你是研究者

估計典型美國人的特徵

如同先前使用 SPSS 的展示，我們接著要用 SPSS 從 2012 GSS 中計算樣本統計值，你可以利用它們做為對母體區間估計的基礎。

步驟 1：選擇變項

這個練習將接續始於第 3 章並持續到第 4 章的任務，也就是描繪出「典型美國人」的特徵。從較早的練習中選出四個變項，再加上四個你先前（包括本章「使用 SPSS」的示範以及習題 6.19）沒有使用過的變項。確認至少有一個變項是名義層次、至少一個是順序層次（至少有四個類別），以及至少一個是等距—比率層次。在下表中列出變項名稱以及它們的測量層次。

	SPSS 變項名稱	解釋此變項到底測量什麼	測量層次
1			
2			
3			
4			
5			
6			
7			
8			

步驟 2：取得樣本統計值

　　對於等距—比率變項與具有四個或以上分數的順序層次變項，使用 **Descriptives** 以取得樣本平均數、標準差，以及樣本規模。對於名義層次變項以及具有三個或以下分數的順序變項，使用 **Frequencies** 以產出次數分配。以上任一個程序，點擊 **Analyze Descriptive Statistics**，然後選擇 **Frequencies** 或 **Descriptives**。從左側方盒中選擇你的變項，然後點擊箭頭將變項名稱移至右側的視窗，SPSS 將同時處理所有列出的變項。

步驟 3：建構信賴區間

　　一旦你獲得 SPSS 的報表，利用上面的結果就可建構出圍繞樣本統計值的 95% 信賴區間。對於名義層次變項以及具有三個或以下分數的順序變項，選出一個類別（例如，*sex* 中的女性，*relig* 中的天主教），並查看次數分配中的「有效分百分比」（"Valid Percent"），便可得知樣本中屬於那個類別的個案百分比。將此數值轉化為比例（除以 100），這個數值就是 P_s，可將其直接代入公式 6.3。記得估計 P_u 為 0.5。得出信賴區間之後，再將比例轉化為百分比，並將其記錄在下列表中。

　　對於具有四個或以上分數的順序層次變項與等距—比率變項，找出 **Descriptives** 程序的報表中之樣本平均數、標準差，以及樣本規模。將這些數值代入公式 6.2，並在下表中記錄你的結果。

步驟 4：記錄結果

利用下表摘錄你的信賴區間。

	SPSS 變項名稱	樣本統計值 ($\bar{X}$ 或 P_s)	樣本規模 (N)	95% 信賴區間
1				
2				
3				
4				
5				
6				
7				
8				

附註：某些順序層次變項，如 *news* 和 *attend*，使用分數來代表較廣泛的類別（參見附錄 G 的範例），其樣本平均數應該根據這些類別加以詮釋，不該被當作絕對的分數。例如，如果 *news* 的平均數為 3.7，係指這個變項的平均分數介於「一週一次」（3 分）和「少於一週一次」（4 分）之間。

第 5 步：報告結果

　　針對每一個統計值，以文字的方式表達其信賴區間，就好像報紙中的新聞報導一般。切記要界定母體，並包含以下重點：樣本統計值、樣本規模、信賴區間的上限和下限，以及信賴水準（95%）。範例寫法如下：「我估計全美國人中有 45%±3% 支持總統候選人 X。此估計乃基於 1362 位美國成年人樣本，對此結果的正確性我有 95% 的信心。」

第 7 章

假設檢定 I：單一樣本

學習目標

完成本章的學習，你將能夠：

1. 解釋假設檢定的邏輯，包括虛無假設的概念，抽樣分布、alpha 顯著水準、和檢定統計值。

2. 解釋「拒絕虛無假設」或「無法拒絕虛無假設」的意義。

3. 能夠辨識並舉例說明適合使用單一樣本假設檢定的情境。

4. 能使用五步驟模型進行單一樣本平均數與比例的假設檢定，而且能正確的解釋分析結果。

5. 能解釋單尾檢定和雙尾檢定的差異，並能識別使用時機。

6. 能定義和解釋類型 I 和類型 II 錯誤，且能說明這兩種錯誤類型與選定的 alpha 水準間的關聯。

7. 能使用司徒登 t 分布來檢驗小樣本單一樣本平均數的顯著性。

使用統計

本章介紹的統計技術是用來比較樣本與母體，範例包括：

1. 一位為年長者利益團體工作的研究人員已經蒐集了 789 位年長居民的問卷資料，想瞭解他們是否在過去一年內曾經成為犯罪被害人，他想測試他的假設：是否這個樣本所代表的年長者族群和一般人相比，更容易變成犯罪被害人。

2. 一所小學院的董事會想要擴大其體育課程項目，但他們擔心這可能會影響學生運動員的學業進展，他們要求院長對此進行研究。在其中的一項檢定中，院長將隨機抽樣的 235 名學生運動員的平均 GPA 與大學所有學生的平均 GPA 進行比較。

3. 一位社會學家正在評估她所在城市內戒酒者康復計畫的效能，這個計畫很大，她無法逐一檢視所有個案的狀況，因此，她從計畫的個案中隨機抽取一組樣本（$N = 127$），請這些人回答一系列相關問題。她觀察到，和這整個城市中的一般工作者相比，平均而言，她的樣本在工作上缺勤請假的天數較少，因此，她做了一個假設檢定，想瞭解她樣本中的受訪者是否比這整個城市中的工作者更可靠。

177 　　在第 6 章中，我們介紹了從樣本統計量估計母體參數的推論統計技術，從第 7 章開始到第 10 章中，我們將介紹推論統計的第二種應用方式，稱之為**假設檢定**或**顯著性檢定**。本章將介紹單一樣本的假設檢定技術，我們使用這些技術來比較一個隨機樣本和一個母體，請注意，我們通常對樣本比較不感興趣，我們關心的是樣本來源背後更大的群體：我們想知道樣本所代表的群體在特定變項上是否與母體參數不同。

　　當然，如果能夠測試我們感興趣群體中的所有成員那是最好的，而不是只使用人數較少的一組樣本，然而，正如我們所知道的，研究人員通常沒有足夠的資源可以測試較大的群體，因此只能使用隨機樣本替代，在這些狀況下，研究結論將依據單一樣本（代表更大的群體）和母體的比較結果而定。

　　例如，如果我們發現一組由年長者組成的樣本在犯罪被害率高於整個州的居民，我們可能會得出結論「年長者顯著的較容易成為犯罪受害者」，這裡的關鍵字「顯著的」的意思是樣本的犯罪被害率和母體的被害率之間的差異不太可能單獨因為隨機機率造成，換句話說，很可能所有的年長者（不僅僅只是這個樣本中的年長者）比整個州的居民有更高的犯罪被害率。若從另一方面來看，假如我們發現由一組運動員組成的樣本學生的成績（GPA）和整體學生只有一點點差異，我們可能會得出運動員（在這個校園中所有的運動員，而不僅只是樣本中的運動員）基本上和其他學生在學業成就表現上是相同的。

　　因此，我們可以使用樣本來代表更大的群體（如年長者或運動員），進而比對樣本和母體的特性，從而能對得到的結論有信心。不過，請記住，隨機抽樣不一定能保證樣本具有代表性，而且，我們的結論也總是會有一定程度的不確定性，而推論統計的最大優勢在於我們能夠估計我們犯錯的機率，並依此評估我們從中得到的結論。

假設檢定概述

　　我們將從假設檢定的一般性概述開始，以「使用統計」的第三個情況為例，在本章的其他小節中，我們將會介紹更多技術性的考量與合適的術語。

178 　　讓我們看一下這個例子，關於一組接受治療的酗酒者樣本，主要問題是「在這個酒癮戒治方案中，接受治療的人是否比一般社區的工作者更可靠？」換句話說，研究人員真正想比較的是所有的個案（在這個戒酒方案中接受治療的全部群體）與這整個都會區中的所有工作者，如果她有這些群體的完整資訊，就可以很輕易且完整的回答這個問題。

　　然而，這位研究人員沒有足夠的時間或金錢能夠蒐集這個治療方案中成千上萬個個案資訊，因此，她從中抽出一組由 127 位個案組成的隨機樣本，樣本和整個社區的平均缺席率如下表所示：

社區	樣本
μ =7.2 天／年	$\bar{x}$ =6.8 天／年
σ =1.43	N =127

我們可以看到，樣本缺席率的平均數低於社區的平均數，雖然這個數值差異看起來很有說服力，但到目前為止我們還不能下任何的結論，因為我們只處理從我們感興趣的母體中得到的一組隨機樣本（N = 127），而不是整個母體（也就是參與該治療方案的所有人）。

圖 7.1 應能澄清這個狀況。社區以最大的圓圈表示，因為它是最大的群體。所有接受酒癮戒治方案中的群體也以一個大圓圈表示，因為它是一個相當大的群體，雖然他們只是整個社區的一小部分。而由 127 位個案組成的隨機樣本是三個群體中最小的，以最小的圓圈表示。

聯結圓圈箭頭上的標籤說明了這個研究狀況中的主要問題和其中的關聯，正如我們之前所提到的，這個研究的主要問題是「所有接受酒癮戒治個案的缺席率是否與整個社區的缺席率不同？」因為接受治療的整個群體人數太多以致於我們無法一一檢驗，因此以 127 個隨機個案組成的樣本來代表。

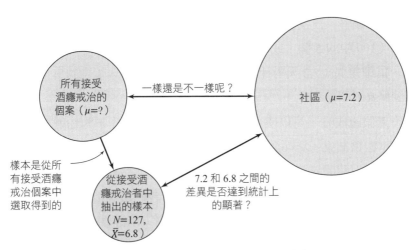

圖 7.1　**單一樣本平均數的假設檢定**

我們觀察到樣本平均數 6.8 與整個社區平均數 7.2 之間有差異，我們感興趣的是什麼造成了這樣的差異？對於這個差異，有兩種可能的解釋：

1. 第一個解釋是整個社區的平均數（7.2）與樣本平均數（6.8）之間的差異是「具有統計上的顯著性」，也就是說，這個差異幾乎不太可能僅僅只是因隨機機率造成的。如果這個解釋是真的，則所有接受治療的個案與整個社區的人不同，樣本並非來自平均缺席率為 7.2 天的群體。

2. 第二個解釋我們稱之為**虛無假設**（null hypothesis，用 H_0 或 H-下標-0 表示），它主張觀察到的樣本和社區間的差異僅僅是因為隨機機率所引起的，接受治療的人與社區的人之間沒有重大差異，樣本平均數與社區平均數之間的差異是來自隨機機率。若虛無假設為真，接受治療的個案與社區其他所有人一樣，平均缺席率為 7.2 天。

　　究竟哪一個解釋才是正確的？只要是使用樣本而非整個群體，我們就無法絕對肯定的回答這個問題。然而，我們可以建立一個非常保守的決策程序，能從中擇定一個解釋，並且能夠知道選擇錯誤解釋的機率非常低。

　　這個決策程序始於假設第二個解釋——虛無假設——是正確的，如果我們用符號來表示這個假設：所有酒癮戒治者的平均缺席率與社區所有工作者的缺席率是相同的，表示方式為

$$H_0：\mu=7.2 \text{ 天（每年）}$$

請記得 μ 代表所有接受酒癮戒治個案的平均數，而非只是這 127 個個案組成的樣本平均數，這個假設，$\mu=7.2$，可以透過統計來檢驗。

　　如果這個虛無假設（「接受酒癮戒治個案背後的母體和社區中的所有工作者沒有不同，且其缺席率的平均數是 7.2」）成立，那麼我們可以找到獲得這組觀察的樣本結果（$\bar{X}=6.8$）的機率。讓我們預先訂下客觀的決策規則，如果獲得這個觀察差異的機率小於 0.05（100 中的 5 個、或是 20 分之 1），我們將會拒絕虛無假設，如果這個解釋是真的，這種差異（7.2 天對比 6.8 天）將會是一個非常罕見的事件，在假設檢定中，我們總是反對罕見事件。

　　如果虛無假設成立，可以使用對所有可能抽樣結果分布的知識來協助估計獲得這個特定樣本觀察結果（$\bar{X}=6.8$）的機率，回顧之前學到的資訊並應用中央極限定理（見第 6 章），可以假設這個抽樣分布的形狀是符合常態分布，且其平均數為 7.2（因為 $\mu_{\bar{X}}=\mu$）、標準差為 $1.43/\sqrt{127}$，因為 $\sigma_{\bar{X}}=\sigma/\sqrt{N}$。我們還知道標準常態分布可以用來解釋分布的機率（見第 5 章），而這個抽樣結果（$\bar{X}=6.8$）是成千上萬個抽樣結果中的一個，這個抽樣結果背後的抽樣分布如圖 7.2 所示。

180　　我們可以在這個樣本平均數的抽樣分布中再多增加一些有用的資訊。更明確的說，我們可以使用 Z 分數來描述我們的決策規則（「任何樣本結果的機率小於 0.05 時，將讓我們決定拒絕虛無假設」）。這個 0.05 的機率可以轉換為一個面積，並且平均分配到這個抽樣分布中較高分與較低分的兩個極端。利用附錄 A，我們可以找到這個面積對應的 Z 分數是 ± 1.96。（複習從面積或機率找到 Z 分數的方法，請見第 6 章。）這些面積與 Z 分數顯示在圖 7.3。

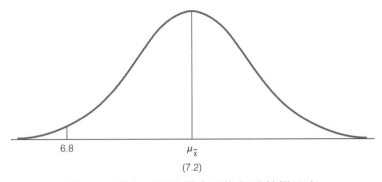

圖 7.2　所有可能的樣本平均數的抽樣分布

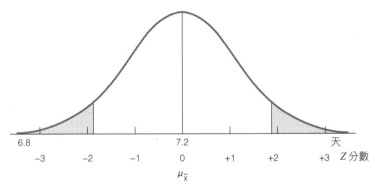

圖 7.3　所有可能的樣本平均數的抽樣分布

　　在此，我們重新說明一次決策規則。任何樣本的結果如果落在圖 7.3 中的陰影區域內，表示其機率小於 0.05，這樣的結果將會非常罕見，因而讓我們決定拒絕虛無假設。

　　現在，我們只需要把樣本結果轉換為 Z 分數，看看它會落在曲線上的哪個位置。為了達成這個目的，我們使用下列標準化公式來找出任一分數落在常態分布中的位置，當我們使用已知的分布或經驗分布時，這個公式可以表示為

$$Z = \frac{X_i - \overline{X}}{s}$$

或者，要找到任何原始分數對應的 Z 分數，可以利用原始分數減掉分布中的平均數，然後除以這個分布的標準差。

　　因為我們現在關心的是所有樣本平均數的抽樣分布而不是經驗分布，所以，公式中的符號會改變，但其形式依舊相同：

公式 7.1　　　$Z(\text{obtained}) = \dfrac{\overline{X} - \mu}{\sigma/\sqrt{N}}$

或者，為了找到任何樣本平均數對應的 Z 分數，可以將這個樣本平均數減去抽樣分布的平均數（其數值等於母體的平均數，即 μ），然後再除以抽樣分布的標準差。

　　試著回想一下這個問題的原始數據，我們現在可以找到這個樣本平均數對應的 Z 分數：

$$Z = \frac{\bar{X} - \mu}{\sigma/\sqrt{N}}$$

$$Z = \frac{6.8 - 7.2}{1.43/\sqrt{127}}$$

$$Z = \frac{-0.40}{1.43/11.27}$$

$$Z = \frac{-0.40}{0.127}$$

$$Z = -3.15$$

　　在圖 7.4 中，這個 Z 分數為 -3.15，在所有可能的樣本平均數形成的分布上，它的位置已經被標註出來了，我們可以看到這個樣本結果確實落在陰影區中。如果虛無假設成立，這個樣本結果發生的機率是小於 0.05。如果虛無假設成立，這個樣本結果（$\bar{X} = 6.8$，或 $Z = -3.15$）將是非常罕見的，因此，研究人員可能會拒絕虛無假設。由一個母體所抽出之 127 位接受酒癮戒治者的樣本，在工作缺席天數上，明顯地與社區中的工作者不同，或者，我們也可以換句話說，這個樣本並非來自一個平均缺席天數為 7.2 天的母體。

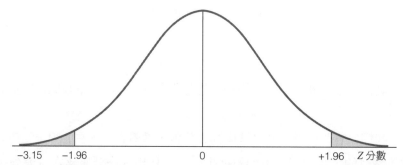

圖 7.4　用 Z 分數將這個樣本結果（$\bar{X} = 6.8$）標註在樣本平均數的抽樣分布中

日常生活 統計學	藥物測試 美國食品和藥物管理局（Food and Drug Administration, FDA）估計，一個新藥要獲得批准使用需要長達 10 年的時間。在藥物製造商能夠申請 FDA 批准之前，這個藥物必須先在動物身上進行測試，然後，在健康的志願者組成的樣本，和那些已經被診斷具有某種特定疾病或症狀者組成的樣本中進行測試，這些研究的結果必須顯示該藥物是安全和有效的，且其益處大於其風險。所有的測試都是基於虛無假設為：該藥物在治療目標疾病或症狀上是無效的。

　　請記住，在顯著性檢定中，我們的決策是基於隨機樣本。有時候，一個 **EPSEM** 樣本可能不見得能夠代表它從中選擇的母體，雖然我們剛才描述的決策過程有很高的機率能夠產生正確的決策，但當我們必須使用樣本而非母體時，我們仍需面臨一個風險因素，如果這個樣本正好是其中很少數不具母體代表性，無法代表接受酒癮戒治者的母體時，拒絕虛無假設的決策可能會是不正確的。

　　假設檢定一個很重要的優點是，我們可以估計做出不正確決策的機率。在目前這個例子中，虛無假設被拒絕了，而這個決策不正確的機率是 0.05 ——在假設檢定程序開始時就建立的決策規則。「錯誤地拒絕虛無假設的機率為 0.05」這句話的意思是，如果我們無限次地重複相同的檢定，每 100 次中只有 5 次我們可能會錯誤地拒絕虛無設。

182

假設檢定五步驟模型

　　前一節介紹了假設檢定中使用的概念和程序，接下來，我們將探討用於統整所有假設檢定的**五步驟模型**。

步驟 1：做出基本假定並滿足檢定要求

步驟 2：陳述虛無假設

步驟 3：選擇抽樣分布與建立臨界域

步驟 4：計算檢定統計值

步驟 5：做決策並解釋檢定結果

　　我們使用前一小節的問題做為範例，仔細地檢視每一個步驟。

步驟 1：做出基本假定並滿足檢定要求。任何統計應用都是基於一組假定。對樣本平均數的假設檢定，需要滿足三個基本假定：

• 樣本是依據 EPSEM 規則所選擇的。

183

• 用於檢定之變項其測量層次屬於等距－比率層次。

• 所有可能的樣本平均數之抽樣分布為常態分布。這個假定允許我們能夠使用標準化常態分布來找到抽樣分布下的面積，我們可以透過使用大樣本來確保這個假定獲得滿足。（見第 6 章 中央極限定理）

　　通常，我們在陳述這些假定時，會使用縮寫的形式做為檢定的數學模型，例如，

模型：隨機抽樣

測量層次為等距－比率

抽樣分布是常態分布

步驟 2：陳述虛無假設。虛無假設的陳述都是「沒有差異」，但其確切形式會因所進行的檢定不同而有差異。在單一樣本案例中，虛無假設主張樣本來自具有某種特徵的母體，在我們的範例中，虛無假設是接受酒癮戒治者的母體與社區整體「沒有差異」，其平均缺勤天數也是 7.2 天，7.2 與樣本平均數 6.8 之間的差異是由於隨機機率所引起的。如我們之前看到的，虛無假設的陳述是

$$H_0：\mu=7.2$$

其中，μ 是指接受酒癮戒治者母體的平均數。虛無假設是任何假設檢定中的核心元素，因為整個歷程的目的即在於拒絕或無法拒絕 H_0。

通常研究人員相信樣本和母體之間存在差異並且希望能拒絕虛無假設，研究人員的信念是在**研究假設（H_1）**中陳述，這個陳述是與虛無假設直接對立，互相矛盾的。很多時候，研究人員的目的是藉由拒絕虛無假設來支持研究假設。

研究假設陳述有很多種方式，其中一種形式是主張樣本從中選擇的母體沒有某種特徵，或是，以我們的範例而言，這個母體的平均數不等於特定數值：

$$（H_1：\mu\neq7.2）$$
其中，$\neq$ 的意思是「不等於」

研究假設主張所有接受酒癮戒治者的母體與社區整體不同。相反的，虛無假設則宣稱所有接受酒癮戒治者的母體與整個社區相同。這兩種陳述中，有一種（而且只會有一種）陳述是真實的。

研究假設放在括號中的目的是強調它在假設檢定的歷程中是沒有正式地位的（除了在下一節中在選擇單尾或雙尾檢定時）。它的功能在於提醒研究人員他們所相信的真相為何。

184 **步驟 3：選擇抽樣分布與建立臨界域。**抽樣分布是評估特定樣本結果發生機率的衡量基準，藉由假設虛無假設為真（而且ㄓ能透過這個假設），我們可以給定抽樣分布中平均數與標準差的數值，並且測量任何一個特定樣本結果的機率。在這本教科書中，我們將涵蓋幾種不同的抽樣分布，但現在，我們將專注於由常態分布所描繪的抽樣分布上，如附錄 A 所摘總的那樣。

臨界域或**拒絕域**是由抽樣分布曲線下的面積所組成，不太可能發生的樣本結果也包含在其中。在我們先前的範例中，這個面積開始於 Z 分數為 ±1.96 處，稱為 **Z 臨界值〔Z(critical)〕**。以視覺化呈現於圖 7.3 中，陰影區域即是臨界域。任何樣本結果的 Z 分數如果落在這個區域（也就是小於 −1.96 或大於 +1.96）都將導致我們拒絕虛無假設。

依照慣例，臨界域的大小即是 alpha（α），為臨界域的面積占全部面積的比例。

在我們的範例中，我們的 **alpha 水準**為 0.05。其他常常使用的 alpha 水準還有 0.10、0.01、0.001 和 0.0001。

　　這些決策可以以簡寫的形式來陳述。臨界域是由標記其起始位置的 Z 分數來表示。

$$抽樣分布 = Z 分布$$
$$\alpha = 0.05$$
$$Z(\text{critical}) = \pm 1.96$$

（為了練習找到 Z 臨界值，見習題 7.1a。）

步驟 4：計算檢定統計值。為了評估樣本結果的機率，我們必須將樣本值轉換為 Z 分數。找出這個 Z 分數就是在計算**檢定統計值**，這個結果值我們稱之為 **Z 檢定統計值**〔**Z(obtained)**〕，和標註臨界域起始點的 Z 分數是不一樣的。在範例中，我們發現 Z 檢定統計值為 -3.15。（為了練習計算平均數的 Z 檢定統計值，請參見習題 7.1c、7.2 至 7.7、7.15e 和 f、以及 7.19d 至 f。）

一次一步驟	完成五步驟模型中的步驟 4：計算 Z 檢定統計值

若已知母體的標準差（σ）且樣本數（N）大於 100 時，請使用以下程序。當母體標準差未知（σ）且樣本數（N）小於 100 時，請使用後面「司徒登 t 分布」（the Student's t Distribution）的程序。

步驟　操作

使用公式 7.1 計算統計值：

1. 找到 N 的平方根。
2. 將母體標準差（σ）除以 N 的平方根。
3. 將樣本平均數（$\bar{X}$）減去母體平均數（μ）。
4. 將步驟 3 計算得到的數值除以步驟 2 的數值，得到的結果即是 Z 檢定統計值。

表 7.1　步驟 5 做決策並解釋檢定結果

狀況	決策	解釋
檢定統計值落在臨界域	拒絕虛無假設（H_0）	差異達到統計顯著性
檢定統計值未落在臨界域	無法拒絕虛無假設（H_0）	差異未達到統計顯著性

步驟 5：做決策並解釋檢定結果。如果檢定統計值落在臨界域內，我們的決策是拒絕虛無假設，如果檢定統計值沒有落在臨界域，我們就無法拒絕虛無設。在範例中，這兩個值分別為

$$Z(\text{critical}) = \pm 1.96$$
$$Z(\text{obtained}) = -3.15$$

而且可以看到 Z 檢定統計值落在臨界域內（請參見圖 7.4），因此我們的決策是拒絕虛無假設，該假設宣稱：「接受酒癮戒治者的平均缺席率為 7.2 天」。當拒絕這個虛無假設時，我們的意思是接受酒癮戒治者的平均缺席率不是 7.2 天，而且與整個社區存在差異。也可以說，樣本平均值 6.8 與社區平均值 7.2 之間的差異是具有統計顯著性的，或者說這樣的差異不太可能僅由隨機機率引起。

請注意，為了完成步驟 5，你需要完成兩件事，首先，你得決定拒絕或無法拒絕虛無假設（參閱表 7.1）；其次，你需要說明這個決策的意義。在這個案例中，我們拒絕了虛無假設，並且總結說樣本平均值與整個社區平均值之間存在顯著差異，因此，得出結論：接受酒癮戒治者與整個社區的工作者並不相同。

這個五步驟模型將扮演整個假設檢定章節中決策的框架，對於不同情況下的決策，其具體性質與表達方法可能會有所差異，然而，這個五步驟模型將提供所有的顯著性檢定一個共同的參考架構。

一次一步驟	完成五步驟模型中的步驟 5：做決策並解釋檢定結果
步驟	操作
1.	比較 Z 檢定統計值〔Z(obtained)〕與 Z 臨界值〔Z(critical)〕。如果 Z 檢定統計值落在臨界域中，則可拒絕虛無假設。如果 Z 檢定統計值未落在臨界域中，則無法拒絕虛無假設。
2.	使用原本問題中的用語來解釋你的決策。例如，對這個範例問題，我們的結論是「接受酒癮戒治者與整個社區的工作者有顯著差異」。

日常生活 統計學	假設檢定與賭博
	試著把假設檢定與賭博類比。想像一下，你被邀請參加一個拋硬幣的遊戲：正面朝上就贏了，反面朝上就輸了。只有當你**假定**這枚硬幣是公正的，正面和反面的機率一樣是 0.5 時，你才會願意參加。 假如你的對手連續拋出 10 個反面，你會怎麼做？將這些拋硬幣的結果看作是對你最初假設硬幣是公正的一次**檢定**，當硬幣一次次的拋出反面時，你必須將這些結果與最初公正假設進行比較，並做出一個**決策**：硬幣是偏向反面，還是，你剛剛正好目睹一連串極為罕見的事件。 如果你認為遊戲被操縱了，你就拒絕了虛無假設：正面和反面的機率沒有差異。這似乎是一個非常合理的決定，但請注意，它也可能是錯誤的：這個遊戲有可能沒有被操縱（雖然不太可能），這枚硬幣未必偏向反面。 在假設檢定中，我們也有一些**假定**（步驟 1 到 3），在步驟 4 中**測試**這些假定，並在步驟 5 中基於機率做出**決策**。

選擇單尾或雙尾檢定

假設檢定的五步驟模型只允許一些選項，即使如此，研究者仍然必須處理兩個選擇。首先，他或她必須從單尾或雙尾檢定中做決定，其次，必須選擇一個 α 水準。在這一節中，我們會討論前者的決定，在下一節討論後者。

顯著性檢定的類型

單尾檢定和雙尾檢定的選擇取決於研究者對所選樣本母體的期望。這些期望反映在研究假設（H_1）中，這個假設與虛無假設是互相矛盾的，通常陳述了研究者相信的「真實」為何。在大部分情況下，研究者會希望能透過拒絕虛無假設來支持研究假設。

研究假設的類型可以從以下兩種形式中選擇，如何選擇取決於虛無假設的陳述與研究者相信的真實之間的關係。在本章關注的單一樣本檢定中，虛無假設的陳述是「接受治療酗酒者的工作缺席率（7.2 天）與社區相同」，研究者可能相信接受治療酗酒者的母體缺勤天數較少（其母體平均數低於虛無假設中宣稱的值）、或是缺勤天數較多（其母體平均數高於虛無假設中宣稱的值）、也有可能他或她並不確定差異的方向。

如果研究者還不確定方向，研究假設會只宣稱母體平均數是「不等於」虛無假設中聲稱的值。在我們的例子中宣稱的研究假設（$\mu \neq 7.2$）就是這種類型。這種檢定被稱為**雙尾顯著性檢定**，因為研究者對真實母體值是大於還是小於虛無假設中指定的值還不確定。

在其他情況下，研究者可能只關心特定方向的差異。如果差異的方向是可以預測的，或是研究者只關心單一方向的差異，則可以使用**單尾檢定**。

單尾檢定可以從兩種不同形式中擇一使用。如果研究者認為真實母體值大於虛無假設中宣稱的值，研究假設將使用 ">"（「大於」）符號。在我們的例子中，如果我們的預測是接受治療的酗酒者缺席率大於社區（或平均缺勤天數超過 7.2 天），我們的研究假設將會是：

$$（H_1：\mu > 7.2）$$
$$其中，> 的意思是「大於」$$

如果我們預測接受治療的酗酒者缺席率小於社區（或平均缺席天數小於 7.2 天），我們的研究假設將會是：

$$（H_1：\mu < 7.2）$$
$$其中，< 的意思是「小於」$$

當方案設計是用於問題解決或改善某些情況時，單尾檢定通常是合適的，例如，如果這個方案讓接受治療的酗酒者變成比較不可靠的工作者，那麼，在這個標準上，這個方案是失敗的。在這種情況下，研究者可能只會關心方案成功的指標（例如當接受治療的酗酒者具有較低的缺席率），並以下列單尾檢驗的形式進行研究假設的檢定：$H_1 : \mu < 7.2$。

如果是評估一個目標在降低失業率的方案，評估者只關心結果是顯示失業率下降的狀況，如果失業率沒有變化或增加，該方案就是失敗的，而這兩種結果對研究者而言可能都是負面的。因此，研究者理所當然會使用單尾檢定，主張這個方案畢業生的失業率將低於（<）社區的失業率。

單尾與雙尾檢定的比較與五步驟模型

根據五步驟模型，決定使用單尾或雙尾檢定時，會影響步驟 3 所使用的臨界域。在雙尾檢定中，我們將臨界域均分至樣本分布的右尾與左尾。而在單尾檢定中，我們會將整個臨界域放在右尾或者是左尾其中之一。如果我們認為母體的特徵數值大於虛無假設中所陳述的值（如果 H_1 包含了 " > " 符號），則整個臨界域會放在右尾。如果我們認為該特徵數值小於虛無假設中所宣稱的值（如果 H_1 包含了 " < " 符號），則整個臨界域會放在左尾。

188

表 7.2　比較單尾與雙尾檢定，$\alpha = 0.05$

假如研究假設（H_1）使用	檢定是	關心的是	Z 臨界值是
=	雙尾	兩個尾端	±1.96
>	單尾	右尾	+1.65
<	單尾	左尾	−1.65

例如，在 α 等於 0.05 的雙尾檢定中，臨界域起始於 $Z(critical) = \pm 1.96$ 處，而在相同 α 水準的單尾檢定中，如果界定為右尾，Z 臨界值是 +1.65，如果是左尾，則 Z 臨界值是 −1.65。表 7.2 摘要了依據研究假設的性質應遵循的程序。在圖 7.5 中，將臨界域位置的差異以圖形方式呈現，並在表 7.3 中提供了最常見的 alpha 水準對應的 Z 臨界值分數。

值得注意的是，對於一個給定的 alpha 水準，單尾檢定的 Z 臨界值更靠近抽樣分布中的平均數。因此，在不改變 alpha 水準的情況下（假設我們已經界定了正確方向的尾端），單尾檢定是更可能拒絕 H_0 的。單尾檢定是在統計學上可以同時兼顧兩者的方法，應該在下列狀況中使用：（1）能夠有信心的預測差異的方向性，或者（2）

研究人員只關心抽樣分布左尾或右尾其中一個的差異。以下範例應該可以澄清這些流程。

表 7.3　找出單尾檢定的臨界域

Alpha	雙尾值	單尾值	
		左尾	右尾
0.10	±1.65	−1.29	+1.29
0.05	±1.96	−1.65	+1.65
0.01	±2.58	−2.33	+2.33
0.001	±3.32	−3.10	+3.10
0.0001	±3.90	−3.70	+3.70

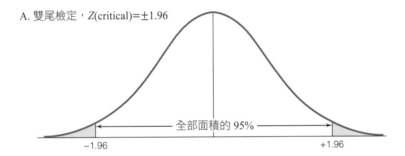

A. 雙尾檢定，Z(critical)=±1.96

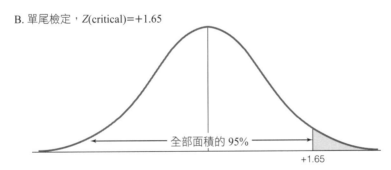

B. 單尾檢定，Z(critical)=+1.65

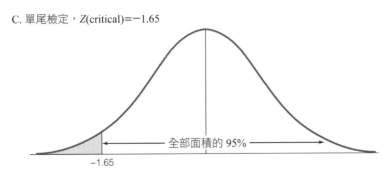

C. 單尾檢定，Z(critical)=−1.65

圖 7.5　**建立臨界域，比較單尾檢定與雙尾檢定（alpha=0.05）**

使用單尾檢定

一個社會學家注意到，社會系學生似乎比其他學科的學生更成熟、迷人、且更具世界觀。他對整體學生和一個隨機抽樣 100 名的社會系學生進行了「成熟度量表」測驗，並獲得以下結果：

整體學生	社會系學生
$\mu = 17.3$	$\bar{X} = 19.2$
$\sigma = 7.4$	$N = 100$

我們將使用五步驟模型來檢定 H_0：社會系學生和一般學生之間沒有差異的。

189 **步驟 1：做出基本假定並滿足檢定要求。** 因為我們使用平均數來總結樣本結果，所以必須假定成熟度量表產生等距－比率層次資料。在樣本大小為 100 的情況下，中央極限定理能應用於此，因此可以假設抽樣分布的形狀是常態分布：

模型：隨機抽樣

測量層次為等距－比率

抽樣分布是常態分布

190 **步驟 2：陳述虛無假設（H_0）。** 虛無假設宣稱社會系學生與一般學生群體之間沒有差異。同時，研究假設（H_1）也可以清楚陳述。研究人員預測了差異的方向性（「社會系學生是更成熟的」），因此使用單尾檢定是合理的。單尾檢定的研究假設聲稱主修社會學的學生在成熟度量表上有較高的（＞）得分。這兩個假設可以這樣表述

$$H_0 : \mu = 17.3$$

$$(H_1 : \mu > 17.3)$$

步驟 3：選擇抽樣分布與建立臨界域。 我們將使用附錄 A 來找出抽樣分布下的面積。如果 alpha 設為 0.05，臨界域將從 Z 分數為 +1.65 開始。也就是說，研究人員預測社會系學生更加成熟，而且，這個樣本來自一個成熟度量表平均數大於 17.3 的母體，因此他或她只會關注抽樣分布右尾的樣本結果。如果社會系學生在成熟度方面與其他學生相同（如果 H_0 為真），或者如果他們不夠成熟（並且來自平均數小於 17.3 的母體），則該理論不被支持。這些決策可以總結為

抽樣分布 $= Z$ 分布

$$\alpha = 0.05$$

$$Z(\text{critical}) = +1.65$$

步驟 4：計算檢定統計值。

$$Z = \frac{\overline{X} - \mu}{\sigma/\sqrt{N}}$$

$$Z = \frac{19.2 - 17.3}{7.4/\sqrt{100}}$$

$$Z = \frac{1.90}{0.74}$$

$$Z = +2.57$$

步驟 5：做決策並解釋檢定結果。在這個步驟，我們拿 Z 檢定統計值來和 Z 臨界值比較：

$$Z(\text{critical}) = +1.65$$

$$Z(\text{obtained}) = +2.57$$

統計檢定結果落在臨界域內，這個結果如圖 7.6 所描繪，我們將拒絕虛無假設，因為，若 H_0 為真，這麼大的差異量將不太可能發生。就成熟度而言，社會系學生與一般學生群體之間存在顯著差異。由於虛無假設已經被拒絕了，研究假設（社會學學生是更加成熟的）就得到支持。（為了練習平均數顯著性檢定中的單尾檢定，參見習題 7.2b、7.3、7.6、7.8 和 7.17。）

191

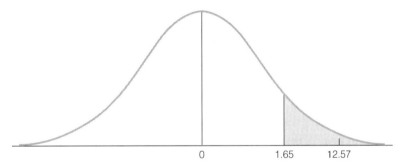

圖 7.6　**Z **檢定統計值和 Z **臨界值的比較（**alpha=0.05**，單尾檢定）**

選擇一個 Alpha 水準

　　除了選擇使用單尾檢定或雙尾檢定，研究人員還必須選擇一個 alpha 水準。我們已經看到 alpha 水準在假設檢定中扮演很關鍵的角色，當我們將 alpha 賦予一個值時，就定義了「不太可能」的樣本結果為何，假如觀察到樣本結果的機率低於 alpha 水準（即統計檢定值落於臨界域內），那麼我們就會拒絕虛無假設。

　　如何對 alpha 的值做出合理的決策呢？回想一下，alpha 水準除了定義所謂的「不太可能」為何外，當檢定統計值落在臨界域時，alpha 水準也是決定拒絕虛無假設時可能犯錯的機率。在假設檢定中，錯誤的拒絕虛無假設或拒絕實際上為真的虛無假設稱為**類型一錯誤**（Type I error）或 **alpha 錯誤**（alpha error），為了將這類型犯錯的機率減到最小，應該使用很小的 alpha 值。

　　進一步說明：當我們選擇一個 alpha 水準時，我們會將抽樣分布分為兩組可能的樣本結果。第一組是臨界域（critical region），包括所有不太可能或罕見，亦即小概率的樣本結果。另一組則是其餘的區域，包括其他非罕見，即非小概率的樣本結果。較低的 alpha 水準會縮減臨界域的大小，並將臨界域移至遠離抽樣分布平均值的位置。

　　透過表 7.4 的 alpha 水準和 Z 臨界值分數可以更清楚地說明（這些資訊也在表 7.3 中呈現過）。請注意，隨著 alpha 水準的降低，臨界域將變更小並且距離抽樣分布的平均值更遠。因此，較低的 alpha 水準使我們更不可能拒絕虛無假設，並且——因為只有在拒絕虛無假設時才可能發生類型一錯誤——意味著我們更不太可能犯類型一錯誤。為了將拒絕一個實際上為真的虛無假設的機率降至最低，可以使用非常低的 alpha 水準。

192

表 7.4　雙尾檢定中 Alpha 和 Z 臨界值之間的關係

如果 $\alpha=$	尾檢定臨界域位置開始於 Z(critical)=
0.100	±1.65
0.050	±1.96
0.010	±2.58
0.001	±3.32

　　然而，這是一個複雜的情況。隨著臨界域的減小（即 alpha 水準降低），「非臨界」區域則會變得更大。這增加了樣本結果不會落在臨界域的機會，使我們在步驟 5 中作出的決定可能是「無法拒絕」虛無假設的情況。

　　但這會引發第二種可能的錯誤，稱為**類型二錯誤**（**Type II error**），或 **beta**（**β**）**錯誤**：無法拒絕一個事實上為虛假的虛無假設。隨著 α 水準的降低，類型一錯誤的機率也會降低，但類型二錯誤的機率則會增加。這兩種類型的錯誤是相互關聯的，無法在同一個檢定中同時讓兩種錯誤犯錯機率最小化。當一種錯誤的機率降低時，另一種錯誤的機率就會增加，反之亦然。

　　表 7.5 可以協助澄清這些關係。此表列出了五步驟模型中步驟 5 我們可以做出的兩個決定（拒絕或無法拒絕虛無假設）以及虛無假設的兩種可能情況（實際上是真實的或實際上是虛假的）。這個表格將這些可能性結合為四種可能的結果，前兩種結果是正確的（"OK"），但另外兩種則是已經犯了錯誤的。

表 7.5　做決策與五步驟模型

	如果我們的決策是	而且實際上 H_0 是	結果將是
a	拒絕 H_0	虛假的	OK
b	無法拒絕 H_0	真實的	OK
c	拒絕 H_0	真實的	類型一錯誤或 alpha（α）錯誤
d	無法拒絕 H_0	虛假的	類型二錯誤或 beta（β）錯誤

**日常生活
統計學**

設定 alpha 水準
在社會科學研究中，0.05 的 α 水準已成為顯著性檢定的標準指標。這個 α 水準意味著我們在 100 次檢定中只會有五次錯誤地拒絕虛無假設。這可能看起來是非常好的機率，但當涉及可能造成傷害的藥物研究時會需要更低的 α 水準（0.001、0.0001、甚至更低），才能將做出不正確決策因而可能危及健康的機率減至最低。

讓我們先考慮兩種正確的（"OK"）結果。顯然，我們總是想要拒絕虛假的虛無假設，以及「無法拒絕」那些實際上為真的虛無假設。任何科學研究的目的都是驗證真相並駁斥不正確的論述。

剩下的兩種組合是錯誤的。如果我們拒絕一個實際上為真的虛無假設，我們就是在說一個真實的論述是錯誤的。同樣地，如果我們無法拒絕一個實際上為虛假的虛無假設，我們就是在說一個虛假的論述是真實的。我們總是希望在尋找真相時能拒絕虛假的論述而接受真實的。然而，請記住，假設檢定始終存在一定的風險，我們不可能同時將類型一和類型二錯誤的機率降至最低。

所有這些正意味著，最終你必須將選擇一個特定的 alpha 水準視為是企圖平衡兩種錯誤類型的嘗試，較高的 alpha 水準會將類型二錯誤（也就是接受虛假的 H_0）的機率減低，而較低的 alpha 水準將類型一錯誤（也就是錯誤地拒絕真實的 H_0）的機率降低。通常，在社會科學研究中，我們希望盡可能將類型一錯誤機率降低，因此會使用較低的 alpha 水準（0.05、0.01、0.001 或更低）。特別是 0.05 水準已成為普遍承認的顯著性檢定指標。然而，廣泛使用的 0.05 水準只是一種慣例，沒有理由不能將 alpha 設置在實際合理的其他水準（例如 0.04、0.027、0.083）上。研究人員有責任選擇一個看起來似乎是最符合該研究計畫目的的 alpha 水準。

司徒登 *t* 分布（The Student's *t* Distribution）

　　到目前為止，我們只考慮了單一樣本平均數的情況，其中母體標準差（σ）的值是已知的。當然，在大多數研究情況下，σ 的值是未知的，然而，我們需要 σ 的目的是為了計算平均數的標準誤（$\sigma/\sqrt{N}$），進而能將我們的樣本結果轉換為 Z 分數，並找到 Z 檢定統計值在抽樣分布上的位置（步驟 4）。問題在於我們如何能合理地得到母體標準差的值呢？

　　使用樣本標準差 s 來估計 σ 可能是一個合理的方式，如同我們在第 6 章中所看到的，s 是 σ 的一個可能有偏誤的估計值，但誤差的程度隨著樣本大小的增加而減小。對於大樣本（即樣本包含 100 個或更多的案例），樣本的標準差是一個適切的 σ 估計值。因此，對於大樣本，我們在步驟 4 中的公式中會直接使用 s 來替代 σ，並繼續使用標準常態分布曲線來尋找抽樣分布下的面積[1]。

　　然而，對小樣本而言，當 s 是未知的時候，必須使用一個叫做**司徒登 *t* 分布**的替代分布來找到抽樣分布下的區域並建立臨界域。t 分布的形狀會隨著樣本數大小而變化。t 和 Z 分布的相對形狀描繪於圖 7.7 中。對於小樣本，t 分布比 Z 分布要平坦得多，但是當樣本數增加時，t 分布會逐漸變得越來越像 Z 分布，直到當樣本數大於 120 時，這兩個分布基本上是完全相同的。隨著 N 的增加，樣本的標準差（s）會變為母體標準差（σ）的一個更好的估計值，而且 t 分布也會隨之變得越來越像 Z 分布。

194

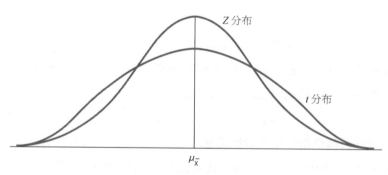

圖 7.7　*t* 分布和 *Z* 分布

1　當 σ 未知時，在計算抽樣分布的標準差時，我們總是使用 $N-1$ 而非 N 來校正 s 的偏誤，即使它的影響很小，而且這個影響會隨著樣本數的變化而減小。

應用統計 7.1　檢定一個樣本平均數的顯著性

對於在當地法院審理的 152 個重罪案件的隨機樣本，平均刑期為 27.3 個月。這是否與整個州的重罪平均刑期（$\mu=28.7$）有顯著不同？我們將使用五步驟模型來組織這個決策過程。

步驟 1：做出基本假定並滿足檢定要求。

模型：隨機抽樣

測量層次為等距－比率

抽樣分布是常態分布

這是一個大樣本（$N > 100$）且刑期長度是一個等距－比率變項，所以我們可以說模型的假定有被滿足。

步驟 2：陳述虛無假設（H_0）。 虛無假設宣稱當地平均刑期（對所有重罪案例）等同於整個州的平均數。用符號表示：

$$H_0 : \mu=28.7$$

這個研究問題沒有明確界定方向，只是問了當地刑期是否「不同於」（不是更高或更低）整個州的平均值。因此，這是一個雙尾檢定：

$$H_1 : \mu \neq 28.7$$

步驟 3：選擇抽樣分布與建立臨界域。 這是一個大樣本，所以我們可以使用附錄 A 來建立臨界域，並且宣告 Z 分數的臨界值（而不是 t 分數）。

抽樣分布 $=Z$ 分布

$$\alpha=0.05$$

$$Z(\text{critical})=\pm 1.96$$

步驟 4：計算檢定統計值。 對虛無假設進行檢定的必要資訊為：

$$\bar{X} = 27.3$$
$$s = 3.7$$
$$N = 152$$
$$\mu = 28.7$$

這個檢定統計值為：

$$Z(\text{obtained}) = \frac{\bar{X} - \mu}{s/\sqrt{N-1}}$$

$$Z(\text{obtained}) = \frac{27.3 - 28.7}{3.7/\sqrt{152 - 1}}$$

$$Z(\text{obtained}) = \frac{-1.40}{3.7/\sqrt{151}}$$

$$Z(\text{obtained}) = \frac{-1.40}{3.7/12.29}$$

$$Z(\text{obtained}) = \frac{-1.40}{0.30}$$

$$Z(\text{obtained}) = -4.67$$

請注意，即使樣本數是大的，在平方根符號下我們必須使用 "$N-1$" 而非 "N"。當 σ 未知時，我們經常這樣做，即使這樣對 Z 檢定統計值的影響非常小。

（譯註：多數統計教科書在 σ 未知時，無論是大樣本或小樣本，均使用 $t(\text{obtained}) = \frac{\bar{X}-\mu}{s/\sqrt{N}}$）

步驟 5：做決策並解釋檢定結果。 對於一個 $Z(\text{critical}) = \pm 1.96$ 且 Z 臨界值的分數為 -4.67，虛無假設是被拒絕的。在當地法庭上被定罪的重罪刑期與整個州的重罪刑期差異具有統計顯著性，兩者間差異大的足以讓我們得出結論：這不是由於隨機機率所產生的。拒絕虛無假設的決策有 0.05 的犯錯機率。

t 分布：使用附錄 B

195   *t* 分布彙總於附錄 B 中。*t* 表和 *Z* 表有下列差異：

1. 在表格的左邊有一直欄標記為 *df*，即「自由度」[2]。由於 *t* 分布的精確形狀會隨著樣本數的大小不同而變化，因此臨界域的確實位置也會有所不同。在單一樣本平均數的假設檢定情境中，自由度等於 *N*−1，必須先計算出來，才能在後來用於找出 alpha 的臨界域。

2. 附錄 B 表格最上方將 *α* 水準分為兩橫列，一橫列用於單尾檢定，另一橫列用於雙尾檢定。要使用這張表格，請先在適當的橫列中找到選定的 *α* 水準。

3. 表格中的項目是實際的分數，稱為 ***t* 臨界值**〔*t*(critical)〕，用於標記臨界域的起始位置，而不是抽樣分布下的面積。

    為了說明如何使用這個表格來進行單一樣本平均數的假設檢定，找出當 *N*=30、雙尾檢定、alpha 等於 0.05 時的臨界域，此時，自由度將會是 *N*−1 或是 29，在表格中找到合適的直欄後，你應該可以往下找到 2.045 這個數字，因此，這個檢定的臨界域將開始於 *t*(critical)=±2.045。

    需要注意的是，對 *α*=0.05 的雙尾檢定而言 *Z* 臨界值為 ±1.96，因此，這個 *t* 臨界值的值比相對應的 *Z* 臨界值大，這是因為 *t* 分布比 *Z* 分布更為平坦（見圖 7.7）。在 *t* 分布上，臨界域將從離抽樣分布平均值更遠的地方開始，因此，要拒絕虛無假設將更加困難。此外，樣本數越小（自由度越低），***t* 檢定統計值**就需要越大才能拒絕 H_0。

196   同時也請注意 *t* 臨界值會隨著自由度增加而減少。自由度為 1，alpha 為 0.05，雙尾檢定的 *t* 臨界值是 ±12.706，但是對於較大的樣本，這個分數會變小。當自由度大於 120 時，*t* 臨界值與相應的 *Z* 臨界值相同，即 ±1.96。當樣本數增加時，*t* 分布會越來越像 *Z* 分布，直到樣本數大於 120 時，這兩個分布基本上是相同的[3]。

使用 *t* 分布的假設檢定

    接下來讓我們透過以下例題更仔細地說明 *t* 分布的使用方式。請注意，在五步驟模型中，改變主要發生在步驟 3 和步驟 4。在步驟 3 中，抽樣分布將使用 *t* 分布，在定位臨界域或 *t* 臨界值分數之前必須先計算自由度（*df*）。在步驟 4 中，將使用稍微不

---

2 自由度是分布中可以自由變化數值的個案數量。對於一個樣本平均數，其分布有 *N*−1 個自由度。這句話的意思是，對一個特定數值的平均數和樣本數 *N* 的樣本，有 *N*−1 個分數是能夠自由變化的。例如，假如平均數是 3 且 *N*=5，則這個分布中的五個分數有 5−1＝4 個自由度。當其中有四個分數的值已知時，第五個分數的值就是固定的。如果四個分數為 1、2、3 和 4，那麼第五個分數必須為 5，不能是其他值。

3 附錄 B 為簡化後的 *t* 分布表，在此只呈現自由度界於 31 到 120 之間的 *t* 臨界值分數。如果特定問題的自由度等於 77，alpha 等於 0.05，雙尾，我們可以從 *t* 臨界值為 2.000(*df* = 60) 和 *t* 臨界值為 1.980(*df* = 120)二者間選擇。在這種情況下，請選擇表格中更大的數值做為 *t* 臨界值。這將使拒絕 H_0 變得較不可能，因此是一個較為保守的行動方針。

同的公式來計算 t 檢定統計值。相較於計算 Z 檢定統計值的公式，s 將取代 σ，$N-1$ 將取代 N。具體而言，

公式 7.2　　　$t(\text{obtained}) = \dfrac{\bar{X} - \mu}{s/\sqrt{N-1}}$

（譯註：多數統計教科書採用公式為 $t(\text{obtained}) = \dfrac{\bar{X} - \mu}{s/\sqrt{N}}$ ）

　　一位研究人員好奇是否通勤學生和一般學生在學業成就上有差異？她已經蒐集了一個包含 30 名通勤學生的隨機樣本，也從學校註冊組得知一般學生學業成就績點（GPA）的平均數為 2.50（$\mu = 2.50$），但是母體的標準差（σ）從未計算過。樣本資料在此呈現如下。請問，這個樣本是否來自平均數為 2.50 的母體？

一般學生	通勤學生
$\mu = 2.50$	$\bar{X} = 2.78$
$\sigma = ?$	$s = 1.23$
	$N = 30$

步驟 1：做出基本假定並滿足檢定要求。

　　模型：隨機抽樣

　　　　　測量層次為等距－比率

　　　　　抽樣分布是常態分布

步驟 2：陳述虛無假設（H_0）。 你可以從研究假設看到這位研究人員並沒有預測差異的方向，這是一個雙尾檢定。

$$H_0 : \mu = 2.50$$

$$(H_1 : \mu \neq 2.50)$$

一次一步驟	**計算五步驟模型的步驟 4：計算 t 檢定統計值**

當使用司徒登 t 分布時，請依循以下程序：

步驟　操作

使用公式 7.2 來計算統計值

1.　找出 $N-1$ 的平方根。

2.　將樣本標準差（s）除以步驟 1 得到的數值。

3.　將樣本平均數（$\bar{X}$）減去母體平均數（μ）。

4.　將步驟 3 得到的數值除以步驟 2 得到的數值，得到的值就是 t 檢定統計值。

步驟 3：選擇抽樣分布與建立臨界域。 既然 σ 未知，且樣本數是小的，所以我們將使用 t 分布來找到臨界域，alpha 設定為 0.01。

$$抽樣分布 = t \text{ 分布}$$

$$\alpha = 0.01，雙尾檢定$$

$$df = (N-1) = 29$$

$$t(\text{critical}) = \pm 2.756$$

步驟 4：計算檢定統計值。

$$t(\text{obtained}) = \frac{\overline{X} - \mu}{s/\sqrt{N-1}}$$

$$t(\text{obtained}) = \frac{2.78 - 2.50}{1.23/\sqrt{29}}$$

$$t(\text{obtained}) = \frac{0.28}{1.23/5.39}$$

$$t(\text{obtained}) = \frac{0.28}{0.23}$$

$$t(\text{obtained}) = 1.22$$

198 　　**步驟 5：做決策並解釋檢定結果。**檢定統計值並未落在臨界域內，因此研究人員無法拒絕 H_0。樣本平均數（2.78）與母體平均數（2.50）之間的差異不具有統計顯著性，這個差異不會比僅僅只是隨機機率產生的差異來得大。檢定統計值和臨界域呈現於圖 7.8 中。

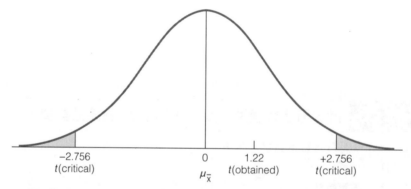

圖 7.8　在抽樣分布標示 t 檢定統計值和 t 臨界值（$\alpha = 0.01$，雙尾檢定，$df = 29$）

　　總之，在檢定單一樣本平均數時，我們必須考慮理論分布並從中選擇合適的分布來建立臨界域，這個選擇很簡單，如果母體標準差（σ）已知或樣本數很大，則使用 Z 分布（摘總於附錄 A 中）。如果 σ 未知，且樣本數很小，則使用 t 分布（摘總於附錄 B 中）。表 7.6 摘要整理了這些決策思考方式。（關於在假設檢定中使用 t 分布的練習，請參見習題 7.8 至 7.10 和 7.17。）

一次一步驟	完成五步驟模型的步驟 5：做決策並解釋檢定結果

步驟	操作
1.	比較 t 檢定統計值和 t 臨界值，如果 t 檢定統計值落在臨界域內，拒絕虛無假設。如果 t 檢定統計值沒有落在臨界域，則無法拒絕虛無假設。
2.	使用原始問題中的用語來解釋你的決策。例如，對這小節的範例問題我們的結論是「通勤學生和一般學生整體在學業成就績點（GPA）沒有顯著的差異」。

表 7.6　檢定單一樣本平均數顯著性時選擇抽樣分布

如果母體標準差（σ）是	抽樣分布是
已知	Z 分布
未知而且樣本數（N）是大的	Z 分布
未知而且樣本數（N）是小的	t 分布

單一樣本比例的假設檢定（大樣本）

在很多情況下，我們處理的變項在測量層次上不是等距－比率層次，在這種情況下的替代方法是，使用樣本比例（P_s）做為檢定統計值，而不是樣本平均數。如我們接下來會看到的，檢定單一樣本比例的整體程序和檢定平均數的程序相同，核心問題同樣是「樣本來源的母體是否具有某種特性？」我們一樣在基於虛無假設為真的基礎上進行檢定，並且使用所有可能樣本結果組成的抽樣分布來評估我們所獲得的樣本結果機率。在檢定結束時，我們的決策方式也是一樣的，如果所獲得的檢定統計值落在臨界域內（若 H_0 為真時，這個樣本結果幾乎不太可能出現），我們拒絕 H_0。

當然，在樣本比例的顯著性檢定中也有一些和平均數檢定不同的重要差異。以下我們從五步驟模型的角度來敘述這些差異：

1. 步驟 1，我們假定變項的測量層次為名義層次。

2. 步驟 2，用於宣告虛無假設的符號不一樣，雖然虛無假設的陳述一樣是「沒有差異」。

3. 步驟 3，我們將只會使用 Z 分布來找出抽樣分布下的面積並據此找出臨界域的位置，只要樣本數夠大，這樣做就會是合理的。在這本教科書中，針對樣本比率，我們將不會討論小樣本的假設檢定。

4. 步驟 4，計算檢定統計值，公式的形式仍舊相同，也就是說，這個 Z 檢定統計值的統計值等於樣本統計值減去抽樣分布的平均數，再除以抽樣分布的標準差，但因為我們是基於樣本比例進行檢定，因此，符號改變了。公式可以表示如下

199

公式 7.3　　　$Z(\text{obtained}) = \dfrac{P_s - P_u}{\sqrt{P_u(1 - P_u)/N}}$

5. 步驟 5，做決策步驟與之前完全相同。若 Z 檢定統計值落在臨界域，即拒絕 H_0。

使用樣本比例的假設檢定

　　下列例子可以協助澄清這些程序。在一個低收入社區中，隨機抽取了 122 個家戶，發現有 53 個家戶（或者說比例為 0.43）是以女性為戶長的家庭。在整個城市中，女性為戶長的家庭比例為 0.39。在這項特質上，低收入社區的家戶是否顯著和整個城市不同？

步驟 1：做出基本假定並滿足檢定要求。

　　模型：隨機抽樣

　　　　測量層次是名義層次

　　　　抽樣分布是常態分布

步驟 2：陳述虛無假設（H_0）。 這個研究問題是樣本比例是否不同於母體比例？因為沒有預測差異的方向，所以是執行雙尾檢定。

$$H_0 : P_u = 0.39$$

$$(H_1 : P_u \neq 0.39)$$

200　**步驟 3：選擇抽樣分布與建立臨界域。**

$$\text{抽樣分布} = Z \text{ 分布}$$

$$\alpha = 0.10，\text{雙尾檢定}$$

$$Z(\text{critical}) = \pm 1.65$$

步驟 4：計算檢定統計值。

$$Z(\text{obtained}) = \frac{P_s - P_u}{\sqrt{P_u(1 - P_u)/N}}$$

$$Z(\text{obtained}) = \frac{0.43 - 0.39}{\sqrt{(0.39)(0.61)/122}}$$

$$Z(\text{obtained}) = \frac{0.04}{\sqrt{0.24/122}}$$

$$Z(\text{obtained}) = \frac{0.04}{\sqrt{0.002}}$$

$$Z(\text{obtained}) = \frac{0.04}{0.05}$$

$$Z(\text{obtained}) = 0.80$$

步驟 5：做決策並解釋檢定結果。 Z 檢定統計值並未落在臨界域內，因此，我們無法拒絕 H_0，就由女性擔任戶長的家戶而言，低收入社區和整個城市間沒有統計上的顯著差異。圖 7.9 展示了抽樣分布、臨界域、和 Z 檢定統計值。（為了練習樣本比例的顯著性檢定，見習題 7.1c、7.11 至 7.14、7.15a 至 d、7.16 以及 7.19a 和 b。）

一次一步驟	**完成五步驟模型的步驟 4：計算 Z 檢定統計值**

步驟　操作

使用公式 7.3 來計算檢定統計值

1. 從公式 7.3 的分母開始，用實際數值取代 P_u，在問題的陳述中會給定這個數值。
2. 將 1 減去 P_u。
3. 將 P_u 乘上步驟 2 得到的數值。
4. 將步驟 3 得到的數值除以 N。
5. 將步驟 4 得到的數值開根號。
6. 計算 P_s 減 P_u。
7. 將步驟 6 的數值除以步驟 5 得到的數值，得到的結果即是 Z 檢定統計值。

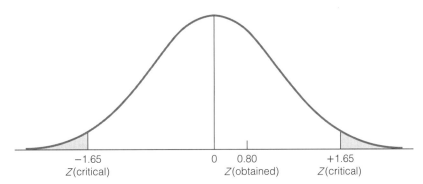

圖 7.9　在抽樣分布標示 Z 檢定統計值與 Z 臨界值（$\alpha = 0.10$，雙尾檢定）

一次一步驟	**完成五步驟模型的步驟 5：做決策並解釋檢定結果**

步驟　操作

1. 比較 Z 檢定統計值和 Z 臨界值，如果 Z 檢定統計值落在臨界域內，拒絕虛無假設。如果 Z 檢定統計值沒有落在臨界域，則無法拒絕虛無假設。
2. 使用原始問題中的用語來解釋你的決策。例如，以本節的範例問題而言，我們的結論是「低收入社區中由女性擔任戶長的家戶比例和整個城市的比例間沒有明顯的差異」。

應用統計 7.2　檢定一個樣本比例的顯著性

一位研究人員從一個社區中最富裕的街區隨機抽取了一個樣本（$N = 103$），發現 76% 的受訪者在最近的總統大選中把選票投給共和黨。以整個社區來看，66% 的選民把選票投給共和黨。最富裕的街區是否更有可能把票投給共和黨？

步驟 1：做出基本假定並滿足檢定要求。

模型：隨機抽樣

測量層次為名義層次

抽樣分布是常態分布

這是一個大樣本，所以我們可以假定一個常態的抽樣分布。政黨偏好是名義層次變項。

步驟 2：陳述虛無假設（H_0）。虛無假設宣告最富裕街區等於社區整體。

$$H_0 : P_u = 0.66$$

原始問題（「最富裕的街區是否更有可能把票投給共和黨？」）提出了單尾的研究假設：

$$(H_1 : P_u > 0.66)$$

步驟 3：選擇抽樣分布與建立臨界域。

抽樣分布 $= Z$ 分布

$$\alpha = 0.05$$

$$Z(\text{critical}) = +1.65$$

這個研究假設顯示我們只會關注富裕街區更可能投票給共和黨或者說關注抽樣分布右尾的樣本結果。

步驟 4：計算檢定統計值。對虛無假設進行檢定的必要資訊轉換為比例的形式呈現如下：

富裕街區	整個社區
$P_s = 0.76$	$P_u = 0.66$
$N = 103$	

Z 檢定統計值將是

$$Z(\text{obtained}) = \frac{P_s - P_u}{\sqrt{P_u(1 - P_u)/N}}$$

$$Z(\text{obtained}) = \frac{0.76 - 0.66}{\sqrt{(0.66)(0.34)/103}}$$

$$Z(\text{obtained}) = \frac{0.10}{\sqrt{0.22/103}}$$

$$Z(\text{obtained}) = \frac{0.10}{\sqrt{0.0021}}$$

$$Z(\text{obtained}) = \frac{0.10}{0.05}$$

$$Z(\text{obtained}) = 2.00$$

步驟 5：做決策並解釋檢定結果。在 α 設定為 0.05、單尾，臨界域開始於 $Z(\text{critical}) = +1.65$。而 Z 檢定統計值為 2.00，拒絕虛無假設。最富裕街區與社區整體間的差異在研究預測的方向上具有統計顯著性，居住於最富裕街區的居民顯著地更可能在上次總統大選上投票給民主黨。

重點整理

1. 本章介紹了假設檢定所有的基本概念與技術，我們學習了在單一樣本平均數和比例中如何檢定「沒有差異」的虛無假設。在這兩種狀況中，核心問題是由樣本所代表的母體是否具有某種特徵。

2. 所有的顯著性檢定都和找出在虛無假設成立的情況下觀察到樣本結果的機率有關。如果這個結果的機率很低，我們就拒絕虛無假設。在一般的研究情境中，我們希望能拒絕虛無假設，從而支持研究假設。

3. 五步驟模型將是我們在所有假設檢定章節中進行決策的指引框架。然而，在每個步驟中我們所做的事情將因所進行的假設檢定不同而有所差異。

4. 如果我們可以預測差異的方向，則應使用單尾檢定。如果無法預測方向，則適合使用雙尾檢定。

5. 在假設檢定中存在兩種錯誤。類型一錯誤或 alpha 錯誤，即拒絕一個實際上為真的虛無假設；類型二錯誤或 beta 錯誤，即無法拒絕一個實際上為虛假的虛無假設。這兩種錯誤的發生機率是相互關聯的，無法同時將兩者都降至最低。在選擇 alpha 水準時，我們正是試著在平衡這兩種錯誤的機率。

6. 在檢定樣本平均數時，當母體標準差未知且樣本數較少時，我們使用 t 分布來找到臨界域。

7. 針對樣本比例進行顯著性檢定，假定測量層次為名義層次，使用不同的符號陳述虛無假設，並使用不同的公式（7.3）來計算 Z 檢定統計值。

8. 如果你仍然對本章中描述的推論統計使用方法感到困惑，不要感到驚慌或氣餒，因為這個章節呈現了大量且複雜的內容，而很少有人會在第一次接觸時就能完全理解假設檢定的獨特邏輯。畢竟，你不會天天學著用一個不存在的分布（即抽樣分布），對一個你不相信的陳述（即虛無假設）進行測試。

公式摘要

公式 7.1　　　單一樣本平均數，大樣本：　　　　$Z(\text{obtained}) = \dfrac{\bar{X} - \mu}{\sigma/\sqrt{N}}$

公式 7.2　　　單一樣本平均數，小樣本且母體標準　$t(\text{obtained}) = \dfrac{\bar{X} - \mu}{s/\sqrt{N-1}}$
　　　　　　　　差未知：
　　　　　　　　（譯註：多數統計教科書在母體標準
　　　　　　　　差未知時，無論是大樣本或是小樣
　　　　　　　　本，均使用公式 $t(\text{obtained}) = \dfrac{\bar{X}-\mu}{s/\sqrt{N}}$）

公式 7.3　　　單一樣本比例，大樣本：　　　　　$Z(\text{obtained}) = \dfrac{P_s - P_u}{\sqrt{P_u(1 - P_u)/N}}$

名詞彙總

Alpha 水準（Alpha level, α）。在虛無假設為真時，抽樣分布下包含小概率樣本結果的面積比例。同時這個也是類型一錯誤的機率。

臨界域或拒斥域（Critical region; region of rejection）。在虛無假設為真的情況下，進行假設檢定之前，預先定義抽樣分布下包含小概率樣本結果的面積比例。

五步驟模型（Five-step model）。進行假設檢定的逐步指引方針，是進行所有顯著性檢定的決定和計算之框架。

假設檢定（Hypothesis testing）。若母體的假定（虛無假設）為真，推估樣本結果機率之統計檢定。

虛無假設（Null hypothesis, H_0）。一種「無差異」的陳述。在單一樣本的顯著性檢定中，虛無假設主張從母體中抽取的樣本具有某種特性或數值。

單尾檢定（One-tailed test）。一種假設檢定，用於（1）差異的方向可以預測時，或（2）只關心抽樣分布中的單一方向的差異時。

研究假設（Research hypothesis, H_1）。與虛無假設矛盾的陳述，在單一樣本顯著性檢定中，研究假設宣稱樣本所來自的母體沒有某種特徵或數值。

顯著性檢定（Significance testing）。見假設檢定。

司徒登 t 分布（Student's t distribution）。當 σ 未知且樣本數較小時，用於樣本平均數檢定找出臨界域的分布。

t 臨界值〔t(critical)〕。標註 t 分布臨界域起始值的 t 分數。

t 檢定統計值〔t(obtained)〕。五步驟模型中第 4 步驟計算出的檢定統計值，將樣本結果用 t 分數表示。

檢定統計值（Test statistic）。五步驟模型中第 4 步驟計算出的數值，將樣本結果轉換為 t 分數或 Z 分數。

雙尾檢定（Two-tailed test）。一種假設檢定類型，用於（1）差異的方向無法預測時、或（2）關心抽樣分布中兩個方向的差異時。

類型一錯誤（alpha 錯誤）（Type I error, alpha error）。拒絕一個實際上為真的虛無假設的機率。

類型二錯誤（beta 錯誤）（Type II error, beta error）。未能拒絕實際上為假之虛無假設的機率。

Z 臨界值〔Z(critical)〕。標註 Z 分布臨界域起始值的 Z 分數。

Z 檢定統計值〔Z(obtained)〕。五步驟模型中第 4 步驟計算出的統計值，將樣本結果轉換為 Z 分數。

習題 ▰▰▰▰▰▰▰▰▰▰▰▰▰▰▰▰▰▰▰▰▰▰▰▰▰▰▰▰▰▰▰▰

7.1　a. 找出下列情境中的 Z 臨界值。

Alpha (α)	檢定形式	Z(critical)
0.05	單尾	
0.10	雙尾	
0.06	雙尾	
0.01	單尾	
0.02	雙尾	

b. 找出下列情境中的 t 臨界值。

Alpha (α)	檢定形式	N	t(critical)
0.10	雙尾	31	
0.02	雙尾	24	
0.01	雙尾	121	
0.01	單尾	31	
0.05	單尾	61	

c. 針對下列情境計算適切的檢定統計值（Z 或 t）。

	母體	樣本	Z(obtained)) or t(obtained)
1.	$\mu = 2.40$	$\bar{X} = 0.20$	
	$\sigma = 0.75$	$N = 200$	
2.	$\mu = 17.1$	$\bar{X} = 16.8$	
		$s = 0.9$	
		$N = 45$	
3.	$\mu = 10.2$	$\bar{X} = 9.4$	
		$s = 1.7$	
		$N = 150$	
4.	$P_u = 0.57$	$P_s = 0.60$	
		$N = 117$	
5.	$P_u = 0.32$	$P_s = 0.30$	
		$N = 322$	

7.2　a. $\boxed{SOC}$ Littlewood 地區高中的學生平均每個月缺席 3.3 節課。一個由 117 名高三生組成的隨機樣本平均每個月缺席 3.8 節課，標準差為 0.53。高三生是否明顯不同於整個 Littlewood 地區的高中學生？（提示：研究問題的用語指出這是一個雙尾檢定，也就是說步驟 2 中的替代假設或研究假設將宣告為 $H_1: \mu \neq 3.3$，而臨界域將分布在抽樣分布的左尾和右尾處。請參見表 7.3 以獲取各種 α 水準之 Z 臨界值。）

b. 如果研究問題改為「高三生是否明顯缺席更多課程？」那麼習題 7.2a 中進行的檢定會如何改變？（提示：這種用語表明應使用單尾檢定來進行顯著性檢定。研究假設會如何改變？對於習題 7.2a 中使用的 α 水準，Z 臨界值將是多少？）

7.3　a. $\boxed{SW}$ 以整個州而言，社工師平均擁有 10.2 年的工作經驗。在大都市 Shinbone 的一個隨機樣本中，203 名社工師平均只有 8.7 年的工作經驗，標準差為 0.52。Shinbone 的社工師是否明顯的有較少工作經驗？（注意：研究假設的用語意味著使用單尾檢定。對於一個單尾檢定，研究假設會採取何種形式？臨界域會從哪裡開始？）

　　　b. 同一個社工師樣本其平均年薪為 \$25,782，標準差為 \$622。這個數字是否顯著高於全州平均薪資 \$24,509？（注意：研究假設用語意味著使用單尾檢定。研究假設會採取何種形式，臨界域會從哪裡開始？）

7.4　$\boxed{SOC}$ 全州在大學入學考試中語文的平均分數為 453，標準差為 95。在 Littlewood 地區高中，由 137 名高三學生組成的隨機樣本平均分數為 502。是否存在明顯差異？

7.5　$\boxed{SOC}$ 從某個州的人口中抽取了一個包含 423 名亞裔美國人的隨機樣本，這群人平均完成 12.7 年的正式教育，標準差為 1.7。這是否顯著不同於全州平均的 12.2 年？

7.6　$\boxed{SOC}$ 從 Euonymus 市隨機抽取 105 名清潔工人，平均年收入為 \$24,375。所有 Euonymus 市工人的平均薪資為 \$24,230，標準差為 \$523。這些清潔工人的薪資是否過高？進行單尾和雙尾檢定。

7.7　a. $\boxed{SOC}$ 全州人口平均每天收看 6.2 小時的電視。一組由 1017 名年長公民組成的隨機樣本平均每天收看 5.9 小時，標準差為 0.7。這個差異是否顯著？

　　　b. 同樣的年長公民樣本平均參與 2.1 個志願組織和俱樂部，標準差為 0.5。全州的平均數為 1.7。這個差異是否顯著？

7.8　$\boxed{SOC}$ 一個學校系統把數百位「慢性和嚴重低成就者」分配到一個替代教育方案中。為了評估該方案，已經選擇了一個由 35 個人組成的隨機樣本，與系統中的所有學生進行比較。

　　　a. 從 GPA 來看，這個方案有效嗎？

整個系統	方案
$\mu = 2.47$	$\bar{X} = 2.55$
	$s = 0.70$
	$N = 35$

　　　b. 從缺席率來看（每學年缺席天數），這個方案是成功的嗎？

整個系統	方案
$\mu = 6.137$	$\bar{X} = 4.78$
	$s = 1.11$
	$N = 35$

c. 從標準化測驗的數學和閱讀來看，這個方案成功嗎？

數學測驗—整個系統	數學測驗—方案
$\mu = 103$	$\bar{X} = 106$
	$s = 2.0$
	$N = 35$

閱讀測驗—整個系統	閱讀測驗—方案
$\mu = 110$	$\bar{X} = 113$
	$s = 2.0$
	$N = 35$

（提示：注意研究問題的用語。是否有理由使用單尾檢定？如果方案中的學生與整個系統中的學生沒有差異，該方案是否成功？如果方案中的學生表現較差會是如何？如果使用單尾檢定，研究假設是什麼形式？臨界域從哪裡開始？）

7.9　**SOC**　一個隨機樣本中包含 26 位當地的社會系畢業生，他們在 GRE 進階社會學測驗中平均得分為 458，標準差為 20。是否顯著地不同於全國平均分數（$\mu = 440$）？

7.10　**SOC**　全國每人每月燃油費用平均為 110 美元。在東南部地區，由 36 個城市組成的隨機樣本平均為 78 美元，標準差為 4 美元。這個差異是否顯著？請用一兩句話總結你的發現。

7.11　**SOC/CJ**　一項調查顯示，每年有 10% 的人口受到財產犯罪的侵害。一個包含 527 名老年人（年齡為 65 歲或以上）的隨機樣本顯示，受害率為 14%。老年人是否更有可能成為財產犯罪受害者？進行單尾和雙尾顯著性檢定。

7.12　**SOC/CJ**　一個州監獄系統中，隨機抽選 113 名因非暴力罪行被定罪的罪犯，在獲得假釋前參與了一個目的在提高他們就業能力的課程。其中 58 人最終成為了累犯。這個再犯率是否顯著不同於該州所有罪犯的再犯率（57%）？用一兩句話總結你的發現。（提示：你必須使用問題中給定的資訊來計算樣本比例。記得將人口百分比轉換為比例。）

7.13　**PS**　最近一次州選舉中，55% 選民反對一項關於州樂透的提案。在一個由 150 個城市選區組成的隨機樣本中，有 49% 的選民反對該提案。這個差異是否顯著？請用一到兩句話總結你的發現。

7.14　**SOC/CJ**　全州警方破案率為搶劫案 35%、嚴重攻擊案 42%。一位研究員對某大都市警察局在一年內發生的搶劫案（$N = 207$）和嚴重攻擊案（$N = 178$）進行了隨機抽樣，發現有 83 宗搶劫案和 80 宗嚴重攻擊案已經破案。當地的破案率是否與全州破案率有顯著差異？請用一至兩個句子來解釋你的決策。

7.15 $\boxed{SOC/SW}$ 一位研究人員編制了一份關於 317 個長期慣性虐待兒童的家庭的隨機樣本資料。下表說明了樣本的一些特性，以及整個城市的數值。對於每個特性，檢驗「沒有差異」的虛無假設，並說明你的發現。

變項	城市	樣本
a. 母親教育程度（高中畢業比例）	$P_u = 0.65$	$P_s = 0.61$
b. 家庭大小（子女數為 4 或以上家庭的比例）	$P_u = 0.21$	$P_s = 0.26$
c. 母親工作狀態（母親在家庭外有工作的比例）	$P_u = 0.51$	$P_s = 0.27$
d. 親戚關係（和親戚至少一週聯繫一次家庭的比例）	$P_u = 0.82$	$P_s = 0.43$
e. 父親教育成就（平均教育年數）	$\mu = 12.3$	$\bar{X} = 12.5$
		$s = 1.7$
f. 父親職業穩定度（目前工作的平均年資）	$\mu = 5.2$	$\bar{X} = 3.7$
		$s = 0.5$

7.16 $\boxed{SW}$ 你是一個機構負責人，為了推動減少青少年男性失業率的計畫正在尋求資金。整個國家這個年齡組別的失業率為 18%。在你的所在地區的一個隨機樣本，323 位青少年男性的失業率為 21.7%。這個差異是顯著的嗎？你能說明這個計畫是有必要的嗎？在這種情況下，你是否應使用單尾檢定？為什麼？請向資金機構解釋您的顯著性檢定結果。

7.17 $\boxed{PA}$ 市長收到當地消防工會的投訴，聲稱他們的薪資過低。由於時間有限，市長蒐集了由 27 名消防員組成的隨機樣本，發現他們的平均薪資是 $38,073，標準差為 $575。如果全國的平均薪資是 $38,202，她該如何回應這個投訴？在這種情況下，她應該使用單尾檢定嗎？為什麼？在給工會的說明中應該說什麼來回應這個投訴？

7.18 $\boxed{SW}$ 下列問題回顧了推論統計的基本原理和概念。問題的順序大致依循五步驟模型。

a. 為什麼假設檢定或顯著性檢定只能使用隨機樣本？

b. 在哪些特定情況下可以假定抽樣分布的形狀是常態分布？

c. 解釋抽樣分布在假設檢定中扮演的角色。

d. 虛無假設是關於現實的一個假設，讓樣本結果因此可能透過假設檢定檢驗其顯著性。請解釋這句話。

e. 什麼是臨界域？如何決定臨界區域的大小？

f. 描述一個適合使用單尾檢定的研究情境。

g. 就抽樣分布的形狀而言，為什麼使用 t 分布（而不是 Z 分布）會讓拒絕虛無假設變得更加困難？

h. 當檢定統計值落在臨界域內時，在單一樣本情況下，可以得出什麼確切結論？

7.19　$\boxed{SOC}$ 一位研究人員正在研究她的大學學生整體組成的變化，她從新生班中隨機選擇了 163 人做為樣本。下表比較了新生和全部學生群體的特性，哪些差異是顯著的？

	變項	新生	全部學生
a.	共和黨比例	$P_s = 0.44$	$P_u = 0.49$
b.	主修數學和科學的比例	$P_s = 0.17$	$P_u = 0.0$
c.	平均家庭收入	$\bar{X} = 63{,}542$	$\mu = 59{,}236$
		$s = 1568$	
d.	平均手足人數	$\bar{X} = 0.9$	$\mu = 1.2$
		$s = 0.2$	
e.	平均每週和父母通電話次數	$\bar{X} = 1.5$	$\mu = 0.4$
		$s = 0.4$	
f.	校園生活中平均親密朋友人數	$\bar{X} = 4.5$	$\mu = 7.8$
		$s = 0.3$	

第 8 章

假設檢定 II：兩個樣本

學習目標

完成本章的學習，你將能夠：

1. 分辨並舉例說明適合進行兩個樣本假設檢定的情境。

2. 解釋適用於兩個樣本情境的假設檢定邏輯。

3. 解釋何謂獨立隨機樣本。

4. 按照五個步驟進行兩個樣本平均數或兩個樣本比例的假設檢定，並正確的解釋分析結果。

5. 列出並解釋每一個會影響拒絕虛無假設之機率的因素（特別是樣本規模），解釋統計顯著性與重要性的差異。

6. 使用 SPSS 執行樣本平均數差異的顯著性檢定。

使用統計

這一章將介紹比較兩個隨機樣本的統計技術。如果樣本有顯著差異，我們可以說抽出這兩個樣本的母體有所差異，儘管這樣的結論存在著廣為人知的誤差機率，其常常設定在 0.05。以下提供一些這種檢定情境的例子：

1. 在一個代表美國母體的樣本裡，一位研究員正在檢定男性與女性對槍枝管制支持度的差異。如果樣本有顯著差異，她便可以下此結論：所有美國男性母體在這個議題上不同於所有美國女性母體。

2. 針對一所大規模大學的大一學生與大四學生的隨機樣本，比較他們在政治觀點與宗教價值上的差異。如果研究者發現兩樣本之間存在顯著差異，他將得到此結論：母體間（大學中所有大一新生與所有大四學生）在這些面向是有差異的。

3. 郊區學校的霸凌問題是否比城市學校更嚴重？研究者比較兩種學校的隨機樣本，如果樣本間有顯著差異，他們可以得出此結論：所有郊區學校與所有城市學校的霸凌問題有所不同。

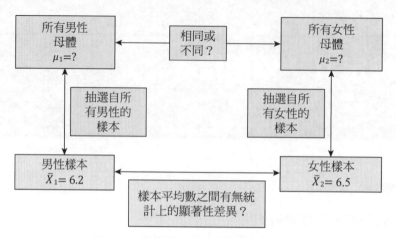

圖 8.1　兩個樣本平均數的假設檢定

208　　　　第 7 章處理了單一樣本假設檢定，以及關注樣本統計值與母體參數之間的顯著差異。在這一章，我們將介紹另一種研究情境，亦即關注兩個樣本之間的差異，此情境的問題可以如此表達：兩個樣本之間的差異是否大到足以讓我們提出這樣的結論（在誤差機率已知的情況下），樣本所代表的母體之間是不同的？

　　　　舉例來說，美國男性與女性在支持槍枝管制上是否有所差異？很明顯地，我們無法訪問每一位男性與女性關於這個問題的看法，取而代之的是，我們必須抽取隨機樣本，並使用該樣本蒐集到的資訊來推論母體的樣態。如果樣本之間的差異夠大，我們可以得到樣本所代表的母體是有差異的結論（在誤差機率已知的情況下），或是說，母體中男性與女性之間存在著真正的差異。

　　　　圖 8.1 以支持槍枝管制之性別差異為例，描繪出兩個樣本案例的邏輯，若你比較此圖與圖 7.1 的單一樣本案例，可能有助你理解本章的內容。

　　　　我們在此章將討論兩個樣本平均數與樣本特性差異的顯著性檢定。在這兩種檢定中，五個檢定步驟提供一個有助於我們進行決策的架構。整個假設檢定過程十分相似於單一樣本案例，但也存在一些重要的區別。

單一樣本案例與兩樣本案例的比較

　　　　本章的兩個樣本案例與第 7 章介紹的單一樣本案例有三個重要差異：

1. 步驟一新增一個基本假定：**獨立隨機抽樣（Independent random sampling）**。為了滿足這個基本假定，我們應該對每個樣本隨機地、個別地選取個案。以我們的例子

209　　來說，這意味著選擇一位特定男性並不影響選取任何一位特定女性的機率：每一個個案被選取都必須獨立於所有其他個案。

　　這個要求可以從個別名單（例如，一份女性名單與一份男性名單）抽取 EPSEM 的樣本來滿足此假定，但更方便的做法是從母體的單一名單抽取一個 EPSEM 樣本，再將個案區分為不同的群體（例如，男性與女性）。只要原始樣本是隨機的，研究者建立的任何次樣本都將符合獨立的基本假定。

2. 虛無假設的陳述方式不同。在單一樣本的案例中，虛無假設設定抽取樣本的母體具有某種特徵。現在，虛無假設則設定為，兩個母體是相同的（例如，「男性與女性在支持槍枝管制上沒有顯著差異」）。如果檢定統計值落入臨界域，則虛無假設將被拒絕，支持母體之間有所不同的論點。

3. 抽樣分布——所有可能的樣本結果的分布——也是不同的。第 7 章中，樣本結果是單一統計值——平均數或是比例。現在，我們處理的是兩個樣本（例如，男性與女性樣本），而樣本結果是兩個樣本統計值之間差異。在我們的例子中，抽樣分布將包括男性與女性支持槍枝管制之樣本平均值的所有可能差異。如果虛無假設為真，則男性與女性對槍枝管制的看法沒有不同，母體平均數之間的差異為 0，抽樣分布的平均數將為 0，且大多數樣本平均數之間的差異將為 0 或非常趨近於 0。樣本平均數之間的差異越大，則樣本結果（兩樣本平均數的差異）就會距離抽樣分布的平均數（0）越遠，如此更可能反映樣本所代表之母體之間的真正差異。

樣本平均數的假設檢定（大樣本）

　　我們以支持槍枝管制為範例說明樣本平均數檢定的程序，一位研究人員取得一個具全國代表性的隨機樣本，樣本中的每一受訪者均回答了測量槍枝管制態度的調查問題。樣本依性別區分，並計算出男性與女性的樣本統計值。

　　只要樣本規模夠大（亦即，只要兩個樣本的個案數總和超過 100），樣本平均數之間差異的抽樣分布將是常態的，可以利用常態曲線（附錄 A）來建立臨界域。檢定統計值——亦即 Z(obtained) ——可透過常用的公式來計算：樣本結果（樣本平均數之間的差異）減去抽樣分布的平均數，再除以抽樣分布的標準差。

　　計算 Z(obtained) 如公式 8.1 所示。請注意數字下標是用來標示樣本與母體，σ 下標 "$\bar{X} - \bar{X}$" 表示我們正在處理樣本平均數差異的抽樣分布。

210

公式 8.1　　　$$Z\text{(obtained)} = \frac{(\bar{X}_1 - \bar{X}_2) - (\mu_1 - \mu_2)}{\sigma_{\bar{X} - \bar{X}}}$$

　　其中，$(\bar{X}_1 - \bar{X}_2)$ 為樣本平均數之間的差異

　　　　　$(\mu_1 - \mu_2)$ 為母體平均數之間的差異

　　　　　$\sigma_{\bar{X} - \bar{X}}$ 為樣本平均數差異之抽樣分布的標準差

回想一下，顯著性檢定總是建立在虛無假設為真的假定上。如果兩個母體的平均數是相等的，那麼（$\mu_1 - \mu_2$）將為 0，因此可從公式 8.1 中移除。實際上，我們在步驟 4 用於計算檢定統計值的公式為：

公式 8.2　　　$Z(\text{obtained}) = \dfrac{(\bar{X}_1 - \bar{X}_2)}{\sigma_{\bar{X}-\bar{X}}}$

對大樣本而言，樣本平均數差異的抽樣分布的標準差可以定義為：

公式 8.3　　　$\sigma_{\bar{X}-\bar{X}} = \sqrt{\dfrac{\sigma_1^2}{N_1} + \dfrac{\sigma_2^2}{N_2}}$

因為我們很少（如果有的話）知道母體標準差的數值（σ_1 與 σ_2），所以我們必須使用經過偏誤校正後的樣本標準差來估計母體的標準差。公式 8.4 展示這種情況下估計抽樣分布標準差的公式，這稱為**合併估計（pooled estimate）**，因為它結合了兩個樣本的資訊。

公式 8.4　　　$\sigma_{\bar{X}-\bar{X}} = \sqrt{\dfrac{s_1^2}{N_1 - 1} + \dfrac{s_2^2}{N_2 - 1}}$

支持槍枝管制的樣本結果為：

樣本 1（男性）	樣本 2（女性）
$\bar{X}_1 = 6.2$	$\bar{X}_2 = 6.5$
$s_1 = 1.3$	$s_2 = 1.4$
$N_1 = 324$	$N_2 = 317$

我們從樣本統計值可以看到男性的平均分數較低、較不支持槍枝管制。假設檢定將告訴我們，這樣的差異是否夠大到能讓我們得出以下結論：這些差異並不是隨機發生的，而是反映所有男性與所有女性在這個議題上存在實際差異。

步驟 1：做出基本假定並滿足檢定要求。現在，我們假定隨機樣本是獨立的，而其他部分則與單一樣本案例的假定相同。

　　模型：獨立隨機樣本

　　　　等距－比率測量層次

　　　　抽樣分布是常態分布

211　**步驟 2：陳述虛無假設。**虛無假設指出，樣本所代表的母體在此變項沒有差異。因為沒有預測差異的方向，因此採用雙尾檢定：

$$H_0: \mu_1 = \mu_2$$

$$(H_1: \mu_1 \neq \mu_2)$$

步驟 3：選擇抽樣分布與建立臨界域。對大樣本來說，Z 分布可以用以尋找抽樣分布下的面積並建立臨界域。顯著水準（alpha）設定為 0.05。

$$抽樣分布 = Z 分布$$

$$顯著水準 = 0.05$$

$$Z 臨界值〔Z(critical)〕= \pm 1.96$$

步驟 4：計算檢定統計值。 由於母體的標準差未知，因此必須使用公式 8.4 來估計抽樣分布的標準差，接著將此值代入公式 8.2 中計算 Z 檢定統計值：

$$\sigma_{\bar{X}-\bar{X}} = \sqrt{\frac{s_1^2}{N_1 - 1} + \frac{s_2^2}{N_2 - 1}}$$

$$\sigma_{\bar{X}-\bar{X}} = \sqrt{\frac{(1.3)^2}{324 - 1} + \frac{(1.4)^2}{317 - 1}}$$

$$\sigma_{\bar{X}-\bar{X}} = \sqrt{\frac{1.69}{323} + \frac{1.96}{316}}$$

$$\sigma_{\bar{X}-\bar{X}} = \sqrt{0.0052 + 0.0062}$$

$$\sigma_{\bar{X}-\bar{X}} = \sqrt{0.0114}$$

$$\sigma_{\bar{X}-\bar{X}} = 0.107$$

$$Z(obtained) = \frac{\bar{X}_1 - \bar{X}_2}{\sigma_{\bar{X}-\bar{X}}}$$

$$Z(obtained) = \frac{6.2 - 6.5}{0.107}$$

$$Z(obtained) = \frac{-0.300}{0.107}$$

$$Z(obtained) = -2.80$$

步驟 5：做決策並解釋檢定結果。 比較檢定統計值與臨界域：

$$Z(obtained) = -2.80$$

$$Z(critical) = \pm 1.96$$

我們看到 Z 分數落入臨界域，這意味著，如果虛無假設為真，則樣本平均數之間不太可能有 −0.3（6.2−6.5）這麼大的差異。因此，無差異的虛無假設被拒絕，對立假設（「男性與女性在支持槍枝管制方面有所不同」）獲得支持，且拒絕虛無假設是錯誤決策的機率小於 0.05（顯著水準）。 212

　　請注意 Z 檢定統計值是負的，這表示男性明顯較不支持槍枝管制。檢定統計值的正負值反映了我們將男性樣本標籤為 1、女性樣本標籤為 2 的人為決定，如果我們將標籤互換，女性樣本為 1 而男性樣本為 2，那麼 Z 檢定統計值將為正值，但其數值（2.80）完全相同，如同我們在步驟 5 中的決策一樣。（關於練習大樣本平均數差異的顯著性檢定，請見習題 8.1 至 8.6、8.9、8.15d 至 f、8.16d 至 e、與 8.17 至 8.18。）

一次一步驟	**完成五步驟模型中的步驟 4：計算 Z 檢定統計值**

當為大樣本時，透過這些步驟來完成計算，先處理公式 8.4 再處理公式 8.2。

步驟　操作

處理公式 8.4：

1. N_1 減去 1。
2. 將第一個樣本的標準差數值平方（s_1^2）。
3. 將你在步驟 2 得到的數值除以步驟 1 得到的數值。
4. N_2 減去 1。
5. 將第二個樣本的標準差數值平方（s_2^2）。
6. 將你在步驟 5 得到的數值除以步驟 4 得到的數值。
7. 加總你在步驟 3 與步驟 6 得到的數值。
8. 將步驟 7 得到的數值開平方根。

處理公式 8.2：

1. 將 $\bar{X}_1$ 減去 $\bar{X}_2$。
2. 將步驟 1 取得的數值除以上面步驟 8 得到的數值，即 Z 檢定統計值。

一次一步驟	**完成五步驟模型中的步驟 5：做決策並解釋檢定結果**

步驟　操作

1. 比較 Z 檢定統計值〔Z(obtained)〕與 Z 臨界值〔Z(critica)〕。如果 Z(obtained) 落入臨界域，則可拒絕虛無假設。如果 Z(obtained) 未落入臨界域，則無法拒絕虛無假設。

2. 根據原本的問題來解釋拒絕或不拒絕虛無假設的決策。以支持槍枝管制的例子來說，結論為「男性與女性在支持槍枝管制上有顯著差異」。

日常生活 統計學	**閱讀與數學**

2012 年美國四年級學生的閱讀分數明顯高於 1970 年代初第一次施測時的分數。然而，2012 年的平均分數（221 分）與 2008 年（220 分）相比，基本上沒有變化。數學分數也呈現相同的模式：2012 年的平均分數明顯高於 1970 年代初期，但幾乎與 2008 年一致。這個測驗是針對極大規模、隨機選取的四年級學生樣本——約 180,000 位——每四年測驗一次。

資料來源：國家教育統計中心（2012）。國家報告：學業進展趨勢，2012 年。報告可於以下網站查閱：http://nces.ed.gov/nationsreportcard/pubs/main2012/2013456.aspx

---

應用統計 8.1　樣本平均數的顯著性檢定

男性與女性對於一個家庭的理想子女數是否有不同的想法？使用 2012 年一般社會調查具代表性的美國成年樣本資料，兩個群體的平均數與標準差計算如下：

樣本 1（男性）	樣本 2（女性）
$\bar{X}_1 = 2.96$	$\bar{X}_2 = 3.28$
$s_1 = 1.72$	$s_2 = 2.00$
$N_1 = 578$	$N_2 = 681$

我們從樣本結果可以看到，女性的數值平均而言較男性高，這個差異是否有顯著差異？

步驟 1：做出基本假定並滿足檢定要求。

模型：獨立隨機樣本
　　　等距－比率測量層次
　　　抽樣分布是常態分布

步驟 2：陳述虛無假設。

$$H_0: \mu_1 = \mu_2$$
$$(H_1: \mu_1 \neq \mu_2)$$

步驟 3：選擇抽樣分布與建立臨界域。

抽樣分布 = Z 分布
Alpha = 0.05，雙尾檢定
Z(critical) = ±1.96

步驟 4：計算檢定統計值。

$$\sigma_{\bar{X}-\bar{X}} = \sqrt{\frac{s_1^2}{N_1 - 1} + \frac{s_2^2}{N_2 - 1}}$$

$$\sigma_{\bar{X}-\bar{X}} = \sqrt{\frac{(1.72)^2}{578 - 1} + \frac{(2.00)^2}{681 - 1}}$$

$$\sigma_{\bar{X}-\bar{X}} = \sqrt{\frac{2.96}{577} + \frac{4.00}{680}}$$

$$\sigma_{\bar{X}-\bar{X}} = \sqrt{0.0051 + 0.0059}$$

$$\sigma_{\bar{X}-\bar{X}} = \sqrt{0.011}$$

$$\sigma_{\bar{X}-\bar{X}} = 0.11$$

$$Z(\text{obtained}) = \frac{(\bar{X}_1 - \bar{X}_2)}{\sigma_{\bar{X}-\bar{X}}}$$

$$Z(\text{obtained}) = \frac{2.96 - 3.28}{0.11}$$

$$Z(\text{obtained}) = \frac{-0.32}{0.11}$$

$$Z(\text{obtained}) = -2.91$$

步驟 5：做決策並解釋檢定結果。比較檢定統計值與臨界域，

$$Z(\text{obtained}) = -2.91$$
$$Z(\text{critical}) = \pm 1.96$$

我們可以拒絕虛無假設，男性與女性對於理想子女數的看法有顯著不同。若考慮差異的方向，我們也可以看到女性的理想子女數平均上比男性多。造成理想子女數存在性別差異的原因為何？你如何檢驗你提出的解釋？

樣本平均數的假設檢定（小樣本）

當母體的標準差未知且為小樣本時（加總各群體樣本數後，N 小於 100），此時無法使用 Z 分布來尋找抽樣分布之下的面積。取而代之的是利用 t 分布來尋找臨界域並指出可能的樣本結果。要做到這一點，我們需要執行一項額外的計算與多做一項基本假定。計算的部分則需計算自由度，我們需要根據自由度來使用 t 分布表（附錄 B）。在兩個樣本的情境下，自由度等於 $N_1 + N_2 - 2$ 。

新增的基本假定則是一個較為複雜的議題。當為小樣本時，我們必須假定母體的變異是相等的，以便於合理化常態抽樣分布的基本假定，並且合併估計抽樣分布的標

214

準差。有一些方法可以檢定母體相等變異的假定，然而我們在此不進行正式檢定，主要是為了簡化母體變異相等的檢定。事實上，只要樣本數大致相等，這個基本假定就不會造成太大的問題。

五步驟模型與 t 分布

我們以郊區與市中心家庭的理想子女數為例，來說明這一個檢定程序。有一位研究人員認為市中心的家庭明顯比郊區家庭生育較多的孩子，並從這兩地區蒐集隨機樣本與計算樣本統計值：

樣本 1（郊區）	樣本 2（市中心）
$\bar{X}_1 = 2.37$	$\bar{X}_1 = 2.78$
$s_1 = 0.63$	$s_1 = 0.95$
$N_1 = 42$	$N_1 = 37$

樣本資料的差異方向與預測方向一致，而此差異的顯著性可以透過五個步驟模型來進行檢定。

步驟 1：做出基本假定並滿足檢定要求。 由於樣本規模小、且母體標準差未知，因此我們在模型中必須假定母體變異相等。

> 模型：獨立隨機樣本
> 　　　等距－比率測量層次
> 　　　母體變異相等
> 　　　抽樣分布是常態分布

步驟 2：陳述虛無假設。 由於研究人員預測了差異的方向，因此使用單尾檢定，也據此提出研究假設。

$$H_0: \mu_1 \geq \mu_2$$
$$(H_1: \mu_1 < \mu_2)$$

215 　**步驟 3：選擇抽樣分布與建立臨界域。** 在小樣本的情況下，使用 t 分布建立臨界域。顯著水準設定為 0.05，並使用單尾檢定。

$$抽樣分布 = t \text{ 分布}$$
$$\text{Alpha} = 0.05，單尾檢定$$
$$自由度 = N_1 + N_2 - 2 = 42 + 37 - 2 = 77$$
$$t \text{ 臨界值} [t(\text{critical})] = -1.671$$

請注意，根據 H_1 指定的方向，臨界域位在抽樣分布的左尾。

步驟 4：計算檢定統計值。對於小樣本，這邊使用不同的公式（公式 8.5）來合併估計抽樣分布的標準差，然後將此值直接代入 t 檢定統計值公式（公式 8.6）中的分母進行計算。

公式 8.5

$$\sigma_{\bar{X}-\bar{X}} = \sqrt{\frac{N_1 s_1^2 + N_2 s_2^2}{N_1 + N_2 - 2}} \sqrt{\frac{N_1 + N_2}{N_1 N_2}}$$

$$\sigma_{\bar{X}-\bar{X}} = \sqrt{\frac{(42)(0.63)^2 + (37)(0.95)^2}{42 + 37 - 2}} \sqrt{\frac{42 + 37}{(42)(37)}}$$

$$\sigma_{\bar{X}-\bar{X}} = \sqrt{\frac{(42)(0.40) + (37)(0.90)}{77}} \sqrt{\frac{79}{1554}}$$

$$\sigma_{\bar{X}-\bar{X}} = \sqrt{\frac{50.10}{77}} \sqrt{\frac{79}{1554}}$$

$$\sigma_{\bar{X}-\bar{X}} = \sqrt{0.65}\sqrt{0.05}$$

$$\sigma_{\bar{X}-\bar{X}} = (.81)(.22)$$

$$\sigma_{\bar{X}-\bar{X}} = 0.18$$

公式 8.6

$$t(\text{obtained}) = \frac{(\bar{X}_1 - \bar{X}_2)}{\sigma_{\bar{X}-\bar{X}}}$$

$$t(\text{obtained}) = \frac{2.37 - 2.78}{0.18}$$

$$t(\text{obtained}) = \frac{-0.41}{0.18}$$

$$t(\text{obtained}) = -2.28$$

步驟 5：做決策並解釋檢定結果。檢定統計值落入臨界域：

$$t(\text{obtained}) = -2.28$$
$$t(\text{critical}) = -1.671$$

在這個例子中，虛無假設為真（$H_0: \mu_1 = \mu_2$），是極為不可能的結果，所以虛無假設可以被拒絕。市中心與郊區的家庭規模存在統計上的顯著差異（此差異如此之大，所以不可能是因為隨機機會所致）。此外，市中心的家庭規模明顯較大。圖 8.2 描繪了抽樣分布與檢定統計量。（練習小樣本之樣本平均數差異的顯著性檢定，請見習題 8.7 與 8.8。）

216

一次一步驟	完成五步驟模型中的步驟 4：計算 *t* 檢定統計值

先處理公式 8.5

步驟　操作

處理公式 8.5：

1. 先加總 N_1 與 N_2 後，再將此值減去 2。

2. 將第一個樣本的標準差平方（s_1^2）後，再將此值乘以 N_1。

3. 將第二個樣本的標準差平方（s_2^2）後，再將此值乘以 N_2。

4. 加總步驟 2 與步驟 3 計算而得的數值。

5. 將步驟 4 得到的數值除以步驟 1 得到的數值，再將結果開平方根。

6. N_1 與 N_2 相乘。

7. 加總 N_1 與 N_2。

8. 將在步驟 7 得到的數值除以步驟 6 得到的數值，再將結果開平方根。

9. 將在步驟 8 與步驟 5 計算得到的結果相乘。

處理公式 8.6：

1. 將 $\bar{X}_1$ 減去 $\bar{X}_2$。

2. 將樣本平均數的差異除以上述步驟 9 的數值，即 *t* 檢定統計值。

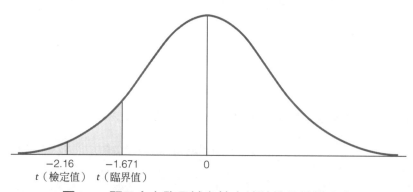

-2.16　　　-1.671　　　　　　0
t（檢定值）　*t*（臨界值）

圖 8.2　顯示含有臨界域與檢定統計值的抽樣分布

一次一步驟	完成五步驟模型中的步驟 5：做決策並解釋檢定結果

步驟　操作

1. 比較 *t* 檢定統計值〔*t*(obtained)〕與 *t* 臨界值〔*t*(critical)〕。如果 *t*(obtained) 落在臨界域中，則可拒絕虛無假設。如果 *t*(obtained) 未落在臨界域中，則不拒絕虛無假設。

2. 根據原本的問題來解釋拒絕或不拒絕虛無假設的決策。以理想子女數的例子來說，我們的結論為「市中心的家庭與郊區家庭的家庭規模有顯著差異」。

使用 SPSS 檢定樣本平均數的顯著差異

　　SPSS 提供好幾種平均數差異的顯著性檢定方法。這邊我們將使用獨立樣本 T 檢定，這類似於本章提及的大樣本檢定。　　217

　　為了提供說明，我們將比較高中畢業生與大學畢業生的社會階級地位。教育水準是自變項，依變項是 *rank*，即受訪者對其社會位置在從 1 分到 10 分之間的自我評估。我們預期大學畢業生將有較高的社會階級地位，且因為 *rank* 的最高評分為 1，所以大學畢業生在這個變項的平均數明顯較低。如果樣本平均數之間的差異足夠大，那我們便可以得到母體也存在相似差異的結論。在本章後面，你將有機會自己操作這個程序。

　　開始：

1. 點擊電腦桌面的 SPSS 圖標。

2. 載入 *GSS2012* 資料檔。

　　a. 在選單左上角找到 **File** 指令，然後點擊 **File→Open→Data** 。

　　b. 找到 *GSS2012* 資料檔並點擊檔名開啟資料。

3. 從主選單中點擊 **Analyze**，然後點擊 **Compare Means**，再點擊 **Independent-Samples T Test** 。此時 "Independent-Sample T Test" 的對話框將開啟，左邊一般會列出變項清單。

4. 找到依變項 *rank*，並點擊視窗中間的上方箭頭，將變項名稱移至 "Test Variable(s)" 的方框中。

5. 選擇自變項。在變項清單中找到 *degree*，點擊視窗中間下方箭頭，將 *degree* 移至 "Grouping Variable" 方框中。

6. "Grouping Variable" 框中會出現兩個問號，且 "**Define Groups**" 的按鈕將被啟動，SPSS 需要知道哪些個案歸入哪一組別。*degree* 有五類不同的教育程度，我們可以使用這個程序比較其中的任何兩個類別。我們需要告訴 SPSS，我們要比較高中畢業生（*degree* 中以 1 表示）與大學畢業生（*degree* 中以 3 表示）。　　218

7. 點擊 **Define Groups** 按鈕，"Define Groups" 視窗隨即出現。在 Group 1 旁邊的方框中，SPSS 要求輸入數值以決定哪些個案歸入這一組，在框中輸入 1（高中畢業生），然後點擊 Group 2 旁邊的方框並輸入 3（大學畢業生）。

8. 點擊 **Continue** 以回到 "Independent-Samples T Test" 視窗，再點擊 **OK** 。

　　輸出結果呈現於兩個方框中，其中第一個方框看起來像這樣：

GROUP STATISTICS					
	RS HIGHEST DEGREE	N	Mean	Std. Deviation	Std. Error Mean
RS SELF RANKING OF SOCIAL POSITION	HIGH SCHOOL	653	4.90	1.794	.070
	BACHELOR	264	4.34	1.591	.098

"Group Statistics" 中呈現描述性統計。653 位高中畢業生，其社會階級地位的排序平均為 4.90；264 位大學畢業生，其平均為 4.34。我們可以從這個輸出結果看到樣本平均數的差異，且大學畢業生的平均值較低（如同我們預測的那樣），但這兩樣本之間的平均數差異是否達到統計上的顯著性？

顯著性檢定的結果呈現於輸出報表的下一方框中。SPSS 對於母體變異假定個別提供相應的檢定結果，但我們僅需看上面標示 "Equal Variance Assumed" 的那一列，這便是本章使用的模型。

		Levene's Test for Equality of Variances		t-Test of Equality of Means		
		F	Sig.	t	df	Sig. (2-tailed)
R's Self Ranking of Social Position	Equal Variances Assumed	.118	.731	4.384	915	.000
	Equal Variances Not Assumed			4.613	544.860	.000

Note: This box has been edited for clarity and some output has been omitted.

跳過輸出報表的第一部分（這欄提供母體變異相等性的檢定結果），在最上端的一列，SPSS 提供了 t 值（4.384）、自由度（df=915）、"Sig. (2-tailed)" 為 .000。Sig. (2-tailed) 即為顯著水準，這是指觀察到樣本平均數的差異是源自偶然機遇的精確機率（四捨五入至小數點後三位），因此無需在附錄 A 或附錄 B 中查詢檢定統計值（t=4.384）。顯著水準小於 0.000，遠遠小於我們習慣設定的 0.05。據此，我們可以提出階級排序的差異具有統計顯著性的結論，大學畢業生對於社會位置的自評排序顯然高於高中畢業生。

樣本比例的假設檢定（大樣本）

219 　　兩個樣本比例差異的顯著性檢定與樣本平均數的檢定模式相同。虛無假設是假設樣本所代表的母體之間沒有差異，我們在步驟 4 計算檢定統計值，並與臨界域進行比較。當樣本規模夠大時（所有的 N 相加大於 100），則 Z 分布可使用於尋找臨界域。我們將不在本書中討論小樣本的比例顯著性檢定。

　　在計算檢定統計值之前，必須先處理幾個方程式。公式 8.7 利用兩個樣本比例（P_s）來估計母體比例（P_u），此即在假定虛無假設為真之下，母體中具有該項特性的個案比例。

公式 8.7　　　$P_u = \frac{N_1 P_{s1} + N_2 P_{s2}}{N_1 + N_2}$

再利用 P_u 來計算公式 8.8 中的樣本比例差異之抽樣分布的標準差。

公式 8.8　　　$\sigma_{p-p} = \sqrt{P_u(1 - P_u)}\sqrt{\dfrac{N_1 + N_2}{N_1 N_2}}$

再將此值代入公式 8.9 中計算檢定統計值。

公式 8.9　　　$Z(\text{obtained}) = \dfrac{(P_{s1} - P_{s2}) - (P_{u1} - P_{u2})}{\sigma_{p-p}}$

其中，$(P_{s1} - P_{s2})$ 為樣本比例之間的差異

$(P_{u1} - P_{u2})$ 為母體比例之間的差異

σ_{p-p} 為樣本比例差異之抽樣分布的標準差

如同樣本平均數的情況一樣，根據虛無假設，公式中分子的第二項被假定為零，因此公式可以簡化為：

公式 8.10　　　$Z(\text{obtained}) = \dfrac{(P_{s1} - P_{s2})}{\sigma_{p-p}}$

請記得依序從公式 8.7 開始處理這些公式（並忽略公式 8.9）。

進行樣本比例的假設檢定（大樣本）

我們舉一個例子來幫助讀者更清楚地理解這些程序。假使我們正在研究老年人的社會網絡，並且想知道非裔與白人老年人參與俱樂部與其他組織的數量是否有所不同。我們抽取非裔與白人老年人的隨機樣本，並根據他們參與的會員數區分為高度或低度參與。非裔與白人老年人的參與模式是否有統計上的顯著差異？每一組老年人中被歸類到「高度參與」的比例與樣本規模如下表所示：

220

非裔老年人 （樣本 1）	白人老年人 （樣本 2）
$P_{s1} = 0.34$	$P_{s2} = 0.25$
$N_1 = 83$	$N_2 = 103$

步驟 1：做出基本假定並滿足檢定要求。

模型：獨立隨機樣本

　　　名義測量層次

　　　抽樣分布是常態的

步驟 2：陳述虛無假設。 因沒有預測差異的方向，所以這邊將進行雙尾檢定。

$$H_0: P_{u1} = P_{u2}$$

$$(H_1: P_{u1} \neq P_{u2})$$

步驟 3：選擇抽樣分布與建立臨界域。由於是大樣本，因此使用 Z 分布來建立臨界域，並將顯著水準設定為 0.05。

$$抽樣分布 = Z 分布$$

$$Alpha = 0.05，雙尾$$

$$Z(\text{critical}) = \pm 1.96$$

步驟 4：計算檢定統計值。先處理公式 8.7，並將結果代入公式 8.8，然後再計算公式 8.10 的 Z 檢定統計值。

$$P_u = \frac{N_1 P_{s1} + N_2 P_{s2}}{N_1 + N_2}$$

$$P_u = \frac{(83)(0.34) + (103)(0.25)}{83 + 103}$$

$$P_u = \frac{28.22 + 25.27}{186}$$

$$P_u = \frac{53.49}{186}$$

$$P_u = 0.29$$

$$\sigma_{p-p} = \sqrt{P_u(1 - P_u)} \sqrt{\frac{N_1 + N_2}{N_1 N_2}}$$

$$\sigma_{p-p} = \sqrt{(0.29)(0.71)} \sqrt{\frac{83 + 103}{(83)(103)}}$$

$$\sigma_{p-p} = \sqrt{0.2059} \sqrt{\frac{186}{8549}}$$

$$\sigma_{p-p} = \sqrt{0.2059} \sqrt{0.0218}$$

$$\sigma_{p-p} = (0.45)(0.15)$$

$$\sigma_{p-p} = 0.07$$

$$Z(\text{obtained}) = \frac{(P_{s1} - P_{s2})}{\sigma_{p-p}}$$

$$Z(\text{obtained}) = \frac{0.34 - 0.25}{0.07}$$

$$Z(\text{obtained}) = \frac{0.09}{0.07}$$

$$Z(\text{obtained}) = 1.29$$

221 **步驟 5：做決策並解釋檢定結果。**檢定統計值未落入臨界域：

$$Z(\text{critical}) = \pm 1.96$$

$$Z(\text{obtained}) = 1.29$$

我們無法拒絕虛無假設。樣本比例差異並未超過預期的差異（當虛無假設為真、僅有隨機機會起作用時的差異），非裔與白人老年人在參與志願組織上沒有顯著不同。（練習樣本比例差異的顯著性檢定，請見習題 8.10 至 8.14、8.15a 至 c、與 8.16a 至 c。）

一次一步驟　**完成五步驟模型中的步驟 4：計算 Z 檢定統計值**

處理公式 8.7、8.8、與 8.10，以便找到檢定統計值。

步驟	操作

處理公式 8.7：

1. 加總 N_1 與 N_2。
2. P_{s1} 乘以 N_1。
3. P_{s2} 乘以 N_2。
4. 加總步驟 2 與步驟 3 計算而得的數值。
5. 將步驟 4 得到的數值除以步驟 1 得到的數值，此即 P_u。

處理公式 8.8：

1. P_u 乘以 $(1-P_u)$。
2. 將步驟 1 得到的數值開平方根。
3. N_1 乘以 N_2。
4. 加總 N_1 與 N_2（注意：處理公式 8.7 時，步驟 1 已經計算出此值）。
5. 將步驟 4 得到的數值除以步驟 3 得到的數值。
6. 將步驟 5 得到的數值開平方根。
7. 將步驟 6 得到的數值乘以步驟 2 得到的數值。

處理公式 8.10：

1. 將 P_{s1} 減去 P_{s2}。
2. 將步驟 1 得到的數值除以上述步驟 7 得到的數值，即 Z 檢定統計值。

一次一步驟　**完成五步驟模型中的步驟 5：做決策並解釋檢定結果**

步驟	操作

1. 比較 Z 檢定統計值〔Z(obtained)〕與 Z 臨界值〔Z(critical)〕。如果 Z(obtained) 落在臨界域中，則可拒絕虛無假設。如果 Z(obtained) 未落在臨界域中，則不拒絕虛無假設。
2. 根據原本的問題來解釋拒絕或不拒絕虛無假設的決策。以老年的社會網絡的例子來說，我們的結論為「非裔與白人老年人在參與志願組織的程度上未有顯著差異」。

應用統計 8.2　樣本比例差異的顯著性檢定

對婚前性行為的態度是否因性別而變化？根據一個來自美國成年母體的代表性樣本，下表分別列出男性與女性認為婚前性行為「總是錯的」的比例：

樣本 1（男性）	樣本 2（女性）
$P_{s1}=0.18$	$P_{s2}=0.24$
$N_1=597$	$N_2=807$

女性更可能認為婚前性行為總是錯的，但這個差異是顯著的嗎？我們將依循熟悉的五步驟模型進行虛無假設的檢定，顯著水準設定為 0.05，進行雙尾檢定。

步驟 1：做出基本假定並滿足檢定要求。

　　模型：獨立隨機樣本

　　　　　名義測量層次

　　　　　抽樣分布是常態分布

步驟 2：陳述虛無假設。

$$H_0: P_{u1}=P_{u2}$$
$$H_1: P_{u1}\neq P_{u2}$$

步驟 3：選擇抽樣分布與建立臨界域。

　　抽樣分布 $=Z$ 分布

　　Alpha $=0.05$，雙尾

　　$Z_{(critical)}=\pm1.96$

步驟 4：計算檢定統計值。從公式 8.7 開始，將 P_u 代入公式 8.8，再將結果代入公式 8.10，以計算 Z 檢定統計值。

$$P_u = \frac{N_1 P_{s1} + N_2 P_{s2}}{N_1 + N_2}$$

$$P_u = \frac{(597)(0.18) + (807)(0.24)}{597 + 807}$$

$$P_u = \frac{107.46 + 193.68}{1404}$$

$$P_u = \frac{301.14}{1404}$$

$$P_u = 0.21$$

$$\sigma_{p-p} = \sqrt{P_u(1 - P_u)} \sqrt{\frac{N_1 + N_2}{N_1 N_2}}$$

$$\sigma_{p-p} = \sqrt{(0.21)(0.79)} \sqrt{\frac{597 + 807}{(597)(807)}}$$

$$\sigma_{p-p} = \sqrt{0.1659} \sqrt{\frac{1404}{481,779}}$$

$$\sigma_{p-p} = (0.41) \sqrt{0.0029}$$

$$\sigma_{p-p} = (0.41)(0.05)$$

$$\sigma_{p-p} = 0.02$$

$$Z(\text{obtained}) = \frac{(P_{s1} - P_{s2})}{\sigma_{p-p}}$$

$$Z(\text{obtained}) = \frac{(0.18 - 0.24)}{0.02}$$

$$Z(\text{obtained}) = \frac{-0.06}{0.02}$$

$$Z(\text{obtained}) = -3.00$$

步驟 5：做決策並解釋檢定結果。 Z 檢定統計值為 -3.00，我們可以拒絕虛無假設。女性與男性認為婚前性行為總是錯誤的比例，存在統計上的顯著差異。

| 日常生活統計學 | 墮胎與美國政治中的兩極化 |

根據蓋洛普民意調查，共和黨人與民主黨人在墮胎議題上已逐漸兩極化。在具劃時代意義的羅伊訴韋德案最高法院判決後的一年——1975年，18% 的共和黨人、19% 的民主黨人同意「在任何情況下」墮胎應該都是合法的。2013 年，共和黨人支持任何情況下墮胎的比例已經下降至13%，然而民主黨人支持的比例則上升至 39%。1975 年的 1 個百分點的差異可能具有統計上的顯著性，但顯然不重要；而 2013 年的 26% 的差異不但具有統計顯著性也是重要的，且對美國政治中的公民對話深具影響。這些結果是基於大約 1000 個美國成人的隨機樣本而來的。

　　我們可以怎麼解釋這些趨勢？一個可能的解釋是，共和黨自 1970年代以來已經失去許多溫和、支持選擇權的成員，使得共和黨的規模變小、意識型態更加同質。你需要蒐集什麼樣的資訊來調查這種可能性呢？

資料來源：Saad, Lydia. 2013. "American's Abortion Views Steady Amid Gosnell Trail." 見 http://www.gallup.com/poll/162374/americans-abortion-views-steady-amid-gosnell-trial.aspx

假設檢定的限制：顯著性與重要性

　　我們經常對拒絕虛無假設感到興趣，所以應該花一些時間有系統地思考影響我們在步驟 5 決策的因素。一般而言，拒絕虛無假設的機率是四個獨立因素的函數，其中僅第一個因素無法由研究者直接控制： 224

1. 樣本統計值之間差異的大小。平均數或比例之間的差異越大，拒絕虛無假設的可能性就越高。

2. 顯著水準。當顯著水準提高，臨界域會變得越大，拒絕虛無假設的機率也隨之增加。因此在 0.05 的顯著水準下拒絕 H_0 比在 0.01 的顯著水準下更為容易。當然，這裡的危險在於，較高的顯著水準將增加犯類型一錯誤的機會，可能導致我們宣稱微小的差異是具有統計學上的顯著差異。

3. 單尾或雙尾檢定。單尾檢定會增加拒絕虛無假設的機率（假定已經預測到差異的正確方向）。

4. 樣本規模。在其他所有條件不變的情況下，拒絕 H_0 的機率隨著樣本規模而增加：樣本越大，我們就越容易拒絕無假設。對於樣本規模極大的樣本，我們很可能宣告小、不重要的差異是具有統計上的顯著差異。

　　樣本規模與拒絕虛無假設之間的關係可能令人驚訝，我們將更仔細地思考這個議題。拒絕 H_0 的機率隨著樣本規模增加而增加，因為樣本規模（N）在所有計算（步驟 4）的檢定統計值的公式中的「分母中的分母」。從代數來看，樣本規模相當於位在公式中的分子，因此意味檢定統計值與 N 成正比的關係，樣本越大，檢定統計值就越大。

為了說明這層關係，表 8.1 顯示了不同樣本規模下單一樣本平均數的檢定統計值，當公式中的其他項維持不變，檢定統計值〔Z(obtained)〕隨著 N 增加而增加。

在小樣本（N=50）下，檢定統計值 1.41 在 0.05 的顯著水準下是不顯著的。然而，當樣本增加一倍至 100，公式中的其他值皆未改變下，就能產生顯著性的結果。檢定統計值——Z(obtained)——隨著樣本規模的增加而持續增加。這樣的模式存在於所有的顯著性檢定。樣本越大，檢定統計值的數值就越大，拒絕虛無假設的機率就越高。

表 8.1　**計算不同規模樣本之單一樣本平均數的檢定統計值（其他項皆設定為 $\bar{X}=80, \mu=79, s=5$ ）**

樣本規模（N）	計算檢定統計值	檢定統計值 $Z_{(obtained)}$
50	$Z(\text{obtained}) = \dfrac{\bar{X} - \mu}{s/\sqrt{N-1}} = \dfrac{80-79}{5/\sqrt{49}} = \dfrac{1}{0.71} =$	1.41
100	$Z(\text{obtained}) = \dfrac{\bar{X} - \mu}{s/\sqrt{N-1}} = \dfrac{80-79}{5/\sqrt{99}} = \dfrac{1}{0.50} =$	2.00
500	$Z(\text{obtained}) = \dfrac{\bar{X} - \mu}{s/\sqrt{N-1}} = \dfrac{80-79}{5/\sqrt{499}} = \dfrac{1}{0.22} =$	4.55
1000	$Z(\text{obtained}) = \dfrac{\bar{X} - \mu}{s/\sqrt{N-1}} = \dfrac{80-79}{5/\sqrt{999}} = \dfrac{1}{0.16} =$	6.25
10,000	$Z(\text{obtained}) = \dfrac{\bar{X} - \mu}{s/\sqrt{N-1}} = \dfrac{80-79}{5/\sqrt{9,999}} = \dfrac{1}{0.05} =$	20.00

225　　　　一方面，樣本規模與拒絕虛無假設的機率之間的關係，不應該讓我們過度憂慮，較大的樣本畢竟更能貼近它所代表的母體，因此基於大樣本的決策比基於小樣本的決策更值得信任。

另一方面，這種關係清楚強調的或許是假設檢定最重要的限制：僅僅因為統計上的顯著差異並不保證它在其他意義上是重要的，特別是對大樣本而言，相對較小的差異可能達到統計顯著性。當然反過來說，對於小樣本，原本微不足道或不感興趣的差異也可能達到統計上的顯著性。

關鍵點在於統計顯著性與理論或實際重要性是兩件極為不同的事。統計顯著性是理論或實際重要性的必要但非充分條件，一個統計上不顯著的差異幾乎肯定是不重要的，然而顯著性本身並不確保其具有重要性。即使當研究結果並非由隨機機會所致，研究者仍需評估其重要性，它們是否強而有力地支持理論或假設？它們是否與預測或分析明顯一致呢？它們是否為解決某些問題，強烈地指出行動路線？這些問題都是研究者評估統計檢定結果之重要性時必須思考的問題。

我們也應該注意到，研究人員可以利用一些非常有效的方法來分析研究結果的重要性（相對於顯著性），這些統計方法包含雙變項的關聯測量與多變項統計技術，這些都將於本書的第三篇進行介紹。

日常生活 **統計學**	**收入的性別差異減少了嗎？**

收入的性別差異減少了嗎？

男性與女性的平均收入有所差異是廣為人知的事，這種性別差異正在縮小嗎？若只比較全時工作者而言，1955 年女性的收入中位數是男性收入中位數的 64%，這個差距實際上一直到 1970 年代初期之前是逐漸擴大，但從那時開始已經逐漸縮小（但不總是），直到 2012 年已經縮小到 79%。換句話說，若只比較全時、全年工作的人，男性每賺一美元，女性賺 79 美分。

請留意，只要女性晉升到最高（最能賺錢）職位的機會仍存在「玻璃天花板」，進一步導致婦女相對較少進入最高收入的階層，這個收入的性別差距就不可能進一步縮小。例如，2012 年時，17% 的男性收入超過 10 萬美元，然而女性僅有 8% 達到這個標準。

玻璃天花板對男性與女性收入的整體分布暗示些什麼？哪一個分布將更傾向正偏態？這又對平均數產生什麼影響？（參照第 3 章，回顧一下偏態對集中趨勢量數的影響。）

資料來源：美國人口普查局。表 P-36。見 http://www.census.gov/search-results. html?q=table+p-36&search.x=0&search.y=0&search=submit&page=1&stateGeo=n one&utf8=%26%2310003%3B&affiliate=census

成為具批判性的閱聽人：何時才算是差異？

差異究竟要多大才算得上有差異？這個問題聽起來很傻，但卻是一個嚴肅的議題，因為這關係到我們識別真相的能力。若以收入的性別差異為例，在我們得到性別不平等的結論之前，平均收入必須存在多大的差距呢？如果美國男性平均收入為 50,000 美元、女性的平均收入為 49,500 美元，這個差異會讓我們擔心嗎？在數以萬計的案例中，500 美元的差距——約為平均收入的 1%——似乎很少且不重要。如果差距是 1,000 美元、5,000 美元、10,000 美元呢？我們何時才會宣告這個差異是重要的呢？

極大或極小的差距一般很容易處理，但在這兩個極端之間的差距呢？多大的差距才算大呢？

當然，這裡沒有絕對的規則可讓我們總能夠辨識出重要差異。然而，我們可以討論一些指引來幫助我們判斷什麼是重要的差異。我們先從一般性情況談起，然後再將這些討論連結到顯著性檢定的討論。

一般性的差異

我們可以使用三個指引來識別重要的差異：

1. 如我前面所建議的，根據變項的比例來考慮差異是有所幫助的。對大多數人而言，當一加侖汽油的平均價格為 4 美元時，一加侖汽油下降 1 美分，可能不會有太大的差異。從一般的（與任意的）角度來看，5% 或 10% 或更多的改變（如果一加侖汽油 4 美元，上漲或下跌 20 或 40 美分）對許多社會指標——如人口成長、犯罪率、出生率——來說都是重要差異的訊號。

2. 觀察原始次數來判斷變化的重要性會有所幫助。大多數人都會對青少年懷孕數翻倍的報導標題感到擔憂。然而，來自兩個城鎮的原始資料，其人口數都是 250,000 人。第一個城鎮的青少年懷孕數在一年中從 10 人增加到 20 人；第二個城鎮則從 2500 人增加至 5000 人。儘管兩個城鎮的數值都翻倍，但第二個城鎮明顯比第一個城鎮更令人擔憂。原始次數可提供覺察變化的脈絡（這也是專業研究文獻總是呈現次數的原因之一）。

3. 另一種對變化提供脈絡的方法是從一更寬廣的時期來檢視。某一報告指出，某州選民投票率在 2012 年到 2014 年間下降 20%，可能會引起一些擔憂。然而，投票率常常在總統選舉的年份（2012）與沒有總統選舉的年份（2014）間出現下降的趨勢。若能比較 2014 年與 2010 年的資料將更有意義，以及若有更早期年份的資料將能更清楚說明該議題。

社會科學研究中的差異

在社會科學中，建立在隨機樣本之上，辨識出重要差異，會因為難以預測的機會議題而變得複雜。這是說，樣本統計值之間差異的大小可能是隨機機會造成的，而不是（或除此之外）母體間的實際差異。

假設檢定的巨大優勢之一是提供一個識別重要差異的系統。當我們說差異具有統計上的顯著性，我們拒絕僅由隨機機會造成差異的論點（有一已知的錯誤機率——alpha 水準），並支持樣本統計值之間的差異反映了母體差異的想法。細微差異（例如，兩性之間的平均收入僅幾百美元的差異）不太可能在 0.05 水準下達到顯著性；樣本統計值之間的差異越大，越有可

成為具批判性的閱聽人：何時才算是差異？（延續上一頁）

能達到顯著性。差異越大、alpha 水準越低、我們越有信心認為樣本差異能反映母體之間的真實樣態。

　　顯然，這種做決策的方法並不是無懈可擊的，你必須記住永遠都有做出錯誤決策的機會：我們宣稱微不足道的差異是重要的（類型一錯誤），反之則是宣稱重要的差異是微不足道的（類型二錯誤）。

閱讀社會研究

　　專業研究人員使用更簡潔的詞彙來表達結果，這一方面是因為科學期刊的字數限制，另一部分則是預設閱讀這些研究發表的讀者具備一定程度的統計素養。因此，他們省略許多我們在這邊仔細說明的要素、內容—如虛無假設或臨界域。

　　取而代之，研究者僅僅報告了樣本統計值（如平均數或比例）、檢定統計值（如 Z 分數或 t 分數）、alpha 水準、自由度（如果適用的話）、樣本規模。我們其中一個

例子的結果可能會如此呈現「樣本平均數 2.37（郊區家庭）與 2.78（核心城市家庭）之間的差異被檢定為具有顯著性差異（ $t=-2.16, df=77, p<0.05$ ）」。

　　請注意 alpha 水準在這邊呈現為「 $p<0.05$ 」，這是一種簡要的寫法，代表「在反映無差異的虛無假設為真的情境下，此規模的差異僅因隨機機率造成的機率小於 0.05」。類似的情境，我們那關於「因為統計檢定值落入臨界域，因此拒絕虛無假設」的囉唆語彙，也可以被簡化為「⋯差異被⋯發現具有顯著性」。

　　當研究者需要報告許多顯著性檢定的結果時，常常使用彙整性的表格來呈現。在閱讀研究人員建構的這種表格的描述與分析時，你應該不會難以解釋與理解他們。關於文獻中如何報告顯著性檢定的討論，適用於本書第二篇中涉及的所有假設檢定。

重點整理

1. 兩個母體之間差異的顯著性檢定是常見的研究情境，個別母體的隨機樣本可被計算出樣本統計值，然後我們進行樣本之間差異的顯著性檢定，以此推論母體之間的差異。

2. 當樣本資訊以樣本平均數的形式呈現時，若 N 為大樣本的情境下，使用 Z 分布來尋找臨界域；若 N 為小樣本的情境下，t 分布被使用於建立臨界域。

3. 樣本比例差異也可以進行顯著性檢定。在大樣本的情境下，使用 Z 分布來尋找臨界域。

4. 在所有的假設假定中，包含樣本規模等一些因素會影響拒絕虛無假設的機率。統計顯著性與理論或實際重要性是兩件不同的事，即使發現差異具有統計上的顯著差異，研究者仍然必須論證其研究結果的相關性與重要性。本書中的第三篇與第四篇將提供處理統計顯著性之外的議題所需的工具。

公式摘要

| 公式 **8.1** | 兩樣本平均數的檢定統計值，大樣本： | $Z\text{(obtained)} = \dfrac{(\overline{X}_1 - \overline{X}_2) - (\mu_1 - \mu_2)}{\sigma_{\overline{X} - \overline{X}}}$ |

公式 **8.2**　　兩樣本平均數的檢定統計值（簡化），大樣本：
$$Z\text{(obtained)} = \frac{(\overline{X}_1 - \overline{X}_2)}{\sigma_{\overline{X} - \overline{X}}}$$

公式 **8.3**　　兩樣本平均數差異的抽樣分布的標準差，大樣本：
$$\sigma_{\overline{X} - \overline{X}} = \sqrt{\frac{\sigma_1^2}{N_1} + \frac{\sigma_2^2}{N_2}}$$

公式 **8.4**　　合併估計兩樣本平均數差異的抽樣分布的標準差，大樣本：
$$\sigma_{\overline{X} - \overline{X}} = \sqrt{\frac{s_1^2}{N_1 - 1} + \frac{s_2^2}{N_2 - 1}}$$

公式 **8.5**　　合併估計兩樣本平均數差異的抽樣分布的標準差，小樣本：
$$\sigma_{\overline{X} - \overline{X}} = \sqrt{\frac{N_1 s_1^2 + N_2 s_2^2}{N_1 + N_2 - 2}} \sqrt{\frac{N_1 + N_2}{N_1 N_2}}$$

公式 **8.6**　　兩樣本平均數檢定統計值，小樣本：
$$t\text{(obtained)} = \frac{(\overline{X}_1 - \overline{X}_2)}{\sigma_{\overline{X} - \overline{X}}}$$

公式 **8.7**　　合併估計母體比例，大樣本：
$$P_u = \frac{N_1 P_{s1} + N_2 P_{s2}}{N_1 + N_2}$$

公式 **8.8**　　樣本比例差異的抽樣分布的標準差，大樣本：
$$\sigma_{p-p} = \sqrt{P_u(1 - P_u)} \sqrt{\frac{N_1 + N_2}{N_1 N_2}}$$

公式 **8.9**　　兩樣本比例的檢定統計值，大樣本：
$$Z\text{(obtained)} = \frac{(P_{s1} - P_{s2}) - (P_{u1} - P_{u2})}{\sigma_{p-p}}$$

公式 **8.10**　　兩樣本比例的檢定統計值（簡化），大樣本：
$$Z\text{(obtained)} = \frac{(P_{s1} - P_{s2})}{\sigma_{p-p}}$$

名詞總匯

獨立隨機樣本（Independent random samples）。在一個樣本中選擇一個特定個案不影響任何其他個案被選取的機率，而取得的隨機樣本。

合併估計（Pooled estimate）。根據兩個樣本的標準差，一種對樣本平均數差異之抽樣分布的標準差的估計。

σ_{p-p}。是樣本比例差異的抽樣分布之標準差的符號。

$\sigma_{\bar{X}-\bar{X}}$。是樣本平均數差異的抽樣分布之標準差的符號。

習題

8.1 使用假設檢定的五個步驟，對以下各子題，檢驗樣本統計值是否達到顯著差異。
（提示：嘗試運用公式 8.2 解題之前，記得先運用公式 8.4 找到標準誤。另外，在公式 8.4 中，依照適當的順序進行數學運算，先平方個別樣本的標準差，再個別除以適當的 N 後，加總計算後的數值，最後將此數值開平方。）

a.

樣本 1	樣本 2
$\bar{X}_1 = 72.5$	$\bar{X}_2 = 76.0$
$s_1 = 14.3$	$s_2 = 10.2$
$N_1 = 136$	$N_2 = 257$

b.

樣本 1	樣本 2
$\bar{X}_1 = 107$	$\bar{X}_2 = 103$
$s_1 = 14$	$s_2 = 17$
$N_1 = 175$	$N_2 = 200$

8.2 **SOC** 兩位社會學家對大學生樣本進行問卷調查，測量他們對人際暴力的態度（分數越高表示越贊同人際暴力）。檢驗這些結果是否存有性別、種族與社會階級差異。

a.

樣本 1 （男性）	樣本 2 （女性）
$\bar{X}_1 = 2.99$	$\bar{X}_2 = 2.29$
$s_1 = 0.88$	$s_2 = 0.91$
$N_1 = 122$	$N_2 = 251$

b.

樣本 1 （非裔）	樣本 2 （白人）
$\bar{X}_1 = 2.76$	$\bar{X}_2 = 2.49$
$s_1 = 0.68$	$s_2 = 0.91$
$N_1 = 43$	$N_2 = 304$

c.

樣本 1 （白領）	樣本 1 （藍領）
$\bar{X}_1=2.46$	$\bar{X}_2=2.67$
$s_1=0.91$	$s_2=0.87$
$N_1=249$	$N_2=97$

根據差異的顯著性與方向來摘要你的分析結果。在這三個因素中，哪一個因素對人際暴力態度造成最大的差異？

8.3　$\boxed{SOC}$ 運動員進入大學的準備程度是否隨著運動項目不同而變化？這邊提供籃球運動員與足球運動員、男性與女性運動員之虛構的隨機樣本的大學入學考試分數，這些群組之間是否有顯著差異？請簡單寫下一兩句說明來解釋檢定的結果。

a.

樣本 1 （籃球員）	樣本 2 （足球員）
$\bar{X}_1=460$	$\bar{X}_2=442$
$s_1=92$	$s_2=57$
$N_1=102$	$N_2=117$

b.

樣本 1 （男性）	樣本 2 （女性）
$\bar{X}_1=452$	$\bar{X}_2=480$
$s_1=88$	$s_2=75$
$N_1=107$	$N_2=105$

8.4　$\boxed{PA}$ 幾年前，內華達州罪惡城的道路與公路維護部門開始透過積極平權計畫招募少數族群成員。依積極平權計畫聘僱的員工在效率評比方面（依照他們上級指示的程度）的表現為何？我們蒐集兩個隨機樣本的評分並呈現於下表（評分越高表示效率越高）。請你簡單寫幾句話報告和解釋檢定的結果。

a.

樣本 1 （積極平權計畫）	樣本 2 （一般）
$\bar{X}_1=15.2$	$\bar{X}_2=15.5$
$s_1=3.9$	$s_2=2.0$
$N_1=97$	$N_2=100$

8.5　$\boxed{SOC}$ 中產階級家庭是否比工人階級家庭更傾向於與親屬保持聯繫？寫一段話來總結這些檢定的結果。

a. 一個中產階級家庭的樣本指出每年平均拜訪近親 7.3 次，而工人階級家庭的樣本平均有 8.2 次，這個差異是否達到統計上的顯著性差異？

樣本 1 （中產階級）	樣本 2 （工人階級）
$\bar{X}_1 = 7.3$	$\bar{X}_2 = 8.2$
$s_1 = 0.3$	$s_2 = 0.5$
$N_1 = 89$	$N_2 = 55$

b. 中產階級家庭與近親使用電話與電子郵件聯繫平均每月為 2.3 與 8.7 次，工人階級家庭平均每月為 2.7 與 5.7 次。這些差異是顯著的嗎？

每月的電話量	
樣本 1 （中產階級）	樣本 2 （工人階級）
$\bar{X}_1 = 2.3$	$\bar{X}_2 = 2.7$
$s_1 = 0.5$	$s_2 = 0.8$
$N_1 = 89$	$N_2 = 55$

每月的電子郵件訊息量	
樣本 1 （中產階級）	樣本 2 （工人階級）
$\bar{X}_1 = 8.7$	$\bar{X}_2 = 5.7$
$s_1 = 0.3$	$s_2 = 1.1$
$N_1 = 89$	$N_2 = 55$

8.6　$\boxed{SOC}$ 住宿舍的大學生是否比通勤學生更投入於校園生活？下面的資料提供學生每周參與課外活動的平均時數。這些住宿與通勤學生的隨機樣本之間存有顯著差異嗎？

樣本 1 （住宿生）	樣本 2 （通勤生）
$\bar{X}_1 = 12.4$	$\bar{X}_2 = 10.2$
$s_1 = 2.0$	$s_2 = 1.9$
$N_1 = 158$	$N_2 = 173$

8.7　$\boxed{GER}$ 住在退休社區的老年人是否比住在年齡整合社區的老年人有更活躍的社交生活呢？請寫一兩句話解釋檢定的結果。（提示：記得對小樣本使用適當的公式。）

a. 一個居住於退休村的老年人隨機樣本平均每天與其鄰居有 1.42 次的面對面互動，而住在年齡整合社區的老年人隨機樣本平均為 1.58 次。這有顯著差異嗎？

樣本 1 （退休社區）	樣本 2 （年齡整合鄰里）
$\bar{X}_1 = 1.42$	$\bar{X}_2 = 1.58$
$s_1 = 0.10$	$s_2 = 0.78$
$N_1 = 43$	$N_2 = 37$

b. 居住於退休村的老年人平均每星期與親戚、朋友打了 7.43 通電話，而住在年齡整合社區的老年人平均為 5.50 通。這有顯著差異嗎？

樣本 1 （退休社區）	樣本 2 （年齡整合鄰里）
$\bar{X}_1 = 7.43$	$\bar{X}_2 = 5.50$
$s_1 = 0.75$	$s_2 = 0.25$
$N_1 = 43$	$N_2 = 37$

8.8　$\boxed{SW}$ 做為當地男孩俱樂部的主任，你多年來一直宣稱加入俱樂部可以降低青少年犯罪。現在，資助你機構的一位喜歡挖苦人的成員要求你證明這個宣稱。我們蒐集了會員與非會員的隨機樣本，訪問他們關於參與違法活動的情況，每位受訪者都被要求列舉出過去一年中參與的違法行為數，下表列出違法行為的平均數。你可以告訴這資助機構些什麼？

樣本 1 （會員）	樣本 2 （非會員）
$\bar{X}_1 = 10.3$	$\bar{X}_2 = 12.3$
$s_1 = 2.7$	$s_2 = 4.2$
$N_1 = 40$	$N_2 = 55$

8.9　$\boxed{SOC}$ 五個國家的每一國家的隨機樣本受訪者都接受一項調查，受訪者被問及：「你對你整體生活的滿意程度為何？」，受訪者的回覆介於 1（非常不滿意）至 10（非常滿意）之間。請你對每一國家之平均得分的性別差異進行統計檢定。

巴西	
男性	女性
$\bar{X}_1 = 7.7$	$\bar{X}_2 = 7.6$
$s_1 = 2.0$	$s_2 = 2.2$
$N_1 = 712$	$N_2 = 783$

烏克蘭	
男性	女性
$\bar{X}_1 = 5.8$	$\bar{X}_2 = 5.5$
$s_1 = 2.3$	$s_2 = 2.4$
$N_1 = 446$	$N_2 = 549$

越南	
男性	女性
$\bar{X}_1 = 7.2$	$\bar{X}_2 = 7.0$
$s_1 = 1.9$	$s_2 = 1.8$
$N_1 = 762$	$N_2 = 720$

南非	
男性	女性
$\bar{X}_1=6.8$	$\bar{X}_2=7.2$
$s_1=2.5$	$s_2=2.3$
$N_1=1492$	$N_2=1482$

埃及	
男性	女性
$\bar{X}_1=5.6$	$\bar{X}_2=5.9$
$s_1=2.7$	$s_2=2.7$
$N_1=1557$	$N_2=1493$

8.10　對於下列每一問題，檢定樣本比例差異的顯著性。

a.

樣本 1	樣本 2
$P_{s1}=0.20$	$P_{s2}=0.17$
$N_1=114$	$N_2=101$

b.

樣本 1	樣本 2
$P_{s1}=0.60$	$P_{s2}=0.62$
$N_1=478$	$N_2=532$

8.11　[CJ] 堪薩斯州新本市大約有一半的警察已經完成了調查程序的特殊課程。這裡提供有受訓練與無受訓練警員樣本逮捕破案的比例，請問這項課程是否提高逮捕破案的效率？

樣本 1 （有受訓）	樣本 2 （未受訓）
$P_{s1}=0.47$	$P_{s2}=0.43$
$N_1=157$	$N_2=113$

8.12　[SW] 一間大型諮商中心需要評估幾個實驗方案。請寫一段話來摘述這些檢定結果。說明這些新方案是否有效？

a. 有一專為離婚諮商而設計的方案，這個方案的特色是其諮商師為已婚且夫妻倆一起在團隊中工作。大約一半的案主被隨機指派到這個特殊方案，另一半則被指派到一般方案，並記錄最後以離婚收場的案主比例。兩個方案的隨機樣本的資料呈現於下表，新方案是否有助於避免離婚？

樣本 1 （特殊方案）	樣本 2 （一般方案）
$P_{s1}=0.53$	$P_{s2}=0.59$
$N_1=78$	$N_2=82$

b. 此機構也在實驗一項方案，為憂鬱所苦的青少年提供同儕諮商。大約一半的案主被隨機指派到新方案，一年後，根據被判定為「大幅改善」的比例，比較新方案的青少年隨機樣本與接受標準諮商的隨機樣本，新方案是否有效？

樣本 1 （同儕輔導）	樣本 2 （標準方案）
$P_{s1}=0.10$	$P_{s2}=0.15$
$N_1=52$	$N_2=56$

8.13 　SOC　多年來，St. Algebra 學院的社會學系與心理學系一直為其各自的課程品質而爭吵不休。為了解決這個爭端，你針對這兩個專業領域的隨機樣本蒐集了關於研究所經歷的資料。根據這些資料的測量，課程品質是否有顯著差異？

a. 兩專業申請進入研究所的比例：

樣本 1 （社會學）	樣本 2 （心理學）
$P_{s1}=0.53$	$P_{s2}=0.40$
$N_1=150$	$N_2=175$

b. 被首選課程方案錄取的比例：

樣本 1 （社會學）	樣本 2 （心理學）
$P_{s1}=0.75$	$P_{s2}=0.86$
$N_1=80$	$N_2=70$

c. 完成課程的比例：

樣本 1 （社會學）	樣本 2 （心理學）
$P_{s1}=0.75$	$P_{s2}=0.70$
$N_1=60$	$N_2=60$

8.14 　CJ　某大城市的市長在幾年前開始一項「犯罪上線」的方案，他想知道這個方案是否有效。這個方案是在當地媒體公開尚未破案的暴力犯罪案，並提供破案的現金獎勵給訊息提供者。與其他暴力犯罪相比，這些「特別選出的」犯罪是否更有可能被逮捕破案？兩種類型之隨機樣本如下表：

樣本 1	樣本 2
（「犯罪上線」犯罪被逮捕）	（「犯罪無上線」犯罪被逮捕）
$P_{s1}=0.35$	$P_{s2}=0.25$
$N_1=178$	$N_2=212$

8.15　$\boxed{SOC}$　這裡呈現一項全國代表性樣本的一些調查結果，這些結果是依照性別劃分，在這些差異中，哪些具有統計顯著性？請寫一兩句話來解釋這些檢定結果。

　　a. 贊成大麻合法化的比例：

男性	女性
$P_{s1}=0.37$	$P_{s2}=0.31$
$N_1=202$	$N_2=246$

　　b. 強烈同意「孩子是人生最大的喜悅」的比例：

男性	女性
$P_{s1}=0.47$	$P_{s2}=0.58$
$N_1=251$	$N_2=351$

　　c. 2012 年投票給歐巴馬總統的比例：

男性	女性
$P_{s1}=0.45$	$P_{s2}=0.53$
$N_1=399$	$N_2=509$

　　d. 每星期花在電子郵件上的平均時數：

男性	女性
$\bar{X}_1=4.18$	$\bar{X}_2=3.38$
$s_1=7.21$	$s_2=5.92$
$N_1=431$	$N_2=535$

　　e. 上教堂的平均比率（每年次數）：

男性	女性
$\bar{X}_1=3.19$	$\bar{X}_2=3.39$
$s_1=2.60$	$s_2=2.72$
$N_1=641$	$N_2=808$

　　f. 子女數：

男性	女性
$\bar{X}_1=1.49$	$\bar{X}_2=1.93$
$s_1=1.50$	$s_2=1.50$
$N_1=635$	$N_2=803$

8.16　$\boxed{SOC}$　一位研究者正在研究大學經驗對態度、價值與行為的影響，因此比較同一所大學中一年級與四年級學生的隨機樣本，以下哪些差異是顯著？

a. 每天至少給父母打一次電話的比例：

大一學生	大四學生
$P_{s1}=0.24$	$P_{s2}=0.08$
$N_1=153$	$N_2=117$

b. 有來自另一種族或族群之「親密朋友」的比例：

大一學生	大四學生
$P_{s1}=0.15$	$P_{s2}=0.26$
$N_1=155$	$N_2=114$

c. 認為自己對國際政治「非常有興趣」的比例：

大一學生	大四學生
$P_{s1}=0.46$	$P_{s2}=0.48$
$N_1=147$	$N_2=111$

d. 一測量政治意識型態量表的平均分數，在此量表中，10 分表示「非常保守」，1
分表示「非常自由」：

大一學生	大四學生
$\bar{X}_1=5.23$	$\bar{X}_2=5.12$
$s_1=1.78$	$s_2=1.07$
$N_1=145$	$N_2=105$

e. 一測量支持傳統性別角色量表的平均分數，此量表介於 7 分（「非常傳統」）到 1
分之間（「非常不傳統」）：

大一學生	大四學生
$\bar{X}_1=2.07$	$\bar{X}_2=2.17$
$s_1=1.23$	$s_2=0.78$
$N_1=143$	$N_2=111$

使用 SPSS 進行統計分析

8.17 *SOC* 在這個練習中，你將使用 SPSS 與 2012 年一般社會調查（GSS）來比較基督
教徒與天主教徒在平均社會階級地位的顯著差異，這裡使用教育程度（*educ*）與
自評社會地位（*rank*）來測量社會階級。你將使用**獨立樣本 T 檢定（Independent-
Samples T Test**）來進行假設檢定。

• 點擊桌面上的 SPSS 圖標。

• 載入 *GSS2012* 資料。

• 點擊 **Analyze→Compare Mean→Independent-Samples T Test** 。

• 在變項清單中找到 *educ* 與 *rank*，並將之移至 "Test Variable(s)" 的方框中。

• 在變項清單中找到 *relig*，並將之移至 "Grouping Variable" 方框中。

- 點擊 **Define Group**，並在 Group 1 的方框中鍵入 **1**（為基督教徒），在 Group 2 中
  鍵入 **2**（為天主教徒），再點擊 **Continue**。
- 點擊 **OK**，檢定結果將傳送至 SPSS 的輸出視窗中。
- 找到群組平均數（group mean）、t 分數（t score）、自由度（degree of freedom），
  與「顯著性 [Sig.(2-taied)]」（這是在 H_0 為真的情況下卻錯認為有差異的精確機
  率），並為檢定結果提出簡要的報告與解釋。

8.18　$\boxed{SOC}$　重複進行習題 8.17 的檢定程序，但這次是比較基督教徒與沒有宗教信仰者
（"Nones"）。重複前一個習題的所有步驟，但在 **Define Group** 的指令上，將第二組
「2」（Catholics）改為「4」（Nones）。完成前一習題中的其他所有步驟並簡要說明檢
定的結果。

你是研究者

支持傳統性別角色的性別差距

下面提供兩個計畫。第一個計畫是檢定你所選擇的四個變項的樣本平均數在性別上是否
有顯著差異。第二個計畫是使用 **Compute** 指令來探究墮胎或傳統性別角色態度。請按照
本章前面介紹的「使用 SPSS」來產生結果。

計畫 1：探究性別差異

　　在這開明的時代，特別強調性別平等，然而兩性之間還存在多少重要差異？在這個
計畫中，你將選擇四個依變項，並檢驗這四個依變項是否有顯著的性別差異。

步驟 1：選擇依變項

　　從 *GSS2012* 的資料檔中選擇四個依變項，請你選等距－比率變項或具三個分數（類
別）或以上的順序變項。在選擇變項時，你可能會留意性別平等討論的前沿議題：收
入、教育、和其他測量平等的指標。或者你可能選擇相關於生活風格抉擇與日常生活模
式的變項：宗教信仰、看電視的習慣、或政治看法。

　　在下表中列出你選的四個依變項。

變項	SPSS 資料檔中的名字	這個變項究竟在測量什麼？
1		
2		
3		
4		

步驟 2：陳述假設

針對每一依變項，就你所期望發現的差異提出假設。例如，你可以假設男性較自由，或女性受到更多教育。當然，你也可以假設兩性之間沒有顯著差異。你可以基於你個人的經驗提出假設，或者也可建立在你從課程或其他來源習得的性別差異資訊，來提出假設。

假設：

1. _____

2. _____

3. _____

4. _____

步驟 3：取得分析報表

載入 *GSS2012* 資料檔並使用**獨立樣本 T 檢定**來產生研究結果。詳細說明請見本章「使用 SPSS」的示範。在變項清單中找到你所選擇的四個依變項，點擊視窗中間的箭頭將變項名稱移至 "Test Variable(s)"（檢定變項）的方框中。

接著，選擇 *sex* 並點擊視窗中間的箭頭將其移至 "Grouping Variable" 的方框中。點擊 **Define Groups** 按鈕後，在第一個框中輸入 **1**（代表男性），在第二個框中輸入 **2**（代表女性）。點擊 **Continue** 回到 "Independent-Samples T Test"（獨立樣本 T 檢定）的視窗，點擊 **OK**。

步驟 4：閱讀分析報表

分析輸出檔的第一個區塊〔「群體統計」（Grouping Statistics）〕提供描述性統計，第二個區塊報告了檢定顯著性，你可以在輸出檔的第二個區塊最上面一列看到 *t* 值（*t* value）、自由度（degree of freedom），以及雙尾顯著性 [Sig. (2-tailed)]，正如你所知道的，這是指觀察到樣本平均數有所差異僅來自機率運作所致的確切機率。

步驟 5：記錄你的結果

將你的分析結果記錄在下表中，在第一個欄位寫下 SPSS 的變項名稱，接著記錄描述性統計。下一步是察看第二區塊中最上面二橫列（變異相等假定），記錄下顯著性檢定的結果，請記下 *t* 分數、自由度（*df*）、以及在 0.05 的水準下是否達顯著差異。如果 Sig. (2-tailed) 小於 0.05，則在該欄位中填入「是」，若 Sig. (2-tailed) 大於 0.05，則在該欄位中填入「否」。

依變項		平均數	標準差	樣本數	t 分數	自由度	顯著與否？
	男性						
	女性						
	男性						
	女性						
	男性						
	女性						

步驟 6：解釋你的結果

總結你的發現。針對每一個依變項，你應寫下：

1. 至少以一句話來總結檢定的結果，內容需要指出檢定的變項、每一組的樣本平均數、樣本數、t 分數、以及顯著水準。在專業的研究文獻中，你可能會看到以下這種報告的方式：「在 1417 名受訪者中，男性的平均年齡（48.21）與女性的平均年齡（48.12）沒有顯顯著差異（$t=0.95, df=1416, p>0.05$）。」

2. 一句與你的假設相關的句子。它們是否得到支持？以及如何被支持？

計畫 2：使用 Compute 指令來探究性別差異

在第二個計畫中，你將使用第 4 章介紹的 **Compute** 的指令，為支持合法墮胎或支持傳統性別角色，建構一個關於量表的摘述。這些態度是否隨性別而有顯著變化？你也將挑選性別之外的第二個自變項，以檢驗是否有顯著差異。

步驟 1：建構量表分數

我們先複習一下第 4 章介紹過的 **Compute** 指令，建構一個墮胎態度的變項（*abscale*），這個變項透過加總兩個題項的分數（*abany* 與 *abpoor*）來彙總兩個題項的態度。變項一旦建立，計算出來的變項會添加到正在使用的資料檔中，它可以像資料檔中儲存的任何變項一樣被使用。如果你先前未儲存 *abscale* 這個變項，你可以按照第 4 章的說明快速建立這個變項。

你也可以建立一個測量支持傳統性別角色的量表，做為備案。隨本書提供的 GSS 資料檔包含兩個測量性別態度的變項，其中一個變項（*fefam*）的陳述是「男性追求家庭之外的成就，女性承擔照顧家庭與家人的責任，是對每個人而言較好的安排」，這個題項有四個可能的回應，從「非常同意（1）」到「非常不同意（4）」。請留意，最低分數（1）是最支持傳統性別角色。

另一個題項（*fechld*）的陳述是「媽媽出外工作不會對子女造成傷害」，此題項亦有四個可能的回應，同樣地，最低的分數——非常不同意(1)——是最支持傳統性別角色。

這兩題項的分數變化具有一致的方向（對於兩個問題而言，最低的分數都指涉為對傳統性別角色的最強烈支持），所以我們可以透過簡易地加總兩個變項來彙總這個量表。依據第 4 章的指令，藉由加總 *fefam* 與 *fechld* 的分數以建立此量表分數，並命名為 *fescale*，計算而得的變項（*fescale*）有七個可能的分數，分數越低表示越支持傳統性別角色，分數越高表示越不支持傳統性別角色。

步驟 2：陳述假設

選擇 *abscale* 或 *fescale*，並提出假設來說明你預期看到男性與女性之間的差異。男性或女性將更支持合法墮胎（*abscale* 的平均分數較低）？為什麼？男性或女性將更支持傳統性別角色（*fescale* 平均分數較低）？為什麼？

步驟 3：獲得與解釋分析報表

如同前述的程序執行 **Independent Samples T Test**，將你所選擇的量表視為 **Test Variable**，*sex* 為 **Grouping Variable**。見上述計畫一的說明。

步驟 4：解釋你的結果

如同計畫一的步驟 6 一樣，彙總你的結果。你的假設是否得到證實？如何得到證實？

步驟 5：選擇另一個自變項來擴展假設檢驗

除了性別之外，還有其他自變項可能與墮胎態度或傳統性別角色態度有關？請選擇 *sex* 之外的另一個自變項，以 *abscale* 或 *fescale* 為依變項，執行另一個 *t* 檢定。請記得，*t* 檢定要求自變項只能有兩個類別。對於有兩個以上類別的變項（例如 *relig* 或 *racecen1*），你可以使用 **Define Group** 的按鈕選擇變項中的特定類別來滿足此一要求，例如，你可以藉由選擇分數 1（基督教徒）與 2（天主教徒）來比較基督教徒與天主教徒在 *relig* 上的差異。

步驟 6：陳述假設

提出假設以說明你期待看到自變項類別之間的差異。哪一類別更傾向支持合法墮胎或更支持傳統性別角色？為什麼？

步驟 7：獲得與解釋分析報表

如同前述的程序執行 **Independent Samples T Test**，將你所選擇的量表視為 **Test Variable**，你的自變項為 **Grouping Variable**。

步驟 8：解釋你的結果

如同計畫一的步驟 6 一樣，彙總你的結果。你的假設是否得到證實？如何得到證實？

第 9 章

假設檢定 III：變異數分析

學習目標

本章結束之前，你將能夠

1. 辨明與舉出適用變異數分析（ANOVA）的情境。

2. 解釋適用於 ANOVA 的假設檢定之邏輯。

3. 執行 ANOVA 檢定，利用五步驟模型做為指引，並正確詮釋結果。

4. 定義並解釋以下概念：母體變異數、總平方和、組間平方和、組內平方和，及均方估計值。

5. 解釋統計顯著性與變項間關係的重要性兩者間的差異。

6. 使用 SPSS 執行變異數分析。

使用統計

本章呈現用來比較超過兩個隨機樣本之間差異的統計技術。如果差異達到顯著，結論便是抽選出樣本的母體是不同的。這個結論將有一個已知的誤差機率，通常設在 0.05 的水準。適用變異數分析的情境可舉例如下：

1. 研究者檢視不同宗教歸屬的人群之間對死刑支持度的差異。若在基督徒、天主教徒與其他宗教的隨機樣本之間有顯著的差異，研究者便可論斷在這個議題上各別的母體有不同的觀點。

2. 比較某大學裡大一、大二、大三和大四的隨機樣本在政治觀點與宗教價值觀上的差異，如果研究者發現樣本之間有顯著差異，便可論斷在這些面向上，母體（年級）有所差別。

3. 霸凌這個問題在郊區、城市，還是鄉村的學校裡比較嚴重？研究者比較不同類型學校的隨機樣本，以探查是否具有統計上的顯著差異。

239　　　本章要介紹一個非常具有彈性且廣被使用的顯著性檢定，稱為**變異數分析**（analysis of variance），也常簡稱為 **ANOVA**。這個檢定乃用於等距－比率－層次的依變項，也是一個強大的工具，用來分析你所可能遇到的最細緻與精確的測量。

　　理解 ANOVA 一個最簡單的方式，或許就是把它想成 t 檢定的延伸。第 8 章有介紹 t 檢定乃用於兩樣本平均數差異的顯著性。t 檢定使用的情境為自變項剛好只有兩個類別（例如：基督徒與天主教徒）。另一方面，變異數分析則適用於自變項超過兩個類別（例如：基督徒、天主教徒、猶太教徒、無宗教歸屬者、穆斯林教徒、印度教度，還有其他）。

　　舉例而言，假如我們想要分析對死刑的支持（依變項）和年齡群體（自變項）之間的關係。當人們年紀漸長，態度是否隨之改變？年長者是否比年輕人更支持死刑？

　　假設我們針對一個隨機選取的樣本施測，使用的量表以等距－比率－層次測量對死刑的支持度，並將樣本區分為四個年齡群體：18-29、30-45、46-64，還有 65 及以上。我們因此有四類的受試者，並想看看不同類別的人群（年齡群體），態度是否會顯著改變。

變異數分析的邏輯

　　在 ANOVA 中，虛無假設是：樣本所來自的母體在依變項上有著相同的平均分數。放在我們的例子上來看，虛無假設可表達為：「不同年齡的人群對於死刑的支持不會改變」，或者可用符號表達為：$\mu_1 = \mu_2 = \mu_3 = \mu_4$。（注意這是兩樣本 t 檢定的虛無假設之延伸。）研究者通常會想拒絕虛無假設，顯示出支持度和年齡群體有關。

　　假如在母體裡「無差別」的虛無假設為真，那麼從隨機選取的樣本裡所計算出來的平均數應該會約略相當。18-29 歲組的平均分數應該和其他任一年齡群體的平均分數大致相同。注意，就算虛無假設的確為真，各組計算出來的平均分數也不會完全一模一樣，因為在測量過程中我們總是會遇到某些誤差或運氣的變化。我們並不是在問：「樣本（在本例中為年齡群體）之間有差異嗎？」實則，我們在問：「樣本之間的差異有大到足以讓我們拒絕虛無假設，且達成母體並不相同的肯定結論嗎？」

　　假如我們真的用「死刑支持量表」來施測，想想看我們可能會得到怎樣的結果，並依照年齡群體將分數加以組織。在無限多的可能性之中，讓我們看看表 9.1 和表 9.2 所呈現出來的兩種極端結果。

240　　　在第一組的假設結果中（表 9.1），可以看出每個群體的平均數和標準差都很相似。平均分數大致相同，而且四組都呈現出相同的離散狀況。這樣的結果就會和母體之間沒有差異的虛無假設相互一致。平均分數和分數的離散情形兩者都不會隨著年齡群體而出現重大的變化。

表 9.1　**對死刑的支持度——依年齡群體分（虛構數據）**

	18–29	30–45	46–64	65+
平均數 =	10.3	11.0	10.1	9.9
標準差 =	2.4	1.9	2.2	1.7

表 9.2　**對死刑的支持度——依年齡群體分（虛構數據）**

	18–29	30–45	46–64	65+
平均數 =	10.0	13.0	16.0	22.0
標準差 =	2.4	1.9	2.2	1.7

　　現在再看看表 9.2 展示的另一組虛構的結果。這裡我們看到平均分數的顯著差異：最年輕的年齡組最不支持，而最年長的年齡組最為支持。同時，各類別的標準差都很低，且彼此接近，顯示在年齡組內沒有太多變異。表 9.2 呈現出年齡組之間有明顯的差異而年齡組之內卻有同質性（很低的標準差）。易言之，年齡組彼此大相逕庭，而年齡組內則有著低度的變異。這樣的結果與虛無假設牴觸，並且符合對死刑的支持隨年齡群體而異的想法。

　　ANOVA 以前述的方式進行比較。此一檢定將類別之間（年齡組之間）的變異量比上類別之內（年齡組之內）的變異量。類別之間的差異（以平均數衡量）相比於類別之內的差異（以標準差衡量）愈大的話，那麼「無差異」的虛無假設被拒絕的可能性愈大。如果對死刑的支持真的隨著年齡群體而異的話，那麼每一個年齡組的樣本平均數彼此之間應該差異很大，而類別之內的分散程度應該相對較低。

ANOVA 的計算

　　雖然我們已經將 ANOVA 想成是對於樣本平均數之間差異顯著性的檢定，但其計算方式實際上牽涉到對於母體變異數 σ^2 的兩種分別的估計（所以這種檢定才叫作變異數分析）。回想第 4 章有提到，變異數是標準差的平方。母體變異數的一個估計乃基於自變項的每個類別之內的變異量，另一個估計則基於類別之間的變異量。

　　在計算這些估計值之前，需要介紹一些新的概念與統計值。第一個新概念是分數的總變異，其由**總平方和（total sum of squares）**或 **SST** 所衡量：

公式 9.1　　　$SST = \sum X_i^2 - N\overline{X}^2$

利用公式進行計算的話，要先找到分數的平方和（換言之，先把每個分數平方之後再

241

把平方過的分數加總起來）。其次，把所有分數的平均加以平方，並將這個數字乘上樣本之中的個案總數（N），再用分數的平方和減去前面所得的數字。

公式 9.1 可能看來似曾相識。一個類似的算式$\Sigma(X_i - \bar{X})^2$出現在計算標準差和變異數的公式中（見第 4 章）。這三個統計值都包含了有關分數（或者說，在 SST 的例子裡，分數的平方）變異的資訊。換言之，這三個統計值都在測量分數的變異或離散程度。

要計算母體變異數的兩個分別的估計值，我們將總變異（SST）區分出兩個成分。一個成分反映了每個類別之內的變異模式，並稱為**組內平方和（sum of squares within）**（SSW）。在我們的例題裡，SSW所測量的是每個年齡組內支持死刑的變異量。

另一個成分是基於類別之間的變異，並稱為**組間平方和（sum of squares between）**（SSB）。再用我們的例子說明，SSB 測量每一個年齡組內的人在死刑支持度上相較於其他組，彼此之間有多不相同。SST 由 SSW 和 SSB 所構成，如同公式 9.2 所示：

公式 9.2　　　$SST = SSB + SSW$

讓我們從 SSB 的計算開始，也就是測量類別之間的變異。我們以類別平均做為摘要統計值，以決定類別和類別之間的差異程度。也就是說，我們拿每一個年齡組的平均支持度，和所有年齡組的平均支持度加以比較。組間平方和（SSB）的公式為：

公式 9.3　　　$SSB = \Sigma N_k(\bar{X}_k - \bar{X})^2$

其中，$SSB =$ 類別之間的平方總和

　　　　$N_k =$ 每一個類別之內的個案數

　　　　$\bar{X}_k =$ 某個類別的平均

要算出 SSB，用每一個類別的平均（$\bar{X}_k$）減去所有分數的總平均（$\bar{X}$），將所得的差加以平方之後，再乘上每一個類別之內的個案數（N_k），最後就把所有類別的結果加總起來。

242　　　母體變異數的第二個估計值（SSW）則基於類別之內的變異量。公式 9.2 顯示總平方和（SST）等於 SSW 和 SSB 相加。這種關係意味著我們光用減法就可以得到 SSW。公式 9.4 將公式 9.2 移項之後：

公式 9.4　　　$SSW = SST - SSB$

這裡先暫停一下想想我們到底要做什麼。如果虛無假設為真，那麼在類別與類別之間應該不會有太多變異（見表 9.1），而且 SSW 和 SSB 應該大致相等。如果虛無假設不為真，那麼相較於類別之內的差異，類別之間將會有巨大的差異（見表 9.2），而

且 *SSB* 應該遠遠大於 *SSW*。當類別平均數之間的差異增加，*SSB* 也會跟著增加，特別是當類別之內沒有太大變異（*SSW*）的時候。*SSB* 相較於 *SSW* 愈大，我們愈有可能拒絕虛無假設。

　　計算過程的下一步就是要建構出母體變異數的估計值，做法則是將每一個平方和除以各自的自由度。要找出和 *SSW* 有關的自由度，用個案數（*N*）減去類別數（*k*）。和 *SSB* 有關的自由度則是將類別數減 1。摘要如下：

公式 9.5　　　$dfw = N - K$

　　其中 dfw = 和 *SSW* 有關的自由度

　　　　N = 總個案數

　　　　K = 類別數

公式 9.6　　　$dfw = K - 1$

　　其中 dfb = 和 *SSB* 有關的自由度

　　　　K = 類別數

母體變異數的實際估計值稱為**均方估計值（mean square estimates）**，由平方和除以各自的自由度所得出：

公式 9.7　　　組內均方 $= \dfrac{SSW}{dfw}$

公式 9.8　　　組間均方 $= \dfrac{SSB}{dfb}$

在整個五步模型的第四步所計算出來的統計值稱為 **F 比值（F ratio）**，得自以下的公式：

公式 9.9　　　F 統計檢定值 $= \dfrac{組間均方}{組內均方}$

　　如你所見，*F* 比值的數值乃類別之間的變異量（基於 *SSB*）比上類別之內的變異量（基於 *SSW*）之函數。類別之間的變異相較於類別之內的變異愈大，*F* 比值的數值就愈大，我們也愈有可能拒絕虛無假設。

243

計算變異數分析的範例

　　假如我們利用「死刑支持度量表」對一個由 16 人組成的樣本加以施測，而這 16 人剛好平均分布在四個年齡類別之中。（很顯然，這個樣本對於一個認真的研究來說實在太小，所以只是一個為了說明所舉的例子。）所有的分數呈現在表 9.3 中，並附上完成計算所需的其他數量資訊。表中呈現四個類別內的分數（x_i），並加上一欄呈現平方後的分數（X_i^2）。X_i 和 X_i^2 各自的總和也都呈現在各自的欄底之處。類別平均數（$\overline{X}_k$）顯示 18-29 歲組的四個人在「死刑支持度量表」的得分平均為 10.0，30-45 歲組的平均為 13.0，以下類推。最後，全體平均〔有時稱為總平均（$grand\ mean$）〕呈現在表中最底部的橫列上，顯示全部 16 個受訪者的平均分數是 15.25。

　　整理一下計算過程，依循「一次一步驟」中的做法摘要，我們首先算出 SST（公式 9.1）：

$$SST = \sum X_i^2 - N\overline{X}^2$$
$$SST = (438 + 702 + 1058 + 1994) - (16)(15.25)^2$$
$$SST = 4192 - (16)(232.56)$$
$$SST = 4192 - 3720.96$$
$$SST = 471.04$$

表 9.3　死刑支持度：按年齡組分（虛構數據）

18–29		30–45		46–64		65+	
X_i	X_i^2	X_i	X_i^2	X_i	X_i^2	X_i	X_i^2
7	49	10	100	12	144	17	289
8	64	12	144	15	225	20	400
10	100	13	169	17	289	24	576
15	225	17	289	20	400	27	729
40	438	52	702	64	1058	88	1994
$\overline{X}_k = 10.0$		$\overline{X}_k = 13.0$		$\overline{X}_k = 16.0$		$\overline{X}_k = 22.0$	
			$\overline{X} = 15.25$				

組間平方和（SSB）則藉由公式 9.3 算出：

$$SSB = \sum N_k(\overline{X}_k - \overline{X})^2$$
$$SSB = 4(10 - 15.25)^2 + 4(13 - 15.25)^2 + 4(16 - 15.25)^2 + 4(22 - 15.25)^2$$
$$SSB = 4(-5.25)^2 + 4(-2.25)^2 + 4(0.75)^2 + 4(6.75)^2$$
$$SSB = 4(27.56) + 4(5.06) + 4(0.56) + 4(45.56)$$
$$SSB = 110.24 + 20.24 + 2.24 + 182.24$$
$$SSB = 314.96$$

用減法可得到 SSW（公式 9.4）：

$$SSW = SST - SSB$$
$$SSW = 471.04 - 314.96$$
$$SSW = 156.08$$

要算出兩個平方和的自由度，使用公式 9.5 和公式 9.6：

$$dfw = N - k = 16 - 4 = 12$$
$$dfb = k - 1 = 4 - 1 = 3$$

最後，我們總算可以得到母體變異數的均方估計值。SSW 的估計值用公式 9.7 計算：

$$組內均方 = \frac{SSW}{dfw} = \frac{156.08}{12} = 13.00$$

組間（SSB）的估計值用公式 9.8 計算：

$$組間均方 = \frac{SSB}{dfb} = \frac{314.96}{3} = 104.99$$

統計檢定值，或 F 比值，可用公式 9.9 算出：

$$F = \frac{組間均方}{組內均方} = \frac{104.99}{13.00} = 8.08$$

這個統計值仍需要判定其顯著性（解出本章最後的練習題以更進一步熟悉上述的公式與計算。）

ANOVA 顯著性的檢定

　　現在要來看看如何檢定 F 比值的顯著性，也一併看看 ANOVA 背後的一些預設。依循往例，我們將依照五步驟模型做為捷徑來組織整個決策過程。

步驟 1：做出預設並符合檢定要件

　　模型：獨立隨機樣本

　　　　　測量層次為等距—比率

　　　　　母體為常態分布

　　　　　母體變異數相同

模型預設相當嚴格，並強調 ANOVA 只有在依變項經過仔細與精確測量過後才可以使用。然而，只要類別的規模大致相當，ANOVA 可以容許違反若干的模型預設。如果在某些情況下你不太確定，或是各類別的樣本數差異很大，此時或許最好使用替代的檢定（一個選項是第 10 章介紹的卡方）。 245

步驟 2：陳述虛無假設。 對 ANOVA 而言，虛無假設永遠都是樣本所來自的母體的平均數之間相等。以現在的範例題來說，我們關注四個不同的母體，或是說類別，所以我們的虛無假設就是

$$H_0: \mu_1 = \mu_2 = \mu_3 = \mu_4$$

　　其中 μ_1 代表 18-29 歲組的平均，

　　　　　μ_2 則為 30-45 歲組的平均，以此類推。

　　對立假設只要說至少有一個母體平均數是與眾不同的。用字遣詞在這裡很重要。如果我們拒絕虛無假設，ANOVA 並沒有辨認出是哪個（些）平均數顯著不同。

　　　　　（H_1：至少有一個母體平均數與眾不同）

步驟 3：選擇抽樣分布並建立拒絕區。 ANOVA 的抽樣分布是 F 分布，在附錄 D 中可見其摘要。注意 α 為 0.05 和 0.01 時要查不同的表。如同 t 表一般，F 分數的臨界值會隨著自由度而改變。ANOVA 的自由度有兩個，各自對應到不同的母體變異數的估計值。橫跨整個表上方的數字就是和組間估計（dfb）有關的自由度，表底的數字則是和組內估計（dfw）有關的自由度。在本例中，dfb 等於（$k-1$），或 3，而 dfw 等於（$N-k$），或 12（可見公式 9.5 和 9.6）。所以，如果我們把 α 設為 0.05，那我們 F 分數的臨界值就會是 3.49。

把上述的思考過程摘要整理：

$$抽樣分布 = F 分布$$
$$\text{Alpha}（\alpha）= 0.05$$
$$組內自由度（dfw）=（N-k）=12$$
$$組間自由度（dfb）=（k-1）=3$$
$$F 臨界值 = 3.49$$

花點時間看看兩個 F 表，你會發現所有的數值都大於 1。這是因為 ANOVA 是單尾檢定，我們只關心類別之間的變異大於類別之內的變異這種結果。F 數值小於 1 代表組間估計的數值小於組內估計，而在這種情況之下我們永遠無法拒絕虛無假設，因此乾脆忽略這類的結果。

步驟 4：計算檢定統計值。 這在前面就已完成，得到的 F 比值為 8.08。

步驟 5：做決策並解釋檢定的結果。 將檢定統計值和臨界值加以比較：

$$F 臨界值 = 3.49$$
$$F 檢定統計值 = 8.08$$

檢定統計值落在拒絕區內，所以我們決定拒絕虛無假設。對於死刑的支持顯著地隨年齡群體而有所不同。

| 日常生活 統計學 | **對抗肥胖**
想要維持纖瘦與修長？一項研究追蹤超過 34,000 名婦女達 15 年之久，結果不太令人振奮：平均而言，樣本中的婦女在研究期間都增加了體重。然而，運動的確有助於限制體重的增加。婦女們被分成三組，運動程度最高的那組所增加的體重顯著少於運動中等程度及最低程度的兩組。這份研究使用複雜的統計方法分析數據，本書雖然沒有介紹他們使用的方法，但這三組體重增加的平均數之差異達到顯著，仍是透過 ANOVA 的技術所確認。

資料來源：Lee, I., Djousse, L, Sesso, H., Wang, L., and Buring J. 2010. "Physical Activity and Weight Gain Prevention." *JAMA*, March 24-31, 1173-1179。 |

一次一步驟	**完成五步驟模型的步驟 4：計算 F 檢定統計值**

要求得 F 比值，使用 9.1、9.3 和 9.4 找出 SST、SSB 和 SSW。然後，計算自由度、母體變異數的均方估計值，以求得 F 比值。強力推薦使用像表 9.3 的方式將計算過程加以組織。

步驟　操作

求解公式 9.1（SST）：

1. 算出 $\sum X_i^2$，
   a. 將每個分數平方。
   b. 算出平方分數的總和。
2. 算出 $N\bar{X}^2$，
   a. 將所有分數的平均加以平方。
   b. 將 $\bar{X}^2$ 乘上 N。
3. 將第一步得到的數值減去第二步得到的數值以求得 SST。

求解公式 9.3（SSB）：

1. 將每個類別的平均（$\bar{X}_k$）減去所有分數的平均（$\bar{X}$），然後將其差逐一加以平方。
2. 將第一步所得到的每個平方後的差，再乘上每個類別的個案數（N_k）。
3. 將第二步得到的所有數值加總以求得 SSB。

求解公式 9.4（SSW）：

1. 將 SST 的數值減去 SSB 的數值。

求解公式 9.5 和 9.6（dfw 和 dfb）：

1. 求 dfw，個案數（N）減去類別數（K）。
2. 求 dfb，類別數（K）減去 1。

求解公式 9.7 和 9.8（均方估計值）：

1. 求組內均方估計值，將 SSW 除以 dfw。
2. 求組間均方估計值，將 SSB 除以 dfb。

求解公式 9.9（求得 F 比值）：

1. 將組間均方估計值除以組內均方估計值。

一次一步驟	**完成五步驟模型的步驟 5：做決策並解釋檢定結果**

步驟　操作

1. 將 F 檢定統計值比上 F 臨界值。如果 F 檢定統計值大於 F 臨界值，就會落在拒絕區，拒絕虛無假設。如果 F 檢定統計值小於 F 臨界值，就不會落在拒絕區，無法拒絕虛無假設。
2. 依據問題脈絡，詮釋拒絕或無法拒絕虛無假設的決定代表何種意義。例如，對於此一範例問題的結論即為：「對於死刑的支持顯著地隨年齡群體而有所不同。」

應用統計 9.1　變異數分析

依照四種收入的水準，選取出一組包含 20 個國家的隨機樣本。我們採用來自第 4 章以盒型圖討論出生率的經濟類別。稍加提醒，「低收入」國家多為農業經濟且生活品質最低。「高收入」國家屬於工業型經濟且最為富裕與現代化。「中上與中下收入」國家則介於上述兩個極端之間。收入水準是否反應出預期壽命（一般公民自出生起預期能夠存活的年數）的差異？

預期壽命：按收入水準分

收入水準							
低		中下		中上		高	
國家	預期壽命	國家	預期壽命	國家	預期壽命	國家	預期壽命
柬埔寨	62	玻利維亞	67	中國	75	澳洲	82
馬拉威	54	瓜地馬拉	71	哥倫比亞	74	加拿大	81
尼泊爾	68	印度	66	約旦	73	日本	83
尼日	57	菲律賓	69	利比亞	75	西班牙	82
辛巴威	56	越南	73	俄羅斯	69	美國	79

資料來源：Population Reference Bureau. 2012 World Population Data Sheet. Available at http://www.prb.org/Publications/Datasheets/2012/world-population-data-sheet.aspx

要求得 F 檢定統計值並進行 ANOVA 檢定，依照表格形式組織計算過程：

	低		中下		中上		高	
	X_i	X_i^2	X_i	X_i^2	X_i	X_i^2	X_i	X_i^2
	62	3844	67	4489	75	5625	82	6724
	54	2916	71	5041	74	5476	81	6561
	68	4624	66	4356	73	5329	83	6889
	57	3249	69	4761	75	5625	82	6724
	56	3136	73	5329	69	4761	79	6241
$\sum X_i =$	297		346		366		407	
$\sum X_i^2 =$		17,769		23,976		26,816		33,139
$\overline{X}_k =$	59.4		69.2		73.2		81.4	
				$\overline{X} = 70.8$				

ANOVA 的檢定可告訴我們樣本的差異是否大到足以認定並單純非出於偶然。依循一般的計算步驟：

$SST = \sum X_i^2 - N\overline{X}^2$
$SST = (17,769 + 23,976 + 26,816 + 33,139)$
$\quad - (20)(70.8)^2$
$SST = (101,700) - (20)(5012.64)$
$SST = 101,700 - 100,252.80$
$SST = 1447.20$

$SSB = \sum N_k(\overline{X}_k - \overline{X})^2$
$SSB = 5(59.4 - 70.8)^2 + 5(69.2 - 70.8)^2$
$\quad + 5(73.2 - 70.8)^2 + 5(81.4 - 70.8)^2$
$SSB = 5(-11.40)^2 + 5(-1.60)^2 + 5(2.40)^2 + 5(10.60)^2$
$SSB = 5(129.96) + 5(2.56) + 5(5.76) + 5(112.36)$
$SSB = 649.80 + 12.80 + 28.80 + 561.80$
$SSB = 1253.20$

$SSW = SST - SSB$
$SSW = 1447.20 - 1253.20$
$SSW = 194$
$dfw = N - k = 20 - 4 = 16$
$dfb = k - 1 = 4 - 1 = 3$

$$組內均方 = \frac{SSW}{dfw} = \frac{194}{16} = 12.13$$

$$組間均方 = \frac{SSB}{dfb} = \frac{1253.20}{3} = 417.73$$

$$F\text{ 檢定統計值} = \frac{組內均方}{組間均方} = \frac{417.73}{12.13} = 34.44$$

接著可以進行顯著性檢定。

步驟 1：做出預設並符合檢定要件。
模型：獨立隨機樣本
　　　測量層次為等距—比率
　　　母體為常態分布
　　　母體變異數相同

步驟 2：陳述虛無假設。

$$H_0: \mu_1 = \mu_2 = \mu_3 = \mu_4$$

（H_1：至少有一個母體平均數與眾不同）

步驟 3：選擇抽樣分布並建立拒絕區。
抽樣分布 = F 分布
Alpha（α）= 0.05

$$dfw = 16$$
$$dfb = 3$$
$$F \text{ 臨界值} = 3.24$$

步驟 4：計算檢定統計值。我們已算出 F 比值為 34.44。

步驟 5：做決策並解釋檢定的結果。將檢定統計值和臨界值加以比較：

$$F \text{ 臨界值} = 3.24$$
$$F \text{ 檢定統計值} = 34.44$$

虛無假設（「母體平均數皆相同」）可加以拒絕。不同收入水準的國家之間，其預期壽命之差異達到統計上的顯著，因而可以反映到樣本所來自的國家母體的差異。

補充範例：計算與檢定變異數分析

這裡我們提供一個額外的範例，帶各位再走過一次 ANOVA 檢定的計算與詮釋。首先我們會回顧計算的相關事宜、計算出 F 比值，然後檢定這個統計值的顯著性。

一位研究者受委託去評估三種社會服務機構的效率。關注的焦點之一在於機構能多快決定案主是否符合某種方案的申請資格。研究者已蒐集好資料，知道每一個機構內由 10 名個案組成的隨機樣本各自所花費的處理天數。不同的機構之間是否具有顯著差異？數據呈現在表 9.4，提供完成計算所需的所有資訊。

表 9.4　三個機構所需的個案處理天數（虛構數據）

案主	機構 A		機構 B		機構 C	
	X_i	X_i^2	X_i	X_i^2	X_i	X_i^2
1	5	25	12	144	9	81
2	7	49	10	100	8	64
3	8	64	19	361	12	144
4	10	100	20	400	15	225
5	4	16	12	144	20	400
6	9	81	11	121	21	441
7	6	36	13	169	20	400
8	9	81	14	196	19	361
9	6	36	10	100	15	225
10	6	36	9	81	11	121
$\Sigma X_i =$	70		130		150	
$\Sigma X_i^2 =$		524		1816		2462
$\overline{X}_k =$	7.0		13.0		15.0	

$$\overline{X} = \frac{350}{30} = 11.67$$

250　要求得 SST，可透過公式 9.1，

$$SST = \Sigma X_i^2 - N\overline{X}^2$$
$$SST = (524 + 1816 + 2462) - (30)(11.67)^2$$
$$SST = 4802 - (30)(136.19)$$
$$SST = 4802 - 4085.70$$
$$SST = 716.30$$

要求得 SSB，可透過公式 9.3，

$$SSB = \Sigma N_k(\overline{X}_k - \overline{X})^2$$
$$SSB = (10)(7.0 - 11.67)^2 + (10)(13.0 - 11.67)^2$$
$$\qquad +(10)(15.0 - 11.67)^2$$
$$SSB = (10)(-4.67)^2 + (10)(1.33)^2 + (10)(3.33)^2$$
$$SSB = (10)(21.81) + (10)(1.77) + (10)(11.09)^2$$
$$SSB = 218.10 + 17.70 + 110.90$$
$$SSB = 346.70$$

現在可透過公式 9.4 求得 SSW：

$$SSW = SST - SSB$$
$$SSW = 716.30 - 346.70$$
$$SSW = 369.60$$

自由度可由公式 9.5 和 9.6 得知：

$$dfw = N - k = 30 - 3 = 27$$
$$dfb = k - 1 = 3 - 1 = 2$$

母體變異數的估計值可由公式 9.7 和 9.8 算出：

$$組內均方 = \frac{SSW}{dfw} = \frac{369.6}{27} = 13.69$$

$$組間均方 = \frac{SSB}{dfb} = \frac{346.70}{2} = 173.35$$

F 比值（公式 9.9）就會是

$$F \, 檢定統計值 = \frac{組間均方}{組內均方} = \frac{SSB}{dfb} = \frac{346.70}{2} = 173.35$$

現在可以檢定此一數值的顯著性。

步驟 1：做出預設並符合檢定要件。

模型：獨立隨機樣本

　　　測量層次為等距—比率

　　　母體為常態分布

　　　母體變異數相同

研究者永遠都能自行判斷模型中的前兩個預設是否適當，而後兩個預設就比較會有問題。但記得只要樣本規模大致相當，ANOVA 可以容許稍微偏離預設。　　　251

步驟 2：陳述虛無假設。

$$H_0: \mu_1 = \mu_2 = \mu_3 = \mu_4$$

（H_1：至少有一個母體平均數與眾不同）

步驟 3：選擇抽樣分布並建立拒絕區。

$$抽樣分布 = F \, 分布$$
$$Alpha（\alpha）= 0.05$$
$$dfw = 27$$
$$dfb = 2$$
$$F \, 臨界值 = 3.35$$

步驟 4：計算檢定統計值。我們已算出 F 比值為 12.66。

步驟 5：做決策並解釋檢定的結果。將檢定統計值和臨界值加以比較：

$$F \, 臨界值 = 3.35$$
$$F \, 檢定統計值 = 12.66$$

檢定統計值落入拒絕區內，我們可以拒絕沒有差異的虛無假設。三個機構之間的差異不太可能是僅憑運氣而發生。三個機構在文書處理與決定申請資格的速度上的確有顯著差異。（ANOVA 檢定的練習，見習題 9.2 到 9.10。從數字較低的習題開始，因其數據量較小、類別較少，計算也較簡單。）

使用 SPSS：ANOVA 檢定

SPSS 提供幾種不同的方法進行變異數分析的檢定。這裡所摘要的程序稱為**單因子變異數分析（One-Way-ANOVA）**，是最常被使用的一種。但其仍然包含了本章並未介紹的選項與功能。如果你想要探索這些可能性，請使用**線上求助（Help）**的裝置。

為展示如何操作，我們將沿用第 8 章的例子，也就是檢驗高中和大學畢業生之間的等級是否有顯著差異。ANOVA 可讓我們將自變項（學歷）的類別數目擴展到兩個（第 8 章的例子）以上。如果你還記得，依變項（等級）是受訪者在一個 1 到 10 的量尺上評估自己在社會地位上的位階，其中 1 代表最高的地位。

252　　　一開始，

1. 從電腦桌面點擊 SPSS 的圖像

　　a. 載入 *GSS2012* 的資料檔

　　b. 從工具列的最左側找到 **File** 的命令，然後點擊 **File→Open→Data** 。

2. 找到 GSS2012 的資料檔並點擊檔名。

3. 從主要工具列中，點擊 **Analyze**，然後 **Compare Means**，再然後是 "One-Way ANOVA"。"One-Way ANOVA" 的視窗出現，在左邊的變項串中找到 *rank*，點擊箭頭將變項名稱移至 **Dependent List** 方框中。記得，你可以一次移動一個以上的依變項。接著，找到 *degree*，並點擊箭頭將變項名稱移至 "Factor" 方框中。

4. 點擊 **Options**，然後點擊 "Statistics" 方框中在 **Descriptive** 旁邊的方框，指定平均數和標準差，連同變異數分析。點擊 **Continue** 然後再點擊 **OK**，就會產生下列的報表：

Descriptives
RS Self Ranking of Social Position

	N	Mean	Std. Devia2tion	Std. Error	95% Confidence Interval for Mean Lower Bound	95% Confidence Interval for Mean Upper Bound	Minimum	Maximum
LT HIGH SCHOOL	213	5.51	2.136	.146	5.22	5.80	1	10
HIGH SCHOOL	653	4.90	1.794	.070	4.76	5.04	1	10
JUNIOR COLLEGE	106	4.63	1.785	.173	4.29	4.98	1	10
BACHELOR	264	4.34	1.591	.098	4.15	4.54	1	9
GRADUATE	143	4.21	1.674	.140	3.93	4.49	1	10
Total	1379	4.80	1.844	.050	4.70	4.89	1	10

標題名為 "Descriptives" 的表格呈現類別平均數，不令人意外地，受過最少教育的受訪者——「低於高中」〔"LT (or less than) High School"〕在等級上擁有最高的平均分數。記住在這個變項上，分數愈高代表社會地位愈低。等級的分數隨著教育增加而降低，而且擁有研究所學歷的受訪者有著最低的分數（或最高的社會位置）。這些差異顯著嗎？

ANOVA

RS Self Ranking of Social Position

	Sum of Squares	df	Mean Square	F	Sig.
Between Groups	222.000	4	55.500	17.084	.000
Within Groups	4463.740	1374	3.249		
Total	4685.740	1378			

標題名為 "ANOVA" 的表格回報所有的自由度，包括三種的平方和、均方估計值，與 F 比值（17.084），還有最右邊顯示若虛無假設為真而得到這種結果的實際機率（"Sig."）。這裡顯示為 .000，比我們常用的 0.05 之水準還小得多，所以不同教育程度下的等級之差異在統計上達到顯著。

日常生活 統計學

有代溝嗎？

你有注意過關於一些有所爭論的議題，像是同性婚姻，一般人的意見時常依年齡群體而異？年輕人傾向對同性戀更加寬容並更支持同志權益，和他們在多數議題上的態度一致。例如，2012 一般社會調查（General Social Survey）顯示最老的受訪者（65 歲及以上）中有約三分之二（65.4%）說同性戀「永遠是錯的」。相對地，較年輕的受訪者（18-34 歲）中的多數（57%）說同性戀關係「完全沒有錯」。

變異數分析指出年齡群體和對同性戀的意見之間的關係是顯著的（見下表）。在最年輕的年齡群體中寬容度最高，並隨著年齡增加而遞減。

對同性戀的意見：按年齡群體分

題項：兩個同性成年人之間的性關係又如何呢？你覺得這 (1)「永遠是錯的」, (2)「幾乎總是錯的」, (3)「有時是錯的」, (4)「完全沒有錯」				
年齡群體	樣本規模（N）	平均數	F 比值	顯著性
18–34	329	2.91	23.03	0.000
35–50	377	2.58		
51–64	296	2.40		
65+	237	1.94		
	1239			

受訪者的意見為何依年齡群體而有差異？是因為一般人隨著年紀增加就會變得更保守？還是因為每個世代所生長的社會環境不同所致？你要如何進一步探究這個議題？

檢定的限制

253   當你要檢定自變項中三個或以上的類別在等距—比率層次的依變項上之平均數是否有所差異時，使用 ANOVA 是適合的。這種應用就稱為「**單因子變異數分析**」（**one-way analysis of variance**），因其只包含一個單一變項（如：宗教）在另一個變項（如：死刑支持度）上的效果。這是 ANOVA 最簡單的應用，但是你必須知道這項技術還有數種進階與複雜的形式。舉例來說，你的研究計畫可能要觀察兩個變項（如：宗教與性別）各自在第三個變項上的效果。

　　ANOVA 的一個重要限制即是要求依變項為等距—比率層次，而且自變項類別中的個案數目要大致相同。第一個條件對社會科學所感興趣的許多變項而言，可能很難達成。第二個條件則可能會帶來一些問題，尤其當研究假設所要比較的群體之個案數量本質上就不一致（如：美國白人 vs. 美國黑人）。不過這兩種限制都不會是大到無法

254 克服，因為 ANOVA 可以容忍些許的偏離模型預設。然而，你在規畫研究之前還是必須明瞭這些限制，同時也能對於別人的研究是否適當加以評斷。

　　ANOVA 的另一個限制曾在第 8 章介紹過，實際上適用於所有形式的顯著性檢定。顯著性檢定是用來偵測非隨機的差異，或是說差異大到不可能純粹由隨機偶然的運氣所造成。問題是，統計上顯著的差異不代表具有任何實質的重要性。本書中的第三和四篇會介紹一些統計技術，可用來直接評估結果的重要性。

　　ANOVA 的最後一個限制和研究假設有關，其只宣稱至少有一個母體平均數與眾不同。顯然，當我們拒絕虛無假設時，我們想要知道哪些樣本平均數之間的差異達到顯著。有時候我們可單從肉眼審視做出決定。舉例來說，前述關於社會服務機構的問題中，從表 9.4 中很清楚可以看出 A 機構是多數差異的源頭。然而，這種非正式的「眼球法」（"eyeball"）可能產生誤導，做類似結論時應謹慎為之。

成為具批判性的閱聽人：閱讀專業文獻

在日常生活中或大眾媒體上不太可能遇到使用 ANOVA 的報告，所以這個部分會限定在專業的研究文獻。先前已指出，社會科學研究期刊中關於顯著性檢定的報告，可能會省略細節，但你依然可以找到欲瞭解檢定結果所需的全部資訊。

　　我們可以利用一份近期的研究論文說明如何閱讀專業文獻中的 ANOVA 結果。關於宗教和性行為之間的關係，若干研究者關注幾個相互競爭的理論。有一個理論，稱為世俗化假設，主張現代社會更加仰賴理性與科學，已然淡化了宗教信念與性經驗之間的關係。研究者們使用一個由大學生組成的大型樣本，他們的部分研究

發現（僅針對女性）呈現如下。他們發展了多樣的類別以指涉宗教歸屬，包含「靈性信仰」（囊括當代各種的「新世紀」信念體系）以及「一神論基督宗教」（囊括所有主流的基督教與天主教）。

　　表中的數字代表平均分數。注意在不同的宗教歸屬之間分數並沒有太大變動。這樣的印象也得到了右欄中極低的 F 比值所驗證，沒有一個檢定達到統計上的顯著。這些結果大致和世俗化假設一致：參與者宣稱的宗教觀點對於他們的性行為所具有的效果似乎微乎其微。

　　還想知道更多？引用的研究列於表的下方。

女性性行為（平均數）：按宗教歸屬分

	靈性信仰	不可知論者	無神論者	無宗教	一神論基督宗教	基本教義派	F 分數
初次性行為年齡	17.33	17.11	17.67	16.38	16.56	16.69	1.66
去年性伴侶人數	1.50	2.00	2.13	1.89	1.93	1.52	1.48
劈腿次數	1.50	1.62	1.44	1.71	1.40	1.31	1.29

檢自表 2，頁 859

資料來源：Farmer, Melissa, Trapnell, Paul, & Meston, Cindy. 2010. "The Relation Between Sexual Behavior and Religiosity Subtypes: A Test of the Secularization Hypothesis." *Archives of Sexual Behavior*: 38: 852-865.

重點整理

1. 單因子變異數分析是一項極具威力的顯著性檢定，其通常用以比較超過兩種以上的類別或樣本。理解 ANOVA 最簡單的方法或許就是把它想成樣本平均數差異檢定的延伸。

2. ANOVA 將類別之內的變異量和類別之間的變異量加以比較。如果沒有差異的虛無假設為假，那應該就會有相對較多的組間變異，以及相對較少的組內變異。相較於組內的差異而言，當類別與類別之間的差異愈大，就愈有可能拒絕虛無假設。

3. 即使是簡單的 ANOVA 應用，其計算過程也可能很快就變得複雜（這也彰顯出像 SPSS 之類電腦化的統計軟體之價值）。基本的過程在於根據類別之內的變異和類別之間的變異去建構母體變異數各別的估計值。檢定統計值則是 F 比值，由兩個估計值相互比較而來。

4. AONVA 的檢定可用檢定樣本結果顯著性的五步驟模型加以組織。雖然模型的預設（第 1 步驟）要求高品質的數據，只要樣本規模大致相當，該檢定可以容忍些許的偏離預設。虛無假設以熟悉的形式陳述在母體數值之間沒有任何重大的差異，對立假設則宣稱至少有一個母體平均數與眾不同。抽樣分布為 F 分布，而檢定永遠是單尾。拒絕虛無假設與否的決定基於求得的 F 檢定值相比於根據特定水準和自由度決定的 F 比值之臨界值。決定拒絕虛無假設只代表有一個或多個母體平均數與其他不同。我們有時可以用肉眼檢視樣本資料並看出差異出於哪一些樣本平均數，但這種非正式的方法還是應該謹慎為之。

公式摘要

公式 9.1   總平方和：

$$SST = \sum X_i^2 - N\overline{X}^2$$

公式 9.1   總平方和的兩個成分：

$$SST = SSB + SSW$$

公式 9.1   組間平方和：

$$SSB = \sum N_k(\overline{X}_k - \overline{X})^2$$

公式 9.1   組內平方和：

$$SSW = SST - SSB$$

公式 9.1 SSW 的自由度：

$$dfw = N - k$$

公式 9.1 SSB 的自由度：

$$dfb = k - 1$$

公式 9.1   組內均方：

$$組內均方 = \frac{SSW}{dfw}$$

公式 9.1   組間均方：

$$組間均方 = \frac{SSB}{dfb}$$

公式 9.1 F 比值：

$$F\text{ 檢定統計值} = \frac{組間均方}{組內均方}$$

名詞彙總

變異數分析（Analysis of variance）。 一種顯著性檢定，適用於關注兩個以上的樣本平均數之差異。

ANOVA。 見變異數分析（Analysis of variance）。

F 比值（F ratio）。 ANOVA 檢定的第 4 步驟所計算出來的檢定統計值。

均方估計值（Mean square estimate）。 變異數的一種估計，以組內平方和（SSW）或組間平方和（SSB）除以適當的自由度計算而得。

單因子變異數分析（One-way analysis of variance）。 變異數分析的一種應用，用於觀察單一自變項對依變項的效果。

組間平方和（Sum of squares between (SSB)）。 樣本平均數和總平均數的差，先平方後再加總所得之和，並以樣本規模加權。

組內平方和（Sum of squares within (SSW)）。 樣本分數和類別平均數的差，先平方後再加總所得之和，也等於 SST－SSB。

總平方和（Total sum of squares (SST)）。 樣本分數和總平均數的差，先平方後再加總所得之和。

習題

注意：為了簡化計算，這些練習題的樣本個案數都很小，不足以進行任何正式的研究。

9.1　針對下列三組分數分別進行 ANOVA 檢定。（提示：依循「一次一步驟」方框裡列出的計算程序，並將所有的總和與平均數像表 9.3 或 9.4 的方式加以記錄。）

a.

類別		
A	B	C
5	10	12
7	12	16
8	14	18
9	15	20

b.

類別		
A	B	C
1	2	3
10	12	10
9	2	7
20	3	14
8	1	1

c.

類別			
A	B	C	D
13	45	23	10
15	40	78	20
10	47	80	25
11	50	34	27
10	45	30	20

9.2 $\boxed{SOC}$ 一個地區教堂的成員近來成長趨於穩定，因此想要發起吸引新成員的活動。在開始之前，他們想知道哪種人最有可能每週來參加禮拜。從既有成員中選出 15 人的隨機樣本，並問他們過去五週上過幾次教堂做禮拜，還有其他的資訊。哪些自變項和上教堂有顯著的關係呢？

a. 依教育分，上教堂的次數

低於 高中	高中	大學
0	1	0
1	3	3
2	3	4
3	4	4
4	5	4

b. 依住在本社區的時間長短分，上教堂的次數

少於 2 年	2-5 年	超過 5 年
0	0	1
1	2	3
3	3	3
4	4	4
4	5	4

c. 依看電視的程度分，上教堂的次數

沒有或很少	中度	高度
0	3	4
0	3	4
1	3	4
1	3	4
2	4	5

d. 依子女數分，上教堂的次數

無	獨子／女	多子／女
0	2	0
1	3	3
1	4	4
3	4	4
3	4	5

9.3 **SOC** 從一個地方社區中選出 18 對配偶的隨機樣本，並以量表評估他們的權力和決策是由兩人共享（低分）或者由其中一人壟斷（高分），還有他們的婚姻幸福感（愈高分表示愈幸福）。這些配偶亦根據關係類型加以分類：傳統型（只有丈夫在外工作）、雙薪型（兩方都有工作），以及同居型（兩方住在一起但沒有合法婚姻關係，不考慮工作模式）。請問決策或幸福感是否隨著關係類型而有顯著改變？

a. 決策

傳統型	雙薪型	同居型
7	8	2
8	5	1
2	4	3
5	4	4
7	5	1
6	5	2

b. 幸福感

傳統型	雙薪型	同居型
10	12	12
14	12	14
20	12	15
22	14	17
23	15	18
24	20	22

9.4 **CJ** 在 Redland 市現已實施兩個高風險青少年的課後輔導計畫。一個是大哥哥／大姐姐的輔導，由成年志願者和惹事青少年配對。第二個是課外團體運動競賽。根據一年之中向警方回報的犯罪百分比的改變，這些計畫成功了嗎？從全市中隨機選出 18 個鄰里的結果如下表。

輔導 計畫	運動 競賽	控制組
−10	−21	+30
−20	−15	−10
+10	−80	+14
+20	−10	+80
+70	−50	+50
+10	−10	−20

9.5 　*SOC* 性行為活躍的青少年比起不活躍的青少年有比較瞭解 AIDS 和其他和性有關的健康問題嗎？一項測驗包含 15 題檢測關於性和健康的一般知識對三群青少年的隨機樣本施測，分別是：性行為不活躍的青少年、性行為活躍但只有一個性伴侶的青少年，以及性行為活躍但有超過一個性伴侶的青少年，在測驗分數上是否有任何顯著差異？

不活 躍	活躍—— 單一伴侶	活躍—— 多重伴侶
10	11	12
12	11	12
8	6	10
10	5	4
8	15	3
5	10	15

9.6 　*PS* 投票率會隨著選舉類型而有顯著改變嗎？來自選區的隨機樣本展現出以下按選舉類型區分的投票模式，評估這個結果的顯著性。

地方選舉	州級選舉	全國性選舉
33	35	42
78	56	40
32	35	52
28	40	66
10	45	78
12	42	62
61	65	57
28	62	75
29	25	72
45	47	51
44	52	69
41	55	59

9.7 　*GER* 年長的公民會對政治和時事失去興趣嗎？針對最近的頭條新聞製作一份簡短的測驗，並對四個年齡群體的隨機樣本施測，是否存在顯著差異？下列數據代表答對的題數。

中學 （15-18）	青年 （21-30）	中年 （30-55）	退休 （65+）
0	0	2	5
1	0	3	6
1	2	3	6
2	2	4	6
2	4	4	7
2	4	5	7
3	4	6	8
5	6	7	10
5	7	7	10
7	7	8	10
7	7	8	10
9	10	10	10

9.8　**SOC** 一般社會調查（GSS）數據庫選出一小群受訪者組成隨機樣本。每位受訪者已被分類為都市居民、郊區居民或鄉村居民。以下所列的變項中，是否存在隨居住地不同而展現統計上的顯著差異？（見附錄 G 以瞭解依變項分數的定義）

a. 每週的上網時間（*wwwhr*）

都市	郊區	鄉村
5	5	5
5	6	6
7	10	7
8	11	10
8	12	10
10	14	11
10	15	12
11	16	12
12	18	12
13	20	13

b. 子女數（*childs*）

都市	郊區	鄉村
1	0	1
1	1	4
0	0	2
2	0	3
1	2	3
0	2	2
2	3	5
2	2	0
1	2	4
0	1	6

c. 家庭收入（*income06*）

都市	郊區	鄉村
5	6	5
7	8	5
8	11	11
11	12	10
8	12	9
9	11	6
8	11	10
3	9	7
9	10	9
10	12	8

d. 教會參與（*attend*）

都市	郊區	鄉村
0	0	1
7	0	5
0	2	4
4	5	4
5	8	0
8	5	4
7	8	8
5	7	8
7	2	8
4	6	5

e. 每日收看電視時數（*tvhours*）

都市	郊區	鄉村
5	5	3
3	7	7
12	10	5
2	2	0
0	3	1
2	0	8
3	1	5
4	3	10
5	4	3
9	1	1

9.9　|SOC| 對自殺（「安樂死」）的支持是否因社會階級而異？這之間的關係是否在不同的國家而有所差異？來自三個國家的小型樣本被問到，當人患了不可治癒的疾病而要結束自己的生命是否正當？受訪者根據 10 分的量表回答，10 分表示「總是正當」（對「安樂死」最強烈地支持）；1 分表示「絕不正當」（最低程度的支持）。結果如下表所示。

墨西哥			
較低 階級	勞工 階級	中產 階級	上層 階級
5	2	1	2
2	2	1	4
4	1	3	5
5	1	4	7
4	6	1	8
2	5	2	10
3	7	1	10
1	2	5	9
1	3	1	8
3	1	1	8

加拿大			
較低 階級	勞工 階級	中產 階級	上層 階級
7	5	1	5
7	6	3	7
6	7	4	8
4	8	5	9
7	8	7	10
8	9	8	10
9	5	8	8
9	6	9	5
6	7	9	8
5	8	5	9

美國			
較低 階級	勞工 階級	中產 階級	上層 階級
4	4	4	1
5	5	6	5
6	1	7	8
1	4	5	9
3	3	8	9
3	3	9	9
3	4	9	8
5	2	8	6
3	1	7	9
6	1	2	9

9.10　*SOC* 研究者正在調查念大學的經驗對於態度、價值觀和行為的效果，並從同一所
　　　大學抽出每一個年級的小型隨機樣本進行比較。下列哪些差異達到顯著？

a. 來自其他種族或族群的「親密朋友」之數量

年級			
大一	大二	大三	大四
7	0	10	0
2	3	9	2
5	4	8	3
12	2	5	1
9	7	1	1
1	2	8	4
0	0	7	5
3	3	12	7
4	4	10	10
6	2	11	9

b. 政治意識型態的分數。此分數來自一個 10 分的量表，10 分表示「非常保守」；1 分表示「非常自由」

年級			
大一	大二	大三	大四
7	7	9	1
7	3	8	1
5	7	5	5
10	8	0	6
9	5	1	5
7	4	1	3
6	1	2	5
5	2	3	6
4	4	5	1
3	2	6	5

c. 每天花在圖書館念書的時間（分鐘）

年級			
大一	大二	大三	大四
0	30	45	60
30	90	45	0
45	120	90	0
60	100	180	120
90	75	145	45
45	60	100	45
30	30	90	30
15	45	110	60
0	20	120	60
30	45	110	180

使用 SPSS 的統計分析

9.11　**SOC** 本練習將延續問題 8.17 和 8.18 比較宗教歸屬（基督徒和天主教徒，基督徒和無宗教）在教育程度（*educ*）和自評社會地位（*rank*）上的差異顯著性。我們現在將使用**單因子 ANOVA** 的單一次檢定來比較宗教變項（*relig*）裡的五個類別。

- 點擊桌面上 SPSS 的圖像。
- 載入 *GSS2012* 資料檔。
- 點擊 **Analyze→Compare Means→One-Way ANOVA** 。
- 在變項串中找到 *educ* 和 *rank*，並將其移至 "Dependent List" 的方框中。
- 在變項串中找到 *relig*，並將其移至 "Factor" 的方框中。
- 點擊 **Options**，再點擊 "Statistics" 中 **Descriptive** 旁的方盒，以取得在 *relig* 中每個類別的統計資訊。
- 點擊 **OK**，檢定結果將會列印在 SPSS 的輸出視窗中。
- 找到群體平均數、*F* 比值、自由度還有 "Sig."（這是當虛無假設為真時得到這個差異的實際機率），並寫出幾個句子報告檢定的結果。

9.12 **SOC** 重複問題 9.11 的檢定，但使用新的依變項：*spanking* 和 *tvhours* 。宗教類別之間是否在使用體罰管教小孩和觀看電視的習慣上有顯著差異？重複問題 9.11 的所有步驟，但使用 *spanking* 和 *tvhours* 代替 *educ* 和 *rank* 。寫出幾個句子來報告檢定的結果，並須納入所有重要的統計資訊。注意：*spanking* 是順序變項，編碼時愈低的分數代表對體罰愈高的支持。查看附錄 G，或在 SPSS 中點擊 **Utilities→Variables** 以便觀看編碼方式。

你是研究者

為何某些人更偏向自由派（或保守派）？

這個專案使用 *polviews*——用來測量一個人有多保守或多自由的 7 分量表——做為依變項。這個變項在測量層次上是順序尺度，但在這個檢定中會被當作等距尺度。何種社會力量影響政治觀點？

一個可能的自變項是年齡。人們可能隨著年紀愈大而更加保守。調查年齡所可能具有的因果效應挺合宜的，但要注意這個變項現在並非以一個適當的格式呈現。AONVA 中的自變項必須要有幾個類別，而 2012 年 GSS 受訪者年齡分布是由 18 歲到 89 歲以上。我們要如何改變年齡的格式以符合檢定的要求？下一節裡，我會介紹**重新編碼（Recode）**的指令，這個指令可以將變項的分數合併成幾個類別。

重新編碼變項

我們將重新編碼 *age* 這個變項，讓它變成只有幾個分數之後，就可用來當作 ANOVA 裡的自變項。我們將創造一個新版本的 *age*，使其只具有三個類別。當重新編碼結束，資料檔裡將會有同一個變項的兩個版本：以年為測量單位的原始等距—比率版本，以及新的順序層次版本，裡面為合併過的類別。如果你願意的話，可以將新版本的 age 加入永久檔案之中以供未來使用。

新版本 age 具有三個類別的決定是蠻任意的，我們當然也可以決定讓這個新的、重新編碼過後的自變項具有四個、五個，或甚至六個類別。如果我們發現三類別版本的變項不盡如人意，我們永遠可以將原始版本的 age 重新編碼成不同數量的類別。

我們要將 age 的數值合併成三個較廣泛的類別，並使每個類別裡的人數約略相同。我們要如何定義這些新的類別？可以先跑年齡的**次數分配（Frequencies）**指令，以檢視分數的分布。我用次數分配裡的累積百分比欄找到可以將變項分成平均三段的年紀。我發現 2012 年的 GSS 樣本中，32.3% 的人低於 37 歲，67.1% 的人低於 56 歲。我於是決定使用這兩個年紀當作新類別的切分點（cut points），摘要如下：

年齡	樣本百分比
18–37	32.3%
38–56	34.8%
57–89	32.9%
	100.0%

要將年齡重新編碼成這些類別，依循下列步驟：

1. 在 "SPSS Data Editor" 視窗中，從選單條中點擊 **Transform**，再點擊 **Recode**。一個視窗將開啟，並給我們兩個選擇：**存成相同變項（into same variable）**或**存成不同變項（into different variable）**。假如我們選擇**存成相同變項**，新版本的變項就會取代舊版本的變項，而且變項 age（以年為測量單位）就會消失。我們當然不希望這樣做，所以我們會選擇（點擊）**存成不同變項**。這個選項可以讓我們同時保存變項的舊版本與新版本。

2. "Recode into Different Variable" 視窗將會開啟。平時列出變項的方盒將會出現在左邊。將游標點向 age，然後點擊箭頭按鈕將變項移到 "Input Variable→Output Variable" 方盒中。輸入變項就是 age 的舊版本，輸出變項則是我們即將創造出來、新的、重新編碼過的版本。

3. 從右邊的 "Output Variable" 方盒中，點向 "Name" 方盒，並鍵入新（輸出）變項的名稱。我建議將新變項命名為 ager（"**age r**ecoded"），但其實你可以指派任何的名稱，只要不會和資料檔裡其他的變項撞名就好。點擊 **Change** 鈕，然後在 "Input Variable→Output Variable" 的方盒中就會出現 age→ager 的表述。

4. 點擊螢幕中間的 **Old and New Values** 鈕，就會開啟新的對話框。左邊那欄從上往下讀，你會發現 **Range** 鈕。點下這個鈕，游標會移到正下方的小方盒。在左邊 "Range" 對話框中鍵入 **18**（樣本中最小的年齡），然後點到右邊的方盒並鍵入 **37**。

5. 在螢幕右上方的 "New Value" 方盒中，點擊 **Value** 鈕。在 "Value" 對話框中鍵入 **1**，然

後點擊正下方的 **Add** 鈕，在 "Old→New" 對話框中就會出現 "**18–37→1**" 的表述。

6. 回到 "Range" 對話框，在左邊方盒鍵入 **38**、右邊方盒鍵入 **56**，然後在 "New Values" 方盒中點擊 **Value** 鈕。在 "Value" 對話框中鍵入 **2**，然後點擊 **Add** 鈕。在 "Old→New" 對話框中就會出現 "**38–56→2**" 的表述。

7. 最後，回到 "Range" 對話框，在正確的方盒中鍵入 **57** 和 **89**，在 "New Values" 方盒中點擊 **Value** 鈕。在 "Value" 對話框中鍵入 **3**，然後點擊 **Add** 鈕。在 "Old→New" 對話框中就會出現 "**57–89→3**" 的表述。

8. 點擊螢幕底部的 **Continue** 鈕，就會回到 "Recode into Different Variable" 對話框。點擊 **OK**，SPSS 就會執行轉換。

你現在的資料集中會有一個新增的變項，其名稱為 *ager*（或其他你針對重新編碼後的變項所賦予的名字）。你會在資料視窗右方最後一欄找到新的變項。你可以在最後儲存資料檔使這個新的變項成為永恆的存在。如果你不想儲存這個新的、擴充過後的資料檔，在被問到是否要儲存資料檔時點擊 **No**。如果你使用的是 SPSS 學生版，記得檔案至多只能有 50 個變項，因此你可能最好不要儲存這個新的變項。

調查政治意識型態（**polviews**）

為何有些人更傾向自由派而其他人更傾向保守派？在這個專案中，你將會分析下列變項的關係：*polviews*（依變項）、重新編碼過的 *age*，以及兩個自選的額外自變項。當你分析並詮釋你的結果時，記得 *polviews* 的編碼方式為高分代表更保守（參見附錄 G，或在 SPSS 工具列點擊 Utilities→Variables）。

步驟 1：選擇自變項

從 2012GSS 中選擇重新編碼過的 **age** 以及額外的自變項。哪些因素有助於解釋一個人的政治觀點？只能選擇那些有 3 到 6 個分數或類別的自變項。在各種可能性中，你可以考慮教育（*degree*）、宗教派別（*relig*）或社會階級（*class*）。使用 **Recode** 命令將那些有超過 6 個類別的自變項合併成 3 或 4 個類別。一般來說，測量個人特徵或性格的變項（如性別或種族）比測量態度或意見的變項（如 *cappun* 或 *gunlaw*）來得管用，因為後者比較像是政治意識型態的表現，而非原因。

在下表中列出你的自變項：

變項	SPSS 名稱	這變項到底在測量什麼？
1.	*ager*（或其他名稱）	
2.		
3.		

步驟 2：陳述假設

針對每一個自變項，陳述其與 *polviews* 之關係的假設。例如，你可以假設受愈高教育的人更傾向自由派，或愈虔誠的人更傾向保守派。你可以根據過去的經驗或上課獲得的知識來發展你的假設。

1. _____

2. _____

3. _____

步驟 3：取得並閱讀統計報表

要使用 **One-Way ANOVA** 的程序，依據本章中「使用 SPSS ：ANOVA 檢定」的指示。

1. 將 *polviews* 置於 "Dependent List" 方框中，並將第一個自變項置於 **Factor** 方框中。

2. 別忘了點擊 **Options**，然後點擊 **Descriptive** 旁邊的方框以獲得摘要性統計值。點擊 **OK**，就會執行第一個檢定。

3. 回到 **One-Way ANOVA** 視窗，點擊 "Factor" 方框旁的箭頭，將第一個自變項移回變項串中。

4. 將第二個自變項移入 "Factor" 方框中並點擊 **OK**。

5. 重複步驟 3 和 4 以檢定第三個自變項。

6. 列印或儲存你的結果。

步驟 4：記錄結果

在下表中記錄你的結果，表格的橫列數依自變項數目而定。

1. 在第一個直行中寫下 SPSS 的變項名稱。

2. 在下個直行中寫下自變項的類別名稱。

3. 在指定的直行中記錄描述統計值。

4. 在右手邊的直行寫下 *F* 比值的數值，指出結果在 0.05 的水準下是否顯著。如果在 ANOVA 報表中 "Sig." 欄中的數值小於 0.05，在此直行寫下「是」。如果在 ANOVA 報表中 "Sig." 欄中的數值大於 0.05，在此直行寫下「否」。

5. 在標示 " 全體 = ." 的橫列中，記錄每一個自變項的總平均、標準差，以及樣本規模。

自變項	類別	平均數	標準差	樣本規模（N）	F 比值	在 0.05 水準下是否顯著？
1. *ager*	1.				——	——
	2.					
	3.					
	全體 =					
2. _____	1.				——	——
	2.					
	3.					
	4.					
	5.					
	6.					
	全體 =					
3. _____	1.				——	——
	2.					
	3.					
	4.					
	5.					
	6.					
	全體 =					

步驟 5：詮釋你的結果

摘要發現重點。對每一個檢定，寫下：

1. 至少一個句子摘要出檢定的重點，包括檢定的變項、每一組的樣本平均數、樣本規模（N）、F 比值，以及顯著水準。在專業的研究文獻中，通常這樣報告結果：「在 1417 個受訪者組成的樣本中，南方人（46.50）、北方人（44.20）、中西部人（47.80）以及西部人（47.20）等四組在平均年齡上沒有顯著差異（$F=1.77$, $p>0.05$）。」

2. 再一個句子寫關於假設的部分。假設有得到支持嗎？如何得到（或沒有得到）支持？

第 10 章

假設檢驗 IV：卡方檢定

學習目標

完成本章的學習，你將能夠：

1. 說明並解釋適合使用卡方檢定的情境。
2. 解釋雙變項交叉表的結構，以及如何應用獨立性概念比較雙變交叉項表中的期望次數與觀察次數。
3. 解釋卡方假設檢定的邏輯。
4. 使用五個步驟模型進行卡方檢定並正確解釋結果。
5. 解釋卡方檢定的限制，尤其是明白顯著性與重要性的差異。
6. 使用 SPSS 進行卡方顯著性檢定。

使用統計

　　本章介紹的統計技術，可用於檢驗表格形式的雙變項關係的統計顯著性。如果表格中的次數與由隨機機會所預期的次數存在顯著差異，我們便會說，這些變項在母體中是相關的。這個說法有一個已知的錯誤機率，通常被設定在 0.05 的水準。適合使用卡方檢定的情境包含以下幾個例子：

1. 一位研究員正在研究志願性組織的參與程度，她假設未婚者因承擔家庭義務較少而有較多的空閒時間，因此更能投入志願性組織。她從她所在的社區蒐集一個隨機樣本，並發現樣本的參與率與婚姻狀況有顯著的關係，她因此提出這些變項在母體中有所關聯的結論。
2. 醫學研究人員想知道一項特定的減重計畫是否對所有年齡的人都有同樣的效果。他們招募志願者來實驗這個計畫，該樣本被區分為不同的年齡組，兩個月後再比較各年齡組的減重情況。最後將結果推論至整個社群。
3. 一位研究員想知道支持限制性移民政策的源由，並使用一個具全國代表性的美國樣本來檢驗各種變項（包含性別、職業與教育）與支持減少移民觀點之間的關係。如果研究員在樣本中發現了顯著的關係，他們將得到一個結論：這些變項在母體（所有成人美國人）中有所關聯。

266　　　　卡方檢定（**chi square / x^2 test**）是社會科學中最常使用的假設檢定之一，這個技術之所以廣受歡迎，主要是因為五個步驟模型中的第一步的基本假定與要求很容易被滿足。這種檢定可以用以檢定名義層次（最低層次的測量）的變項，而且它是**無母數**（**nonparametric**）的——這意味著它無須對母體或抽樣分布的形狀進行任何假定。

　　　　為什麼基本假定與要求容易被滿足是一種優勢呢？這是因為拒絕虛無假設的決策（第 5 步驟）並不明確：拒絕虛無假設意味著第 1 步驟的模型或第 2 步驟的虛無假設的一個陳述是錯的。當然，在普遍的情況下，我們僅單獨拒絕虛無假設。如果我們對第 1 個步驟的模型陳述越加確定，我們就越有信心能將問題歸諸於虛無假設。一個「微弱」或容易滿足的模型，表示我們可以更有把握地做出拒絕虛無假設的決策。

　　　　卡方檢定也因其彈性而備受歡迎：它可以使用於具有許多類別或分數的變項。例如，在第 8 章中，我們檢驗非裔與白人公民「高度參與」志願性組織的比例有顯著差異，如果研究者希望擴大檢驗範圍，也想把西班牙裔與亞裔美國人都包含進來呢？兩個樣本的檢驗將不適用，但卡方檢定卻能輕易地處理這種更為複雜的變項。同時，它也不像第 9 章介紹的 ANOVA 檢定，卡方檢定可以在任何測量層次的變項上進行假設檢定。

雙變項交叉表

　　　　卡方是由**雙變項交叉表**（**bivariate tables**）計算而來，因為它們可以同時呈現兩個不同變項的分數，因此稱為雙變項交叉表。雙變項交叉表可被使用於檢驗關係的顯著性與其他將在後續章節討論的其他目的。事實上，研究中經常使用這些表格，因此有必要詳細檢視這種表格。

　　　　首先，雙變項交叉表有（當然）兩個維度，我們將水平維度（橫向）稱為**橫列**（**rows**），垂直維度（縱向）稱為**直行**（**columns**）。每一直行或橫列代表一個變項的一個分數，而橫列與直行的交匯（**細格，cells**）代表兩個變項數值的交集。

表 10.1　100 位高齡公民的志願組織參與率：依婚姻狀況分類

參與率	婚姻狀態		總計
	已婚	未婚	
高			50
低			50
總計	50	50	100

267　　　　讓我們用一個例子來說明。假使有一位研究者對於高齡公民的生活感到興趣，特

別想知道他們參與志願團體是否受到婚姻狀態的影響。為了簡化分析，研究員將樣本侷限於目前已婚或未婚者（包括單身與離婚者），並將志願組織參與簡單劃分為二類，分為高度參與或低度參與。

按照慣例，我們把自變項（被視為原因的變項）排在直行，把依變項放在橫列。在這個例子裡，婚姻狀態是原因變項（研究問題是「參與是否受到婚姻狀態的影響？」），每一直行將呈現婚姻狀態的數值；另一方面，每一橫列將反映參與程度的數值（高或低）。表 10.1 顯示了 100 位高齡公民樣本的雙變項交叉表的大致輪廓。

讓我們進一步來看一些細節。首先，每一直行和每一橫列都有小計，這些被稱為行或列**邊際（marginals）**，在這裡的情境，它們告訴我們樣本中有 50 人是已婚、50 人是未婚（行邊際），且 50 人是屬於高度參與、50 人是低度參與（列邊際）。

第二，列邊際與行邊際交匯的細格則是樣本的個案總數（$N=100$）。最後，仔細注意表格的標籤，每一橫列與每一直行都需標示清楚。表格需要一個能包含變項名稱的標題，並將依變項置於自變項之前。所有的表格、圖都必須有清楚且簡潔的標題。

正如你所注意到的，表 10.1 缺少一些關鍵的資訊：表格內的數字。為了完成這個表格，我們必須對樣本的每位成員的婚姻狀態與參與程度進行分類，統計每一種分數交叉組合的次數，並將這些次數登載在表格相應的細格內。因為每個變項都有兩個可能的分數，所以有四種可能的組合，每個組合都會對應到表格中的一個細格。例如，參與程度高的已婚者將被登記在左上角的細格，參與程度低的未婚者將被登記在右下角的細格，以此類推。當我們完成計數之後，每一細格將呈現每一種分數組合的出現次數。

最後，請注意這張表格可以擴充容納兩個以上分數的變項。如果我們希望包括其他婚姻狀態的人（如喪偶、分居等），我們僅需要增加直行數。更複雜的依變項也能輕鬆地被包含進來，如果參與程度有三個類別（例如，高、中、低），我們僅需要增加一橫列即可。

268

卡方檢定的邏輯

卡方檢定有幾種不同的用途，但我們只討論獨立性的卡方檢定。我們在兩個樣本假設檢定（第 8 章）與 ANOVA 檢定（第 9 章）的基本假定的要求中曾遇過獨立性這個術語。在卡方檢定的脈絡中，**獨立性（independence）**是指變項之間的關係，而不是指樣本之間的關係。兩個變項獨立是指若將一個個案歸入一個變項的特定類別，不影響該個案歸入第二個變項的任何類別的機率。例如，如果一個個案被分類為已婚或未婚，不影響該個案被分類至高度參與或低度參與，那麼表 10.1 的變項就相互獨立。換句話說，如果參與程度與婚姻狀態完全不相關，那麼這些變項就是彼此獨立。

再看一下表 10.1，如果這兩變項是獨立的，那麼細格的次數將完全由隨機機率決定，所以我們可以發現大約一半的已婚受訪者會落入高度參與，一半會落入低度參與，就如同一枚未造假的硬幣有 50% 的情況會顯示頭像。同樣的模式也適用於 50 位未婚者，因此如表 10.2 所示，四個細格將個別有 25 位個案。這種細格次數的模式指出，婚姻狀態對一個人的參與程度沒有影響，兩種婚姻狀態下被歸類為高度或低度參與的機率皆為 0.50，因此這兩個變項是獨立的。

表 10.2　100 位高齡公民的志願組織參與率：依婚姻狀況分類

參與率	婚姻狀況		總計
	已婚	未婚	
高	25	25	50
低	25	25	50
總計	50	50	100

獨立性卡方檢定的虛無假設是：變項是獨立的。假使虛無假設為真，我們計算出在僅有隨機機會作用時預期的細格次數，這些次數被稱為**期望次數**（**expected frequencies**，標示為 f_e）。我們逐一將期望次數與表格中實際觀察得到的次數（**觀察次數 observed frequencies**，標示為 f_o）進行比較。如果虛無假設為真，變項之間是獨立的，那麼期望次數與觀察次數之間的差異應該很小；然而，如果虛無假設不為真，那麼兩者之間應該有很大的差異。期望（f_e）與觀察（f_o）次數之間的差異越大，那麼變項之間越不可能獨立，我們也越有可能拒絕虛無假設。

計算卡方值

為了進行卡方檢定──就如同其他的假設檢定一樣──我們從樣本資料中計算出一個**卡方檢定統計值**〔x^2(obtained)〕，然後再將這個結果放到所有可能樣本結果的抽樣分布上進行比較。更詳細地說，比較卡方檢定值〔x^2(obtained)〕與**卡方臨界值**〔x^2(critical)〕，後者可以根據水準與自由度查閱卡方表（附錄 C）而得知。

公式 10.1 呈現卡方檢定值的計算程序：

公式 10.1　　$$x^2 \text{(obtained)} = \sum \frac{(f_o - f_e)^2}{f_e}$$

其中，f_o= 交叉表中細格的觀察次數

　　　f_e= 在變項獨立的情況下，細格的期望次數

對於每個細格，用觀察次數減去期望次數後將結果平方，再除以該細格的期望次數，最後加總所有細格的結果。

　　此公式需要先找出表格中每一細格的期望次數。在表 10.2 中，所有的列與行邊際具有相同的值，期望次數憑直覺就可知：所有四個細格的 f_e 皆為 25。但普遍來說，期望次數不會這麼顯而易見，因為邊際往往不相等，我們必須使用公式 10.2 來找出每個細格的期望次數。

公式 10.2　　　$f_e = \dfrac{列邊際 \times 行邊際}{N}$

亦即，任一細格的期望次數等於橫列個案總數（列邊際）乘以直行個案總數（行邊際），再除以表格的個案總數（N）。

一個計算的範例

　　透過表 10.3 為範例應可以清晰地說明計算的程序。100 位主修社會工作專業者的隨機樣本依據社會工作教育委員會是否認證他們的學士課程（直行，或自變項），以及他們是否在三個月內受僱於社會工作的工作（橫列，或依變項）。

表 10.3　100 位主修社會工作專業學生的就業情況：依據學士課程的認證狀態分類

就業情況	認證狀態		總計
	有認證	無認證	
從事社會工作	30	10	40
未從事社會工作	25	35	60
總計	55	45	100

表 10.4　表 10.3 的期望次數

就業情況	認證狀態		總計
	有認證	無認證	
從事社會工作	22	18	40
未從事社會工作	33	27	60
總計	55	45	100

表 10.5　表 10.3 的計算表格

(1)	(2)	(3)	(4)	(5)
f_o	f_e	$f_o - f_e$	$(f_o - f_e)^2$	$(f_o - f_e)^2 / f_e$
30	22	8	64	2.91
10	18	-8	64	3.56
25	33	-8	64	1.94
35	27	8	64	2.37
100	100	0		10.78

270 　　從左上角的細格（課程受認證的學生畢業後從事社會工作）開始，使用公式 10.2，此格的期望次數為（40×55）/ 100，或 22。對於這一橫列的另一格而言（課程未受認證的學生畢業後從事社會工作），期望次數為（40×55）/ 100，或 18。對於最下面一橫列的兩個細格而言，期望次數分別為（60×55）/ 100，或 33，和（60×55）/ 100，或 27。表 10.4 呈現所有四個細格的期望次數。

　　請注意，表 10.4 中的列與行邊際以及總數與表 10.3 相同。期望次數的列與行邊際總是等於觀察次數的邊際，到目前為止，這種關係為你的計算提供一種方便的檢查方法。

　　現在可以透過公式 10.1 求得這些資料的卡方值。使用像表 10.5 的計算表來組織計算卡方值的幾個步驟是有幫助的。表 10.5 將觀察次數（f_o）置於第一欄，細格的順序依照表格從左上至右下的順序排列，從左至右、從上至下。第二欄列出期望次數（f_e），排序方式與觀察次數完全相同。請務必仔細檢查，確保這兩欄細格的次數是按照相同的順序排列。

一次一步驟	計算期望值（f_e）

步驟　　操作

使用公式 10.2：

1. 從雙變項交叉表的左上角細格開始，將此格的列邊際乘以行邊際。
2. 將步驟 1 求得的數值除以 N，此即該細格的期望次數。
3. 將這些期望次數（f_e）記錄在另一個表格（見表 10.4）或計算表的第二欄（見表 10.5）。
4. 對於每一細格重複步驟 1-3。
5. 仔細檢查以確保在計算期望次數時使用了正確的列邊際與行邊際。

271 　　下一步是利用每一細格的觀察次數減去期望次數，並將這些數值記錄在第三欄。接著將第三欄的數值平方並記錄於第四欄，然後利用第四欄的數值除以該細格的期望次數，並將結果記錄於第五欄。最後，加總第五欄的所有數值，而這一欄的總和就是卡方值。以表 10.3 來說，卡方統計值即為 10.78〔x^2 (obtained)=10.78〕。

　　請注意，第一欄（f_o）與的第二欄（f_e）的總數完全相同，永遠都是如此，如果總數不一樣，表示你可能在計算期望次數時算錯了。還要注意的是，第三欄的總數永遠為零，這是到目前為止檢查計算有無錯誤的簡便方法。

　　我們仍需要檢驗這個樣本的卡方值的顯著性。（關於練習計算卡方值，請練習本章後面的任何習題，從最小的表格開始。）

一次一步驟	**計算卡方檢定統計值**

步驟　操作

使用公式 10.1 與表 10.5 的計算表：

1. 在第一欄列出觀察次數 (f_o)。此欄的總和便是總案例數 (N)。

2. 在第二欄列出期望次數 (f_e)。此欄的總和必須等於第一欄的總數 (N)。

3. 對於每一細格，利用觀察次數 (f_o) 減去期望次數 (f_e) 並將結果記錄於計算表格中標示為 (f_o-f_e) 的第三欄，計算此欄的總和，若總和不為零，表示你在計算過程出錯了，需要再次檢查。

4. 將表格的第三欄數值平方，並將結果記錄於標示為 (f_o-f_e)^2 的第四欄。

5. 將第四欄的每一數值除以相應細格的期望次數，並將結果記錄於標示為 (f_o-f_e)$^2/f_e$ 的第五欄。

6. 求第五欄的總和，此即卡方檢定統計值〔x^2(obtained)〕。

獨立性的卡方檢定

　　我們現在準備開始進行獨立性的卡方檢定，回想一下，如果變項彼此之間是獨立的，那麼一個案例在其中一個變項的分數將無關於該案例在另一個變項的分數。一如既往，顯著性檢定的五個步驟模型將提供我們組織決策的框架。以下將以表 10.3 為例來說明檢定過程。

步驟 1：做出基本假定並滿足檢定要求。 請注意，由於卡方檢定是無母數檢定，我們未對抽樣分布的形狀做任何的假定。

模型：獨立隨機樣本

名義的測量層次

步驟 2：陳述虛無假設。 虛無假設宣稱兩個變項是獨立的。如果虛無假設為真，那麼觀察次數與期望次數間的差異就會很小。如同往常，研究假設與虛無假設相矛盾，因此，如果我們拒絕 H_0，那麼研究假設便獲得支持。

H_0：兩變項是獨立的

（H_1：兩變項是相依的）

步驟 3：選擇抽樣分布與建立臨界域。 與 Z 分布與 t 分布不同，樣本卡方之抽樣分布呈現正偏態，在分布的上端（右邊）有較高的樣本卡方值。因此，對於卡方檢定，臨界域是在抽樣分布的右邊。

　　附錄 C 提供卡方臨界值，這張表相似於 t 分布表，α 水準陳列在表格的上部，自由度則在表格的左邊。然而，卡方臨界值的自由度是透過公式 10.3 求得的：

公式 10.3 $df = (r - 1)(c - 1)$

不管樣本總數為多少，一個包含兩直行兩橫列的表格（2×2 表格）的自由度為
1。[1] 一個具有三直行兩橫列的表格將有（2-1）（3-1）或 2 個自由度。我們的範例是
一個 2×2 的表格，因此有一個自由度。若我們將 α 水準設定為 0.05，那麼卡方臨界
值將為 3.841。我們將這些訊息整理如下：

$$抽樣分布 = x^2 分布$$
$$\alpha = 0.05$$
$$自由度 = 1$$
$$x^2(critical) = 3.841$$

步驟 4：計算檢定統計值。上一節已經介紹了卡方值的計算方法。正如你所記得的，
卡方值為

$$x^2(obtained) = 10.78$$

步驟 5：做決策並解釋檢定結果。比較檢定統計值與臨界域

$$x^2(obtained) = 10.78$$
$$x^2(critical) = 3.841$$

我們看到檢定統計值落入臨界域，因此我們可以拒絕獨立的虛無假設。表 10.3
中細格次數的模式不太可能只是偶然的，這些變項之間具有依賴性。詳細地說，基於
這些樣本資料，在社會工作領域獲得就業的機率取決於取得認證課程的狀態。（關於
練習執行與解釋獨立性的卡方檢定，請見本章後面的習題。）

我們應該清楚卡方檢定究竟能與不能告訴我們哪些事。一個顯著的卡方值意味在
母體中兩個變項（可能）彼此依賴。就我們的例子而言，意味著認證課程與一個人是
否從事社會工作間存在關係。但這些變項之間的關係究竟為何？哪種類型的畢業生更
可能在這個專業中找到工作？為了更清楚說明，我們必須進行一些額外的計算。

---

1 自由度是指在一個分布中，對任何特定統計值而言可以自由變化的數量。一個 2×2 的表格具有一個自
　由度，這是因為對任一組特定的邊際來說，一旦其中一個細格的次數被決定了，所有其他細格的次數
　就被固定且無法自由變化了。例如，在表 10.3 中，如果任何一個細格的次數已知，那麼其他所有細格
　的次數就定了，如果左上角細格已知為 30，那麼那一橫列剩下的細格就一定為 10，因為那一橫列的
　總數為 40，即 40-30=10。一旦最頂一橫列細格的次數確定後，下面一橫列的細格次數便可藉由行邊
　際減去同一直行已知細格次數而得知。注意：這種關係可以用於快速計算期望次數，所有其他細格的 f_e
　都可以透過減法求得。

直行百分比

我們可以透過計算**直行百分比**或計算雙變項交叉表中在每一直行內的百分比，來弄清楚自變項（在我們的例子中是認證狀態）如何影響依變項（從事社會工作）。這個過程類於計算次數分配的百分比（見第 2 章）。

表 10.6　表 10.3 的直行百分比

就業情況	認證狀態		總計
	有認證	無認證	
從事社會工作	54.55%	22.22%	40.00%
未從事社會工作	45.45%	77.78%	60.00%
總計	100.00%	100.00%	100.00%
	(55)	(45)	

計算直行百分比可以用每個細格的次數除以該直行的案例總數（行邊際）後，再乘以 100。以表 10.3 來說，左上角的細格有 30 個案例，而該直行有 55 個案例，在 55 位取得認證課程的畢業生中有 30 位從事社會工作員的工作，因此該細格的直行百分比為（30/55）×100=54.55%，左下角細格的直行百分比為（25/55）×100=45.45%。對於右欄的兩個細格而言（無認證課程的畢業生），直行百分比為（10/45）×100=22.22% 與（35/45）×100=77.78%。表 10.6 呈現以表 10.3 為基礎的所有直行百分比。

274

一次一步驟	計算直行百分比

步驟　操作
1. 從左上角的細格開始，將此格的次數（該格的案例數）除以該直行的案例總數，並將結果乘以 100 以便轉換為百分比的形式。
2. 向下處理同行的下一個細格，重複步驟 1。持續逐步處理同行往下的細格，直到你將所有細格次數轉換為百分比為止。
3. 移動到下一直行。從最上面一橫列的細格開始，重複第 1 個步驟（確認你所使用的直行總數——分數中的分母——是正確的）。
4. 繼續移動到第二橫列，直到你將該直行所有細格次數轉換為百分比為止。
5. 繼續這些操作，處理完一直行再轉移到下一直行，直到你將所有細格次數轉換為百分比為止。

　　直行百分比能讓變項之間的關係更為清楚，從表 10.6 可以輕易掌握到，來自認證課程的學生更容易成為社會工作者，這些學生中有將近 55% 的人從事社會工作者的工作，而來自非認證課程的學生僅約 22%。我們已經知道這之間的關係是顯著的（不太可能是由隨機機會所造成），現在藉助於直行百分比提供的訊息，我們知道這兩個變項是如何關聯的。根據這些結果，畢業於認證課程的學生在獲得社會工作職位上具有絕對優勢。

應用統計 10.1　卡方檢定

男性與女性對同居的看法是否不同呢？一個包含 47 位男性與女性的隨機樣本，他們對「同居」的支持程度被評比為高或低，結果如下：

支持同居程度	性別		
	男性	女性	總計
高	15	5	20
低	10	17	27
總計	25	22	47

　　利用公式 10.2 逐步計算期望次數。再三檢查以確保計算期望次數時使用對的列邊際與行邊際。

支持同居程度	性別		
	男性	女性	總計
高	10.64	9.36	20
低	14.36	12.64	27
總計	25	22	47

利用計算表來組織卡方值的計算。

(1)	(2)	(3)	(4)	(5)
f_o	f_e	f_o-f_e	$(f_o-f_e)^2$	$(f_o-f_e)^2/f_e$
15	10.64	4.36	19.01	1.79
5	9.36	-4.36	19.01	2.03
10	14.36	-4.36	19.01	1.32
17	14.64	4.36	19.01	1.50
47	47.00	0.00		x^2(obtained)=6.64

步驟 1：做出基本假定並滿足檢定要求。

模型：獨立隨機樣本
　　　　名義的測量層次

步驟 2：陳述虛無假設。

H_0：兩變項是獨立的
（H_1：兩變項是相依的）

步驟 3：選擇抽樣分布與建立臨界域。

抽樣分布 $= x^2$ 分布
$\alpha = 0.05$
自由度 $= 1$
x^2(critical) $= 3.841$

步驟 4：計算檢定統計值。

$$x^2\text{(obtained)} = \sum \frac{(f_o - f_e)^2}{f_e}$$
$$x^2\text{(obtained)} = 6.64$$

步驟 5：做決策並解釋檢定結果。卡方統計值落入臨界域，所以我們可以拒絕獨立的虛無假設。對於這個樣本而言，性別與同居支持程度之間有統計上的顯著關係。

　　哪一性別比較支持同居呢？我們可以利用直行百分比來回答這個問題：

支持同居程度	性別		
	男性	女性	總計
高	60.00%	22.73%	42.55%
低	40.00%	77.27%	57.45%
總計	100.00%	100.00%	100.00%

直行百分比顯示樣本中有 60% 男性高度支持同居，而女性僅 23%。我們已經知道關係具有統計上顯著性，透過直行百分比可以知道關係的樣態：男性比較支持同居。

| 日常生活統計學 | 美國國家選舉似乎存在性別差距：女性傾向支持民主黨的總統候選人，而男性偏好支持共和黨。下表描述 2012 年總統選舉的性別差異。這些結果是基於 2,551 名選民的調查，且其統計顯著性遠遠低於 0.05。 |

你為何認為存在性別差異呢？你認為有哪些額外的訊息可以用來進一步探索這個差異呢？

總統偏好依性別分		
候選人	男性	女性
歐巴馬（民主黨）	45.96%	56.02%
羅姆尼（共和黨）	54.04%	43.98%
總計	100.00%	100.00%
	(1214)	(1337)

資料來源：Jones, Jeffrey. 2102. "Gender Gap in 2012 Vote Is Largest in Gallup's History." Accessed from http://www.gallup.com/poll/158588/gender-gap-2012-vote-largest-gallup-history.aspx

我們在下面概要地強調二個重點：

1. 卡方是一個統計顯著性檢定，用以檢定變項在母體中獨立的虛無假設。如果我們在一已知的錯誤機率（由 α 水準決定）下拒絕虛無假設，就可以得到這些變項在母體中是相互依賴的結論。然而，卡方本身無法告訴我們關係的性質。

2. 直行百分比呈現自變項對依變項的影響模式。在我們的範例中，課程經過社工教育學會認證之下，其畢業生更有可能找到社會工作者的工作。我們在第 11 章討論雙變項關聯時會更全面地討論直行百分比。

276

卡方檢定：另一個範例

到目前為止，我們的焦點僅限於 2×2 的表格，亦即僅有二直行二橫列。為了進一步說明，我們將利用一個較大的表格，來示範計算程序與決策過程。如你所見，更大的表格需要更多的計算（因為包含更多的細格），但在其他本質上，其處理方式都與 2×2 的表格相同。

一位研究員關心大學生的婚姻狀態對學術表現的可能影響。與未婚的學生相比，已婚學生的學業表現是否因為需要承擔額外的家庭責任而受影響？學習成績是否取決於婚姻狀態呢？因此他蒐集了一個包含 453 名學生的隨機樣本，每一位學生都依據其婚姻狀態與平均成績進行分類，在平均成績（GPA）上將學生分成表現好、一般與不好三類。請見表 10.7。

以左上角的細格而言（具有好的 GPA 的已婚學生），期望次數為（160×175）/
453，亦即 61.8。這一橫列的另一格的期望次數為（160×278）/453，或 98.2。接
著，以相同的方式計算出所有的期望次數（要非常小心地正確使用列邊際與行邊
際），表 10.8 列出所有的期望次數。

表 10.7 平均成績（GPA）依婚姻狀態分類

平均成績	婚姻狀態		總計
	已婚	未婚	
好	70	90	160
一般	60	110	170
不好	45	78	123
總計	175	278	453

表 10.8 表 10.7 的期望次數

平均成績	婚姻狀態		總計
	已婚	未婚	
好	61.8	98.2	160
一般	65.7	104.3	170
不好	47.5	75.5	123
總計	175	278	453

表 10.9 表 10.7 的計算表格

(1)	(2)	(3)	(4)	(5)
f_o	f_e	f_o-f_e	$(f_o-f_e)^2$	$(f_o-f_e)^2/f_e$
70	61.8	8.2	67.24	1.09
90	98.2	-8.2	67.24	0.68
60	65.7	-5.7	32.49	0.49
110	104.3	5.7	32.49	0.31
45	47.5	-2.5	6.25	0.13
78	75.5	2.5	6.25	0.08
453	453.0	0.0	x^2(obtained)=2.78	

277　　　　下一步是求卡方統計值〔x^2(obtained)〕。我們處理每一細格時要小心地使用適當
的 f_o 與 f_e。同樣地，我們將使用計算表（表 10.9）來組織計算過程，然後檢定卡方統
計值的統計顯著性。請記得卡方統計值等於第五欄的總和。

現在可以檢定卡方統計值（2.78）的顯著性。

步驟 1：做出基本假定並滿足檢定要求。

模型：獨立隨機樣本

名義的測量層次

步驟 2：陳述虛無假設。

278

H_0：兩變項是獨立的

（H_1：兩變項是相依的）

步驟 3：選擇抽樣分布與建立臨界域。

抽樣分布 $= x^2$ 分布

$\alpha = 0.05$

自由度 $= (r-1)(c-1) = (3-1)(2-1) = 2$

x^2(critical) $= 5.991$

步驟 4：計算檢定統計值。

x^2(obtained)$=2.78$

步驟 5：做決策並解釋檢定結果。 卡方檢定統計值〔x^2(obtained)〕$=2.78$，在 $\alpha=0.05$，$df=2$ 下，並未落入臨界域〔必須大於 x^2(critical)，5.991〕。因此，我們無法拒絕虛無假設，觀察次數並未顯著不同於當變項彼此獨立時所期望的次數，只有隨機機會起了作用。根據這些樣本結果，我們可以說，大學生的學習成績並不取決於他們的婚姻狀態，而且因為無法拒絕虛無假設，所以我們不會像表 10.3 那樣檢驗直行百分比。

使用 SPSS：交叉表與卡方

這一章的「使用 SPSS」中，我們將使用一個稱為 **Crosstabs** 的程式，它可以產生雙變項交叉表、直行百分比與卡方值。這個程式在第 11 章也會用到。

為了說明，我們將檢定性別（*sex*）——自變項——與「如果家庭收入很低，無法再多負擔生育任何孩子」而支持墮胎（*abpoor*）之間是否存在統計顯著的關係。在這種情況下，支持合法墮胎是否取決於性別？

首先，

1. 點擊你電腦桌面上的 SPSS 圖示。

2. 載入 *GSS2012* 資料檔。

　　a. 從選單的最左邊找到 **File** 指令，然後點擊 **File→Open→Data** 。

　　b. 找到 *GSS2012* 資料檔並點擊檔案名稱，開啟檔案。

3. 從主選單點擊 **Analyze, Descriptive Statistics** 與 **Crosstabs** 。

279

4. 跳出 "Crosstabs" 的對話框，變項會列在左邊的方框中。

　　a. 選擇依變項（*abpoor*），並點擊箭頭將變項移至 "Row" 的方框中。

　　b. 接下來，找到自變項（*sex*）並將其移至 "Columns" 的方框中。SPSS 將同時一次
　　　處理橫列與直行方框中的所有變項的組合。

5. 點擊視窗右側的 **Statistics** 按鈕，選擇 Chi-square 旁邊的方框。

6. 回到 "Crosstabs" 視窗，點擊 **Cells** 按鈕並在 "Percentages" 方框中選擇 "column"，
　這將產生表格的直行百分比。

7. 回到 "Crosstabs" 視窗並點擊 **OK** 後，雙變項交叉表即產生。

LOW INCOME—CAN'T AFFORD MORE CHILDREN * RESPONDENTS SEX Cross-tabulation

| | | | RESPONDENTS SEX | | |
			MALE	FEMALE	Total
LOW INCOME—CAN'T AFFORD MORE CHILDREN	YES	Count	192	216	408
		% within RESPONDENTS SEX	45.9%	44.3%	45.0%
	NO	Count	226	272	498
		% within RESPONDENTS SEX	54.1%	55.7%	55.0%
Total		Count	418	488	906
		% within RESPONDENTS SEX	100.0%	100.0%	100.0%

　　每一細格都陳列了細格次數與直行百分比。舉例來說，左上角細格有 192 位受
訪者是男性且「贊成」*abpoor*，這些占全部男性樣本的 45.9%。對樣本中的女性而
言，216（44.3%）贊成在這種情況下合法墮胎。直行百分比十分相近，這指出 *sex* 與
abpoor 並無顯著關係。

　　下一個輸出區塊被標籤為 "Chi Square Tests"，為了節省空間，我們沒有把這張表
格貼到書裡。這個區塊包含大量訊息，但我們只需閱讀最上面的一列，亦即 "Pearson
Chi-Square"，這告訴我們此表有一個自由度，卡方統計值〔x^2(obtained)〕為 0.254。
這個卡方值精確的顯著性出現在標示著 "Asymp.Sig(2-sided)" 一欄中，為 0.614，遠高
於顯著性的標準指標（$\alpha=0.05$）。因此，我們可以得出結論，正如我們在直行百分比
所看到的一樣，這些變項之間不存在統計上的顯著關係，合法墮胎的態度不取決於性
別。

卡方檢定的限制

　　就像其他的檢定一樣，卡方也有其限制，你應該意識到幾個潛在的困境。首先，當變項有很多類別時，卡方將變得難以解釋。例如，兩個變項各有五個類別，將產生一個具有 25 個細格的 5×5 表格，這些分數組合可能太多而難以掌握或理解。一個粗略的經驗法則是，當變項各有四個或更少的類別時，卡方檢定比較容易詮釋與理解。 280

　　另外有兩個限制是相關於樣本規模。當樣本規模小時，我們無法假定所有可能的樣本結果的抽樣分布會如卡方分布所描繪的那樣。對於卡方來說，小樣本的定義是：高比例的細格期望次數（f_e）為 5 或小於 5。已經有各種經驗法則可以幫助研究者決定何謂「高比例」，然而最安全的做法可能是當面臨有任何細格期望次數為 5 或低於 5 時便採取校正措施。

　　對於一個 2×2 的表格而言，卡方統計值〔x^2(obtained)〕可以透過葉慈（Yates）連續校正法進行調整，其公式為

公式 10.4　　　$$\chi_C^2 = \sum \frac{(|f_o - f_e| - 0.5)^2}{f_e}$$

　　其中，$\chi_C^2 =$ 校正的卡方值

　　$|f_o - f_e| =$ 每一細格之觀察次數與期望次數差距的絕對值。（注意：絕對值不管正負號）

校正是將（$f_o - f_e$）的絕對值減去 0.5 後，再將此值平方後除以該細格的期望次數。

　　對於大於 2×2 的表格，小樣本無法透過校正公式來計算 x^2(obtained)，但也許可以透過合併變項的一些類別，從而增加細格的規模。例如，在表 10.7 中可以合併「一般」與「不好」兩個類別，這將使得表格縮減為 2×2，且能最大化最下面一橫列的案例數。

　　顯然，只有在合理的情況下才合併類別；換句話說，有意義的區別——如一般與不好的學生之間——不應該僅僅為了符合統計檢定的要求而被抹去。

　　當細格期望次數為 5 或小於 5 所占百分比很小，而你也覺得無法透過合併類別來處理時，只要對結果保持適當的謹慎態度，持續使用未校正的卡方檢定值可能還是合理的。

　　第二個與樣本規模有關的問題發生在大樣本的情況。如同我在第 8 章所提出的，所有的假設檢定都對樣本規模很敏感，亦即在不考慮其他因素下，拒絕虛無假設的機率隨著案例數的增加而增加。卡方對樣本規模特別敏感：x^2(obtained) 將以與樣本規模增加速度一樣的速度增加。例如，如果 N 增加一倍，x^2(obtained) 也將增加一倍。 281因此可能導致在實際關係微不足道但仍可能因為樣本較大而做出拒絕虛無假設的決

策。（關於此一原則的說明請見習題 10.14。）

你應該意識到樣本規模與卡方值之間的關係，因為它再一次提出統計顯著性與理論重要性之間的區別。一方面，顯著性檢定在研究中扮演重要角色，當我們使用隨機樣本時，我們必須知道我們的研究結果是否僅由隨機機會所致。

另一方面，就像其他的統計技術一樣，假設檢定所能回答的問題範圍有限。詳細地說，這些檢定告訴我們，我們的結果在統計上是否具有意義，但卻不必然可以告訴我們在任何其他意義上是否重要。為了更直接處理重要性的問題，我們必須使用一些額外的統計技術，即關聯量數。我們已經在計算直行百分比時預覽這些技術，而關聯量數是本書第三篇的主題。

日常生活統計學

誰在使用社交網站？

年齡與使用網路之間存在關係並不足為奇，但這種關係是否適用於說明像 Facebook 這種社交網站的使用行為？下表是基於全國代表性樣本的資料，基於節省篇幅僅在表格中列出直行百分比，以及使用細格次數計算的卡方值。

你多常造訪社交網站？	年齡群組			總計
	18-29	30-49	50 及以上	
每天或更多	68.2%	57.0%	44.2%	57.5%
每周	26.4%	29.1%	37.2%	30.2%
每月或更少	5.4%	13.9%	18.6%	12.3%
總計	100.0%	100.0%	100.0%	100.0%
	(1167)	(1469)	(880)	(3516)

$x^2 = 147.82$, $df = 4$, $p < 0.05$

這是一個具統計顯著性的關係，正如預期，越年輕者最可能造訪社交網站。但請注意，這些網站在所有三個年齡組都是很受歡迎的，幾乎 88% 的美國人至少每周都會使用社交網站。

資料來源：Pew Research Center. 2012. The survey is available in SPSS format at http://pewinternet.org/Shared-content/Data-Sets/2012/February-2012--Search-Social-Networking-Sites-and-Politics.aspx

---

應用統計 10.2　誰在看星座？

對占星術有興趣與年齡之間是否有關係？哪個年齡群組最有可能查閱他們的星座？一群隨機抽樣的美國人被問到他們是否曾經看過他們的星座或個人的占星報告，結果如下：

曾看星座？	年齡群組				總計
	18-34	35-50	51-64	65-89	
是	54.4%	49.5%	47.9%	45.6%	49.4%
否	45.6%	50.5%	52.1%	54.4%	50.6%
總計	100.0%	100.0%	100.0%	100.0%	100.0%
	(241)	(277)	(263)	(215)	(996)

$x^2 = 3.86$, $df = 3$, $p < 0.05$

請注意，結果與專業文獻中的報告一樣，為了節省篇幅，表格中只呈現直行百分比以及在表格下方提供卡方檢定結果。行邊際則列在括弧內，細格的次數可以透過這些訊息重製。

為了提供一個卡方計算程序的額外示範，細格的次數如下：

曾看星座？	年齡群組				總計
	18-34	35-50	51-64	65-89	
是	131	137	126	98	492
否	110	140	137	117	504
總計	241	277	263	215	996

計算表格如下所示：

f_o	f_e	f_o-f_e	$(f_o-f_e)^2$	$(f_o-f_e)^2/f_e$
131	119.05	11.95	142.80	1.20
137	136.83	0.17	0.03	0.00
126	129.92	-3.92	15.37	0.12
98	106.20	-8.20	67.24	0.63
110	121.95	-11.95	142.80	1.17
140	140.17	-0.17	0.03	0.00
137	133.08	3.92	15.37	0.12
117	108.80	8.20	67.24	0.62
996	996.00	0.00	x^2 (obtained)=3.86	

我們可以得到什麼結論？在 $df = 3$ 與 $\alpha = 0.05$ 的情況下，x^2(obtained) 是 3.86。這之間的關係並不顯著，且各直行百分比大致相當。因此對占星術的興趣不取決於年齡（儘管最年輕的人似乎更有可能看他們的星座）。

資料來源：2012 General Social Survey

重點整理

1. 獨立性卡方檢定適用於當感興趣的變項已被組織成表格形式的情況下。其虛無假設聲稱變項彼此之間是獨立的，或是說一個個案被歸類至一個變項的特定類別並不影響該個案被歸類至第二個變項的任何特定類別的機率。

2. 因為卡方屬於無母數的，且僅需名義測量的變項，它的模型假定容易滿足。此外，它是透過雙變項交叉表計算而得，其中橫列數與直行數都能輕易擴大，因此卡方在許多其他檢定無法或難以應用的情況下可被使用。

3. 在卡方檢定中，我們先找到變項若為獨立時細格會出現的次數（f_e），然後將這些次數逐一地與實際觀察次數（f_o）進行比較。如果虛無假設為真，期望與觀察次數應該相當接近。觀察與期望次數之間的差異越大，拒絕虛無假設的機會就越大。

4. 卡方檢定有幾個重要的限制。當表格有很多面向時（超過 4 或 5 個），它往往難以詮釋。另外，隨著樣本規模（N）減少，卡方檢定將越不值得信賴，因此需要進行校正措施。最後，對於非常大的樣本，我們可能會對微不足道的關係做出統計顯著的決策，就像所有的假設檢定一樣，統計顯著性與其他意義上的「重要性」是不同的。做為一般規則，統計顯著性是理論或實際重要性的必要條件，但不是充分條件。

公式摘要

公式 10.1	卡方檢定統計值：	$\chi^2(\text{obtained}) = \sum \dfrac{(f_o - f_e)^2}{f_e}$
公式 10.2	期望次數：	$f_e = \dfrac{\text{列邊際} \times \text{行邊際}}{N}$
公式 10.3	雙變項交叉表的自由度：	$df = (r - 1)(c - 1)$
公式 10.4	葉慈連續校正：	$\chi_c^2 = \sum \dfrac{(\lvert f_o - f_e \rvert - 0.5)^2}{f_e}$

名詞彙總

雙變項交叉表（Bivariate table）。一種顯示兩個變項的聯合次數分布的表格。

細格（Cells）。雙變項交叉表中變項交叉分類的類別。

卡方檢定〔Chi square（χ^2）test〕。適用於變項已經被組織成雙變項交叉表時的一種無母數檢定法。

直行（Column）。雙變項交叉表的垂直維度。按照慣例，每一直行代表自變項的一個數值。

直行百分比（Column Percentage）。在雙變項交叉表的每一直行內計算出的百分比。

期望次數（Expected frequency, f_e）。如果變項之間是獨立的，在雙變項交叉表中期望的細格次數。

獨立（Independence）。卡方檢定中的虛無假設。如果對所有的案例而言，一個案例在一個變項上的分類不影響該案例被歸入第二個變項的任何特定類別的機率，則兩變項即為獨立。

邊際（Marginals）。雙變項交叉表中直行與橫列的小計。

無母數檢定（Nonparametric test）。一種「無分布」的檢定，這些檢定不假定有常態分布。

觀察次數（Observed frequency, f_o）。在雙變項交叉表中實際觀察到的細格次數。

橫列（Row）。雙變項交叉表的水平維度，傳統上代表依變項的數值。

卡方臨界值〔χ^2 (critical)〕。在所有可能樣本卡方值的抽樣分布上的一個數值，是臨界域的起始點。

卡方檢定統計值〔χ^2 (obtained)〕。從樣本結果計算而得的檢定統計值。

習題

10.1　以下提供四個沒有標籤或標題的 2×2 表格，讓你透過簡化的資料練習計算卡方值。計算每個表格的卡方值。

提示：

- 利用公式 10.2 計算每一細格的期望次數。再三檢查確認每一細格使用的列邊際與行邊際是正確的。
- 以表格形式記錄期望次數可能有所幫助——見表 10.4 與 10.8。
- 使用計算表格來組織公式 10.1 的計算過程——見表 10.5 與 10.9。
- 依循一次一步驟的說明。
- 仔細檢查以確保你在每一格中使用正確的數值。

a.				c.			
20	25	45		25	15	40	
25	20	45		30	30	60	
45	45	90		55	45	100	

b.				d.			
10	15	25		20	45	65	
20	30	50		15	20	35	
30	45	75		35	65	100	

10.2　**PS** 如本章所述，許多分析家都注意到美國選舉的「性別落差」，女性更傾向於投票給民主黨的候選人。有一份大學教職員的樣本，被問及他們的政黨偏好。他們的回答是否指出性別與政黨偏好之間存在顯著的關係？

政黨偏好	性別		總計
	男性	女性	
民主黨	10	15	25
共和黨	15	10	25
總計	25	25	50

a. 性別與政黨偏好之間是否具有統計上的顯著關係？

b. 計算該表的直行百分比以釐清關係模式，哪一個性別更偏好民主黨？

10.3 SW 一位當地政治家擔心她所在城市的無家者計畫對非裔與其他少數族群帶有歧視性。以下資料是從非裔與白人無家者抽出的隨機樣本。

接受服務？	種族		
	非裔	白人	總計
是	6	7	13
否	4	9	13
總計	10	16	26

a. 種族與是否接受過該計畫的服務之間是否存在統計上的顯著關係？

b. 計算該表的直行百分比以釐清關係模式，哪一個群體更可能取得服務？

10.4 SOC 一個包含 25 個城市的樣本，根據其兇殺率的高低以及城市內的手槍銷售量進行分類。

a. 這些變項之間有關係嗎？是否兇殺率較高的城市有明顯較高的手槍銷售量？請引用卡方檢定的結果與直行百分比的模式，以一兩句話來解釋你的結果。

b. 此表假定兇殺率是自變項（「較高的兇殺率導致人們購買更多手槍」）。你能想出一個以手槍銷售量為自變項的說法嗎？哪一個是比較合乎邏輯的論點？為什麼？

手槍銷售量	兇殺率		
	低	高	總計
高	8	5	13
低	4	8	12
總計	12	13	25

10.5 PA 公務員的薪資水準與工會組織之間存有關係嗎？下面的資料是從城市規模大致相同的消防部門隨機抽取出的 100 位公務員的樣本，資料呈現了薪資與工會之間的關係。薪資已依中位數劃分為兩類。請引用卡方檢定的結果與直行百分比的模式，用一兩句話說明你的檢定結果。

薪水	狀態		
	工會	非工會	總計
高	21	29	50
低	14	36	50
總計	35	65	100

10.6 CJ 一位當地的法官一直允許一些因「酒後駕駛」而被定罪者，以在醫院急診室工作做為罰款、吊銷駕照與其他懲罰的替代方案。一份對酒駕犯者的隨機抽樣樣本提

供如下資料，參加這個計畫的酒駕犯者是否有較低重犯率？請引用卡方檢定的結果與直行百分比的模式，用一兩句話說明你的檢定結果。

累犯？	狀態		總計
	非參與者	參與者	
是	60	123	183
否	55	108	163
總計	115	231	346

10.7 **SOC** 州教育局對一個地方學校系統的樣本進行評鑑，以確定是否符合州政府規定的品質準則。

a. 學校系統的品質與社區富裕程度（以人均收入測量）之間是否存在統計學上的顯著關係？

b. 計算直行百分比。高或低收入社區是否更可能有高品質的學校？

品質	人均所得		總計
	低	高	
低	16	8	24
高	9	17	26
總計	25	25	50

10.8 **SOC** 一間當地安養院實施寵物治療計畫，參加這個計畫的人是否比沒有參與此計畫者顯得更警覺或反應更靈敏？（記得計算直行百分比以說明關係模式。）

警覺性	參與？		總計
	是	否	
低	11	18	29
高	23	15	38
總計	34	33	67

10.9 **SOC** 婚齡與婚姻滿意度之間是否存在統計上的顯著關係？下表呈現了從一地方社區隨機選取的 100 名受訪者而來的必要資訊。請引用卡方檢定的結果與直行百分比的模式，用一兩句話說明你的檢定結果。

滿意度	婚齡			總計
	少於 5	5 - 10	多於 10	
低	10	20	20	50
高	20	20	10	50
總計	30	40	30	100

10.10 **PS** 大學生的年級與政治傾向之間是否有關係？在這個變項上大三與大四學生是否明顯不同於大一與大二的學生呢？下表呈現 267 名隨機抽樣的大學生在這二變項間的關係。請引用卡方檢定的結果與直行百分比的模式，用一兩句話說明你的檢定結果。哪一群體比較傾向自由？哪一群體比較傾向保守？

政治觀點	年級		
	大一大二	大三大四	總計
自由	40	43	83
中間	50	50	100
保守	44	40	84
總計	134	133	267

10.11 **SOC** 在一所大型都市學院裡，大約一半的學生以各種安排居住於校外，另一半則住在校內。學習成績是否取決於居住安排？請引用卡方檢定的結果與直行百分比的模式，用一兩句話說明你的檢定結果。

GPA	居住狀態			
	校外與室友同住	校外與父母同住	住校	總計
低	22	20	48	90
中	36	40	54	130
高	32	10	38	80
總計	90	70	140	300

10.12 **SOC** 一位都市計畫專員建立一個她所在城市之社區的樣本資料，發展出可以評價每一地區的「生活品質」量表（這包括對污染、噪音、開放空間、服務可得性的衡量）。她也詢問這些地區的居民樣本對於社區的滿意程度。專員對生活品質的客觀評價與居民自陳的滿意度之間是否存在統計上的一致性？請引用卡方檢定的結果與直行百分比的模式，用一兩句話說明你的發現。

滿意度	生活品質			
	低	中	高	總計
低	21	15	6	42
中	12	25	21	58
高	8	17	32	57
總計	41	57	59	157

10.13 **SOC** 在美國，支持大麻合法化是否因地區而不同？下表呈現隨機抽樣的 1020 位成年公民在這兩個變項上的關係，這關係是否顯著？請使用直行百分比來描述關係的模式，哪一地區比較支持合法化呢？

滿意度	區域				總計
	北部	中西部	南部	西部	
是	60	65	42	78	245
否	245	200	180	150	775
總計	305	265	222	228	1020

10.14 [SOC] 一位研究員關心暴力態度與暴力行為之間的關係，態度是否「導致」行為？對暴力持正向態度的人是否導致較高的暴力行為？一項對 70 位受訪者的預試，詢問受訪者「在過去六個月中，你是否涉入任何形式的暴力事件？」研究員建立下述的關係。

參與	對暴力的態度		總計
	贊成	不贊成	
是	16	19	35
否	14	21	35
總計	30	40	70

這張表格的卡方值為 0.23，在 0.05 顯著水準下未達統計上的顯著性（根據你的計算結果進行確認）。研究人員並未因此灰心反而繼續進行計畫，蒐集樣本規模為 7000 的隨機樣本。就百分比的分布而言，全部樣本的結果完全與預試結果一樣。

參與	對暴力的態度		總計
	贊成	不贊成	
是	1600	1900	3500
否	1400	2100	3500
總計	3000	4000	7000

然而，得到的卡方值是令人感到舒服的 23.4（請自己計算來確認此數值）。為什麼全部樣本的卡方值是顯著的，而預試的結果卻不顯著呢？發生了什麼事？你認為第二個結果重要嗎？

10.15 [PS] 一份來自大城市包含 748 名選民的隨機抽樣樣本，被問及他們在 2012 年總統選舉時的投票情況。請計算下面每一表格的卡方值與直行百分比，並簡短地撰寫一份報告來描述這些關係的顯著性與你所觀察到的關係模式。

a. 總統偏好與性別

偏好	性別		總計
	男性	女性	
羅姆尼	165	173	338
歐巴馬	200	210	410
總計	365	383	748

b. 總統偏好與種族／族群

偏好	種族／族群			
	白人	非裔	拉丁裔	總計
羅姆尼	289	5	44	338
歐巴馬	249	95	66	410
總計	538	100	110	748

c. 總統偏好依教育分

偏好	教育				
	低於高中	高中畢業	大學畢業	研究所	總計
羅姆尼	30	180	118	10	338
歐巴馬	35	120	218	37	410
總計	65	300	336	47	748

d. 總統偏好依宗教分

偏好	宗教					
	基督教	天主教	猶太教	無	其他	總計
羅姆尼	165	110	10	28	25	338
歐巴馬	245	55	20	60	30	410
總計	410	165	30	88	55	748

使用 SPSS 進行統計分析

10.16 **SOC** 性別與害怕獨自走夜路（*fear*）、支持死刑（*cappun*）、與工作滿意度（*satjob*）之間是否有關係？男性還是女性更可能說附近有他們害怕獨自走夜路的地方？哪一性別更傾向支持死刑？男性還是女性會對他們的工作更滿意呢（*satjob*）？我們將使用 **Crosstabs** 程式進行卡方與直行百分比的分析，以便探究這些關係。

- 點擊電腦桌面的 SPSS 圖示。
- 載入 *GSS2012* 資料檔。
- 點擊 **Analyze→Descriptive→Crosstabs**。
- 從變項清單中找到 *fear, cappun* 與 *satjob*，並將其移到 "Rows" 方框中。
- 從變項清單中找到 *sex*，並將其移到 "Columns" 方框中。
- 點擊 **Statistics** 按鈕，並勾選 **Chi-square**。
- 回到 "Crosstabs" 視窗，點擊 **Cells** 按鈕後在 "Percentages" 方框中勾選 **Column**。
- 回到 "Crosstabs" 視窗，點擊 **OK** 後，所有這些檢定的結果將輸出至 "SPSS output" 視窗。
- 檢視直行百分比、卡方值與 "Asymp. Sig (2-sided)."。簡要的報告這些結果。

10.17 [SOC] 教育（*degree*）與支持進化論（*evolved*）、「大爆炸」的創造宇宙論（*bigbang*）之間是否存在關係？你會預測接受越多教育的人越支持這些理論嗎？為什麼？

按照習題 10.16 的說明使用 **Crosstabs** 這個程式。教育為自變項，所以將 *degree* 放在 "Columns" 方框中，並將 *evolved* 與 *bigbang* 放在 "Rows" 方框中。請考量卡方值的顯著性與直行百分比後，簡要報告分析結果。

你是研究者
瞭解政治信念

這裡提出了兩個計畫，我鼓勵你在這兩個計畫中應用你對卡方檢定的理解。兩個計畫都是使用 *GSS2012* 資料。在第一個計畫中，你將檢驗一些人們對於美國社會中最熱烈討論的信念之源由：輔助自殺、同性婚姻與移民。在第二個計畫中，你將比較各種自變項對你所選之依變項的關係，並看看哪一個關係是最顯著的。

使用 Crosstabs

你將在這些計畫中使用 **Crosstabs**，這個程式已在「使用 SPSS」與習題 10.16、10.17 中說明。請利用 **Crosstabs** 程式來執行這兩個計畫的分析。

- 點擊 **Analyze→Descriptive Statistics→Crosstabs**。
- 將你的依變項放在 "Rows" 的方框中。
- 將你的自變項放在 "Columns" 的方框中。
- 點擊 **Statistics** 按鈕後勾選 **Chi-square**，並回到 "Crosstabs" 視窗。
- 點擊 **Cells** 按鈕並在 "Percentages" 方框中勾選 **column** 後，回到 "Crosstabs" 視窗，並點擊 **OK**。

計畫 1：解釋信念

在這個計畫中，你將分析關於輔助自殺（*letdie1*）、同性婚姻（*marhomo*）、與移民（*letin1*）的信念。你需要選擇一個自變項，使用 SPSS 產生卡方統計值與直行百分比，並分析與詮釋你的結果。

步驟 1：選擇一個自變項

選擇一個自變項，它可能是影響人們在這些議題上之態度的重要原因。請確保選擇僅有 2 到 5 個類別的自變項！如果你想使用的自變項具有 5 個以上的類別，請使用 **recode** 指令來減少類別數。你可以考慮性別、教育水準（*degree*）、宗教或年齡（重新編碼的年齡變項——見第 9 章）做為自變項，但還有許多其他的自變項。請在下表記錄變項名稱並詳細說明變項測量的內涵。

SPSS 名稱	這個變項測量的精確內容？

步驟 2：陳述假設

　　就你的自變項與每一依變項之關係提出預期的假設，你預期哪一自變項的類別與哪一依變項的類別相關聯來說明這些假設（例如，「我預期男性將更支持基於任何理由的合法墮胎權」）。

SPSS 名稱	假設
letdie1	
marhomo	
letin1	

步驟 3：執行 Crosstabs

　　所有的依變項可以一次一起放入 "Rows:" 方框，而你所選的自變項則移至 "Columns:" 方框中。不要忘記點擊 **Statistics** 按鈕與點擊 **Cells** 按鈕以勾選直行百分比。

步驟 4：記錄結果

　　因為會有大量的結果訊息，因此將你的結果摘錄到下面的表格會有所幫助。你會看到卡方值、自由度、與列在輸出區塊的 "Chi-Square Test" 的第一列（"Pearson Chi Square"）的統計顯著性，如果在標有 "Asymp. Sig (2-sided)" 一欄的值小於 0.05，就在下表的最右一欄寫下「是」。

依變項	卡方值	自由度	在 0.05 顯著水準下是否顯著？
letdie1			
marhomo			
letin1			

步驟 5：分析與詮釋結果

　　簡短寫下每一個檢定結果的結論，其中你要，

1. 說明變項、卡方值與顯著性、N、與直行百分比的模式（如果有的話）。在專業的研究文獻中，你可能會找到像這樣的報告：「對於 949 位受訪者的隨機樣本，性別與支持墮胎之間沒有顯著的關係（*chi square*=2.863, *df*=1, *p*>0.05）。大約 46% 的男性支持合法墮胎權，而女性則約 44%。」
2. 解釋你的假設是否獲得支持。

計畫 2：探討各種自變項的影響

　　在這個計畫中，你將檢驗不同自變項解釋單一依變項的相對能力。你將再次使用 SPSS 中的 **Crosstabs** 程式產生卡方值與直行百分比，並使用 *p* 值來判斷哪一個自變項與

你的依變項有最顯著的關係。

步驟 1：選擇變項

　　選擇一個依變項。你可以使用本章計畫 1 中的任何一個依變項或選擇一個新的依變項，請確保你的依變項的值或分數不超過五個，必要時使用 **recode** 指令來減少類別數。好的依變項包含任何關於態度或意見的測量，不要選擇像種族、性別或宗教做為你的依變項。

　　選擇三個自變項，它們可能是解釋你所選之依變項的重要原因。確保你的自變項的值或分數不超過五個，必要時可以使用 **recode** 指令來縮減類別數。你可以考慮性別、教育水準（使用 *degree*）、宗教或年齡（重新編碼過的年齡變項——見第 9 章），但還有其他許多可能選擇。

　　記錄變項名稱，並在下表中精確說明每一個變項的測量內涵。

SPSS 名稱	精確說明這個變項測量的內涵為何？
依變項	
自變項	

步驟 2：陳述假設

　　就你的自變項與依變項之關係提出預期的假設，依據你預期哪一自變項類別與哪一依變項類別相關聯來說明這些假設（例如，「我預期男性將更支持基於任何理由的合法墮胎權」）。

自變項（SPSS 名稱）	假設
1.＿＿＿＿＿	
2.＿＿＿＿＿	
3.＿＿＿＿＿	

步驟 3：執行 Crosstabs

　　你的依變項放入 "Rows:" 方框，而你所選的三個自變項全移至 "Columns:" 方框中。點擊 **Statistics** 按鈕後勾選卡方，與點擊 **Cells** 按鈕以勾選直行百分比。

步驟 4：記錄結果

　　因為會有大量的結果訊息，因此將你的結果摘錄到下面的表格會有所幫助。你會看到卡方值、自由度、與列在輸出區塊的 "Chi-Square Test" 的第一列（"Pearson Chi Square"）的統計顯著性。如果在標示著 "Asymp.Sig(2-sided)" 一欄的值小於 0.05，則在下表的最右一欄寫下「是」。

依變項	卡方值	自由度	在 0.05 顯著水準下是否顯著？
1.＿＿＿＿＿			
2.＿＿＿＿＿			
3.＿＿＿＿＿			

步驟 5：分析與詮釋結果

簡短寫下每一個檢定結果的結論，其中你要，

1. 說明被檢定的變項、卡方值與顯著性、N、與直行百分比的模式（如果有的話）。

2. 解釋你的假設是否獲得支持。

3. 解釋哪一個自變項與你的依變項有最顯著的關係（在 Asymp.Sig(2-sied) 一欄的數值最小）。

第三篇　雙變項的關聯量數

　第三篇將介紹關聯量數（*measures of association*），不僅在科學研究中非常有
用，且專業文獻中也常常提及這些統計值。它們提供單一數值來說明兩個變項的
關聯強度與方向（如果適用的話）。

　分辨統計顯著性（第二篇的主題）與關聯性（第三篇的主題）是重要的。統
計顯著性檢定回答的具體問題為：在樣本觀察到的差異或關係是否由隨機機會造
成的？關聯量數則處理另一套議題：變項之間的關係有多強？關係的方向或模式
為何？

　因此，關聯與顯著性是不同的事，關聯量數提供的訊息補充了顯著性檢定的
不足之處。進行統計分析時，若能達到統計顯著性也存在強烈關聯，是最令人滿
意的結果。然而，混合或模糊的結果卻是常見的：具有統計顯著性但關聯很弱，
關聯強度高但不具統計顯著性等。

percentages）來分析關聯的基本觀念，並介紹名義層次與順序層次變項的關聯量
數。第 12 章介紹皮爾森相關係數（Pearson's *r*），這是唯一用來測量等距－比率
層次變項的關聯量數，也是最重要的關聯量數。

第 11 章

名義與順序層次變項的雙變項關聯

學習目標

完成本章的學習，你將能夠：

1. 使用關聯量數描述與分析雙變項關係的重要性（對比於顯著性）。
2. 在雙變項交叉表的脈絡下定義關聯。
3. 回答雙變項關係的三個問題。
   - a. 它是否存在？
   - b. 它有多強？
   - c. 它的模式或方向為何？
4. 透過以下方式評估雙變項交叉表的變項關聯性：
   - a. 計算與解釋直行百分比。
   - b. 計算與解釋合適的關聯量數。
5. 計算與解釋斯皮爾曼等級相關係數（Spearman's rho），這是測量「連續的」順序層次變項的關聯量數。
6. 使用 SPSS 計算雙變項交叉表的直行百分比，並產生名義與順序層次的關聯量數。

使用統計

本章介紹的統計技術將用於衡量名義與順序層次變項的關聯性。這些技術使用情境範例如下：

1. 工人滿意度與生產力之間有關係嗎？忙碌的工人是否為快樂的工人？
2. 當經濟不景氣時，犯罪率是否增加？增加多少？
3. 宗教信仰與支持傳統性別角色、同性婚姻、死刑之間是否存在關係？這些關係的強度為何？它們又呈現何種模式？
4. 教師職業疲勞與士氣低落是否隨著工作年資增加而增加？

293   正如我們在前面幾個章節所看到的，統計顯著性檢定在社會科學研究中極為重要。當我們使用隨機樣本而不是母體的資訊時，處理研究結果僅因隨機機會造成的可能性議題時，顯著性檢定是不可或缺的工具。

　　然而，顯著性檢定常常只是研究分析結果的第一步，這些檢定有其侷限性，且統計顯著性不一定等同於相關性或重要性。除此之外，所有的顯著性檢定都受到樣本規模的影響：大樣本下的檢定可能做出拒絕虛無假設的決策，但事實上差異或關係卻是相當微弱的。

　　從這一章開始，我們將介紹**關聯量數**（measures of association），這能幫助我們評估關係的重要性或強度，以及檢驗理論的效力與有效性。科學理論幾乎總是以因果關係的語彙來表達：「*X*變項導致*Y*變項。」回顧一下我們在第1章提出的接觸假設討論，以此做為一個例子，其中原因變項（或自變項）是群體之間的平等接觸，而結果變項（或依變項）則是偏見。該理論主張，沉浸於平等接觸的情境中將有助於降低偏見。關聯量數能幫助我們描繪出變項之間的因果關係，也是我們記錄、測量與分析因果關係最重要與最有力的統計工具。

　　關聯量數雖然是有用的工具，但我必須指出，關聯量數不能證明兩個變項之間具有因果關係，即使兩個變項之間具有非常強烈的（且顯著的）關聯，我們也不必然可以得到一個變項是另一個變項之因的結論。我們將在第四篇更仔細的討論因果關係，但現在你必須謹記因果關係與關聯是兩回事。我們可以將變項之間的統計關聯視為因果關係的證據，但關聯本身並無法證明因果關係的存在。

　　關聯量數的另一個重要用途在於預測。如果兩個變項彼此關聯，我們可以透過一個變項的分數來預測另一個變項的分數。例如，如果平等接觸與偏見有所關聯，那麼我們便可以預測一位經歷許多這種接觸的人將比那些接觸較少或無接觸的人，較不會有偏見。

　　在本章中，我們將先利用雙變項交叉表來介紹**關聯**（association）的概念，你將學習到如何使用百分比與好幾種不同的關聯量數來分析雙變項關係。完成本章的學習，你將可以使用一系列統計工具來分析雙變項的關聯強度與模式。

關聯與雙變項交叉表

　　如果在一個變項的各種類別或分數之條件下，另一變項的分布有所差異，便可以說這兩變項是有關聯的，這是最一般的情況。例如，一位工業社會學者關注裝配線工
294   人的工作滿意度與生產力之間的關係，如果這兩變項是有關聯的，那麼生產力的數值在不同滿意度的情況下將有所不同。高滿意度的工人和低滿意度的工人將有不同的生

產力數值，生產力將隨著滿意度的程度而變化。

　　我們可以使用雙變項交叉表來說明這種關係，正如在第 10 章所說的一樣，雙變項交叉表呈現出個案在兩個不同變項上的分數。依照慣例，**自變項（independent）或 *X* 變項（*X* variable）**（即被認定為原因的變項）被置於直行（columns），而**依變項（dependent）或 *Y* 變項（*Y* variable）**被置於橫列（rows）。[1] 亦即表中的每一直行（垂直面）代表自變項（*X*）的分數或類別，每一橫列（水平面）代表依變項（*Y*）的分數或類別。

表 11.1　不同工作滿意度下的生產力（次數）

生產力（*Y*）	工作滿意度（*X*）			總計
	低	中	高	
低	30	21	7	58
中	20	25	18	63
高	10	15	27	52
總計	60	61	52	173

　　表 11.1 呈現了 173 位工廠工人（虛構樣本）的生產力與工作滿意度之間的關係。我們聚焦於各直行，以觀察變項之間是否存在關聯。「直行內」的次數分配稱為***Y* 的條件分布（conditional distributions of *Y*）**，可以看出依變項在自變項的條件（或分數）下的分數分配。

　　我們可以逐行地檢視表 11.1 中 *Y* 的條件分布。如果條件分布發生變化，即說明這些變項之間有關聯。表中左邊欄位是工作滿意度（*X*）最低工人的生產力（*Y*）的條件分布：60 人中有 30 位工人屬於低度生產力，20 位工人屬於中度生產力，10 位工人屬於高度生產力。居中的欄位是中度滿意度工人的 *Y* 分布（61 位工人中有 21 位屬低度生產力、25 位屬中度生產力、15 位屬高度生產力）。右邊欄位是高度滿意度工人的 *Y* 分布（僅有 7 位屬於低度生產力、18 位屬於中度生產力、27 人屬高度生產力）。

　　到目前為止，我們知道表 11.1 中的變項是有關聯的（因為 *Y* 的條件分布隨著 *X* 的分數而變化）。我們將在下一節中擴大分析的範圍，並且展示如何發展關於這些關係的其他有用訊息。

---

1 以下行文為了力求簡潔，我們通常將自變項稱為 *X*，依變項稱為 *Y*。

雙變項關聯的三種特性

295　　為了充分討論雙變項的關聯性，我們試圖回答以下三個問題：

1. 是否存在關聯？
2. 關聯有多強？
3. 關聯的模式或方向為何？

　　我們將逐一考慮每一個問題。

　　是否存在關聯？我們已經討論過如何觀察表格中 Y 的條件分布來偵測關聯是否存在。在表 11.1 中，我們知道這兩變項在某種程度上存在關聯，因為生產力（Y）的條件分布在工作滿意度（X）的不同類別下是不同的。

　　逐行比較表 11.1 是相對容易的，因為各直行的總數大致相等，然而這種情況通常不常見，因此計算直行百分比（見第 10 章）有助於控制各直行總數的變化，並且更容易觀察變項之間的關聯性。

　　一般而言，可以透過計算直行百分比（垂直的，或逐欄往下），然後比較整張表中的直行百分比（水平的，或一直行一直行的比較），以偵測雙變項交叉表的關聯性。表 11.2 是根據表 11.1 計算的直行百分比，請注意該表在括弧中列出列邊際與行邊際。呈現百分比的表格通常比較容易閱讀，因為比較容易偵測到 Y 的條件分布的改變。

　　我們可以看到表 11.2 每一直行中百分比最高的位置變化。對於低滿意度的工人來說，比例最高的細格落在最頂端的橫列（低生產力）；對於中間的欄位（中滿意度）而言，比例最高的細格落在中間橫列（中生產力）；對於最右邊欄位（高滿意度）來說，比例最高的細格落在最底的橫列（高生產力）。即使只是粗略瞥過表 11.2，也加深我們對於這兩變項存在關聯的結論。

表 11.2　不同工作滿意度下的生產力（百分比）

生產力（Y）	工作滿意度（X）			總計
	低	中	高	
低	50.0%	34.4%	13.5%	33.5% (58)
中	33.3%	41.0%	34.6%	36.4% (63)
高	16.7%	24.6%	51.9%	30.1% (52)
總計	100.0%	100.0%	100.0%	100.0%
	(60)	(61)	(52)	(173)

　　如果兩個變項沒有關聯，那麼 Y 的條件分布就不會在各直行發生變化，在每個 X

條件下的 Y 條件分布將是相同的。表 11.3 即說明身高與生產力「完全無關聯」，這張 296
表格僅是「無關聯」的其中一種模式，重點在於 Y 的條件分布是相同的。在不同身高
的條件下，生產力並未有所變化，因此這兩變項之間不存在關聯。（練習計算行百分
比，請見習題 11.1 到 11.9。）

　　關聯有多強？ 一旦我們知道兩變項之間存在關聯，我們還需要知道其關聯的強
度。本質上，這是在確定 Y 條件分布的變化量。當然在光譜的其中一端是「無關
聯」，此時 Y 的條件分布完全不會改變（見表 11.3），另一端是完全關聯，亦即最強的
關係。

表 11.3　**不同身高下的生產力（一個無關聯的例子）**

生產力（Y）	高度（X）		
	矮	中	高
低	33.3%	33.3%	33.3%
中	33.3%	33.3%	33.3%
高	33.3%	33.3%	33.3%
總計	99.9%	99.9%	99.9%

　　如果依變項的每個數值都與自變項的一個且唯一一個數值相關聯，則這兩變項之
間存在完全關聯。[2] 在雙變項交叉表中，如果每一直行的所有案例都完全落在單一細
格內，且在特定的 X 數值條件下，Y 沒有任何變化，則這兩變項之間就存在完全關聯
（見表 11.4）。

表 11.4　**不同身高下的生產力（一個完全關聯的例子）**

生產力（Y）	高度（X）		
	矮	中	高
低	0.0%	0.0%	100.0%
中	0.0%	100.0%	0.0%
高	100.0%	0.0%	0.0%
總計	100.0%	100.0%	100.0%

　　完全關係可說是兩變項之間存在因果關係最強而有力的證據，至少對這個例子來
說是如此。事實上對於此例而言，表 11.4 的結果指出，身高是生產力的唯一因素。　297

---

2 在本章與下一章介紹的每一種關聯量數都包含了它自身對「完全關聯」的定義，而這些定義依其統計
　值的特定邏輯與數學而有所不同。也就是說，針對同一表格進行不同量數的計算，有些量數可能指出
　完全關聯，但其他量數可能不是如此。我們將在適當時機指出完全關聯的數學定義的變化。

此外，在完全關係的情況下，利用一個變項去預測另一個變項將不會出錯。例如，如果我們知道某位工人的身高不高，我們便可以確定他或她具有高度生產力。

當然，大部分的關係都是介於無關聯與完全關聯的兩個極端之間，因此我們需要發展一些方法一致地、有意義地描述這些介於中間的關係。例如，表 11.1 與表 11.2 顯示生產力與工作滿意度之間的關聯，如何用強度來描述這些關係呢？它們有多接近完全關聯？又距離無關聯有多遠呢？

我們需要關聯量數為我們提供精確的、客觀的關係強度指標，幾乎所有這些統計值都具有下限為 0.00、上限為 1.00（在順序與等距－比率的關聯量數為 ±1）的特性。0.00 代表變項之間沒有關聯（Y 的條件分布沒有變化）；1.00（在順序與等距－比率的關聯量數為 ±1）則表示變項間存在完全關聯。0.00 和 1.00 之間數值的精確意義則隨著關聯量數的不同而異，但是對所有的關聯量數而言，越接近 1.00，那麼關係的強度就越強（Y 的條件分布的變化就越大）。

一種簡單的關聯強度量數。 我們將在本章後面開始討論許多關聯量數，現在我們先討論一種評估關係強度的非正式方法，即**最大差異法（maximum difference）**，這種方法建立在比較表格的直行百分比的基礎上。為了找到最大差異，如同往常要先計算直行百分比，然後一列一列地檢視表格，找到每一橫列中直行百分比的最大差異，差異最大那一橫列的差異值即為我們要找的數值。例如，表 11.2 中，最頂端的橫列「低」與「高」的直行百分比差異最大：50.0%－13.5%=36.5%。中間橫列的最大差異是落在「中」與「低」之間（41.0%－33.3%=7.7%）。最底端橫列的最大差異則是落在「高」與「低」之間（51.9%－16.7%=35.2%）。後面的兩個差異數值都小於最頂端的橫列。

一旦你找到表格中的最大差異，你就可以透過表 11.5 的尺規來描述關係的強度。例如，表 11.2 之生產力與工作滿意度間的關係為強關聯。

表 11.5　最大差異與關聯強度之間的關係

最大差異	強度
如果最大差異落在	關係強度為
介於 0 至 10 百分點之間	弱
介於 11 至 30 百分點之間	中
高過 30 百分點	強

298　　　請注意表 11.5 中最大差異與描述語彙之間的對應關係（弱、中、強）是武斷、約略的。計算與分析關聯量數則能提供較為精確與有用的訊息。

另外，對於小表格來說，最大差異法是相對容易且相當有用，但對於具有許多直行與橫列（例如，超過三橫列）的大表格來說，要找到最高與最低百分比可能會很麻煩；且最大差異法只能找到這些表格的關聯強度指標。最後，最大差異法是基於兩個數值（每一橫列中最高與最低的直行百分比），如同全距（見第 4 章）一樣，這種統計值可能會對整體關係強度造成一種錯誤的印象。（習題 11.1 至 11.9 中的表格都可以計算出最大差異。）

　　關聯的模式與／或方向為何？為了找到關聯的模式，我們需要確定一個變項的哪些數值或類別與另一變項的哪些數值或類別有關。我們已經討論了生產力與工作滿意度之間的關係模式，表 11.2 指出低滿意度相關於低生產力，中滿意度相關於中生產力，高滿意度相關於高生產力。

　　當雙變項交叉表中的一個或兩個變項是以名義層次來測量時，我們僅能討論關係的模式。[3] 然而，當兩個變項至少是順序測量層次時，則可描繪出關聯的方向，而關聯的方向可以是正向或負向的。

　　在**正向關聯（positive association）**中，變項的變化方向是一致的：它們將同時增加或減少。一個變項的高分相關於另一變項的高分，而一個變項的低分相關於另一變項的低分。個案將分布於雙變項交叉表中左上右下的對角線上，表 11.6 展示教育與使用公共圖書館之間的正向關係（虛構資料）。當教育程度增加（當從表格的左邊向右邊移動），圖書館的使用程度也隨著增加（「高度」使用者的百分比增加）。如表 11.1 與表 11.2 所顯示的，工作滿意度與生產力之間的關聯也是一種正向關聯。

表 11.6　使用圖書館的程度依教育分（一個正向關係的例子）

使用圖書館（Y）	教育（X）		
	低	中	高
低	60%	20%	10%
中	30%	60%	30%
高	10%	20%	60%
總計	100%	100%	100%

　　在**負向關聯（negative association）**中，變項的改變方向是相反的，一個變項的高分是相關於另一變項的低分，或是一個變項的數值增加則伴隨著另一變項的數值下降。表 11.7 顯示教育與電視觀看量之間的負向關係（亦為虛構資料）。隨著教育程度提高，電視觀看量下降。換句話說，當你在表格中從左向右移動（隨著教育程度提高），重度電視觀看者的百分比就隨之下降。

---

3 名義層次變項的分數不具有順序（根據定義）。因此包含名義層次變項的關聯僅能呈現關聯模式，無法指出關聯方向。

表 11.7　電視觀看量依教育分（一個負向關係的例子）

看電視（Y）	教育（X）		
	低	中	高
低	10%	20%	60%
中	30%	60%	30%
高	60%	20%	10%
總計	100%	100%	100%

　　順序與等距－比率變項的關聯量數的設計是：正值為正向關聯、負值為負向關聯，因此關聯量數的正號表示兩變項之間的正向關係，+1.00 即為完全正關係，負號表示負關係，−1.00 即是完全負關係。（練習判斷關聯模式，見習題 11.1 至 11.4、11.5a 與 c、及 11.13；練習指出關係方向，見習題 11.5b、11.6 至 11.9、與 11.14。）

關聯與統計顯著性

　　表 11.1 與表 11.2 顯示工作滿意度與生產力之間存在強的、正向的關係。如果表格中 173 位個案是一隨機樣本，那麼也必須檢定關係的統計顯著性。事實上，表格的卡方檢定值為 24.2，達到 0.05 的顯著水準，這意味著工作滿意度與生產力在母體中（可能）是相關的。

　　一般而言，我們希望論證變項之間的因果關係，尤其當我們發現一個具有強烈且具統計顯著性的關聯時，我們就很有機會可以這麼做。但是請你記住：關聯與顯著性是兩回事，一個強的關係但不顯著、顯著但關係卻很弱等都是可能存在的。

關聯與因果關係

300　　在表 11.1 與表 11.2 中，生產力與滿意度之間的關聯是強的、正向的與顯著的，這可能很容易得到這樣的結論：滿意度影響生產力（「快樂的工人是忙碌的工人」）。這樣的結論與證據相符，但是務必記得關聯本身無法證明因果關係。事實上，雖然我假定滿意度是這個關係中的自變項，但我們可以論證相反的因果關係（「忙碌的工人是快樂的工人」）。這兩種因果關係論證的表格都是一樣的。

應用統計 11.1　閱讀雙變項交叉表與避免錯誤詮釋

百分比是最普通的統計值，但它們可能被誤讀與誤用。當閱讀雙變項交叉表時，為了避免出錯，務必：

- 將自變項置於表格中的直行，
- 計算直行百分比，每行的百分比加總為 100。

　　如果變項間存在關係，則可透過比較各橫列的直行百分比獲得確認。記住要「直向計算百分比並橫向比較」。

　　為了進行說明，下表提供一個來自全國代表性樣本的資料，說明支持積極平權與種族或族群之間的關係。我們如何知道種族或族群是自變項？並應該放在直行的位置呢？在這個例子中是相當簡單的，一個人的團體身分可能是他或她的態度與意見的原因，但反過來就不可能：一個人的想法無法影響他或她的種族或族群。

支持積極平權依種族或族群分

積極平權	種族或族群			
	白人	非裔	西班牙裔	總計
支持	139　(15.0%)	76　(43.2%)	8　(14.8%)	223　(19.3%)
反對	788　(85.0%)	100　(56.8%)	46　(85.2%)	934　(80.7%)
總計	927(100.0%)	176(100.0%)	54(100.0%)	1157(100.0%)

$x^2 = 76.26$, $df = 2$, $p < 0.05$

資料來源：2012 一般社會調查。

　　表格中的模式支持這兩變項存在關聯，此關係不但具有統計上的顯著性，且表格中的條件分布也有所變化。非裔美國人最支持積極平權，而西班牙裔與白人的反對意見大略相等。各橫列的直行百分比的最大差異約為 28 個百分點，這意味關係的關聯強度介於中度到強之間。

　　這些結果看似容易，但是如果我們對調變項的位置，將支持積極平權置於表格中的直行，這會怎麼樣呢？如果我們接著垂直計算百分比並橫向比較，這樣我們就會犯一些嚴重的分析錯誤。請仔細思考下列表格計算百分比所犯的錯誤：

種族或族群的分布依支持積極平權分（不正確計算的百分比）

種族或族群	積極平權		
	支持	反對	總計
白人	62.3%	84.4%	80.1%
非裔	34.1%	10.7%	15.2%
西班牙裔	3.6%	4.9%	4.7%
總計	100.0%	100.0%	100.0%

　　如果我們只看該表中「支持」一欄（人們有時會這麼做），我們可能會得到白人比其他群體更支持積極平權的結論。但在「反對」一欄中顯示白人也是反對此政策的最大群體（84.4%）。這如何可能呢？

　　這張表格錯誤地將種族或族群視為依變項，而此表僅僅呈現了白人人數遠遠超越其他群體的事實：樣本中白人的數量是非裔美國人的 5 倍，是西班牙裔的 17 倍。快速、不加思索的瞥過這張表格，很容易對這兩變項的關係提出錯誤的結論。

即使是專業研究人員有時也會在計算百分比的方向時犯錯，或是對關係提出不正確的發問，你應該經常檢查以確保分析

與表格的模式一致。

你應該也意識到建構表格有時會將自變項放在橫列的位置，在這種情況下，你應該計算橫列百分比，並在行與行之間進行比較。

日常生活 統計學

足球運動中的歧視？

即使職業足球在 20 世紀中葉整合，很多層面上仍存在種族歧視。多年來種族與四分位位置之間存在的完全關係，也許是最明顯的例子，四分位這個核心領導角色是保留給白人的，此一做法普遍反映了對非裔美國人智力與決策能力的刻板印象。

今天，專業運動中的種族歧視沒有像過去那樣嚴重，少數群體的運動員在競爭任何位置（包含四分衛）時面臨的歧視也較少。事實上，非裔美國人在職業足球中的人數大大超越其人口比例：他們占了 NFL 球員的 66%，但只占總人口數的 13%。然而，在 2013 年賽季的開幕日，32 名先發四分衛中只有 9 人（或 28%）是非裔美國人，* 這可能反映了揮之不去的——更細微的——偏見與刻板印象。你需要哪些資料來進一步地調查這些模式？

* 資料來源：Lapchik, R., 2013. *The 2013 Racial and Gender Report Card: National Football League* 。擷取自 http://www.tidesport.org/rGrC/2013/2013_nfl_rGrC.pdf

---

關聯量數：簡介

301　　直行百分比提供了觀察雙變項關聯的重要訊息，且這種簡單的計算應該在分析過程中被採用。然而，使用直行百分比可能有些笨拙與麻煩，尤其是在分析較大的表格
302 時尤其明顯。相較之下，關聯量數就可以透過一個數字來彙整雙變項的關聯強度（以及順序層次變項的方向），且能以一種更簡潔、更方便的方式進行解釋與討論。

　　關聯量數有許多種，我們將集中討論一些較廣泛使用的指標。這邊將根據測量層次來介紹這些統計值。首先介紹適合用於測量名義變項的量數，再處理順序變項的測量方法，最後，第 12 章將討論皮爾森相關係數（Pearson's *r*），這是一種用於測量等距－比率層次變項的關聯或相關的指標。在分析不同層次變項之間的關係（舉例來說，一個名義層次變項與一個順序層次的變項）時，一般是根據兩個變項中測量層次較低的那個變項來決定合適的關聯量數。

適用於名義變項的關聯量數

測量名義層次變項的關聯量數有兩種類型，一種是基於卡方的邏輯（見第 10 章），另一種是建立在「削減誤差比例」或 PRE 的邏輯。接下來，我們將分別討論這兩種不同的類型。

基於卡方的關聯量數：Phi 與 Cramer's V

基於卡方邏輯的關聯量數有好幾種，但我們這邊僅討論兩種。第一種稱為 **Phi** (ϕ)，這是用於 2×2 的表格（即具兩直行兩橫列的表格），它相當容易計算。如公式 11.1 所示，Phi 是卡方值除以 N，再開根號。

公式 11.1 　　$\phi = \sqrt{\dfrac{\chi^2}{N}}$

對於大於 2×2 的表格而言，Phi 值的上限可能超過 1.00，如此將難以解釋。因此對於大表格來說，通常使用一種更為普遍的統計值，稱為克雷莫 V 係數（Cramer's V）。

公式 11.2 　　$V = \sqrt{\dfrac{\chi^2}{N(\min r - 1, c - 1)}}$

其中，（$\min r-1, c-1$）= 橫列數（r）減 1 或直行數（c）減 1 的較小值

記算 V 值可以遵循「一次一步驟」的說明來進行。對於任何規模的表格而言，Cramer's V 的上限都能維持在 1.00，且對於具兩直行兩橫列的表格來說，Cramer's V 將與 Phi 相同。

Phi 與 Cramer's V 都是測量兩個變項之間關聯強度的指數。表 11.8 提供了解釋名義層次變項之關聯量數強度的指南，如同表 11.5，描述性語彙僅做為一般性的指引。

為了說明 V 值的計算，我們以表 11.9 的大學生樣本資料為例，說明各種學生組織類型與學業成績之間的關係。該表的卡方檢定值為 32.14，達到 0.05 的顯著水準。由於這張表格的直行數、橫列數相等，因此分母可以使用（$r-1$）或（$c-1$），無論使用何種，分母的值均為 N 乘以（3−1），或為 2。Cramer's V 為

$$V = \sqrt{\frac{\chi^2}{N(\min r - 1, c - 1)}}$$

$$V = \sqrt{\frac{32.14}{(75)(2)}}$$

$$V = \sqrt{\frac{32.14}{150}}$$

$$V = \sqrt{0.21}$$

$$V = 0.46$$

303

表 11.8　解釋名義層次關聯量數之關係強度的準則

關聯量數	強度
如果統計值為	關係強度為
介於 0.00 至 0.10 之間	弱
介於 0.11 至 0.30 之間	中
高過 0.30	強

表 11.9　**學業表現（GPA）依社團分**

學業表現	社團成員			總計
	兄弟或姊妹會	其他	無	
低	4　(17.4%)	4　(15.4%)	17　(65.4%)	25 (33.3%)
中	15　(65.2%)	6　(23.1%)	4　(15.4%)	25 (33.3%)
高	4　(17.4%)	16　(61.5%)	5　(19.2%)	25 (33.3%)
總計	23 (100.0%)	26 (100.0%)	26 (100.0%)	75 (99.9%)

　　Cramer's V 為 0.46，這表示社團類別與學業表現之間存在強關聯。從直行百分比來看，我們可以看到兄弟會或姊妹會成員的學業表現傾向於中等，其他組織成員則表現出高學業成就，無社團者的學業表現低落。

一次一步驟	**計算 Cramer's V**

步驟	操作
1.	先找出表格中的直行數（r）與橫列數（c），以其中較小的數減去 1，就可以找到（$\min r-1, c-1$）。
2.	將步驟 1 得到的數值乘以 N。
3.	以卡方檢定值除以步驟 2 得到的數值。
4.	對步驟 3 得到的數值取平方根，此即 V 值。

一次一步驟	**解釋 Cramer's V**

步驟	操作
1.	一般準則請見表 11.8。
2.	利用直行百分比指出關係模式。

Phi 與 Cramer's V 的限制

304　　　這些量數的限制在於他們僅是關係強度的一般指標，當然越接近 0.00，關係強度就越弱；越接近 1.00，關係強度就越強。根據表 11.8 的說明，介於 0.00 至 1.00 之間的數值可以被區分為弱、中、或強關係,但它們沒有直接或有意義的解釋。但即便如此,Phi 與 V 容易計算(一旦取得卡方統計值),且是普遍使用於測量關聯的重要指標。[4](練習計算 Cramer's V,請見習題 11.1 至 11.4、11.5a 至 c、與 11.13。不要忘了對於兩直行、或兩橫列的表格,Phi 與 Cramer's V 有相同的值。)

基於削減誤差比例的關聯量數

有幾種基於**削減誤差比例(proportional reduction in error, PRE)**邏輯的名義層次關聯量數,這邊將集中討論 **Lambda**(以希臘字母 λ 表示)。

這些測量的邏輯是建立在對依變項分數的兩種預測上。第一種預測中忽視自變項的訊息,第二種預測則將自變項納入考量。Lambda 可以告訴我們,對自變項的掌握有多大程度改善我們對依變項的預測。

對於 Lambda,我們首先在忽視自變項(X)之下,預測每一個案將落在依變項(Y)的哪一類別。我們在這種情況下盲目地預測,因此經常會不正確地預測個案的依變項數值。

第二個預測是將自變項納入考量。如果兩個變項間存在關聯,這額外的訊息將減少錯誤預測——亦即,分錯類的個案應該會減少。此外,變項間的關聯越強,誤差減少的幅度就越大。在完全關聯的情況下,當我們根據 X 的數值來預測 Y 的數值時將不會出任何錯誤。另一方面,當變項間沒有關聯時,掌握自變項則不會提高預測依變項的準確性。

表 11.10　**身高依性別分(虛構資料)**

身高	性別		總計
	男性	女性	
高	44	8	52
矮	6	42	48
總計	50	50	100

為了計算 Lambda,我們必須先找到兩個數值:第一是在不考慮自變項的情況下預測錯誤的數量(E_1);第二是考慮自變項後預測錯誤的數量(E_2)。然後對這兩數值進行比較,便能得到 Lambda 統計值。「一次一步驟」提供了計算任何表格的 Lambda 值的程序。

4　文獻中有時會呈現另外兩種基於卡方檢定值的關聯量數——T^2 與 C(列聯係數)。這兩種測量方法都有其嚴重的侷限,T^2 只有在行數與列數都相等的情況下,其上限才會為 1,C 的上限則取決於表格的維度而變化。這些特性使得這些量數更難以解釋,因此不如 Phi 或 Cramer's V 有用。

我們將以表 11.10 關於身高與性別的 2×2 表格為例，說明如何計算 Lambda。

首先找出 E_1，亦即在忽視自變項（性別）的情況下，透過列邊際對所有個案進行預測，找出預測錯誤的數量。我們可以預測所有的受試者都是高個子，如此預測將導致 48 個錯誤預測。換句話說，100 位個案都被置於最上面的橫列，但實際上僅有 52 個案例屬於這一橫列，因此這個預測將產生（100−52）或 48 個錯誤。另一方面，如果我們將所有個案都預測為矮個子，我們將造成 52 個（100−48=52）錯誤。我們選擇其中較小的數值，即為 E_1 的量，表示在忽視自變項的訊息下所犯下的錯誤量，E_1 即為 48。

接下來，我們將再對 Y（身高）進行一次預測，但這次是在考慮 X（性別）之下所進行的預測，此時我們必須一直行一直行地考慮，這是因為每一直行都是 X 的一個類別，因此可在使用 X 的訊息下預測 Y。對於每一直行，我們預測所有的個案都落在次數最高的那一格。以男性而言，我們預測 50 位男性都是高個子，此預測犯了 6 個錯誤（50−44=6）。女性的部分，我們預測所有女性都是矮個子，這個預測犯了 8 個錯誤。透過一直行一直行的預測，我們總共犯了 14 個預測錯誤，我們將此值標示為 E_2（E_2=6+8=14）。

如果變項間存在關聯，第二個步驟所犯的錯誤將比 E_1 少，E_2 將小於 E_1。在上述的例子中，E_2 確實小於 E_1，所以性別與身高具有關聯，犯錯量從 48 降低至 14。公式 11.3 可以幫助我們找到削減誤差的比例：

公式 11.3　　　$\lambda = \dfrac{E_1 - E_2}{E_1}$

範例中的 Lambda 值將為：

$$\lambda = \frac{E_1 - E_2}{E_1}$$

$$\lambda = \frac{48 - 14}{48}$$

$$\lambda = \frac{34}{48}$$

$$\lambda = 0.71$$

306　　　Lambda 值介於 0.00 到 1.00 間，0.00 意味變項之間一點關聯都沒有（E_1 與 E_2 相等），1.00 意味完全關聯（E_2 為 0，根據自變項可以完全無誤的預測依變項的分數）。

與 Phi 或 V 不同，Lambda 在 0.00 與 1.00 兩個極端之間的數值具有精確的意義：它提供我們一個數值，告訴我們自變項（X）幫助我們預測（或是較隨意的說，瞭解）依變項（Y）的程度。當此值乘以 100 時，Lambda 值可以根據削減誤差的比例來說明關聯強度。因此，表 11.10 中的 Lambda 值可以解釋為：對性別資訊的掌握可以提高 71% 預測身高的準確性；也就是說當我們試圖預測身高時，知道性別會有 71% 的益處。

一次一步驟	**計算** Lambda

步驟	操作

這些說明是一般性的且適用於任何規模的表格。

1. 用 N 減去最大的列總計（邊際），即能找到 E_1。
2. 尋找 E_2。從最左邊的一欄開始，在每一直行中用行總計減去該直行中最大細格的次數，再對表格中所有的欄位重複這個程序。
3. 加總步驟 2 找到的數值，此即 E_2。
4. 用 E_1 減去 E_2。
5. 將步驟 4 得到的數值除以 E_1，此結果即為 Lambda。

一次一步驟	**解釋** Lambda

步驟	操作

1. 一般準則請見表 11.8。
2. 對於 PRE 的解釋，可將 Lambda 值乘以 100，這種以百分比表達的形式意味著：納入自變項的訊息後，更好地預測依變項的程度。
3. 透過直行百分比來指出關係的模式。

Lambda 的限制

在這邊必須強調 Lambda 的兩個特性。首先，Lambda 是不對稱的，這是指統計值會隨著以哪一變項為自變項而改變，因此，你應該謹慎地指定自變項。如果你始終依循此慣例：將自變項置於直行的位置，統計值的不對稱特性就不會造成混淆。

第二，當其中一個列總數比其他大出許多時，Lambda 可能產生誤導。當其他關聯量數大於 0.00，且表格的條件分布也指出變項間存在關聯，Lambda 可能出現 0.00 的結果。這意味著，當列邊際比例懸殊時，應該謹慎地解釋 Lambda。事實上，在列邊際差距極大的情況下，以卡方為基礎的關聯量數將是測量關聯的較佳選擇。（練習計算 Lambda，請見習題 11.1 至 11.4、11.5a 至 c、及 11.13。）

307

應用統計 11.2　使用 Cramer's V 與 Lambda

在前面應用統計 11.1 中，我們使用最大差異法找出種族或族群與支持積極平權之間具有中強度關聯的關係，Cramer's V 是否能確認這樣的描述呢？為了方便，這裡重製這張表格。

支持積極平權依種族或族群分

積極平權	種族或族群			
	白人	非裔	西班牙裔	總計
支持	139 (15.0%)	76 (43.2%)	8 (14.8%)	223 (19.3%)
反對	788 (85.0%)	100 (56.8%)	46 (85.2%)	934 (80.7%)
總計	927(100.0%)	176(100.0%)	54(100.0%)	1157(100.0%)

$x^2 = 76.26, df = 2, p < 0.05$

資料來源：2012 一般社會調查。

$$V = \sqrt{\frac{x^2}{N(\min r - 1, c - 1)}}$$

$$V = \sqrt{\frac{76.26}{(1157)(1)}}$$

$$V = \sqrt{\frac{76.26}{1157}}$$

$$V = \sqrt{0.06}$$

$$V = 0.25$$

根據表 11.8，V 與最大差異法的結果一致，都指出種族或族群與支持積極平權之間具有中強度的關聯。

　　若我們使用 Lambda 也會得到相同的結果嗎？為了計算 Lambda，我們必須先找出 E_1 與 E_2：

$$E_1 = 1157 - 934 = 223$$

白人：　$E_2 = 927 - 788 = 139$

非裔：　$E_2 = 176 - 100 = 76$

西班牙裔：　$E_2 = 54 - 46 = \underline{8}$

$$E_2 = 223$$

Lambda 為

$$\lambda = \frac{E_1 - E_2}{E_1} = \frac{223 - 223}{223} = 0.00$$

與最大差異、V 不同，Lambda 反而指出變項間沒有關係。怎麼會這樣呢？當列總和有懸殊差異時，Lambda 可能誤導結果，此例即是如此。因此在此情況下，摘述變項的關係時，其他關聯量數將比 Lambda 合理，也是較好的選擇。

日常生活
統計學

國會的問題

美國人對聯邦政府（尤其是國會）感到灰心，這並不足為奇。對此，人們將責任歸咎於哪裡？他們是否認為整個政府制度都被破壞了，還是應該歸咎於現任國會議員？最近一項針對美國人的隨機樣本民意調查，發現不同政治路線之間有著令人驚訝的共識。

國會問題是制度問題還是成員的問題？[*]

歸因	政黨			
	共和黨	民主黨	無政黨	總計
成員	234 (58.1%)	270 (57.1%)	312 (56.0%)	816 (56.9%)
制度	169 (41.9%)	203 (42.9%)	245 (44.0%)	617 (43.1%)
	403(100.0%)	473(100.0%)	557(100.0%)	1433(100.0%)

[*] 原始問題：下列哪一個對國會的觀點最接近你的想法？
a. 政治制度運作正常，問題是出在國會議員上。
b. 大多數議員都有良好意向，問題出在政治制度上。

$$x^2 = 0.40, df = 2, p > 0.05 \text{ Cramer' s } V = 0.02 \text{ Lambda} = 0.00$$

資料來源：Pew Research Center. Jan., 2013。取自 http://www.people- majority-says-the-federal-government-threatens-their-personal-rights/

　　這兩變項之間沒有關係，卡方檢定值未達統計顯著水準且關聯量數幾乎為零。不論政黨傾向為何，美國人都認為他們對國會灰心的根源是來自現任的國會議員，而非制度本身。

合併式順序變項的關聯量數

　　順序層次變項可以分為兩種類型，其中一種是只有幾個分數（不超五或六個），這種稱為合併式的順序變項（*collapsed ordinal variables*）。人們發明許多測量這種變項的關聯量數，但這邊不打算介紹全部的方法，而是集中於討論其中一種稱為 **Gamma（G）** 的統計值。

　　另一種類型的順序變項則有許多可能的分數，類似於等距－比率層次變項，我們稱為連續性順序變項（*continuous ordinal variables*）。透過許多題目來測量態度的量表，便可以建立這種類型的變項。在下一節中，我們將介紹斯皮爾曼等級相關係數（**Spearman's rho, r_s**）來衡量此類變項間的關聯性。

　　順序層次的關聯量數比 Lambda 與 V 更複雜，但仍然在回答雙變項關聯的三個基本問題：

308

- 變項是否存在關聯？
- 這些關聯的強度多高？
- 關聯的方向為何？

Gamma

Gamma 可以透過前文介紹 Lambda 時提到的削減誤差比例（PRE）的邏輯來解釋。當 Gamma 值以百分比表示時，可以指出掌握一個變項的訊息，在多大程度上提高我們預測另一變項的能力。

Gamma 與 Lambda 有兩個主要差異。首先，順序層次變項的分數是有順序的，可以由高至低排列，因此在關係強度之外，Gamma 還能指出關係的方向——正向或負向。

第二，對 Gamma 而言，PRE 的邏輯是比較一對個案在兩個變項上的排序。如果一位個案在其中一變項上的排序比另一位個案高，則其在另一變項的排序也比較高嗎？Gamma 主要在比較兩變項以相同方向排序的個案對數（N_s）與不同方向的個案對數（N_d）。

計算 Gamma。「一次一步驟」說明在所有規模的表格下，如何計算 Gamma 值。我們使用最簡單的 2×2 表格，以便說明這個計算過程，基本上較大的表格需要較多的計算步驟，但邏輯是相同的。

假使有一位研究人員關心小學教師「職業疲勞」（亦即，士氣低落且缺乏承諾）的原因，且欲探究職業疲勞（Y）與服務年資（X）是否有關係。表 11.11 列出 100 位教師樣本（虛構資料）的「服務年資」與「職業疲勞」之間的關係。

在這張表格中有多少對個案的排序具有相同方向？若 Jones 是一位具有高度熱誠（職業疲勞分數低，Y）的新進教師（服務年資分數低，X）。這個個案被放在表 11.11 中左上角的細格。

而另一位教師 Kelly 則是接近退休階段（X 分數高），且對工作感到非常灰心（Y 分數高）。Kelly 被放置在表格右下角的細格。

如果我們將這兩位教師組成一對，他們在兩個變項上的排序具有相同方向：在 X 變項上，Kelley 女士比 Jones 先生的排序高（她從事教職較多年）；在 Y 變項上，她的排序也比 Jones 高（她對教職更顯疲勞）。事實上，左上角細格內的個案對右下角細格內的個案，形成的一對對個案關係都構成了 N_s 的一部分。因此，在 2×2 表格中，若想知道在兩變項上以相同方向排序的個案對數，僅需使用左上角個案數乘以右下角個案數即可得。以表 11.11 來說，

$$N_s = (25)(32) = 800$$

表 11.11　職業疲勞依服務年資分（虛構資料）

職業疲勞（Y）	服務年資（X）		總計
	短	長	
低	25　(52.1%)	20　(38.5%)	45　(45.0%)
高	23　(47.9%)	32　(61.5%)	55　(55.0%)
總計	48(100.0%)	52(100.0%)	100 (100.0%)

　　那麼以不同方向排序的部分呢？Gordon 先生是一位有多年教學經驗的教師（X 排序高），他也對教學保持熱情（Y 排序低）。Gordon 先生被置於表格右上角的細格。

　　最後，Griffin 女士是一位新老師（X 排序低），但已經對教學失去興趣（Y 排序高）。她被置於表格左下角的細格。現在我們來比較由 Gordon 與 Griffin 兩位教師構成的這一對關係，他們在兩變項上是以不同方向排序：在 X 變項上，Gordon 先生的教學年資比較長，因此比 Griffin 女士排序高；在 Y 變項上，Griffin 因為職業疲勞較高而排序較高。

　　右上角細格中個案與左下角細格中個案之間形成的任何一對關係都構成 N_d（即不同方向排序的總對數）的一部分。若想知道表格中 N_d 的總數，將右上角細格中的個案數乘以左下角細格中的個案數即可得知。以表 11.11 為例，

$$N_d = (20)(23) = 460$$

　　Gamma 的公式為：

公式 11.4　　$G = \dfrac{N_s - N_d}{N_s + N_d}$

　　其中，N_s = 兩變項以相同方向排序的個案對數

　　　　　N_d = 兩變項以不同方向排序的個案對數

表 11.1 的 Gamma 值應為

$$G = \frac{N_s - N_d}{N_s + N_d}$$

$$G = \frac{800 - 460}{800 + 460}$$

$$G = \frac{340}{1260}$$

$$G = +0.27$$

解釋 Gamma 值。 請你記得，Gamma 是一個順序量數，它提供我們兩件不同的事情：關聯的強度與方向。我們將個別處理這些議題。

　　就關聯強度而言，我們可以使用 PRE 的邏輯來解釋，Gamma 值 +0.27 意味著，當我們從一個變項的排序關係去預測該對個案在另一變項上的排序（相對於忽視其他

310

變項下預測排序），可以降低 27%（0.27×100）的誤差。我們也可以使用與表 11.5 與 11.8 相似的表 11.12 來解釋 Gamma 的強度，如前所述，這些描述的語彙是武斷的、主觀的，僅做為一般性準則。Gamma 值為 +0.27 代表關聯強度介於弱至中等之間。

表 11.12　解釋順序層次關聯量數之關係強度的準則

關聯量數	強度
如果統計值為	關係強度為
介於 0.00 至 0.30 之間	弱
介於 0.31 至 0.60 之間	中
高過 0.60	強

311　　　就方向來說，這兩變項的關係是正向的，職業疲勞隨著服務年資的增加而增加。如果知道兩位教師在服務年資上的排序（Kelly 的服務年資比 Jones 長），將能幫助我們預測他們在職業疲勞上的排序（我們預測 Kelly 的職業疲勞將比 Jones 高）。

　　我們應該利用直行百分比來幫助我們分析關係的方向。在一個正向關係中，一變項的高分會與另一變項的高分聚攏、低分與低分聚攏，因此，個案將傾向於分布在左上右下的對角線上，就像表 11.11 那般。在負向的關係中，一個變項的高分會與另一變項的低分相關，這種個案傾向於分布在右上左下的對角線上。正向和負向關係的範例請見表 11.6 與表 11.7。

　　最後，仍然要注意強度與方向是兩件不同的事，亦即 Gamma 值 −0.35 與 +0.35 具有相同的關聯強度，但是具有不同的關聯方向。

　　與 Lambda 不同，Gamma 是對稱性的關聯量數，不論哪一變項被視為自變項，其計算出來的 Gamma 值都是一樣的。（練習計算與解釋 Gamma，請見習題 11.5b、11.6 至 11.9、與 11.14。）

一次一步驟	**計算** Gamma

步驟　操作

確定表格中直行的數值由左至右、橫列的數值由上至下增加的方式排列。

1.　計算 N_s 是從左上角的細格開始，利用左上角細格的個案數乘以右下角所有細格的個案數，並對表格中的每一細格重複進行這個程序。請記住右下角沒有對應細格時，就完成 N_s 的計算。

2.　計算 N_d 則是從右上角的細格開始，以此格的個案數乘以左下角所有細格的個案數，並對表格中每一細格重複同樣的過程。請記住左下角沒有對應細格時，就完成 N_d 的計算。

處理公式 11.4

3.　N_s 減去 N_d。

4.　N_s 加上 N_d。

5.　將步驟 3 取得的數值除以步驟 4 計算出來的數值，此即 Gamma。

一次一步驟	**解釋** Gamma

步驟　操作

解釋強度

1.　使用表 11.12 來彙整說明關聯強度。

2.　將 Gamma 值乘以 100，這個數值是指：在考慮自變項之後得以更準確預測依變項的幅度（以百分比表示）。

解釋方向

1.　Gamma 值的正負號表示方向。然而，在解釋順序變項的方向時要謹慎，因為這些變項的編碼是任意的，因此一個正向的 Gamma 值可能實際上反映的是負向關係，反之亦然，請參考「解釋順序層次變項的方向」的說明。

2.　務必參照直行百分比。如果百分比傾向於落在左上右下的對角線，那麼關係是正向關係；如果落在右上左下的對角線，則是負向關係。

應用統計 11.3　解釋順序層次變項的方向

在判斷關係方向時，你可能只想看關聯量數的正負號。這絕對是可以理解的，但這可能會造成混淆與錯誤，因為順序層次變項的編碼架構是任意的，較高的分數可能反映被測量變項是「較多」，也可能是「較少」。例如，我們測量社會階級時分為上層、中層、與下層，此時我們可以透過兩種方式來對這些類別指派分數：

A	B
1. 上層	3. 上層
2. 中層	2. 中層
3. 下層	1. 下層

關係的方向將因所選的編碼架構不同而改變，雖然兩種架構都完全正當，但編碼架構 B 似乎較合適（因為較高的分數配合較高的階級位置）。例如，使用架構 B，我們會發現社會階級與教育的 Gamma 值為正值：教育程度提升，階級也隨之提升。

然而，使用架構 A 時，因為數值以反向順序編碼（1、2、3），所以關係將為負向：最高的社會階級被分配到最低的分數，以此類推。如果你沒有檢查編碼架構，你可能會得到階級隨著教育提升而下降的結論，然而實際情況卻恰恰相反。

不幸的是在處理順序層次變項時將無法避免這種混淆。對這些變項來說，編碼架構總是任意的，因此解釋順序層次變項的方向時需更加謹慎。

使用 SPSS：Crosstabs 程式與 Gamma

本章的「使用 SPSS」將再次使用 Crosstabs 程式，但這次的目標在於產生關聯量數。我們將分析 *degree* 與幸福感（*happy*）之間的關係，接受越多教育的人是否越幸福？這兩變項都是順序的測量層次，但我們除了分析 Gamma 值之外，也要求進行名義的關聯量數的分析。

讓我們開始，

1. 點擊桌面上的 SPSS 圖示開啟 SPSS。

2. 載入 *GSS2012* 資料檔。

　　a. 從選單最左邊找到 **File** 指令後，點擊 **File→Open→Data**。

　　b. 找到 *GSS2012* 資料檔並開啟檔案。

3. 從主選單中點擊 **Analyze**, **Descriptive Statistics** 與 **Crosstabs**。

4. 在 "Crosstabs" 的對話框中：

　　a. 找到 *happy* 並將之移至 "Rows" 的位置。

　　b. 找到 *degree* 並將之移至 "Columns" 的位置。

5. 點擊 **Statistics** 按鈕並選取 **Chi-Square**, **Phi 與 Cramer's** *V*, **Lambda** 和 **Gamma** 等選項。

6. 回到 "Crosstabs" 視窗，點擊 **Cells** 按鈕後在 "Percentages" 的方框選取 **column**。

7. 回到 "Crosstabs" 視窗並點擊 **OK**。

8. 注意：下面的結果輸出表已經基於篇幅而進行適度的編輯。我們分析的統計值已經呈現於下表，這些就像你在專業研究文獻中看到的一樣。

Happiness by Degree

Happy:	R's Highest Degree					Totals
	LT HS	HS	Jr. Coll.	BA	Grad.	
Very	31.4%	29.2%	34.8%	35.9%	34.9%	31.8%
Pretty	45.9%	58.2%	50.0%	54.9%	57.9%	55.1%
Not Too	22.7%	12.6%	15.2%	9.2%	7.2%	13.1%
Totals	100.0%	100.0%	100.0%	100.0%	100.0%	100.0%
	(220)	(692)	(112)	(273)	(152)	(1449)

$\chi^2 = 32.35$, $df = 8$, $p < 0.05$. Lambda = 0.00; Cramer's V = 0.11; Gamma = -0.12

如同往常，SPSS 將產生大量訊息，我們將一步步來檢視。

- 卡方檢定值達到統計顯著性（p<0.05）。我們的分析是使用隨機樣本，因此這點很重要，我們可以據此確信這些變項在母體中存在關聯。

- 直行百分比有所改變，所以這些變項是有關聯的。請看最上面的橫列（「非常快樂」），幸福感傾向於隨著教育提升而提升，且教育程度最高的受訪者（有學士與研究所學歷者）最有可能認為自己非常幸福。

- 關聯量數也指出變項之間有相關。Cramer's V 與 Gamma 指出，關聯強度介於弱關聯至中度關聯之間。（我們可以不考慮 Lambda 的 0.00，因為它與其他的統計值與直行百分比的模式相矛盾。）

- Gamma 值是負值，但直行百分比顯示這兩變項關係實際上是正向的（「幸福感隨著教育增加而增加」）。這如何可能呢？幸福感的分數是「反向的」，較低的分數表示越幸福（見附錄 G 或點擊 SPSS 選單上的 **Utilities→Variables** 來檢視編碼架構）。請參照「解釋順序層次變項的方向」，在解釋方向時需特別謹慎。 314

我們的結論是什麼？幸福感與教育之間有顯著的正向關係，關係強度介於弱關聯至中度關聯之間。幸福感傾向於隨著教育增加而增加，教育程度最高者傾向於最幸福。

連續型順序變項的關聯量數：Spearman's Rho (r_s)

有一些順序層次變項類似於等距－比率層次變項，其數值範圍分布極廣，這些 315 變項的分數可以被合併為少數幾個大類（如高、中、低），建構為雙變項交叉表後，使用 Gamma 進行關聯分析。然而，合併數值可能會隱藏或遺失一些區辨個案的重要訊息。

日常生活 統計學	世代差距

第 9 章中的「日常生活統計學」專欄中，我們提及同性婚姻等爭議性議題存在著世代鴻溝，也提出這些鴻溝的可能源由：這些差異是由老化所造成？還是反映不同時代的差異？

有時很容易找到差距的來源。關於使用現代科技的情況，年輕世代是個人電腦、網際網路與智慧手機世界的「原住民」；他們的生活一直包含這些技術；而年長世代則是數位世界的「移民者」，相較而言較少涉入其中。

舉例來說，根據一項最近的研究，年輕人使用社群媒體的比例高出許多，且更加沉浸於最新的技術，包含在社群網站（如 Facebook）上發布「自拍」，下列表格列出相關的統計資料。根據 Gamma 值可以看到變項間具有強烈的正向關聯，且達到統計上的顯著水準。Gamma 值的正號表示直行百分比傾向於落在左上右下的對角線：最年輕的受訪者最可能分享「自拍」。

請再注意，解釋順序層次變項的方向可能會產生混淆。基於編碼架構：對於擺置於橫列的變項而言，較高的分數（2）是關聯到年齡變項中較高的分數（3 與 4），因此是「正向」的關係。

在社交網站分享過「自拍」的百分比：依年齡組分（百分比）

自拍？	年齡群組			
	1	2	3	4
	18-33	*34-49*	*50-68*	*69 及以上*
(1) 是	55%	24%	9%	4%
(2) 否	45%	76%	91%	96%
總計	100%	100%	100%	100%
	(617)	(351)	(576)	(246)

資料來源：Pew Research Center. 2014. "Millennials in Adulthood: Detached from institutions, networked with friends." p. 6. 取自 http://www.pewsocialtrends.org/files/2014/03/2014-03-07_generations-report-version-for-web.pdf

例如，有一位研究者想檢定慢跑不僅有益身體健康也有益於心理健康的主張，慢跑者是否有較佳的自尊感？為了處理這個問題，研究者對 10 位女性慢跑者做了慢跑投入量表與自尊量表的測量，兩個量表的範圍皆介於 0 至 20 分。分數列在表 11.13。

分數也許可以合併為高與低兩類，但這可能會遭遇幾個困難。第一，分數看起來是連續的，在分布中沒有明顯或自然的分界點，可以讓我們明確地區分出高與低兩類。第二，更重要的是將這些分數歸類到大類別將會遺失部分訊息，亦即，Wendy 與 Debbie 都被歸類至「高」投入，但事實上區辨她們分數的資訊就遺失了。如果這些

差異是重要且有意義的話，那麼我們應該選擇一個能夠盡可能保留詳細訊息的關聯量
數。

　　Spearman's rho (r_s) 是一種測量順序變項關聯性的方法，適用於處理具有廣泛分
數、且個案在任一變項上鮮少並列的情況。如同適用於順序層次變項的方法一樣，
Spearman's rho 是根據分數的排序來進行計算，而非依據分數本身。首先，個案在每
一個變項上都需從高至低排序，然後再利用這些排序來計算最後的結果。表 11.14 展
示了兩個變項的原始分數與排序。

　　計算 Stearman's Rho。排序個案的第一步是先找到每一變項的最高分並將其指
派為排序 1。Wendy 在 X 變項（18）得到最高分，因此排序為 1；另一方面 Debbie 在
Y 變項的分數最高，因此在此變項排序為 1，然後所有其他個案都依降冪方式排序。

表 11.13　**慢跑投入與自尊的分數**

慢跑者	慢跑投入（X）	自尊（Y）
Wendy	18	15
Debbie	17	18
Phyllis	15	12
Stacey	12	16
Evelyn	10	6
Tricia	9	10
Christy	8	8
Patsy	8	7
Marsha	5	5
Lynn	1	2

表 11.14　**慢跑投入與自尊的分數**

慢跑者	投入（X）	排序	自尊（Y）	排序	D	D^2
Wendy	18	1	15	3	-2	4
Debbie	17	2	18	1	1	1
Phyllis	15	3	12	4	-1	1
Stacey	12	4	16	2	2	4
Evelyn	10	5	6	8	-3	9
Tricia	9	6	10	5	1	1
Christy	8	7.5	8	6	1.5	2.25
Patsy	8	7.5	7	7	0.5	0.25
Marsha	5	9	5	9	0	0
Lynn	1	10	2	10	0	0
					$\sum D = 0$	$\sum D^2 = 22.5$

316 如果個案具有相同的分數，請先找出他們沒有並列時會用到的排序，再取其平均值，並將此平均值指派給這些具有相同分數的個案。Christy 與 Patsy 在投入程度上的分數相同，都是 8 分。如果她們沒有並列，她們應該排在第 7 與第 8 的排序，而這些排序的平均值為 7.5，此平均值將指派給這些並列的個案。（例如，若 Marsha 的分數也是 8 分，此時將使用三個排序——7、8、9，三個並列個案將都被指派為 8。）

Spearman's rho 的公式為

公式 11.5　　$r_s = 1 - \dfrac{6\Sigma D^2}{N(N^2 - 1)}$

其中，ΣD^2 ＝排序差異的平方和

計算 Spearman's rho 請參見「一次一步驟」的詳細說明。若以上面的範例來說：

$$r_s = 1 - \frac{6\Sigma D^2}{N(N^2 - 1)}$$

$$r_s = 1 - \frac{6(22.5)}{10(100 - 1)}$$

$$r_s = 1 - \frac{135}{990}$$

$$r_s = 1 - 0.14$$

$$r_s = 0.86$$

解釋 Spearman's Rho。Spearman's rho 是一種測量變項關聯強度的指數，可以使用表 11.12 的指引來解釋。關係的方向是由統計值的正負號來判斷，正值表示個案傾向於在兩變項上以相同的方向排序，負值表示變項傾向於以相反的方向排序。

在我們的範例中，Spearman's rho 為 0.86，表示這兩個變項之間存在強烈且正向
317 的關係。高度投入慢跑的受訪者也在自我印象上有較高的排序。這些結果支持慢跑有益於心理健康的主張。

如果將統計值 Rho 平方，那麼可以利用 PRE 的邏輯來解釋這個統計值。Rho 平方（r_s^2）反映：與忽視其他變項訊息的預測相比，當以一個變項的排序來預測另一個變項的排序時，可以削減的誤差比例。在此例中，$r_s = 0.86$ 且 $r_s^2 = 0.74$，因此我們可以說，當我們用投入慢跑程度的排序來預測自我印象的排序時，預測誤差將降低 74%。（練習計算與解釋 Spearman's rho，請見習題 11.10 至 11.12。）

一次一步驟	**計算** Spearman's Rho

步驟	操作
1.	建立一個類似表 11.14 的計算表格來組織計算過程。
2.	在最左邊的一欄，按照自變項（X）的順序列出個案，並將自變項（X）得分最高的置於最前面。
3.	下一欄逐一列出個案在 X 變項上的排序，從最高分（排序 1）開始。如果有任何個案有相同的分數，就依其未並列時的排序計算平均值，並將此平均值指派給這些個案。
4.	下一欄中列出 Y 的分數，再下一欄中列出 Y 的分數排序（由高至低），Y 變項得分最高的個案賦予排序 1，並計算任何並列個案的排序平均值，再將此平均值指派給這些並列的個案。
5.	針對每一個案，用 Y 的排序減去 X 的排序，並將結果記錄於新的欄位（D），此一欄的總和必為 0，如果不為 0 代表你在某些地方計算錯誤，應該重新檢查計算過程。
6.	將每一個案的 D 值平方，並將結果記錄於新的欄位，最後找出 ΣD^2，並將此數值代入公式 11.5 的分子。

處理公式 11.5

1. 將 ΣD^2 乘以 6。
2. 將 N 平方後減去 1。
3. 將步驟 2 得到的數值乘以 N。
4. 將步驟 1 得到的數值除以步驟 3 得到的數值。
5. 再以 1 減去步驟 4 得到的數值，此即 r_s。

一次一步驟	**解釋** Spaearman's Rho

步驟	操作

解釋強度

1. 使用表 11.12 來彙整說明關聯強度。
2. 將 rho 值平方後乘以 100，這個數值是考慮自變項之後更準確地預測依變項的幅度（以百分比表示）。

解釋方向

1. 以 r_s 的正負號解釋順序層次變項時需要謹慎，因為這些變項的編碼架構是任意的，正向的 r_s 有可能實際為負向關係，反之亦然。

應用統計 11.4　Spearman's Rho

透過測量生活品質的指數，對五座城市進行排序，同時也計算出過去幾年移民人口所占的百分比。生活品質分數較高的城市是否吸引更多新住民？下面表格彙整了這五座城市的個別分數、排序、與排序差異。

城市	生活品質	排序	新住民 %	排序	D	D2
A	30	1	17	1	0	0
B	25	2	14	3	-1	1
C	20	3	15	2	1	1
D	10	4	3	5	-1	1
E	2	5	5	4	1	1
					$\sum D = 0$	$\sum D^2 = 4$

這些變項的 Spearman's rho 為

$$r_s = 1 - \frac{6\sum D^2}{N(N^2 - 1)}$$

$$r_s = 1 - \frac{(6)(4)}{5(25 - 1)}$$

$$r_s = 1 - \frac{24}{120}$$

$$r_s = 1 - 0.20$$

$$r_s = 0.80$$

這兩變項有強烈的正關聯，生活品質分數越高，則新住民的比例就越高。r_s^2值為 0.64（$0.80^2 = 0.64$），這表示：與忽略另一變項排序的情況相比，在考量另一個變項的排序下預測某一變項的排序，將減少 64% 的誤差。

成為具批判性的閱聽人：專業文獻中的雙變項交叉表

如同 ANOVA 分析一樣，你不太可能在日常生活或大眾媒體上碰到有卡方值、雙變項交叉表、或關聯量數的報告，因此我們集中於介紹專業文獻中雙變項交叉表的報告方式。這些表格經常（但並不總是）將自變項放在直行、依變項放在橫列的位置，因此你必須小心的檢查表格建構的格式，如果表格並未依照這種慣例，反而將自變項放在橫列的位置，你應該重新調整分析的方向（或是重置表格）。最重要的是，你應該檢查百分比的計算方向是否正確，即使是熟練的專業人員有時也會算錯百分比並對資料提出錯誤的解釋。

一旦你確認表格的呈現是適當的，就可以應用本章介紹的技術進行分析。比較依變項的條件分布，你可以自己判斷這些變項是否存在關聯、並檢查關聯的強度、模式、與（有順序層次變項的表格）方向。接著，你可以與研究者的結論做比較。最後請注意關聯量數，並比較研究者提出的解釋與本章提供的解釋指引，關聯量數對關係強度提出哪些說明？

<table>
<tr><td rowspan="2">日常生活
統計學</td><td colspan="2">**鬧鬼城市排名**</td></tr>
<tr><td colspan="2">這種用於計算 Spearman's rho 的排序已經成為媒體和網際網路中的主要
內容，我們可以想到無數的清單：最佳居住地、交通最糟糕的城市、最
重要的新聞報導、最受歡迎的名人⋯⋯等等。這些「前十名」名單勢必
是武斷且主觀的，但也能提供有用的見解與有趣的訊息。在網際網路上
搜尋一下，就能找到很多例子，其中最有趣的是美國鬧鬼最嚴重的城市
名單：</td></tr>
</table>

排序	城市	評論
1	洛杉磯的新奧爾良	鬧鬼的豪宅、地面上的墓地、巫毒教、謀殺、夜裡的尖叫聲——新奧爾良都有。
2	德州的蓋維斯敦	也許有 8,000 人死於 1900 年的大風暴，這仍是美國史上最嚴重的自然災害。
3	賓州的蓋茨堡	將近 50,000 人死於為期三天的戰爭。
4	佛州的基韋斯特	海盜、酒類走私犯、邪靈娃娃羅伯特！
5	喬治亞州的薩凡納	街道充滿陰影；讓人毛骨悚然的傳聞比比皆是。
6	南卡州的查爾斯頓	豐富而悲慘的歷史造就了許多故事與「經驗」。
7	加州的舊金山	災難、鬼屋、與惡魔島。
8	伊利諾州的芝加哥	大火、黑幫、與「復活瑪麗」。
9	麻州的塞勒姆	女巫！
10	佛州的邁阿密	鬧鬼的旅館（「13 樓會發出奇怪的聲音」）、邁阿密圈之謎、與黑幫。

資料來源：http://www.hauntedamericatours.com/toptenhaunted/toptenhauntedcities/

　　這份特殊的清單是一家專門銷售訪鬼之旅的公司編製的，因此其科學有效性可能有待商榷（至少可以這麼說）。不過，是否有一些社會學變項可能相關於這份排名？有哪些關係可以證明它們的存在？什麼樣的社會條件可能會產生鬼故事與對「超自然」的興趣？

重點整理

1. 關聯量數可以提供顯著性檢定一些補充性訊息。

2. 我們有各式各樣的工具來分析變項的關聯性，包含雙變項交叉表與各種統計值。我們透過這些工具來回答關於關係存在與否、強度、與模式（或方向）等三個問題。

3. Phi、Cramer's *V*、Lambda 是測量名義變項的關聯量數，每一種都有其適用的特殊情境。這些統計值僅能指出關係強度，而關係模式可以透過檢視直行百分比來判斷。

4. Gamma 與 Srearman's Rho 分別是測量合併與連續性順序層次變項的關聯量數，它們可以指出關聯的強度與方向。

公式摘要

公式 11.1	Phi:	$\phi = \sqrt{\dfrac{\chi^2}{N}}$
公式 11.2	Cramer's V:	$V = \sqrt{\dfrac{\chi^2}{N(\min r - 1, c - 1)}}$
公式 11.3	Lambda:	$\lambda = \dfrac{E_1 - E_2}{E_1}$
公式 11.4	Gamma:	$G = \dfrac{N_s - N_d}{N_s + N_d}$
公式 11.5	Spearman's Rho:	$r_s = 1 - \dfrac{6\Sigma D^2}{N(N^2 - 1)}$

名詞彙總

關聯（Association）。兩個變項（或更多）的關係。如果一個變項的分布隨著其他變項的各類別或分數而改變，兩個變項即存在關聯。

直行百分比（Column percentage）。雙變項交叉表中每一直行內的百分比。

Y的條件分布（Conditional distribution of Y）。將兩個變項的資訊組織成表格的形式時，在自變項的特定分數或類別條件下，依變項的分數分布。

克雷莫 V 係數（Cramer's V）。一種基於卡方邏輯的關聯量數，適合處理具有數直行與數橫列之雙變項交叉表中名義變項的關聯性。

依變項（Dependent variable）。在雙變項關係中，被視為效應的變項。

Gamma (G)。一種處理具有「合併的」順序變項表格的關聯量數。

自變項（Independent variable）。在雙變項關係中，被視為原因的變項。

Lambda。一種基於削減誤差比例（PRE）的關聯量數，適用於處理雙變項交叉表中名義變項的關聯性。

最大差異法（Maximum difference）。一種評估雙變項交叉表中變項關聯強度的方法。最大差異是指表格中任何橫列之直行百分比差異的最大值。

關聯量數（Measure of association）。變項關聯強度的量化統計值。

N_d。在雙變項交叉表中，兩變項以不同方向排序的個案總對數。

N_s。在雙變項交叉表中，兩變項以相同方向排序的個案總對數。

負向關聯（Negative association）。指兩變項改變方向不同的關係。當一個變項增加而另一變項下降，一個變項的高分與另一變項的低分有所關聯。

Phi (ϕ)。一種基於卡方邏輯的關聯量數，適用於處理具有二直行與二橫列的雙變項交叉表（2×2 表格）中名義變項的關聯性。

正向關聯（Positive association）。指兩變項改變方向相同的關係。當一個變項增加而另一變項也增加，一個變項的高分與另一變項的高分有所關聯。

削減誤差比例（Proportional reduction in error, PRE）。一種使用於某些關聯量數的邏輯。PRE 可以指出，掌握自變項有多大程度提高對依變項的預測。

斯皮爾曼等級相關係數（Spearman's Rho, r_s）。一種用於測量「連續性」順序變項之關聯的量數。

X。使用於任何自變項的代號。

Y。使用於任何依變項的代號。

習題

11.1 $\boxed{SOC}$ 一所地區大學的行政單位希望增加強制性學生費用來資助足球升級方案，並針對此提議完成一項教職員的樣本調查。支持提高費用與教職員的性別、學門或聘任地位存在關聯嗎？請使用直行百分比、最大差異法、與適當的關聯量數來描述這些關聯的強度與模式。

　a. 支持提高費用依性別分

支持與否？	性別		
	男性	女性	總計
支持	12	7	19
反對	15	13	28
總計	27	20	47

　b. 支持提高費用依學門分

支持與否？	學門		
	博雅教育	科學與貿易	總計
支持	6	13	19
反對	14	14	28
總計	20	27	47

　c. 支持提高費用依聘任地位分

支持與否？	地位		
	終身制	非終身制	總計
支持	15	4	19
反對	18	10	28
總計	33	14	47

11.2 $\boxed{SOC}$ 一位研究人員進行一項性態度的調查，樣本共含 317 位青少年。該調查詢問受訪者認為婚前性行為是「總是錯的」或「不一定錯」。下列表格彙整了此題回應

與其他幾個變項之間的關係。請針對每一表格，評估關係的強度與模式，並簡要解釋分析的結果。

a. 對婚前性行為的態度依性別分

婚前性行為	性別		總計
	女性	男性	
總是錯的	90	105	195
不一定錯	65	57	122
總計	155	162	317

b. 對婚前性行為的態度依交往狀況分

婚前性行為	曾經「穩定交往」？		總計
	否	是	
總是錯的	148	47	195
不一定錯	42	80	122
總計	190	127	317

11.3　**GER**　針對一群住在專為退休人員開發的住宅或年齡整合社區的老年公民進行的調查，資料如下表。居住安排是否相關於社會孤立感？請使用直行百分比、最大差異法、與適當的關聯量數來分析之間的關係，並摘述你的發現。

孤立感	居住安排		總計
	退休社區	整合社區	
低	80	30	110
高	20	120	140
總計	100	150	250

11.4　**SOC**　下面提供四個依變項與性別的交叉表。請利用直行百分比、最大差異法、與適當的關聯量數分析這些關係，並用一段話簡要描述你的分析結果，需提及每一關係的強度與模式。

a. 支持合法墮胎依性別分

有墮胎權？	性別		總計
	男性	女性	
是	310	418	728
否	432	618	1050
總計	742	1036	1778

b. 支持死刑依性別分

死刑？	性別		總計
	男性	女性	
支持	908	998	1906
反對	246	447	693
總計	1154	1445	2599

c. 贊成患有不治之症的人自殺依性別分

自殺權？	性別		總計
	男性	女性	
支持	524	608	1132
反對	246	398	644
總計	770	1006	1776

d. 支持公立學校推行性教育依性別分

性教育？	性別		總計
	男性	女性	
支持	685	900	1585
反對	102	134	236
總計	787	1034	1821

11.5 $\boxed{PS}$ 下面的表格曾出現於習題 10.17，你已經完成卡方檢定。現在，請你使用適當的關聯量數來分析這些關係的關聯性，並寫下一段話來總結你的結果。

a. 總統偏好依種族／族群分

偏好	種族／族群			總計
	白人	非裔	拉丁裔	
羅姆尼	289	5	44	338
歐巴馬	249	95	66	410
總計	538	100	110	748

b. 總統偏好依教育程度分

偏好	教育				總計
	低於高中	高中畢業	大學畢業	大學以上	
羅姆尼	30	180	118	10	338
歐巴馬	35	120	218	37	410
總計	65	300	336	47	748

c. 總統偏好依宗教分

偏好	宗教					總計
	基督教	天主教	猶太教	無	其他	
羅姆尼	165	110	10	28	25	338
歐巴馬	245	55	20	60	30	410
總計	410	165	30	88	55	748

11.6 $\boxed{SOC}$ 一個訪問不以英語為母語的美國移民的小樣本調查，希望瞭解他們同化的程度。他們調適的模式是否受到居住美國時間長短的影響？請針對每一表格計算 Gamma 值，並摘述關係的強度與方向。

a. 英文流利程度

英文流利度	居住時間		總計
	少於五年（低）	多於五年（高）	
低	20	10	30
高	5	15	20
總計	25	25	50

b. 家庭總收入

收入	居住時間		總計
	少於五年（低）	多於五年（高）	
低	18	8	26
高	7	17	24
總計	25	25	50

c. 與母國接觸的程度

接觸	居住時間		總計
	少於五年（低）	多於五年（高）	
少	5	20	25
頻繁	20	5	25
總計	25	25	50

11.7 *PA* 根據在領導與決策方面實行權威風格的程度，對堪薩斯州辛本市政府各主管人員進行評比，也評比了每一部門的效率，下面表格彙整了相關資訊。請使用直行百分比、最大差異法、與適當的關聯量數來描述這些關聯性，關聯的方向又為何？

效率	權威主義		總計
	低	高	
低	10	12	22
高	17	5	22
總計	27	17	44

11.8 *PA* 申請進入警察學院的所有申請者都必須接受一項能力測試，然而這項考試從未被評估是否與工作表現有所關係。請以一兩句話來描述關係的強度與方向，這項考試應該持續進行嗎？為什麼？

效率	測驗分數			總計
	低	中	高	
低	12	6	7	25
中	9	11	9	29
高	5	9	10	24
總計	26	26	26	78

11.9　SW 有研究觀察一兒童樣本，並評估了這些兒童的憂鬱症狀，同時也評估其父母的飲酒程度。這些變項之間存在任何關係嗎？簡要寫下你的結論。

憂鬱症狀	飲酒程度			總計
	低	中	高	
少	7	8	9	24
一些	15	10	18	43
多	8	12	3	23
總計	30	30	30	90

11.10　SOC 一位都市社會學者對 11 個社區使用「生活品質量表」（包含測量富裕程度、醫療照顧的可得性、與休閒設施）與「社會凝聚力量表」進行評分。下表以分數呈現調查結果，分數越高表示生活品質、社會凝聚力越高。這兩變項有所關聯嗎？關聯的強度與方向為何？以一兩句話說明這之間的關係。（提示：不要忘了將 Spearman's Rho 統計值平方，以便於利用 PRE 邏輯來解釋。）

社區	生活品質	社會凝聚力
比肯斯代爾	17	8.8
布倫特伍德	40	3.9
切薩皮克海岸	47	4.0
科利奇帕克	90	3.1
登比種植園	35	7.5
金斯五德	52	3.5
北端	23	6.3
菲伯斯	67	1.7
河景區	65	9.2
皇后湖	63	3.0
溫莎森林	100	5.3

11.11　SOC 下表呈現 15 個國家在族群多樣性（數值越大表示族群越多樣）與經濟不平等（分數越高越不平等）的分數。這些變項是否有關聯？族群越多樣的國家是否經濟越不平等？

國家	多樣性	不平等
印度	91	29.7
南非	87	58.4
肯亞	83	57.5
加拿大	75	31.5
馬來西亞	72	48.4
哈薩克	69	32.7
埃及	65	32.0

美國	63	41.0
斯里蘭卡	57	30.1
墨西哥	50	50.3
西班牙	44	32.5
澳洲	31	33.7
芬蘭	16	25.6
愛爾蘭	4	35.9
波蘭	3	27.2

11.12 _SOC_ 下表提供 20 個族群、種族或國家中，經由隨機抽樣選取的白人與非裔學生，透過社會距離量表得到以下的分數，分數越低表示社會距離越小、越沒有偏見。這些排序的相似度為何？

	平均分數	
群體	白人學生	非裔學生
1 美國白人	1.2	2.6
2 英國人	1.4	2.9
3 加拿大人	1.5	3.6
4 愛爾蘭人	1.6	3.6
5 德國人	1.8	3.9
6 義大利人	1.9	3.3
7 挪威人	2.0	3.8
8 美國印第安人	2.1	2.7
9 西班牙人	2.2	3.0
10 猶太人	2.3	3.3
11 波蘭人	2.4	4.2
12 美國黑人	2.4	1.3
13 日本人	2.8	3.5
14 墨西哥人	2.9	3.4
15 韓國人	3.4	3.7
16 俄羅斯人	3.7	5.1
17 阿拉伯人	3.9	3.9
18 越南人	3.9	4.1
19 土耳其人	4.2	4.4
20 伊朗人	5.3	5.4

使用 SPSS 進行統計分析

11.13 _SOC_ 在前一章的習題 10.16 中，你用 **Crosstabs** 分析性別與害怕獨自走夜路（_fear_）、支持死刑（_cappun_）、以及工作滿意度（_satjob_）之間的關係。我們現在將在這些分析上再加入關聯性分析。

- 點擊桌面上的 SPSS 圖示。
- 載入 *GSS2012* 資料檔。
- 點擊 **Analyze→Descriptive→Crosstabs** 。
- 在變項清單中找到 *fear, cappun, satjob*，並將其移至 "Rows" 方框中。
- 在變項清單中找到 *sex*，並將其移至 "Columns" 方框中。
- 點擊 **Statistics** 的按鈕後，選擇 Chi square, Phi 與 Cramer's *V* 和 Lambda 。
- 回到 "Crosstabs" 視窗，點擊 **Cells** 按鈕後，在「百分比」方框中勾選 **column** 。
- 回到 "Crosstabs" 視窗，點擊 **OK** 。檢定結果將傳至 SPSS 的輸出視窗。

檢視直行百分比與關聯量數，並簡要報告這些分析的結果。

11.14 **SOC** 分析教育（*degree*）與害怕獨自走夜路（*fear*）、支持死刑（*cappun*）、和祈禱頻率（*pray*）之間的關係。由於 *degree* 是一個順序層次的變項，我們將使用 Gamma 來分析這些變項之間的關聯性。

- 點擊桌面上的 SPSS 圖示。
- 載入 *GSS2012* 資料檔。
- 點擊 **Analyze→Descriptive→Crosstabs** 。
- 在變項清單中找到 *fear, cappun, pray*，並將其移至 "Rows" 方框中。
- 在變項清單中找到 *degree*，並將其移至 "Columns" 方框中。
- 點擊 **Statistics** 的按鈕後，選擇 **Chi square** 與 **Gamma** 。
- 回到 "Crosstabs" 視窗，點擊 **Cells** 按鈕後，在「百分比」方框中勾選 **column** 。
- 回到 "Crosstabs" 視窗，點擊 **OK** 。檢定結果將傳至 SPSS 的輸出視窗。

檢視直行百分比與關聯量數，並簡要報告這些分析的結果。

11.15 **$SOC \& PS$** 這個題目需要你使用 Spearman's Rho 來分析 *Intl-POP* 資料檔中兩個變項的關係。第一個變項（*rights*）測量一個國家的公民權與政治權的程度，第二個變項（*corruption*）測量公部門腐敗的程度。這些變項是否有相關？個人權利較高漲的國家是否腐敗程度較低？請以 *rights* 做為這個問題的自變項。

　　由於這兩變項都是順序層次的變項，所以 Spearman's Rho 是分析關係強度的適當方法。我們將使用 **Correlate** 程式來進行分析（下一章中也會使用這個程式）。

　　開始之前，請你先注意變項的編碼架構（請見附錄 G 或從 SPSS 選單中點擊 **Utilities→Variables**），檢查看看是否較高的分數表示有較高的腐敗程度、較強的公民自由？當你在分析時務必牢記這個編碼架構。

- 點擊桌面上的 SPSS 圖示。
- 載入 *Intl-POP* 資料檔。

- 點擊 **Analyze→Correlate→Bivariate** 。
- 在變項清單中找到 *corruption* 與 *rights*，並將其移至 "Variables" 方框中。
- 在標有 "Correlation Coefficients" 中找到 "Spearman"，並點擊旁邊的按鈕。
- 點擊 **OK** 。

輸出結果裡的 "Correlations" 方框中會顯示變項之間的關係。在第一橫列中，你可以看到其中一格呈現 *corruption* 與其自身的關係（$r_s = 1.000$），而我們關注的 r_s 在往右邊一格。請注意關係的強度與方向並簡要說明變項間的關係。這個關係有多強？如果我們參照 *rights* 的訊息後，對於預測 *corruption* 會改善多少百分比？關係的方向又為何呢？在解釋關係方向時要小心謹慎！

你是研究者

瞭解政治信念，第二部分

在第 10 章結尾，你探究了影響人們對幾個具爭議性議題的看法的原因。現在你將需要使用 **Crosstabs** 來擴展分析的範疇，以獲得本章介紹的統計值。這裡有兩個計畫需要你來完成。

計畫 1：解釋信念

在第 1 個計畫中，你將再次分析關於協助自殺（*letdie1*）、同性婚姻（*marhomo*）、與移民（*letin1*）的看法，另外你還需要選擇一個自變項（請選擇你在第 10 章所用的自變項之外的變項），並利用 SPSS 產生卡方值、直行百分比與關聯量數。

步驟 1：選擇一個自變項

請選擇一個可能影響人們如何看待這些議題的重要原因，做為此探究的自變項，並確保這個自變項僅包含 2-5 個類別，如果需要的話可以使用重新編碼的指令（record）。你可能會考慮性別、教育程度（使用 *degree*）、宗教或年齡（重新編碼的變項，請見第 9 章），在這些之外仍有很多其他選擇。請在下面表格中記下變項名稱、精確描述變項所測量的內容，也要注意變項的測量層次。

SPSS 名稱	這個變項測量的精確內容？	測量層次

步驟 2：陳述假設

依據你所期望，對自變項與各個依變項提出假設。在陳述這些假設時，要說明你期望自變項的哪些類別與依變項的哪些類別有所關聯（例如，「我期望男性將基於任何理由而更支持合法墮胎權」)。

依變項	假設
letdie 1	
marhomo	
letin 1	

步驟 3：執行交叉表分析

點擊 **Analyze→Descriptive Statistics→Crosstabs**，並將依變項置於 "Rows" 方框，你所選的自變項置於 "Columns" 方框。點擊 **Statistics** 按鈕以取得卡方值與關聯量數，點擊 **Cells** 按鈕以取得直行百分比。

步驟 4：記錄結果

這些指令將產生大量的輸出報表，將結果謄錄到下面的表格將有助於彙總你的分析結果。對於卡方檢定來說，如果 "Asymp. Sig (2-sided)" 的值小於 0.05，就在表格的最右邊欄位記下「是」。

依變項	Phi 或 Cramer's V	Lambda	Gamma	在 0.05 顯著水準下的卡方檢定結果？
letdie 1				
marhomo				
letin 1				

步驟 5：分析與解釋結果

在考量變項的測量層次、以及考慮其他統計值的特性之下，為每一個關係選擇一種關聯量數。

為每個依變項寫下一段簡要的分析摘要，其中需要指出被檢定的變項、卡方檢定的結果（見第 10 章）、以及關係的強度與模式或方向。最好是用一般的語彙來說明關係的特性，然後將統計值摘錄於括號中。例如，我們可能會這樣說明教育（*degree*）與幸福感（*happy*）之間的關係：「教育與幸福感之間的關係達到統計上的顯著水準，關係強度介於弱至中度之間（chi square=32.25, *df*=8, p<0.00, *V*=0.11, Gamma=−0.12），幸福感傾向於隨著教育程度的增加而提升。」你也應該注意檢視你提出的假設是否得到資料的支持。

計畫 2：探討各種自變項的影響

在計畫 2 中，你需要檢驗各種自變項解釋或說明單一依變項的相對解釋力。你將再次使用 SPSS 中的 **Crosstabs** 程式來產生統計值，並利用顯著水準與關聯量數來判斷哪一個自變項與依變項有最重要的關係。

步驟 1：選擇變項

選擇一個依變項。你可以使用計畫 1 中的任何變項或選擇一個新的依變項，但要確定依變項的數值或分數不超過五個，任何關於態度或意見的測量都是依變項的好選擇，但不要選擇像是種族、性別或宗教這種特性做為你的依變項。

選擇三個可能影響你所選擇之依變項的重要原因，做為你的自變項，請確保自變項的類別不超過五或六個。你可以考慮性別、教育程度（使用 *degree*）、宗教、或年齡（重新編碼的變項，見第 9 章），但在這些之外仍有很多其他選擇。

在下表中記下變項名稱，並且精確說明每一變項所測量的內容與測量層次。

SPSS 名稱	這個變項測量的精確內容？	測量層次
依變項		
自變項		

步驟 2：陳述假設

依據你所期望，對自變項與每個依變項提出假設。在陳述這些假設時，要說明你預期變項的哪些類別會彼此關聯。

自變項（SPSS 名稱）	假設
1.＿＿＿＿＿	
2.＿＿＿＿＿	
3.＿＿＿＿＿	

步驟 3：執行交叉表分析

將你的依變項置於 "Rows" 的方框，其他三個自變項置於 "Columns" 的方框。點擊 Statistics 按鈕以便取得卡方值與關聯量數。點擊 Cells 按鈕以取得直行百分比。

步驟 4：記錄結果

你的輸出報表將包含三個表格，將你的分析結果整理於下表，這有助於你彙整分析結果。

自變項	Phi 或 Cramer's V	Lambda	Gamma	在 0.05 顯著水準下的卡方檢定結果？
1.				
2.				
3.				

步驟 5：分析與解釋結果

在考量變項的測量層次、以及考慮其他統計值的特性之下，為每一個關係選擇一種關聯量數。

依照計畫 1 的格式，簡要解釋每一檢定的結果，也要記得說明你的假設是否得到支持。最後，請利用顯著水準與關聯量數的數值，來評估哪一自變項與你的依變項有最重要的關係。

第 12 章

等距－比率層次變項的雙變項關聯

學習目標

本章結束之前，你將能夠

1. 詮釋散布圖。
2. 計算並詮釋斜率（b）、Y 軸截距（a），以及 Pearson's r 和 r^2。
3. 算出並解釋最小平方和迴歸線，並使用它來預測 Y 的數值。
4. 解釋總變異、已解釋變異以及未解釋變異等概念。
5. 依照第 11 章中介紹的三個問題，使用迴歸和相關的技術，分析並描述雙變項關係。
6. 使用 SPSS 計算相關並執行迴歸分析。

使用統計

本章所呈現的統計技術是用來測量等距－比率層次變項之間的關聯強度與方向，適用這些技術的研究情境舉例如下：

1. 家庭社會學家研究雙薪配偶之間的分工，並想知道當家庭中的子女數增加時，丈夫對於家事的貢獻是否也會增加？

2. 犯罪學家研究貧窮和犯罪之間的關係，並從美國國內的 542 個郡蒐集到上述兩個變項的資料。當貧窮率上升時，犯罪率是否也會增加？這樣的關係有多強烈？

3. 人口學家對於女性生育率（平均生育數）和教育程度之間的關係感到好奇。她蒐集到來自 128 個國家的資料，並想知道當女性平均受教育年數增加時，生育率是否會下降？這樣的關係有多強烈？

328　　　在本章中，我們會考慮等距－比率層次變項之間的關聯（association）或相關（correlation）。[1] 這些技術也會用在順序層次的變項，特別是當它們為「連續性」的，或有許多的數值（見第 11 章）。

329　　　我們將會看到，這些統計值在邏輯上和計算上，都和第 11 章所介紹的關聯性測量很不一樣。因此，我還是要在一開始就強調，我們仍然在詢問三個相同的問題：

- 變項之間有關係嗎？
- 這關係有多強烈？
- 這關係是什麼方向？

　　　你很快就會發現，本章所涉及到的數學可能會有些挑戰且費時。我會使用一個很小的資料集來展示相關的計算，當然，你也應該讓自己熟悉這些數學上的運算。然而，今日的研究者大都使用像 SPSS 之類的電腦統計軟體來計算這些統計值，在我們走過一遍簡化例題的計算後，我們也會介紹軟體的使用。本章結尾的問題一如往常，也會提供小型資料集讓你使用，以確保你真的瞭解其中的運算，但大部分的問題都會使用 SPSS。

散布圖與迴歸分析

　　　要分析等距－比率層次變項之間的關係，第一步通常就是建構**散布圖**並加以檢視。就像雙變項表格，這些圖可以讓我們辨識出變項間關係的幾個重要特徵。以下提供一個範例展示如何建構與詮釋散布圖。

　　　假設一個研究者想要分析雙薪家庭（就是丈夫和妻子都有工作的家庭）如何處理家事。具體來說，研究者想知道家庭中的子女數是否和丈夫投入家事的時間有關。來自 12 個家庭的樣本提供了相關的資料，並展示在表 12.1。

建構散布圖

　　　散布圖，如同雙變項表格，具有兩個面向。自變項（X）的分數陳列在橫軸之上，依變項（Y）的分數陳列在縱軸之上。散布圖中的每一個點代表樣本中的一個個案，點的位置則代表個案在兩個變項上的分數。

　　　圖 12.1 呈現一個散布圖，展示出表 12.1 中 12 個家庭的樣本之「子女數」與「丈夫的家事」之間的關係。A 家庭在 X 變項（子女數）的分數為 1，在 Y 變項（丈夫的家事）上的分數也為 1，因此就以一個點代表，該點位於 X 軸的 1 分之上，還有

---

1 當我們討論等距－比率層次變項之間的關係時，常常使用相關（*correlation*）的說法取代關聯（*association*）。這兩個詞彙將會交替使用。

Y 軸的 1 分向右對過去的交會點。全部 12 個個案以類似的方向用圖 12.1 中的點來代表。另外再注意到，作圖時不可或缺的，散布圖有著清楚的標題，且兩軸上都有附上標籤。

表 12.1　**子女數與丈夫對家事的貢獻（虛構數據）**

家庭	子女數	丈夫每週做家事的時數
A	1	1
B	1	2
C	1	3
D	1	5
E	2	3
F	2	1
G	3	5
H	3	0
I	4	6
J	4	3
K	5	7
L	5	4

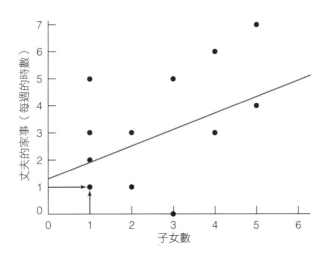

圖 12.1　**丈夫的家事依子女數的變化**

增加一條「徒手畫」的迴歸線

　　散布圖上各點分布的總體模式摘要出兩變項間關係的本質。藉由畫出一直線穿過聚集在一起的點，好讓這條線觸碰到每個點，或至少盡可能地靠近，將可使模式更加清楚。我們稍後就會介紹一個更精準的方法來配適出這條直線，但現在光用「眼球」來粗估這條直線即可。這條摘要出模式的線，就叫迴歸線，已經加在散布圖之上。

330

331

使用散布圖回答三個問題

　　散布圖，即使是大略地繪製，能夠提供不同的用途。他們可以針對關係的存在與否、強度與方向，提供至少是印象式的資訊，也可以用來確認關係是否為線性（散布的點有多麼近似一條直線）。最後，散布圖可以用來根據某個個案在一個變項上的分數，去預測該個案在另一個變項上的分數。我們就用第 11 章中初次問到的三個問題來檢驗散布圖的用途。然後，我們會再探查線性關係與預測的部分。

- **關係是否存在？** 關聯的基本定義已在第 11 章提出：如果 Y 變項（依變項）的分布在 X 變項（自變項）的不同條件下出現變化，那麼兩個變項就有相互關聯。在圖 12.1 中，X（子女數）的分數陳列在橫軸之上。X 的分數之上出現的點就是 Y 的分數（或叫條件分布）。亦即，這些點就代表對每個 X 值而言 Y 所出現的分數。

　　兩個變項之間具有關係，因為 Y 的條件分布（在每個 X 的分數上所出現的點）會隨著 X 改變而改變。迴歸線和 X 軸形成一個夾角則進一步強化關係存在的事實。如果兩個變項沒有關聯，Y 的條件分布就不會改變，迴歸線也會和橫軸互相平行。

- **關係有多強？** 雙變項關聯的強度可以視圍繞迴歸線的點之散布情況來判斷。若所有的點都落在迴歸線之上，其為完美相關。有愈多的點聚集在迴歸線的周圍，則關聯愈強。

- **關係的方向為何？** 關係的方向可由迴歸線的角度看出端倪。圖 12.1 顯示正向關係：當 X（子女數）增加，丈夫的家事（Y）也增加。家庭中有較多子女的丈夫傾向做更多家事。若關係為負向，迴歸線會往反方向傾斜，從而顯示在一個變項上愈高分，在另一變項上就愈低分。

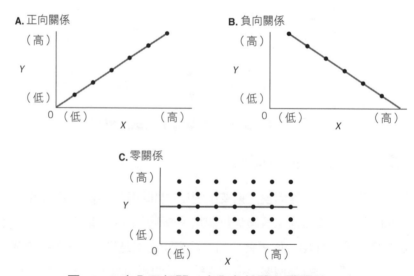

圖 12.2　**完全正相關、完全負相關和零關係**

　　為了摘要出上述的重點，圖 12.2 呈現出兩變項之間的完全正相關、完全負相關，以及一個零關係（zero relationship）或無關係（nonrelationship）。

使用散布圖確認線性關係

　　等距－比率層次變項的相關分析假定變項本質上具有線性關係。換言之，散布圖上的觀察值或點必須形成近似直線的模式。是否顯著偏離線性關係需要使用統計檢定，本書並不會介紹。常見的曲線關係之範例呈現在圖 12.3 中。

332

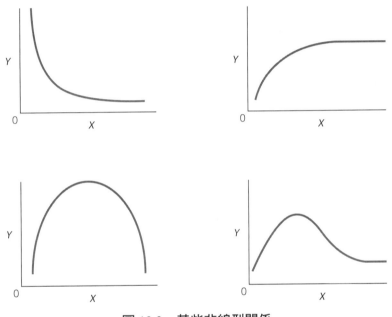

圖 12.3　某些非線型關係

日常生活
統計學

誰在做家事？

前述的範例使用虛構的資料。家戶內實際分工的研究發現丈夫和妻子的貢獻有很大的差距，不管家中有幾個子女。例如，有個研究＊調查 31 個國家中家戶勞動的模式與家庭滿意度，結果發現女性在家事上顯著地貢獻更多的時間和精力，就算她們在家庭之外花費很多心力從事有給薪的工作也一樣。研究者也發現，雖然在「傳統型」（丈夫是唯一的養家者）關係中的丈夫對於家庭生活最為滿意，但是在所有關係的滿意度上有很大程度取決於配偶雙方都對家事有所貢獻並能一起做決定。

＊Forste, Renata and Fox, Kiira. 2012. "Household Labor, Gender Roles, and Family Satisfaction: A Cross-National Comparison." *Journal of Comparative Family Studies*. 43: 613-631.

如果散布圖顯示變項之間具有非線性的關係，那麼本章所介紹的技術就必須謹慎使用，甚至避免使用。在進行統計分析前確認關係是否為線性，大概是檢視散布圖最重要的理由。如果關係為非線性，你可能必須將變項視為順序層次來處理，而非等距－比率層次。

333

使用 SPSS 產生散布圖

我們能藉由 SPSS 說明散布圖的特徵。我們會使用 *States* 資料檔，依變項為 *TeenBirthRate*（2011 年每 1000 名 15-19 歲女性的生產數），自變項為 *edspend*（2011 年 K–12 教育經費支出）。對於教育的支持和青少年生育率之間是否有相關？你會期待對教育支出愈多的州，青少年生育率愈低嗎？

依循以下的步驟以繪製帶有迴歸線的散布圖：

1. 載入 *States* 資料檔

　　a. 點擊 **File→Open→Data** 。

　　b. 找到 States.sav 資料檔。

2. 從 SPSS 視窗上方橫列的選單中，點擊 **Graphs, Legacy Dialog** 以及 **Scatter/Dot** 。

3. 在 Scatter/Dot 視窗上，點擊 **Simple Scatter** 然後再點擊 **Define** 。

4. "Simple Scatterplot" 視窗就會出現。

　　a. 從變項串中找到 *TeenBirthRate*，點擊箭頭將此變項名稱移到 "Y Axis:" 方盒。

334　　b. 從變項串中找到 *edspend*，點擊箭頭將此變項名稱移到 "X Axis:" 方盒。

　　c. 點擊 **OK**，散布圖就會傳送到 SPSS 的輸出視窗。

5. 增加迴歸線

　　a. 在圖上雙擊，"Chart Editor" 視窗就會出現。

　　b. 點擊視窗上方的 **Elements** 命令，在下拉選單中點擊 **Fit Line at Total** 。

　　c. 新的視窗將會打開。在 "Fit Method" 板面中，點擊 **Linear** 再點擊 **Close** 。

　　d. 關掉 "Chart Editor" 視窗，回到 SPSS 的輸出視窗。

散布圖看起來如下：

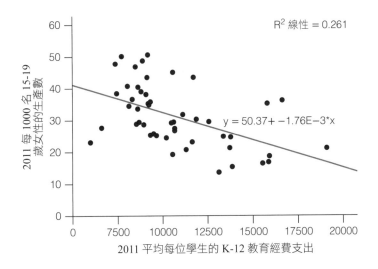

這些點相當廣泛地散布在迴歸線周圍，由左向右下降，所以是中度的負向關係。當一個州對教育的支持增加，青少年生育率就會下降。稍後我們會界定並討論圖中的其他元素（圖中央的方程式，以及右上角 "R^2 線性 =0.261" 的註記）。（*關於散布圖的建構與詮釋之練習，見習題 12.6*）

使用散布圖來預測

　　散布圖最後一個用途就是根據個案在一個變項上的分數來預測其在另一個變項上的分數。為了說明起見，假設根據圖 12.1 所展示出子女數與丈夫的家事之間的關係，我們希望預測在一個有 6 名子女的家庭中，丈夫每週花多少小時做家事。樣本中沒有家庭有 6 名子女，但假如我們將圖 12.1 中的橫軸與迴歸線加以延伸的話，還是有可能進行預測。圖 12.4 重製了這個散布圖，並說明如何進行預測。

335

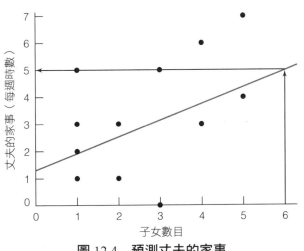

圖 12.4　預測丈夫的家事

要找到 Y 的預測分數——以 **Y'**（"Y-prime"）的符號表示，以便和 Y 的實際分數加以區分——先要找到相關的 X 的分數（在本例中 $X=6$），然後從那一點畫出一條直線到迴歸線；再從迴歸線畫出一條平行於 X 軸的直線，而這條線和 Y 軸交會之處就是 Y 的預測分數（Y'）。在本例中，在一個有 6 個子女的雙薪家庭中，我們預測丈夫每週會投入約 5 個小時做家事。

迴歸線

利用散布圖和徒手畫的迴歸線來預測 Y 的分數和印象派畫風一樣粗略。一個更好的辦法，就是找出最能夠正確描繪出兩變項關係的直線。我們要如何找到這條線？

回想剛剛徒手畫線時的要求是該線要能觸及或至少盡可能靠近所有的觀測點。同時，剛剛也提到在每個 X 值上的觀測點可視為依變項 Y 的條件分布。在 Y 的每一個條件分布內，分數的變異能夠達到最小化的那個點就是平均數的所在。在第 3 章中有提過，任何分布的平均數就是能夠讓分數的變異（以離均差平方加以測量）達到最小的那個點：

$$\sum (X_i - \overline{X})^2 = 最小值$$

表 12.2　在不同的 X（子女數目）數值下 Y（丈夫的家事）的條件平均數

子女數目 （X）	丈夫的家事 （Y）	Y 的條件 平均數
1	1, 2, 3 ,5	2.75
2	3, 1	2.00
3	5, 0	2.50
4	6, 3	4.50
5	7, 4	5.50

因此，如果畫出來的迴歸線能夠觸及到 Y 的每一個**條件平均數**，那條線就會盡可能地靠近所有的觀測分數。

將每一個 X 值之上的所有 Y 值加總再除以個案數就可找出條件平均數。舉例來說，4 個家庭有 1 個子女（$X=1$），這些家庭的丈夫分別投入 1、2、3、5 個小時做家事。$X=1$ 的條件平均數為 2.75（11/4 = 2.75）。在只有 1 個子女的家庭裡，丈夫每週平均投入 2.75 個小時做家事。每一個 X 值之上 Y 的條件平均數都是如此計算，結果呈現在表 12.2 和圖 12.5。

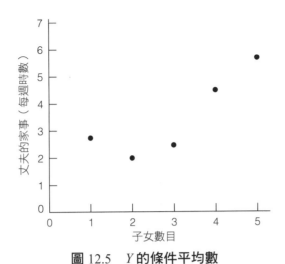

圖 12.5　*Y* 的條件平均數

快速地回想一下上述計算的理由。我們要找出能夠摘要出 *X* 和 *Y* 之間關係的單一最適迴歸線，這條線會和所有的分數最為靠近，因此只有一條。

現在，圖 12.5 上穿過觀測點的線（*Y* 的條件平均數）就會是我們要找的最適配的線，但你可以從散布圖看出這條線不會是直線。事實上，只有在極少的情況下（*X* 和 *Y* 之間具有完美的關係），條件平均數才會落在一條完美的直線之上。

337

因為我們仍要符合線性的條件，讓我們調整一下標準，並將迴歸線定義為要能觸及或至少盡可能靠近所有 *Y* 的條件平均數之唯一直線。公式 12.1 定義出這條「最小平方和」迴歸線，也就是最能夠配適資料點模式的單一直線。

公式 12.1　　　$Y = a + bX$

其中：*Y* ＝ 依變項的分數

　　　a ＝ *Y* 截距，或是迴歸線與 *Y* 軸交會的點

　　　b ＝ 迴歸線的斜率，或 *X* 值中 1 個單位的變化而產生出在 *Y* 值上的變化量

　　　X ＝ 自變項上的分數

這個公式引入兩個新的概念：第一，**Y 截距（*a*）**就是迴歸線和垂直軸或 *Y* 軸交會的那個點；第二，最小平方和迴歸線的**斜率（*b*）**就是隨著自變項（*X*）每一單位的變化而在依變項（*Y*）上所產生的變化量。可以把迴歸線的斜率想成是 *X* 變項對 *Y* 變項的效果之測量：*X* 對 *Y* 的效果愈大，斜率（*b*）的數值就愈高。如果兩個變項沒有關聯，最小平方和迴歸線就會和 *X* 軸平行，*b* 也就會是 0.00（這條線沒有斜率）。

依著最小平方和的公式（公式 12.1），我們對於 *Y* 值的預測，就不會像用眼球法那樣武斷而僅憑印象決定。之所以如此，記得，就是因為最小平方和迴歸線是和資料

最為配適的單一直線，並盡可能地靠近所有 Y 的條件式平均。然而，在能夠看到 Y 值如何預測之前，我們必須先計算 a 和 b 。

計算並詮釋迴歸係數（a 和 b）

在本節中，我們會介紹迴歸線方程式中係數的計算與詮釋：斜率（b）和 Y 截距（a）。我們先從斜率的計算開始，因為計算 a 之前必須要知道 b 的數值。

計算斜率（b）：斜率的公式為：

公式 12.2
$$b = \frac{\Sigma(X - \bar{X})(Y - \bar{Y})}{\Sigma(X - \bar{X})^2}$$

公式中的分子稱為 X 和 Y 的共變（*covariation*），其測量 X 和 Y 如何一同變化，其數值將可反映關係的方向和強度。分母則是圍繞著 X 平均的離均差平方和。

表 12.3　計算斜率（b）

1	2	3	4	5	6
X	$X - \bar{X}$	Y	$Y - \bar{Y}$	$(X - \bar{X})(Y - \bar{Y})$	$(X - \bar{X})^2$
1	−1.67	1	−2.33	3.89	2.79
1	−1.67	2	−1.33	2.22	2.79
1	−1.67	3	−0.33	0.55	2.79
1	−1.67	5	1.67	−2.79	2.79
2	−0.67	3	−0.33	0.22	0.45
2	−0.67	1	−2.33	1.56	0.45
3	0.33	5	1.67	0.55	0.11
3	0.33	0	−3.33	−1.10	0.11
4	1.33	6	2.67	3.55	1.77
4	1.33	3	−0.33	−0.44	1.77
5	2.33	7	3.67	8.55	5.43
5	2.33	4	0.67	1.56	5.43
32	−0.04	40	0.04	18.32	26.68

$$\bar{X} = \frac{32}{12} = 2.67$$

$$\bar{Y} = \frac{40}{12} = 3.33$$

對於斜率的計算可以組織成一個計算表，如表 12.3，每一欄都是要解出公式所必須算出的數量，這裡的資料來自雙薪家庭樣本（見表 12.1）。

表中的第一欄列出每個個案的在 X 上的原始分數，第二欄則列出這些分數和平均數的差距。第三欄和第四欄分別是 Y 的原始分數和離均差。第五欄顯示 X 和 Y 之間的共變，這一欄中的每個數值是由 X 的離均差（第二欄）和 Y 的離均差（第四欄）相乘而得。最後，第六欄的每個數值為第二欄數值加以平方之後所得。在計算斜率時參考「一次一步驟」的詳細指引。

　　表 12.3 指供我們解出公式 12.2 全部所需的數值。將表 12.3 中第五欄的總和代入分子、再將第六欄的總和代入分母：

$$b = \frac{\sum(X - \overline{X})(Y - \overline{Y})}{\sum(X - \overline{X})^2}$$

$$b = \frac{18.32}{26.68}$$

$$b = 0.69$$

一次一步驟	計算斜率（b）

步驟　　操作

要算出斜率（b），求解公式 12.2：

1.　利用像表 12.3 的方式來協助計算過程。在第一欄中列出每個個案在自變項（X）上的分數。

2.　利用第一欄的總和除以個案總數求出 X 的平均數。

3.　將每個 X 的分數減去 X 的平均數得出第二欄的結果。

　　註：第二欄的總和必須為 0（除非有小數點上的誤差），若總和非 0，表示計算上一定有誤。

4.　在第三欄上列出每個個案的 Y 值。將第三欄的總和除以個案總數求出 Y 的平均數。

5.　將每個 Y 的分數減去 Y 的平均數得出第四欄的結果。

　　註：第四欄的總和必須為 0（除非有小數點上的誤差），若總和非 0，表示計算上一定有誤。

6.　將每一個個案在第二欄上的數值乘以第四欄上的數值，再把結果列在第五欄上，並計算出此欄的總和。

7.　將第二欄的數值加以平方，再把結果置入第六欄中，並計算出此欄的總和。

8.　將第五欄的總和除以第六欄的總和，其結果即為斜率（b）。

　　詮釋斜率（b）。斜率的數值告訴我們，隨著 X 每一個單位的變化，Y 的改變量有多大。在本例中，斜率意味著，每增加一個子女，丈夫對家務的貢獻就會增加 0.69 個小時。

　　詮釋 Y 截距（a）。一旦算出斜率，要再找出截距就相當容易。在計算斜率時我們一併算出 X 和 Y 各自的平均數，就將這些數字代入公式 12.3。

公式 12.3　　　$a = \overline{Y} - b\overline{X}$

　　以我們的範例問題而言，a 值就會是：

339

$$a = \overline{Y} - b\overline{X}$$
$$a = 3.33 - (0.69)(2.67)$$
$$a = 3.33 - 1.84$$
$$a = 1.49$$

所以，最小平方和迴歸線會和 Y 軸相交在 $Y=1.49$ 這個點上。

現在既然我們有了斜率和 Y 截距的數值，我們可以將範例數據的最小平方和迴歸線完整表述如下：

$$Y = a + bX$$
$$Y = 1.49 + (0.69)X$$

一次一步驟	計算 Y 截距（a）

步驟	操作

要算出 Y 截距（a），求解公式 12.3：
1. 將斜率（b）乘上 X 的平均數。
2. 再用 Y 的平均數減去第一步計算出來的數值，就會得出 Y 截距。

以最小平方和迴歸線預測 Y 的分數

340 迴歸公式可以用來估計或預測每一個 X 值所對應的 Y 值。先前，我們用徒手繪製的迴歸線預測擁有 6 名子女的家庭（$X=6$）其在 Y 上的分數（丈夫的家事貢獻）。我們的預測是，擁有 6 名子女的家庭，丈夫每週會貢獻 5 個小時做家事。我們可以藉由最小迴歸線來看看僅憑印象的眼球式預測有多接近。

$$Y' = a + bX$$
$$Y' = 1.49 + (0.69)(6)$$
$$Y' = 1.49 + 4.14$$
$$Y' = 5.63$$

根據最小迴歸線，我們會預測，擁有 6 名子女的雙薪家庭，丈夫每週會貢獻 5.63 個小時做家事。對於擁有 7 名子女的家庭（$X=7$），我們又會預測丈夫有多少的家事貢獻呢？

特別注意我們對 Y 的分數的預測是「有根據的猜測」。我們不太可能完全命中 Y 的數值，除非在某些很罕見的例子裡，雙變項關係是非常完美的線性關係。同時也要注意到，當關係變得更強烈，我們的預測就會愈準確。這是因為在更強的關係中，資料點會更集中地散布在最小迴歸線的周圍。（若想練習計算 b 和 a，請見習題 12.1 到 12.3。）

一次一步驟	利用迴歸線預測 Y 的分數
步驟	操作
1.	選擇 X 值，將這個數值乘上斜率的數值（b）
2.	將第一步中得到的數值加上 a 的數值，也就是 Y 的截距。得到的數值就會是 Y 的預測分數（Y'）

相關係數（Pearson's r）

最小迴歸線的斜率（b）是用來測量 X 對 Y 的效果，當 X 的效果增加時，斜率（b）也會增加。然而，b 的變化範圍不侷限在 0 和 1 之間，所以做為一個關聯性量數有點不便。反而，研究者更仰賴（幾乎所有人皆如此）一個稱為皮爾森相關係數（Pearson's r）的統計值，或叫作相關係數，來測量等距－比率變項的關聯。就像第 11 章討論過的順序關聯量數，**Pearson's r** 的變異介於 0.00 和 ± 1.00 之間，0.00 代表沒有關聯，$+1.00$ 和 -1.00 分別代表完美的正向關係和完美的負向關係。Pearson's r 的公式是

公式 12.4　　$r = \dfrac{\Sigma(X-\bar{X})(Y-\bar{Y})}{\sqrt{\left[\Sigma(X-\bar{X})^2\right]\left[\Sigma(Y-\bar{Y})^2\right]}}$

注意這個公式的分子是 X 和 Y 的共變，就和公式 12.2 一樣。像表 12.4 的計算表格，其中增加一欄 $(Y-\bar{Y})^2$ 的總和，是一個很好的組織方式來統整相關的數字，值得推薦。（見表 12.4）

我們的範例問題涉及了雙薪家庭，表 12.4 的數字可以直接代入公式 12.4。

$$r = \frac{\Sigma(X-\bar{X})(Y-\bar{Y})}{\sqrt{\left[\Sigma(X-\bar{X})^2\right]\left[\Sigma(Y-\bar{Y})^2\right]}}$$

$$r = \frac{18.32}{\sqrt{(26.68)(50.68)}}$$

$$r = \frac{18.32}{\sqrt{1352.14}}$$

$$r = \frac{18.32}{36.77}$$

$$r = 0.50$$

一次一步驟	計算 Pearson's r
步驟	操作
1.	在計算斜率（b）的表格中，加入一欄，將（$Y - \bar{Y}$）的數值平方，並在第七欄記錄其結果。
2.	算出第七欄的總和。
3.	將第六欄的總和乘上第七欄的總和。
4.	將第三步得到的數值計算其平方根。
5.	將第五欄的總和（或交乘積的總和），除以第四步所得到的數值，結果就是 Pearson's r。

表 12.4　計算 Pearson's r

1	2	3	4	5	6	7
X	$X - \bar{X}$	Y	$Y - \bar{Y}$	$(X-\bar{X})(Y-\bar{Y})$	$(X-\bar{X})^2$	$(Y-\bar{Y})^2$
1	−1.67	1	−2.33	3.89	2.79	5.43
1	−1.67	2	−1.33	2.22	2.79	1.77
1	−1.67	3	−0.33	0.55	2.79	0.11
1	−1.67	5	1.67	−2.79	2.79	2.79
2	−0.67	3	−0.33	0.22	0.45	0.11
2	−0.67	1	−2.33	1.56	0.45	5.43
3	0.33	5	1.67	0.55	0.11	2.79
3	0.33	0	−3.33	−1.10	0.11	11.09
4	1.33	6	2.67	3.55	1.77	7.13
4	1.33	3	−0.33	−0.44	1.77	0.11
5	2.33	7	3.67	8.55	5.43	13.47
5	2.33	4	0.67	1.56	5.43	0.45
32	−0.04	40	0.04	18.32	26.68	50.68

342　　　r 值 0.50 代表變項之間中等強度的正向線性關係。當家庭中的子女數量增加，丈夫貢獻家務的時數也隨之增加。（要練習計算和詮釋 Pearson's r，請見習題 12.1 到 12.5；要練習使用 SPSS 計算和詮釋 Pearson's r，請見習題 12.7 到 12.12。）

詮釋相關係數：r^2

Pearson's r 是兩變項間線性關係強度的指數（index）。0.00 的數值代表沒有線性關係，±1.00 代表完美的線性關係，介於極端中間的數值則缺乏直接的詮釋。我們當然可以看看它們距離極端值有多近，再來描述此一關係（例如：係數逼近 0.00 可以描述為「弱相關」；逼近 ±1.00 則描述為「強相關」），但這樣的描述其實有點主觀。我們可以使用表 11.12 中順序層次測量的關聯之指引，來描述弱相關、中度相關和強相關。不過，切記這些標籤只是參考指引，不見得放諸四海皆準。

決定係數

　　很幸運地，透過計算稱作決定係數的額外統計值，可以讓 r 獲得更為直接的詮釋。這個統計值其實就是 Pearson's r 的平方（r^2），詮釋的邏輯類似於削減誤差的比例（PRE）。回想過去，關聯量數中 PRE 的邏輯，是在兩種不同的條件下預測依變項的數值。第一，忽略 X 所提供的資訊來預測 Y；第二，將自變項納入考慮。以 r^2 來說，我們需要介紹一些新的概念才能理解預測的方法和最終統計值的計算。

343

缺乏 X 的情況下預測 Y

　　當處理以等距－比率層次測量的變項時，在第一種條件（忽略 X）下預測 Y 的分數就會是 Y 的平均數。在沒有 X 的資訊的前提下，這種預測算是最佳策略，因為我們知道任何分布的平均數比起分布中的任何一個點，都還要更接近全體分數。回想第3 章介紹的最小變異原則，並將其表述為

$$\Sigma(X_i - \overline{X})^2 = 最小值$$

　　任何變項的分數圍繞著平均數的變異都會比圍繞其他點的變異來得更小。如果我們用 Y 的平均數來預測每個個案，所造成的預測誤差會小於我們用 Y 的其他數值來預測。

　　當然，即使我們確實遵照這個策略，在預測 Y 時還是依然會產生許多誤差，而此一誤差的數量在圖 12.6 中展示出來，這個圖呈現的是家庭子女數和丈夫家事的關係，並將 Y 的平均值加以註記。從實際分數到預測分數之間的垂直線，就代表我們忽略 X 來預測 Y 時所產生的誤差量。

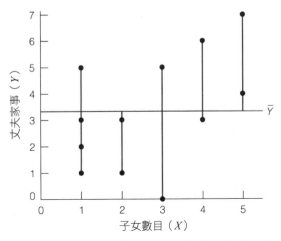

圖 12.6　缺乏 X 時預測 Y（雙薪家庭樣本）

我們可以將在第一種條件（忽略 X）下的預測誤差程度定義為將每個實際的 Y 分數減去 Y 的平均值，再將這些離均差一一平方之後並加總起來。最終的總和，可以表述為 $\Sigma(Y-\bar{Y})^2$，就稱作 Y 的**總變異**。在不知道 X 的條件下預測 Y 所產生的誤差，我們現在已經有了視覺化的表達（圖 12.6）和計算的方法。稍後你將發現，我們其實不需要計算總變異以求得決定係數 r^2 的數值。

使用 X 預測 Y

344

下一步將會決定知道 X 這件事，對我們預測 Y 的能力改善了多少。如果這兩個變項有線性關係，那麼利用最小平方和迴歸方程式來預測 Y 的分數就會融入 X 的資訊，並能減少預測的誤差。所以，在第二個條件下，由每一個 X 值所預測的 Y 值就會是

$$Y' = a + bX$$

圖 12.7 展示雙薪家庭的數據並附上迴歸線。從每一個數據點到迴歸線的垂直線代表即使已將 X 納入考慮來預測 Y 時仍會保留的誤差量。

被解釋變異、未解釋變異與總變異

我們可以很精準地界定出將 X 納入考慮後所減少的誤差。說得更明確一點，兩種不同的總和可以計算出來，並將其和 Y 的總變異加以比較，由此計算出一個統計值來展現預測的改善程度。

第一個總和，稱作**被解釋變異**，代表納入 X 考慮後對我們預測 Y 的能力所帶來的改善。這個總和的計算方式為，將每一個由迴歸方程式預測的分數（知道 X 後所預測的 Y 分數）減去 $\bar{Y}$（缺乏 X 時所預測的 Y 分數），再將這些差異一一平方之後並加總。這個計算過程可以表達為 $\Sigma(Y'-\bar{Y})^2$，所得的數值可以和 Y 的總變異相互比較以確知 X 的資訊對於我們預測 Y 的能力帶來多大的改善。明確地說，數學上可以表達為

公式 12.5 $\qquad r^2 = \dfrac{\Sigma(Y'-\bar{Y})^2}{\Sigma(Y-\bar{Y})^2} = \dfrac{\text{被解釋變異}}{\text{總變異}}$

345 因此，決定係數，或是 r^2，就是 Y 的總變異中，可歸因於 X 或可被 X 解釋的百分比。就像其他的 PRE 量數，r^2 精準地指出 X 幫助我們預測、理解或解釋 Y 的程度。

我們將利用 X 幫助我們在預測 Y 上所帶來的改善稱之為已解釋變異。這種說法暗示 Y 的某些變異將是「未解釋的」，或是無法歸因於來自 X 的影響。事實上，圖 12.7 中的垂直線就代表**未解釋變異**，或者是我們利用 X 所能對 Y 進行的最佳預測和實際分數之間的差距。未解釋變異因此就是實際分數圍繞著迴歸線所呈現出來的散布

情形，計算方式則是將每個個案的實際 Y 分數減去預測的 Y 分數，再將這些差平方之後加總起來。上述計算過程可以摘要為 $\Sigma(Y - Y')^2$，所得的結果即可測量出，即使將 X 納入考慮之後，在預測 Y 時所依然會出現的誤差量。Y 的總變異中未能被 X 解釋的百分比，可以由 $1.00 - r^2$ 得出。未解釋變異的來源通常是其他變項、測量誤差，隨機運氣，或上述因素的不同組合所帶來的影響。

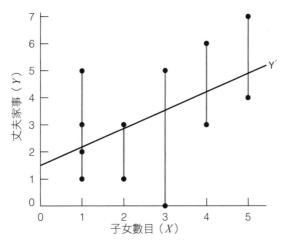

圖 12.7　利用 X 預測 Y（雙薪家庭樣本）

　　到現在你應該已經發現，被解釋變異和未解釋變異彼此之間形成一個此消彼長的關係。當其中一個的數值增加，另一個的數值就會減少。而且，當 X 和 Y 之間的線性關係愈強，被解釋變異的數值就會愈大，未解釋變異的數值就會愈小。在一個完美的關係中（$r = \pm 1.00$），未解釋變異就會是 0，r^2 則會是 1。這會代表 X 解釋或說明 Y 的全部變異，那我們就能夠利用 X 在毫無誤差的情況下預測 Y。

　　另一方面，當 X 和 Y 之間沒有線性關係（$r = 0.00$），被解釋變異和 r^2 都會是 0。在這種情況下，我們可以說 X 沒有解釋 Y 的任何變異，因此沒有辦法提高我們預測 Y 的能力。

　　在上述兩種極端之間的關係，可以用 X 增加多少我們預測或解釋 Y 的能力來加以詮釋。在雙薪家庭樣本中，我們計算出 r 為 0.50，將其平方之後得到決定係數為 0.25（$r^2 = 0.25$），這就代表子女數（X）可以解釋丈夫做家事時數（Y）的總變異中的 25%。當預測某家庭丈夫每週投入家事的時數，我們根據迴歸線和子女數所做的預測，會比忽略 X 變項而純粹用 Y 的平均數來預測，減少 25% 的誤差。此外，Y 的變異之中有 75% 未能被 X 解釋，可能是受到其他變項、測量誤差、隨機運氣，或這些因素的不同組合所影響。（要練習如何詮釋 r^2，請見本章最後的練習題。）

346

一次一步驟	**詮釋 Pearson's r 的強度和方向**

詮釋 Pearson's r 的強度

你可以使用表 11.2 以通則的方式來描述強度，但比較建議的方法是將 r 值平方之後再乘以 1.00。這個數值代表 Y 的變異之中被 X 所解釋的百分比。在我們的範例練習題中，子女數解釋了丈夫家事變異中的 25%（$r^2=0.25$）。

詮釋 Pearson's r 的方向

如果 r 的前面有個正號（或沒有符號），關係就是正的，變項的改變為同一方向。如果 r 的前面有個負號，關係就是負的，變項就以相反的方向改變。在我們的範例練習題中，關係為正：當子女數增加，丈夫投入家事的時數也會增加。

應用統計 12.1　計算並解釋迴歸係數與 Pearson's r

目前已蒐集到關於五個城市的失業率（X）與公民動亂（Y）——包括暴動與罷工——的相關數據。這些變項之間是否相關？資料呈現如下表。表中所有直行下方都有附上總和以便計算斜率（b）和 Pearson's r。

城市	(X)	$(X-\bar{X})$	(Y)	$(Y-\bar{Y})$	$(X-\bar{X})(Y-\bar{Y})$	$(X-\bar{X})^2$	$(Y-\bar{Y})^2$
A	14	4	12	5	20	16	25
B	13	3	10	3	9	9	9
C	10	0	8	1	0	0	1
D	8	−2	5	−2	4	4	4
E	5	−5	0	−7	35	25	49
	50	0	35	0	68	54	88

$$\bar{X}=10$$
$$\bar{Y}=7$$

斜率（b）就是

$$b = \frac{\Sigma(X-\bar{X})(Y-\bar{Y})}{\Sigma(X-\bar{X})^2}$$

$$b = \frac{68}{54}$$

$$b = 1.26$$

斜率為 1.26 意味隨著 X 每單位的改變（失業率每增加 1），Y 就會有 1.26 個單位的改變（公民動亂的數目就會增加 1.26）。

Y 截距（a）則是

$$a = \bar{Y} - b\bar{X}$$
$$a = 7 - (1.26)(10)$$
$$a = 7 - 12.60$$
$$a = -5.60$$

最小平方和迴歸方程式為

$$Y = a + bX = -5.60 + (1.26)X$$

相關係數為

$$r = \frac{\Sigma(X-\bar{X})(Y-\bar{Y})}{\sqrt{\left[\Sigma(X-\bar{X})^2\right]\left[\Sigma(Y-\bar{Y})^2\right]}}$$

$$r = \frac{68}{\sqrt{(54)(88)}}$$

$$r = \frac{68}{\sqrt{4752}}$$

$$r = \frac{68}{68.93}$$

$$r = 0.99$$

這些變項間有強烈（幾近完美）的正相關，當失業率增加，公民動亂的數目也隨之增加。決定係數 $r^2=(0.99)^2$，或是 0.98，代表公民動亂的變異之中，有 98% 可以被失業率所解釋。

使用 SPSS 執行迴歸分析並計算 Pearson's r 與 r^2

　　一如預期，SPSS 可以很快且有效地執行迴歸分析所需的計算。我們會利用國際 347
人口資料庫（*Intl-POP*）以及 Regression 程序做為示範說明，而 **Regression** 程序和另
一個程序將會在本章與第 13 章用來檢視相關。這裡將聚焦在預期壽命（*LifeExp*）與
人均國民所得毛額（*GNICap*）之間的關係，後者通常用來測量國家的富裕程度。
首先，

1. 點擊桌面上 SPSS 的圖像。

2. 載入 *Intl-POP* 資料庫。

　　a. 找到選單條上偏左邊的 **File** 命令並點擊 **File→Open→Data**。

　　b. 找到 *Intl-POP* 資料庫的檔案，可以從本書的網站上下載。

3. 從選單條上，點擊 **Analyze, Regression** 以及 **Linear**。

4. 在 "Linear Regression" 對話窗中，找到 *LifeExp* 並將之移到 "Dependent:" 視窗。接
　　著，找到 *GNIcap* 並將之移到 "Independent(s):" 視窗。點擊 **Continue** 回到 "Linear
　　Regression" 對話窗。

5. 點擊 **OK**，輸出報表便會出現在 SPSS 輸出視窗中。

　　Regression 程序會產出很多報表，其中只有一些和我們相關。"Model Summary"
方盒回報 r 為 0.750（R）以及 r^2 為 0.562（R Square），顯示在這些變項之間有很強烈
的正向關係，而且富裕的程度（*GNIcap*）解釋了這些國家的預期壽命變異中的 56%。

　　在 "Coefficients" 方盒中，Y 截距（a）出現在標示為 B 的直行下的第一橫列，名
為常數（Constant），而斜率（b）則出現在第二橫列。這個關係的迴歸線為

$$Y=61.252+(.001)X$$

　　我們會預測一個人均國民所得毛額很低，只有 \$8,000（X=8,000）的國家，其預
期壽命為 69.25 年。一個有著兩倍人均國民所得毛額 \$16,000（X=16,000）的國家，
其預期壽命則為 77.25 年。

相關矩陣

　　社會科學研究計畫包含很多變項，而資料分析階段通常始於檢視**相關矩陣**，在這
個表格中會顯示所有可能成對變項之間的關係。相關矩陣對於資料集中的交互關係提
供一個快速、易讀的概觀，並且能夠對於後續分析提供策略或線索。這些表格通常會 348
包含在專業的研究文獻之中，若能獲得一些閱讀經驗在將來會很有用處。

使用 SPSS 產製相關矩陣

這個部分我們將利用 *States* 資料庫來介紹並詮釋相關矩陣。我們會使用名為 **Correlate** 的程序，其比 **Regression** 程序稍微容易使用，但其無法產製迴歸係數（*a* 與 *b*）。我們在習題 11.15 中用過這個程序去找出斯皮爾曼等級相關係數（Spearman's rho）。

首先，

1. 點擊桌面上 SPSS 的圖像。

2. 載入 *States* 資料庫。

　　a. 找到選單條上偏左邊的 **File** 命令並點擊 **File→Open→Data** 。

　　b. 找到 *States* 資料庫的檔案，可以從本書的網站上下載。

3. 從選單條上，點擊 **Analyze, Correlate** 以及 **Bivariate**，Pearson's *r* 已先被預選。

4. 在 "Bivariate Correlations" 對話窗中，找到 *BirthRate, College, FamPoor09* 還有 *TeenBirthRate* 並將之移到 "Variables" 視窗。

5. 點擊 **OK**，輸出報表便會出現在 SPSS 輸出視窗中。

這個矩陣對於每一組雙變項關係呈現三項資訊：Pearson's *r*、關係的統計顯著性（"Sig. (2-tailed)"），以及個案數目（*N*）。因為 50 個州並非隨機樣本，個案數目也永遠都是 50，我們只要專注在相關上即可。這個矩陣的精簡版本呈現在表 12.5 中。

表 12.5　相關矩陣顯示四個變項之間的關係

	1 出生率	2 教育	3 貧窮	4 青少年生育
1. 出生率	1.00	−0.19	0.10	0.40
2. 教育	−0.19	1.00	−0.71	−0.76
3. 貧窮	0.10	−0.71	1.00	0.81
4. 青少年生育	0.40	−0.76	0.81	1.00

附註：「出生率」是每千人人口中的出生數。
　　　「教育」是人口中有大學或以上學歷者之百分比。
　　　「貧窮」是家庭中低於 2009 年貧窮線以下者之百分比。
　　　「青少年生育」是 15-19 青少女中每千人的生育數。

分析相關矩陣

349　　　相關矩陣使用變項名稱來標示各橫列與直行，表中的細格（cell）則顯示所有變項中各種可能的兩兩組合之間的雙變項關係（Pearson's *r*）。注意到橫列標示與直行標示相互重複。閱讀此表時，首先從出生率開始，這個變項位於左手邊的第一個直行以及最上面的第一個橫列。從第一個直行往下讀，或從第一個橫列往右讀，都可以看到這個變項和其他所有變項的關係，包括在最左上角方格中出生率與自己的相關（1.00）。要想看到其他變項之間的關係，可以換個直行或橫列來看。

注意到矩陣中從左上到右下的對角線上包含了每個變項與自己的相關，在這個對角線上的數值永遠都會是 1.00。因為這項資訊並沒有太大用處，可以很輕易地從表中移除。

同時也注意到對角線左下方的細格和右上方的細格相互重複。例如，看看第一個直行中和第二橫列所交叉而成的細格，其展現出生率和人口中大學以上學歷者之百分比的相關，其數值與第一橫列和第二直行交叉而成的細格相同。換言之，在對角線左下方的細格和右上方的細格形成彼此的鏡像。一般來說，專業文獻中會刪去多餘的細格好讓表格更容易閱讀。

這個矩陣能夠告訴我們什麼？從這個表格的左上角（直行 1）開始，我們可以看到出生率和大學教育有微弱到中度的負向關係。這意味著當出生率降低，教育程度就會增加：大學教育程度人口佔比愈高的州，出生率愈低。從直行 1 往下看，出生率和貧窮有著微弱的正向關係（當貧窮增加，出生率也會增加），和青少年生育率則有著中度的正向關係（出生率愈高的州，青少年生育率也會愈高）。

要評估資料集中的其他關係，從一個直行移到另一個直行、從一個橫列移到另一個橫列，一次只看一個變項。後續的每一個變項，都會提供少一個細格的資訊。例如，以教育（每州人口中至少有大學程度者的百分比）來說，這個變項在直行 2 和橫列 2 交叉之處。我們先前已注意到其和出生率有著微弱到中度的負向關係，而且，我們可以忽略該變項和自己的相關。這樣就剩下兩項新的關係，可以從直行 2 往下看、或從橫列 2 往右看。教育和貧窮有著強烈的負向關係（大學教育程度人口佔比愈高的州，貧窮率愈低），和青少年生育率也有著強烈的負向關係（教育程度愈高的州，青少年生育率愈低）。

對貧窮而言，這個變項在直行 3，只有一項新的關係：和青少年生育率有著強烈的正相關（貧窮率愈高，青少年生育率愈高）。在直行 4（青少年生育率）中，就沒有可供考慮的新關係：我們已經檢視過這個變項和其他所有變項的關係。

相關與因果

如同我們先前已多次提到，相關和因果是兩個不同的東西。在表 12.5 中我們可以看到一些強烈的關係，因此很容易下結論說某些變項會導致其他變項的改變。例如，看到教育和貧窮之間有強烈的關係或許並不令人意外，但它們之間的因果方向卻不清楚。是教育程度太低導致貧窮嗎？還是貧窮導致低度教育？哪個變項是因？哪個變項是果？

　　像貧窮和教育的例子，我們要如何確立變項之間的因果關係呢？我們需要哪些證據？首先要考慮的就是相關量數的數值。數值愈低，愈難以主張有因果關係存在。以這個標準而言，貧窮和教育之間的強烈關係和因果關係存在的主張相符。

　　第二個標準則是時間順序：要主張因果關係，我們必須要能展示自變項發生在依變項之前。例如，我們必須要能展示，在經過多年的貧窮率上升之後，大學入學人數才開始降低。這樣的話也才能和因果關係存在的主張相符。

　　確立因果關係的最後一步則是展示沒有第三個變項會影響雙變項關係。繼續以我們的例子來說，我們必須要能展示，不管其他經濟或文化的變遷（例如，失業率、家庭規模改變、犯罪率或其他許許多多的變項），教育程度就是會和貧窮產生關係。要滿足這個條件，需要透過多變項分析，因此我們會將這個部分的討論留到下一章，不過我們在本章最後的「成為具批判性的閱聽人」方框文章中，會再稍微簡單討論。

　　最後的結論，則是要記得相關是因果的必要但非充分條件。如果相關是零或很微弱，這種關係幾乎很難成為困果關係。但是即使關係非常強烈，在我們能夠主張某個變項導致另一個變項的變化之前，還有其他幾項標準需要加以考量。

相關和統計顯著性

　　同時也要記得的是，相關和統計顯著性是兩回事。當我們處理隨機選取的樣本時（例如 2012 GSS），我們必須評估雙變項關係存在於母體以及樣本中的機率有多大。關於 Pearson's r，是有一個專門的顯著性檢定，但這裡不細講，只要記得每次我們使用 SPSS 執行 **Correlate** 或 **Regression** 程序時，SPSS 就會自動進行顯著性檢定。

　　就像先前提過的一樣，**Correlate** 程序會在相關矩陣中每個細格的第二個橫列展示出統計顯著性（標示為 "Sig. (2-tailed)"）。如果樣本並非從較大的母體中隨機選取而來（如 *States* 資料庫），我們可以忽略顯著性的資訊。另一方面，如果我們使用的是像 *GSS2012* 這樣的機率樣本，我們就需要在分析中納入顯著性的資訊。

　　以 **Regression** 程度而言，在合適的情況下我們可以使用 ANOVA 檢定來評估統計顯著性。此一資訊呈現在 ANOVA 方盒中標註有 "Sig" 的直欄內。

　　不管使用哪一種程序，切記就算是非常強烈的關係，也不代表統計上達到顯著，反之亦然。一般而言，在分析機率樣本時，我們會期待關係強烈、符合預測的方向，而且達到統計顯著，然而，我們很常得到曖昧不清或不相一致的結果。

日常生活
統計學

青少年懷孕

表 12.5 顯示貧窮和青少年生育之間有著強烈的關係：愈貧窮的州，青少年生育率愈高。除了貧窮之外，青少年懷孕率和其他許多變項都有強烈的相關。例如，青少年比較不可能得到適當的產前照護，因此青少年媽媽生下的寶寶比較容易體重不足或有其他的健康問題。因此，聽聞過去20 年來，青少年懷孕率穩定地逐年下降[*]，的確是個好消息，不過比起其他的已開發國家，青少年懷孕率在美國仍然偏高。1990 年時，15-19 歲女性中每千人的生育數為 60；到了 2014 年，這個比率邊降到 26。這個下降的趨勢，反映的是禁慾程度的提升、或接近生育控制的手段增加，還是其他因素？要如何確知呢？

[*] 資料來源：Office of Adolescent Health. 2014. "Trends in Teen Pregnancy and Childbearing." Department of Health and Human Services。取自 http://www.hhs.gov/ash/oah/adolescent-health-topics/reproductive-health/teen-pregnancy/trends.htm

相關、迴歸、測量層次以及虛擬變項

　　相關和迴歸是非常強大且有用的技術，因此常常被用來分析順序層次的變項。這種做法通常問題不大，特別是用在「連續型」（見第 11 章）的順序變項。然而，這種彈性並無法延伸到名義層次變項，像是宗教派別或性別。名義變項的分數並不是真正意義上的數字，因此沒有數學上的性質。我們可以用分數 2 代表基督教和分數 1 代表天主教，但前者的分數並非是後者的兩倍大。名義變項的分數充其量只是一個標籤，並非數字，對於這些變項而言，計算斜率或討論正向或負向的關係，其實沒有意義。

　　這樣的狀況並不為人所樂見。因為日常社會生活中最重要的許多變項，像是性別、婚姻狀況、種族、族群等等，在測量層次上都是名義類型，因而無法被納入迴歸方程式或相關分析中，而這恰好又是社會科學研究中所能運用的兩種最強大與先進的分析工具。

　　所幸，研究者已發展出一種方法，藉由創造**虛擬變項（dummy variables）**來改變名義層次變項的配分。虛擬變項可以運用在任何的測量層次，包括名義層次，並且只有兩個類別，一個編碼為 0，另一個編碼為 1。透過這種方式，名義層次變項，像是性別（例如，將男性編碼為 0、女性編碼為 1）、種族（將白人編碼為 0、非白人編碼為 1）、宗教派別（將天主教編碼為 0、非天主教編碼為 1），都可以納入在迴歸方程式之中。

使用 SPSS 產出帶有虛擬變項的迴歸分析

為了說明起見，我們會使用 SPSS 分析區域和青少年懷孕的關係。假設我們懷疑南方的州有較高的青少年懷孕率。在表 12.5 中，我們看到「青少年生育率」和教育有強烈的負向關係、和貧窮有強烈的正向關係。那和區域有什麼關係呢？我們可以將區域當作虛擬變項，將南方編碼為 0、非南方編碼為 1。這裡我們不用 **Correlate** 程序，而使用 **Regression** 程序，因為它會產出迴歸係數（*a* 和 *b*）。

首先，

1. 點擊桌面上 SPSS 的圖像。

2. 載入 *States* 資料庫。

   a. 找到選單條上偏左邊的 **File** 命令並點擊 **File→Open→Data**。

   b. 找到 *States* 資料庫的檔案，可以從本書的網站上下載。

3. 從選單條上，點擊 **Analyze, Regression** 以及 **Linear**。

4. 在 "Linear Regression" 對話窗中，將 *TeenBirthRate* 置於 "Dependent" 視窗、將 *SthDUMMY* 置於 "Independent" 視窗。

5. 點擊 **Statistics** 並勾選 **Descriptives**。點擊 **Continue** 回到 "Linear Regression" 對話窗。

6. 點擊 **OK**，結果會出現在 SPSS 的輸出視窗，並分散在數個方盒中，其中只有幾個是我們所需要的。為了節省空間，輸出的方盒並不會全部在這裡呈現。

7. "Correlations" 方盒展示變項之間的相關（$r = -0.64$）。

8. "Coefficients" 方盒在 "Unstandardized Coefficients" 的標題下展示 *a* 和 *b* 數值。看到標示為 B 的直行裡，第一個橫列的數值就是 *a*、第二個橫列的數值就是 *b*。

報表顯示區域虛擬變項和青少年生育率之間強烈的負向關係（$r = -0.64$）。r^2 為 0.41，意味著區域解釋了青少年生育率中 41% 的變異。

回到迴歸方程式，我們可以利用 "Coefficients" 報表方盒中的數值找出 *a* 和 *b*，並寫出迴歸方程式：

$$Y = a + bX$$
$$Y = 41.09 + (-13.65)X$$

「青少年生育率」是依變項（Y）而區域（X）是自變項。迴歸線在散布圖中和垂直的 Y 軸交會在 $Y = 41.09$ 這個點上。斜率的數值（$b = -13.65$）代表負向的關係：當區域「增加」時（或轉換為代表非南方州的較高分數），青少年生育的百分比也傾向隨之降低。注意到如果我們反向編碼讓 1 代表南方、0 代表非南方，那麼斜率（b）的符號就會是正的，不過 b 的數值本身會保持不變。虛擬變項的編碼機制是任意決定的，因此，如同順序層次的變項一般，研究者必須很清楚虛擬變項的數值所指為何。
（要體驗如何使用虛擬變項，見習題 12.8。）

應用統計 12.2　生育率與女性的教育

當女性受愈多教育時，生育率會發生什麼變化？受高教育的女性會選擇非妻子與非母親的成人角色，因而減少她們生育的子女數嗎？我們可以利用本書提供的國際人口資料庫（*Intl-POP.sav*）對這些關係一探究竟。

變項包括

- 總生育率（*TFR*），也就是女性終其一生平均生育的子女數。
- *EducFemales* 代表女性就學水準，是將有進入中等教育以上學程的女性人數，除以合適的年齡群組（通常為 18-22 歲）中所有的女性人數，最後得到的比值。這個比值愈大，表示該國女性的教育程度愈高。如果所有年齡群組的全體入學人數，超過指定年齡群組（如，18-22 歲）的女性人數，這個比值有可能超過 100%

開啟 SPSS，載入 *Intl-POP* 資料庫，使用 **Correlate** 命令（參見「使用 SPSS：產製相關矩陣」），在 "Correlate" 視窗中輸入變項名稱並點擊 **OK**。

變項之間強烈的負向關係（$r = -0.78$），顯示女性教育程度愈高的國家，生育率愈低。這和一般認為當女性教育水準增加子女數就會降低的想法相互符合。

成為具批判性的閱聽人：相關、因果與癌症

因果關係——變項之間如何相互影響——不管在日常生活或科學領域，都是一個核心的問題。例如，你或許聽過新聞報導提到經濟下滑會導致高犯罪率，或者高油價會改變人們的駕駛習慣。對於這種一個變項影響另一個變項的主張，我們該如何判斷其可信度？

我們已經強調過用以主張因果關係的三個標準（合理且強烈的關聯量數、時間順序、以及第三變項的效果）。在日常生活中我們要如何將其應用到我們所遭遇的關聯之上呢？

不妨考慮一下抽菸和癌症的關係。今天幾乎所有人都知道抽菸導致癌症，但這個資訊在幾代人以前並非為人所熟知。一直到 1950 年代，約有一半的男人抽菸，而且抽菸在當時等同於世故以及成熟，並

非箇疾與生病。但從那時起，醫學研究已確立起因果關係，而其關聯也已廣為人知。這種傳播的效果相當具有戲劇性，現在，成年人中吸菸者不到 20%。

像 Pearson's *r* 之類的關聯量數在建構因果關係的過程中扮演了重要的角色。這個統計值的強度與方向在在指出抽菸和疾病之間有意義的相關。

為了展示變項之間的時間順序，最好、最強大的研究便會追蹤成群的人們一段很長的時間。研究都是始於一大群健康的吸菸者，如果在研究後期吸菸者罹患癌症，那癌症必然是依變項。因此，根據時間的發生順序，只有可能是吸菸導致癌症，而非相反的影響方向：得癌症不會讓人開始吸菸。

時間順序本身無法證明因果關係的存

在。其他的變項也有可能牽涉其中，並得以解釋人們為何吸菸以及為何得癌症。例如，有可能焦慮的人會透過吸菸來放鬆心情，而焦慮也有可能提高罹癌的機會，因此並非吸菸導致癌症。如果情況真是如此，那吸菸和癌症之間的關係就有可能是虛假或錯誤的：看似具有因果關係的兩變項關係實則為焦慮所致。

研究者要如何應對這種可能性的存在呢？最為可信的研究會採取多種方法以控制或檢視第三變項們（像是焦慮、家族歷史、性別、種族等等）的效果，因而得以在統計上排除這些因素影響兩變項關係的可能性。在下一章中我們將會檢視這些研究所採用的若干多變項統計方法。

每當你遇到有人宣稱某一個變項導致另一個變項時，仔細想想下列問題：關聯量數有多強？是否確定自變項先發生？其他的變項如何可能影響這個關係、是否有將其他變項納入考慮？若某個關係愈能符合上述的標準，其愈有可能構成真正的因果關係。

重點整理

本摘要利用貫穿本章的例子加以整理。

1. 我們先從一個問題開始：雙薪家庭中子女的數目是否和丈夫每週投入家事的時數相關？我們利用散布圖（圖 12.1）呈現觀察值，而目視的印象為變項之間以正向的方式相互關聯。散布圖中的觀察點所形成的模式可以用一條直線加以粗估，因此關係大約是線性的。

2. 最小平方和迴歸線（$Y=a+bX$）是和資料最為適配的單一直線，因其將 Y 的變異最小化。在我們的例子中，斜率（b）為 0.69，意指每增加一名子女（X 的單位改變量）會伴隨著丈夫每週增加 0.69 小時的家事貢獻。基於這個公式，我們也預測在一個有 6 名子女（$X=6$）的雙薪家庭中，丈夫每週會貢獻 5.63 個小時的家事（$Y=5.63$ 當 $X=6$）。

3. Pearson's r 這個統計值可以衡量 X 和 Y 之間的整體線性關聯。我們從散布圖中得到一個實質正向關係的印象，可以經由所計算出來的 $r=0.50$ 加以確認。我們也發現這個關係形成的 $r^2=0.25$，代表 Y（丈夫家事）的總變異中有 25% 可以被 X（子女數目）加以說明或解釋。

4. 我們從這個雙變項關係中得到很多資訊。我們知道此關係的強度和方向，也找到最能夠摘要出 X 對 Y 的效果之迴歸線。簡言之，對於等距—比率變項之間的關係，比起順序變項或名義變項之間的關係，我們能夠得到更大量且更精確的資訊。當然，這是因為等距—比率測量所產生的資訊會比順序或名義測量技術所得到的資訊，更加精確且更有彈性。

公式摘要

| 公式 12.1 | 最小平方和迴歸線： | $Y = a + bX$ |

公式 12.1　最小平方和迴歸線：　　　　　　$Y = a + bX$

公式 12.2　斜率（b）：　　　　　　$b = \dfrac{\sum(X - \bar{X})(Y - \bar{Y})}{\sum(X - \bar{X})^2}$

公式 12.3　Y 截距（a）：　　　　　　$a = \bar{Y} - b\bar{X}$

公式 12.4　皮爾森相關係數（Pearson's r）：　　　　$r = \dfrac{\sum(X - \bar{X})(Y - \bar{Y})}{\sqrt{\left[\sum(X - \bar{X})^2\right]\left[\sum(Y - \bar{Y})^2\right]}}$

公式 12.5　決定係數：　　　　$r^2 = \dfrac{\sum(Y' - \bar{Y})}{\sum(Y - \bar{Y})} = \dfrac{\text{被解釋變異}}{\text{總變異}}$

名詞彙總

決定係數〔Coefficient of determination (r^2)〕。Y 的所有變異中可以被 X 解釋的部分，將 Pearson's r 的數值加以平方即可求得。

Y 的條件平均數（Conditional mean of Y）。對每一個 X 的數值而言，Y 的所有分數之平均。

相關矩陣（Correlation matrix）。顯示所有可能成對變項之間的相關係數之表格。

虛擬變項（Dummy variable）。名義變項將之二分化後便得以在迴歸分析中使用。虛擬變項有兩個分數，一個編碼為 0，另一個編碼為 1。

被解釋變異（Explained variation）。在 Y 的所有變異中可以歸因為 X 的效果之百分比，等於 $\sum(Y' - \bar{Y})^2$。

線性關係（Linear relationship）。兩變項的關係在散布圖上的觀察點可用一條直線來粗估。

皮爾森相關係數（Pearson's r）。以等距－比率層次測量的變項之間的關聯量數。

迴歸線（Regression line）。能夠摘要出兩變項間關係的單一最佳配適直線。迴歸線是以最小平方和的標準配適於資料點之上，該線會通過（或盡可能靠近）Y 的所有條件平均數。

散布圖（Scatterplot）。用以描繪兩變項之間關係的統計圖。

斜率〔Slope (b)〕。隨著某變項改變一個單位而產生在另一個變項的改變量。b 就是迴歸線斜率的符號。

總變異（Total variation）。Y 的分數沿著 Y 的平均數而散布的程度，等於 $\sum(Y - Y')^2$。

未解釋變異（Unexplained variation）。在 Y 總變異中無法被 X 加以說明的百分比，等於 $\sum(Y - Y')^2$。

Y 截距〔Y intercept (a)〕。迴歸線和 Y 軸交會之點。

Y'。代表 Y 的預測分數之符號。

習題

前五個問題的資料集太小而無法進行相關或迴歸分析所要求的數學計算。大部分的問題都會使用 SPSS。

12.1 **PS** 為何每次選舉的投票率都不一樣？從五個不同城市的地方選舉中，蒐集到公民投票百分比（依變項）和三個不同的自變項：失業率、平均受教年數，還有使用「負面競選」（人身攻擊、掀出對手過去的黑歷史等等）策略的政治廣告之百分比。針對投票率（Y）和每個自變項之間的關係：

　　a. 計算斜率（b）和 Y 截距（a）。（提示：記得在計算 a 前先計算 b，像表 12.3 那樣的計算用表格非常推薦使用。）

　　b. 陳述出最小平方和迴歸線，並預測當失業率為 12%、平均受教年數為 11 年，以及 90% 的廣告為負面選舉等三種情況下，該城市的投票率分別為多少？

　　c. 計算 r 和 r^2。（提示：像表 12.4 那樣的計算用表格非常推薦使用。如果在計算 b 時你已經建立表格，那麼你需要用來求解 r 的大部分數值都已經掌握。）

　　d. 用一到兩句話形容每個關係的強度和方向。哪一個自變項對於投票率有著最強的效果呢？

城市	投票率 (Y)	失業率 (X₁)	平均受教年數 (X₂)	負面廣告的百分比 (X₃)
A	55	5	11.9	60
B	60	8	12.1	63
C	65	9	12.7	55
D	68	9	12.8	53
E	70	10	13.0	48

12.2 **SOC** 下面的表格列出由一群父親以及他們的長子與長女組成的樣本身上所蒐集到的職業聲望分數。

家庭	父親的聲望	兒子的聲望	女兒的聲望
A	80	85	82
B	78	80	77
C	75	70	68
D	70	75	77
E	69	72	60
F	66	60	52
G	64	48	48
H	52	55	57

分析父親聲望和兒子聲望的關係，以及父親聲望和女兒聲望的關係。

a. 針對每一個關係，計算斜率（b）和 Y 截距（a）。

b. 陳述出最小平方和迴歸線。當父親的聲望為 72 分時，你會預測兒子的聲望有幾分？當父親的聲望為 72 分時，你會預測女兒的聲望有幾分？

c. 計算 r 和 r^2。

d. 用一到兩句話形容每個關係的強度和方向。父親的職業聲望對其子女有影響嗎？對於女兒的影響是否和對兒子的影響一樣大？

12.3 GER 針對高齡公民的住宅發展專案內的居民進行調查，裡面問到居民的身體活動程度，以及該居民每週的訪客人數。在這 10 個受訪個案中，這兩個變項之間是否相關？計算 r 和 r^2。找出最小平方和迴歸線。對一個活動程度有 5 分的居民，你會預測他／她每週有幾個訪客？活動程度有 18 分的居民又有幾個訪客呢？

個案	活動水準	訪客人數
A	10	14
B	11	12
C	12	10
D	10	9
E	15	8
F	9	7
G	7	10
H	3	15
I	10	12
J	9	2

12.4 PS 下表的變項來自上次全國大選時的 10 個選區中所蒐集到的樣本。以投票百分比為依變項，針對另兩個變項各自和依變項的關係，計算 r 和 r^2，並用一段文字詮釋這些變項之間的關係。

選區	民主黨百分比	少數種族百分比	投票百分比
A	33	9	36
B	78	15	60
C	62	18	64
D	50	10	56
E	45	12	55
F	56	8	52
G	85	20	25
H	25	0	42
I	13	5	89
J	33	9	88

12.5 SOC 一個小型社區大學的籃球教練相信他的球隊在比較多的觀眾面前會打得更好、得分也會更高。上個球季所有主場比賽的觀眾人數以及球隊得分的資訊呈現在下表之中。請問數據有支持教練的主張嗎？

主場比賽編號	球隊得分	觀眾人數
1	54	378
2	57	350
3	59	320
4	80	478
5	82	451
6	75	250
7	73	489
8	53	451
9	67	410
10	78	215
11	67	113
12	56	250
13	85	450
14	101	489
15	99	472

使用 SPSS 進行統計分析

12.6　[*SOC*] 載入 *Intl-Pop* 資料集，並畫出自變項 *GNIcap*（人均國民所得毛額，做為富裕程度的衡量）和以下各個依變項的散布圖：*BirthRate*（出生率，或每千人中的出生人數）、*DthRate*（死亡率，或每千人中的死亡人數）、以及 *LifeExp*（預期壽命，或每個初生嬰兒預期可以存活的平均年數）

- 點擊 **Graphs, Legacy Dialog** 以及 **Scatter/Dot** 。

- 在 "Scatter/Dot" 視窗中，點擊 **Simple Scatter**，然後點擊 **Define** 。

- 在 "Simple Scatterplot" 視窗中，

  - 在變項串中找到 *BrthRate* 並將變項名稱移至 "*Y* Axis:" 方盒中。

  - 找到 *GNIcap* 並點擊箭頭將變項名稱移至 "*X* Axis:" 方盒中。

  - 點擊 **OK**，散布圖即呈現在 SPSS 的輸出視窗中。

- 要想在圖上增加迴歸線，

  - 在圖上任一處點擊滑鼠，"Chart Editor" 視窗將會出現。

  - 點擊視窗上方的 **Elements** 命令，在下拉選單中，點擊 **Fit Line at Total** 。

  - 一個新的視窗將會打開。在 "Fit Method" 板面上，點擊 **Linear**，然後點擊 **Close** 。

  - 關閉 "Chart Editor" 視窗，以回到 SPSS 的輸出視窗。

- 重複 **Graphs, Legacy Dialog** 以及 **Scatter/Dot** 命令，當你來到 "Simple Scatterplot" 視窗，將 *DthRate* 替換掉 *BirthRate* 。重複上述指令，就可得到 *DthRate* 與 *GNIcap* 的散布圖。

- 再一次重複 **Graphs, Legacy Dialog** 以及 **Scatter/Dot** 命令，在 "Simple Scatterplot"

視窗中，將 *LifeExp* 替換掉 *DthRate*。重複上述指令，就可得到 *LifeExp* 與 *GNIcap* 的散布圖。

a. 根據這些圖所展示出來的關係之強度與方向分別加以描述。使用迴歸線與環繞在迴歸線周邊的資料點之散布程度，進行判讀。

b. 有哪些散布圖違反了線性的預設嗎？如何違反？

12.7 |SOC| 載入 *GSS2012* 資料集，並使用 **Correlate** 命令計算年齡（*age*，自變項或 *X* 變項）與下列四個依變項（或 *Y*）的相關：教堂出席率（*attend*）、子女數目（*childs*）、自評社會地位（*rank*），以及每日觀看電視時數（*tvhours*）。

- 點擊桌面上的 SPSS 圖像。
- 載入 *GSS2012* 資料庫。
- 從主選單中，點擊 **Analyze, Correlate** 以及 **Bivariate**。
- 在 "Bivariate Correlations" 對話盒裡，從左邊的變項串中找到 *age, attend, childs, tvhours* 以及 *rank*，並將它們移到右邊的 "Variables" 視窗。
- 點擊 **OK**，結果就會出現在 SPSS 的輸出視窗中。

聚焦在所有和 *age* 形成的關係，並記錄每個關係的 *r* 值在下表之中。計算 r^2，同時也一併加以記錄。

	attend		childs		prestige		tvhours	
	r	r^2	r	r^2	r	r^2	r	r^2
age								

a. 針對每個變項和 *age* 形成的關係，摘要出關係的強度和方向。每一個依變項的變異中，有多少百分比可以被 *age* 解釋？

b. 有哪些關係達到 0.05 的統計顯著水準？要回答這個問題，查看相關矩陣內每個細格中的第二橫列（"Sig.2-tailed"）。數值小於 0.05 即達到顯著。

12.8 |SOC| 載入 *States* 資料集，並使用 **Correlate** 命令以取得 *SthDUMMY*（南方／非南方）、*College*（州人口中至少有大學學歷者之百分比）、*TrafDths11*（2011 年交通事故死亡率）、*Internet*（家戶中有使用網路之百分比），以及 *InfantMort*（1 歲以下人口死亡率）之間的相關。

- 點擊桌面上的 SPSS 圖像。
- 載入 *States* 資料庫。
- 從主選單中，點擊 **Analyze, Correlate** 以及 **Bivariate**。
- 在 "Bivariate Correlations" 對話盒裡，從左邊的變項串中找到 *SthDUMMY, College, TrafDths11, Internet* 以及 *InfantMort*，並將它們移到右邊的 "Variables" 視窗。
- 點擊 **OK**，結果就會出現在 SPSS 的輸出視窗中。

將區域（*SthDUMMY*）與教育（*College*）當作自變項，其他三個變項當作依變項。
記錄以下每個關係的 r 值，計算 r^2 並同樣記錄其數值。

	TrafDths11		Internet		InfantMort	
	R	r^2	r	r^2	r	r^2
SthDUMMY						
College						

a. 將這些關係寫一段摘要，其中要註明每個關係的強度和方向。每一個依變項的變
異中，有多少百分比可以被區域解釋？又有多少可以被教育解釋？

b. 你認為這些關係屬於因果關係嗎？怎麼說？以下二擇一：

　• 在表格裡六個關係中挑一個來解釋為何你認為其為因果關係。或者，

　• 挑一個關係並解釋為何你認為其為相關而非因果關係。

12.9 **SOC/CJ** 使用 *States* 資料集以及 **Correlate** 命令以探索一些犯罪的關聯因子。
使用 2012 年兩項犯罪的測量做為依變項：謀殺率（*Hom12*）以及汽車竊盜
率（*Carthft12*）。檢視這些項變項和三個可能的自變項之間的關係：人口成長率
（*PopGrow*）、人口密度（*PopDense*），以及失業率（*Unemplymnt*）。

　• 點擊桌面上的 SPSS 圖像。

　• 載入 *States* 資料庫。

　• 從主選單中，點擊 **Analyze, Correlate** 以及 **Bivariate**。

　• 在 "Bivariate Correlations" 對話盒裡，從左邊的變項串中找到 *Hom12, Carthft12,
PopGrow, PopDense* 以及 *Unemplymnt*，並將它們移到右邊的 "Variables" 視窗。

　• 點擊 **OK**，結果就會出現在 SPSS 的輸出螢幕中。

記錄每個關係的 r 值，計算 r^2 並同樣記錄其數值。

	Hom12		CarThft12	
	r	r^2	r	r^2
PopGrow				
PopDense				
Unemplymnt				

a. 將這些關係寫一段摘要，其中要註明每個關係的強度和方向。每一個依變項的變
異中，有多少百分比可以被人口成長率解釋？又有多少可以被人口密度和失業率
解釋？

b. 你認為這些關係中哪些屬於因果關係？為什麼？

12.10 **SOC/CJ** 承續問題 12.9，找出謀殺和失業之間的關係所估計出來的迴歸係數，使用
States 資料集以及 **Regression** 命令。

　• 載入 *States* 資料庫。

- 從主選單中，點擊 **Analyze, Regression** 以及 **Linear** 。
- 在 "Linear Regression" 螢幕上，將 *Hom12* 置入 "Dependent" 視窗、*Unemplymnt* 置入 "Independent" 視窗。
- 點擊 **OK**，結果就會出現在 SPSS 的輸出視窗中。
- "Coefficients" 方盒會在 "Unstandardized Coefficients" 之下展示 *a* 與 *b* 的數值。看到標示為 B 為那一欄，其中第一列的數值就是 *a*，第二列的就是 *b*。
  a. 利用 *a* 與 *b* 的數值寫出迴歸方程式。
  b. 利用這個方程式，預測當州的失業率為 2%（*X*=2）、5%（*X*=5）、10%（*X*=10）時的謀殺率。當失業率增加時，謀殺率會有什麼變化？這代表失業率導致謀殺率改變嗎？為什麼是或為什麼不是？

12.11 | *SOC* | 使用 *Intl-Pop* 資料集以及 **Correlate** 命令以探索全球手機使用狀況的關聯因子。使用 *CellPhones*（每百人中手機持有者）、*GNIcap*（人均國民所得毛額——富裕程度的測量），以及 *Urban*（居住在城市的人口百分比）等三個變項。

- 點擊桌面上的 SPSS 圖像。
- 載入 *Intl-Pop* 資料庫。
- 從主選單中，點擊 **Analyze, Correlate** 以及 **Bivariate** 。
- 在 "Bivariate Correlations" 對話盒裡，找到 *CellPhones, GNIcap* 以及 *Urban*，並將它們移到 "Variables" 視窗。
- 點擊 **OK**，結果就會出現在 SPSS 的輸出視窗中。
記錄每個關係的 *r* 值，並計算 r^2 後在表中記錄其數值。

	GNIcap		Urban	
	r	r^2	*r*	r^2
CellPhones				

將這些關係寫一段摘要，其中要註明每個關係的強度和方向。手機使用的變異中，有多少百分比可以被 *GNIcap* 解釋？又有多少可以被 *Urban* 解釋？

12.12 | *SOC* | 承續問題 12.11，找出手機使用和都市化之間的關係所估計出來的迴歸係數，使用 *Intl-Pop* 資料集以及 **Regression** 命令。

- 載入 *Intl-Pop* 資料庫。
- 從主選單中，點擊 **Analyze, Regression** 以及 **Linear** 。
- 在 "Linear Regression" 螢幕上，將 *CellPhones* 置入 "Dependent" 視窗、*Urban* 置入 "Independent" 視窗。
- 點擊 **OK**，結果就會出現在 SPSS 的輸出視窗中。

- "Coefficients" 方盒會在 "Unstandardized Coefficients" 之下展示 a 與 b 的數值。看到標示為 B 為那一欄，其中第一列的數值就是 a，第二列的就是 b。

a. 利用 a 與 b 的數值寫出迴歸方程式。

b. 利用這個方程式，預測當都市化為 25%（$X=25$）、50%（$X=50$）、75%（$X=75$），以及 99%（$X=99$）時的手機使用率。當都市化增加時，手機使用率會有什麼變化？

12.13 SOC/PS 投票率有哪些關聯因子呢？使用 *States* 資料集以及 *Voters*（2012 總統大選時投票人口百分比）做為依變項，*College*（人口中有大學學歷的百分比）與 *MdHHInc*（家戶收入中位數——富裕程度的測量）為自變項。

- 點擊桌面上的 SPSS 圖像。
- 載入 *States* 資料庫。
- 從主選單中，點擊 **Analyze, Correlate** 以及 **Bivariate** 。
- 在 "Bivariate Correlations" 對話盒裡，找到 *College, MdHHInc* 以及 *Voters*，並將它們移到 "Variables" 視窗。
- 點擊 **OK**，結果就會出現在 SPSS 的輸出視窗中。

記錄每個關係的 r 值，並計算 r^2 後在表中記錄其數值。

	Voters	
	r	r^2
College		
MdHHInc		

a. 將這些關係寫一段摘要，其中要註明每個關係的強度和方向。投票率的變異中，有多少百分比可以被教育變項解釋？又有多少可以被測量富裕的變項解釋？

b. 你認為這些關係中哪些看起來像因果關係？為什麼？

你是研究者

誰在看電視？誰是人生勝利組？

這裡提出兩個研究專案來幫助你應用在本章中學習到的統計技術。在第一個專案中，你要分析觀看電視時間的關聯因子。你要選取四個變項，並評估其對於 *tvhours*（每日觀看電視時數）的影響。在第二個專案中，你可以選擇 *income06* 或 *rank* 做為依變項。以上兩者都在測量社會階級地位，你可以選擇你認為和個人成就水準有關的自變項。

專案一：誰在看電視？

在這個練習中，依變項將會是 tvhours。這個變項上的分數最低為 0、最高為 24 小時（看了一整天！）。大部分的個案集中在一天看電視 1 到 4 個小時。

步驟 1：選擇自變項

從 2012 *GSS* 中，選出你認為對於 *tvhours* 來說算是很重要的四個因素做為自變項。你的自變項不能是名義的測量層次，除非你將其重新編碼為虛擬變項（見下方說明）。你可以選擇任何等距或順序層次的變項。

虛擬變項。要在你的分析中納入虛擬變項，須將其重新編碼後成為只有 0 和 1 兩種數值的變項。某些例子像是重新編碼性別（*sex*）——使男性 =0 且女性 =1，種族（*racecen1*）——使白人 =0 且非白人 =1，或宗教（*relig*）——使基督徒 =0 且非基督徒 =1。第 9 章有關於重新編碼的詳細說明。

一旦你選好變項，將其列在下方表格之中，並描述它們到底在測量什麼。

SPSS 變項名稱	此變項在測量什麼？

步驟 2：陳述假設

你期待發現你的自變項和 tvhours 之間有何關係？陳述出你的假設。根據你所期待發現的關係之強度與方向來陳述假設。例如，你可以假設當年齡增加時，觀看電視的時間也會強烈地增加。

SPSS 變項名稱	假設

步驟 3：計算雙變項相關

點擊 **Analyze→Bivariate→Correlate**，將所有變項置入 "Variables:" 方盒中。點擊 **OK** 以取得結果。

步驟 4：記錄結果

利用下表摘錄你的結果。在每個方格中填入每個自變項的 r 值。計算 r^2 的數值也一併加以記錄。在閱讀相關矩陣時，忽略每個變項和自己的相關與其他任何多餘的資訊。

			自變項				
1._____		2._____		3._____		4._____	
r	r^2	r	r^2	r	r^2	r	r^2

tvhours

步驟 5：分析與詮釋結果

針對每一個自變項的結果寫出一段簡短的摘要。摘要中須界定出所測試的變項，以及關係的強度和方向。最好的做法或許是先以一般性的方式寫出關係的特徵，並在括弧中引用統計數值。務必要強調你的假設是否得到支持。在詮釋關係的方向時要小心，須參照變項編碼的方式，以確定你理解此一關係。

專案二：誰是人生勝利組？

在這個練習中，選擇收入（*income06*）或受訪者的社會階級地位（*rank*）做為依變項。多數美國人都會視這些變項足以衡量人生的成就。財富與聲望的關聯因子或前導變項有哪些呢？

步驟 1：選擇自變項

選出你認為對於你的依變項來說算是很重要的四個因素做為自變項。一個很明顯的選擇就是教育（使用 *educ* 而非 *degree*，因為前者是等距層次，後者為順序層次）。記得你的自變項不能是名義的測量層次，除非你將其重新編碼為虛擬變項（見下方說明）。你可以選擇任何等距或順序層次的變項。

虛擬變項。要在你的分析中納入虛擬變項，須將其重新編碼後成為只有 0 和 1 兩種數值的變項。某些例子像是重新編碼性別（*sex*）——使男性 =0 且女性 =1，種族（*racecen1*）——使白人 =0 且非白人 =1，或宗教（*relig*）——使基督徒 =0 且非基督徒 =1。第 9 章有關於重新編碼的詳細說明。

一旦你選好變項，將其列在下方表格之中，並描述它們到底在測量什麼。

SPSS 變項名稱	此變項在測量什麼？

步驟 2：陳述假設

　　你期待發現你的自變項和依變項之間有何關係？陳述出你的假設。根據你所期待發現的關係之強度與方向來陳述假設。例如，你可以假設當年齡增加時，收入也會增加。

SPSS 變項名稱	假設

步驟 3：計算雙變項相關

　　點擊 **Analyze→Correlate→Bivariate**，將所有變項置入 "Variables:" 方盒中。點擊 **OK** 以取得結果。

步驟 4：記錄結果

　　利用下表摘錄你的結果。在每個細格中填入每個自變項的 r 值。計算 r^2 的數值也一併加以記錄。在閱讀相關矩陣時，忽略每個變項和自己的相關與其他任何多餘的資訊。

				自變項				
income06 or rank	1._____		2._____		3._____		4._____	
	r	r^2	r	r^2	r	r^2	r	r^2

步驟 5：分析與詮釋結果

　　針對每一個自變項的結果寫出一段簡短的摘要。摘要中須界定出所測試的變項，以及關係的強度和方向。最好的做法或許是先以一般性的方式寫出關係的特徵，並在括弧中引用統計數值。務必要強調你的假設是否得到支持。在詮釋關係的方向時要小心，須參照變項編碼的方式，以確定你理解此一關係。

第四篇　多變項分析技術

　　第 13 章介紹多變項分析技術或統計值，這讓我們能在超過兩個變項的情況下，同時分析變項之間的關係。這些統計值對於探究變項間的因果關係非常有用，也經常能在專業的研究文獻中看見其蹤影。這一章特別介紹迴歸分析，這是目前許多最流行、最有力的統計技術的基礎。

　　這些技術被設計於處理等距－比率層次的變項，而這些技術所依據的數學可能變得十分複雜，因此本章側重於簡單的應用、依賴 SPSS 統計軟體的計算、以及強調對分析結果的詮釋。

第 13 章
淨相關、多元迴歸與相關

學習目標

完成本章的學習，你將能夠：

1. 計算與解釋淨相關係數。
2. 求得並解釋具有淨斜率的最小平方法多元迴歸方程式。
3. 求得並解釋標準化淨斜率或 beta-weights（b^*）。
4. 計算並解釋多元決定係數（R^2）。
5. 解釋淨相關與多元迴歸分析的限制。
6. 使用 SPSS 統計軟體產生淨相關與執行多元迴歸分析。

使用統計

本章介紹的統計技術適用於分析兩個以上的等距－比率層次變項之間的關聯，適用這些技術的研究情境範例如下：

1. 一位家庭社會學者在研究雙薪家庭時，想知道丈夫對家務工作的貢獻是否隨著子女數的增加而增加，此外無論丈夫的教育程度為何，這種關係是否都相同？

2. 一位犯罪學者蒐集了包含美國 542 個郡的樣本資料，顯示貧窮與犯罪率之間有中度且正向的關係，他想知道這樣的關係在人口稠密與人口稀疏的郡是否相同？在高教育與低教育的郡是否也相同？

3. 一位人口學家正在調查 76 個國家的生育率與女性教育程度之間的關係。她的資料顯示，這些變項之間存在中度的負向關係：當教育增加，生育率傾向於下降。這樣的關係在基督教與非基督教國家是否相同？這種關係在任何富裕程度的國家中是否也維持其強度？

如同我在第 12 章所提到的，社會科學研究本質上是多變項的，且涉及同時分析許多變項。本章介紹一些強而有力且廣泛使用的多變項分析的統計工具，這些技術可以用來分析變項之間的因果關係，並進行預測，而分析因果關係與預測在任何科學中都是至關重要的。

這些技術是建立在 Pearson's r 的基礎上（見第 12 章），最適合處理高品質、精確測量的等距－比率變項。但正如我們在許多情況下所提到的，這種資料在社會科學中相對少見，而本章介紹的技術一般用於順序層次的變項、或以虛擬變項形式呈現的名義變項（見第 12 章）。

我們首先討論淨相關分析，這是一種允許我們在控制第三變項下去檢驗雙變項關係的技術。這種技術基於許多原因而重要，但也許最重要的是它使得處理第三變項如何影響雙變項關係，成為可能。正如我們在第 12 章指出的，這是論證因果關係必須進行的檢驗之一。

其次，我們討論多元迴歸與多元相關，這種技術允許研究者評估一個以上自變項對依變項的個別與綜合影響，而且是一種能夠檢驗第三變項對雙變項關係之影響的統計工具。

在整章的討論中，我們聚焦的研究情境僅包含三個變項且樣本數非常小，以利於說明數學過程與基本邏輯。擴展至包含四個或更多變項的情況是相對直觀的，但計算將變得相當複雜。因此，在說明一個簡化的範例之後，我們將使用 SPSS 統計軟體來執行計算，就如同我們在處理 Pearson's r（第 12 章）一樣。同樣地，在本章結束之前，也提供一些小樣本資料的習題，如此你就可以測試你是否理解了數學程序，但大多數習題都要求你應用 SPSS 統計軟體。

淨相關

在第 12 章中，我們已經使用 Pearson's r 測量雙變項關係的強度與方向。舉例來說，我們研究了 12 個家庭樣本的丈夫家務貢獻（依變項，即 Y 變項）與子女數（自變項，即 X 變項）的關係。我們發現兩者之間有中等強度的正向關係（$r = 0.50$），丈夫對於家務的貢獻隨著子女數增加而提高。

如研究人員一般所做的那樣，你可能會想：這樣的關係在所有類型家庭中是否都是如此。例如，有著不同宗教信仰的丈夫是否會有不同的反應？政治保守的丈夫會不會與自由立場的丈夫有不同的表現？受過較高教育的丈夫是否也不同於較低教育程度的丈夫？我們可以透過**淨相關技術（partial correlation）**來處理這些問題，在此技術中，我們觀察當引入第三變項時，如宗教、政治意識型態或教育，雙變項關係產生何種變化。第三變項通常被稱為 **Z 變項**或**控制變項**（**control variables**）。

366

首先，淨相關的程序是先計算雙變項關係的 Pearson's *r*（有時稱為**零階相關**，**zero-order correlation**），然後再計算淨（或一階）相關係數。如果淨相關係數不同於零階相關係數，我們便可以說第三變項對雙變項關係有影響。例如，若受過良好教育的丈夫每增加一名子女的家務貢獻不同於受較少教育的丈夫，那麼淨相關係數的強度（也許還有方向）就會不同於雙變項相關係數。

在討論計算之前，我們先討論淨相關係數與雙變項相關係數之間的可能關係，以及它們所代表的意義。

關係的類型

直接關係（**Direct Relationship**）。其中一種可能性：淨相關係數與雙變項係數的數值基本上相同。例如，想像一下，我們在控制丈夫教育後發現淨相關係數為 +0.49，而零階 Pearson's *r* 為 +0.50。這意味著第三變項（丈夫的教育）對子女數與丈夫家務勞動時間之間的關係沒有影響。換句話說，無論丈夫的教育程度為何，他們對每增加一名子女的家務勞動反應是相似的。這個結果與 *X* 和 *Y* 之間存在**直接**（**direct**）或**因果關係**（**causal relationship**）的結論是一致的（見圖 13.1），與第三變項（*Z*）沒有關係，應該從進一步的分析中排除。研究計畫的下一步可能是採用其他可能的控制變項進行額外的檢驗（例如，研究員可能控制宗教或家庭的族群特性。）

$$X \longrightarrow Y$$

圖 13.1　*X* 與 *Y* 之間具直接關係

虛假與中介關係（**Spurious and Intervening Relationship**）。第二種可能性：淨相關係數與雙變項相關係數相比，變弱許多，甚至可能下降至 0。這種結果可能存在兩種不同的關係情境。第一種被稱為**虛假關係**（**spurious relationship**），出現在當控制變項（*Z*）同時是自變項（*X*）與依變項（*Y*）之原因的情境下（見圖 13.2）。這種結果意味著，*X* 與 *Y* 實際上沒有關係。它們只是因為 *X* 與 *Y* 都取決一個共同的原因（*Z*）而看起來相關，一旦 *Z* 被控制之後，*X* 與 *Y* 之間的表象關係就消失了。

圖 13.2　*X* 與 *Y* 之間具虛假關係

虛假關係會是什麼樣子呢？想像一下，當我們控制父母的政治意識型態之後，發現淨相關係數要比 Pearson's r 弱得許多。這可能意味著子女數實際上並沒有改變丈夫對家務勞動的貢獻（亦即，X 和 Y 之間的關係不是直接的）。相反地，政治意識型態可能是兩個變項的共同原因：也許保守的家庭更有可能遵循傳統的性別角色模式（其中，丈夫對家務的貢獻較少），也生育較多子女。

367

這種模式（淨相關比雙變項相關弱）也可能是變項之間存在**中介關係**（**intervening**）的情況（見圖 13.3）。在這種情況下，X 與 Y 沒有直接關係，而是透過控制變項產生關聯。同樣地，一旦 Z 被控制之後，X 與 Y 之間的明顯關係就消失了。

那我們究竟如何區辨虛假關係與中介關係？我們無法從統計學的角度來辨識這兩種關係：虛假關係與中介關係在統計上看起來完全一樣。研究者也許可從變項發生的先後次序（即哪個先發生）或從理論上辨別這兩種關係，但無法從統計上觀察其差異。

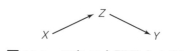

圖 13.3　X 與 Y 之間具中介關係

日常生活 統計學

虛假關係

虛假關係是日常生活的一部分，不只存在於科學研究中。當我們討論新聞或與朋友聊天時，有時會對「什麼原因導致什麼結果」提出不正確的結論，若能意識到虛假關係可以讓你更加認識社會生活複雜性與因果關係的細微處。在你思考虛假關係時，參考一些簡單的範例可能是有用的，因此這裡有三個陳述，每一個都宣稱一個變項（X）導致另一個變項（Y）。但這些關係都是虛假的，你能找出每一個陳述中引起 X 與 Y 的共同原因嗎？答案見下文。

1. 住院病人比較容易死亡。因此，住院（X）導致死亡（Y）。
2. 火災中，出動的消防人員越多，損失就越大。因此，消防員出動人數（X）導致火災損失（Y）。
3. 喜歡聽 1960 年代民歌的男性更可能有性無能的問題。因此喜歡民歌（X）導致性無能（Y）。

解答：
1. Z = 生病與重傷。生病和重傷的人更有可能被送進醫院，也更有可能死亡。
2. Z = 火災的程度。更嚴重的火災需要更多的消防員，火災損失也可能更大。
3. Z = 年齡。老年男性更可能聽這種類型的音樂，也更可能發生性無能。

日常生活 **統計學**	互動作用 將互動作用視為變項結合在一起產生非預期強烈反應，可能有助於理解互動作用。例如，假設一項街頭犯罪的研究發現，街頭犯罪和貧窮（「貧窮程度較高的地區有較高的街頭犯罪程度」）與年齡（「青少年與年輕成人比例較高的地區有較高的街頭犯罪程度」）有中等強度的關聯。當這些變項連結在一起時對依變項產生非常強的關係（「貧窮程度高與年輕人口多的地區有較高的犯罪程度」）。這是一個互動作用的例子，每一自變項都對犯罪有其獨自的關係，但它們的綜合效應對依變項有驚人的影響。

互動關係（Interaction）。這邊應該介紹變項關係的第三種可能，雖然透過淨相關分析無法偵測這種關係。這種關係稱為互動關係，X 與 Y 的關係會隨著 Z 變項的值而明顯改變。例如，若我們控制了社會階級，發現中產階級家庭的丈夫對家務的貢獻隨著子女數增加而增加，但工人階級家庭丈夫則正好相反，我們認為這三變項之間存在著互動作用。換句話說，對於在 Z 的一種類別下，X 與 Y 之間存在正向關係，而在另一類別下可能存在負向關係，如圖 13.4 所示。

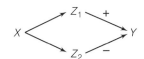

圖 13.4　X、Y 與 Z 之間具互動關係

計算與解釋淨相關係數

淨相關係數的邏輯與計算需要導入一些新的概念與術語。我們將先介紹這些術語，再介紹淨相關係數的公式。　368

術語（Terminology）。淨相關需要處理一個以上的雙變項關係，因而我們需要用下標來區分它們。所以，符號 r_{yx} 是指變項 Y 與變項 X 之間的相關係數；r_{yz} 是指 Y 與 Z 之間的相關係數；而 r_{xz} 是指 X 與 Z 之間的相關係數。請記住，雙變項關係的相關係數經常被稱為零階相關。

淨相關係數（Partial correlation coefficients），或一階淨相關，被標示為 $r_{yx.z}$。下標中點的右邊是控制變項，因此，$r_{yx.z}$ 是指在控制變項 Z 下，變項 X 與變項 Y 的淨相關係數。一階淨相關係數的公式為：

公式 13.1　　$$r_{yx.z} = \frac{r_{yx} - (r_{yz})(r_{xz})}{\sqrt{1 - r_{yz}^2}\ \sqrt{1 - r_{xz}^2}}$$

請注意在解這個公式之前，你必須先計算所有成對變項之間的零階係數（變項 X 與 Y、X 與 Z、以及 Y 與 Z）。

　　計算（**Computation**）。為了說明一階淨相關的計算，我們將回到 12 個雙薪家庭的子女數（X）與丈夫家務貢獻（Y）之間的關係。這兩個變項之間的零階 r（$r_{yx} = 0.50$）表明了一種中等強度的正向關係（隨著子女數增加，丈夫傾向於貢獻更多時間於家務勞動）。若研究者想調查丈夫的教育對雙變項關係的可能影響，原始資料（來自表 12.1）與 12 個家庭的新變項分數列於表 13.1 中。

表 13.1　12 個雙薪家庭在三個變項上的數值

家庭	丈夫的家務勞動（Y）	子女數（X）	丈夫教育年數（Z）
A	1	1	12
B	2	1	14
C	3	1	16
D	5	1	16
E	3	2	18
F	1	2	16
G	5	3	12
H	0	3	12
I	6	4	10
J	3	4	12
K	7	5	10
L	4	5	16

表 13.2　零階相關

	丈夫的家務勞動（Y）	子女數（X）	丈夫教育年數（Z）
丈夫的家務勞動（Y）	1.00	0.50	−0.30
子女數（X）		1.00	−0.47
丈夫教育年數（Z）			1.00

369　　　如表 13.2 的相關矩陣所示，零階相關指出，丈夫的家務勞動貢獻與子女數成正相關（$r_{yx} = 0.50$），受較高教育的丈夫傾向於做較少的家務（$r_{yz} = -0.30$），而丈夫受較多教育的家庭生育較少的子女（$r_{xz} = -0.47$）。

　　丈夫的家務勞動（Y）和子女數（X）之間的關係是否受到教育年數（Z）的影響？將零階相關代入公式 13.1 中計算，我們將得到

$$r_{yx.z} = \frac{r_{yx} - (r_{yz})(r_{xz})}{\sqrt{1 - r_{yz}^2}\sqrt{1 - r_{xz}^2}}$$

$$r_{yx.z} = \frac{(0.50) - (-0.30)(-0.47)}{\sqrt{1 - (-0.30)^2}\sqrt{1 - (-0.47)^2}}$$

$$r_{yx.z} = \frac{(0.50) - (0.14)}{\sqrt{1 - 0.09}\sqrt{1 - 0.22}}$$

$$r_{yx.z} = \frac{0.36}{\sqrt{0.91}\sqrt{0.78}}$$

$$r_{yx.z} = \frac{0.36}{(0.95)(0.88)}$$

$$r_{yx.z} = \frac{0.36}{0.84}$$

$$r_{yx.z} = 0.43$$

解釋（Interpretation）。 一階淨相關（$r_{yx.z} = 0.43$）測量了在控制丈夫教育（Z）的情況下，丈夫家務貢獻（Y）與子女數（X）之間的關係強度。這個數值低於零階相關係數（$r_{yx} = 0.50$），但兩個數值差異不大。這個結果代表變項 X 與 Y 之間有直接關係，也就是說，當控制了丈夫的教育程度後，丈夫的家務勞動與子女數之間的統計關係基本上沒有變化。無論教育程度為何，丈夫的家務貢獻隨著子女數增加而增加。

370

我們下一步的統計分析可能是選另一個控制變項。在控制一系列第三變項（Z）下，雙變項關係若越能保持其強度，那麼 X 與 Y 之間有直接關係的證據就越明確。

最後，我應該提一下三變項關係的另一種可能結果，即淨相關係數的數值大於零階係數。在這種因果模式中，自變項與控制變項各自對依變項有獨自的影響，並且相互之間不相關。這種關係描繪於圖 13.5，X 與 Z 之間沒有箭頭，說明他們之間沒有相互關係。

這種模式意味著 X 與 Z 都應該被視為自變項，統計分析的下一步可能涉及多元相關與迴歸，這些技術將在本章後續內容中介紹。（關於練習計算和解釋淨相關係數，請見習題 13.1a 和 b、13.4a 與 13.5）。

圖 13.5　三變項間可能的因果關係

| 一次一步驟 | **計算淨相關係數** |

計算所有變項的成對 Pearson's r。你必須清楚哪一變項是自變項（X），哪一變項是依變項（Y），哪一變項是控制變項（Z）。

步驟　操作

利用公式 13.1

1. r_{yz} 乘以 r_{xz}。
2. r_{yx} 減去步驟 1 求得的數值，此值即為公式 13.1 中的分子。
3. 平方 r_{yz} 的值。
4. 1 減去步驟 3 求得的值。
5. 將步驟 4 求得的值開平方根。
6. 平方 r_{xz} 的值。
7. 1 減去步驟 6 求得的值。
8. 將步驟 7 求得的值開平方根。
9. 將步驟 5 與步驟 8 求得的數值相乘，此值即為公式 13.1 的分母。
10. 將步驟 2 求得的數值除以步驟 9 求得的數值，此即淨相關係數。

| 一次一步驟 | **解釋淨相關係數** |

從下面關於零階相關（r_{yx}）與淨相關（$r_{yx.z}$）的關係，選擇一個最接近的描述。

步驟　操作

1. 淨相關係數（$r_{yx.z}$）與零階相關（r_{yx}）的數值大致相同。「大致相同」的經驗法則是兩者之差異小於 0.10。這個結果指出控制變項（Z）沒有影響，X 與 Y 的關係是直接的。
2. 淨相關係數比雙變項相關係數小許多（可以說，小 0.1 以上）。這表示控制變項（Z）改變 X 與 Y 的關係。X 與 Y 之間的關係若不是虛假關係（Z 同時影響 X 與 Y），就是中介關係（X 與 Y 的關係是透過 Z 產生連結的）。
3. X、Y 與 Z 可能具有互動關係，亦即 X 與 Y 之間的關係隨著 Z 的類別而變化。不過淨相關分析無法偵測互動關係。

| 日常生活
統計學 | **教育與收入** |

一項針對美國 25-65 歲代表性樣本的分析指出，受教育年數與收入之間的相關係數為 0.40，存在中等強度的正向關係。收入隨著教育增加而增加，且教育大約解釋收入變異的 16%。

　　教育與收入之間的關係是否受到年齡的影響？控制年齡之後，教育與收入之間的淨相關係數為 0.41，基本上與零階相關相同，教育與收入之間的關係是直接的：不管年齡為何，收入隨著教育的增加而提高。在你即將完成學位之際，你可能會覺得這樣的分析令人感到欣慰。

資料來源：2012 年完整的一般社會調查（GSS）。變項：*educ*、*income06* 與 *age*。
$N=975$

應用統計 13.1　用 SPSS 判斷生育率與女性教育的關係是否受到富裕程度的影響

應用統計 12.2 中，*Intl-POP* 的國家資料顯示，女性教育程度（*X*）和生育率（*Y*）之間有強烈負向關係（*r* = −0.78）。現在，我們想問的是：這裡的雙變項關係是否為虛假關係，是否由國家富裕程度（*Z*）造成的？這些變項之間的關係是否僅僅因為富裕國家的女性有較高的教育程度、也生育較少的子女呢？

開啟 SPSS，載入 *Intl-POP* 資料檔，點擊 **Analyze** 與 **Correlate**，再從次表單中選擇 **Partial**（不是 **Bivariate**）。在 "Variables:" 視窗中輸入 *TFR*（總生育率）、*EducFemales*（我先前使用過，用於測量女性教育程度），在下方的 "Controlling for:" 中輸入 *GNIcap*（人均國民所得），*GNIcap* 測量國家富裕程度，分數越高表示國家越富裕。點擊 **OK**。

輸出方框將顯示相關矩陣，矩陣左邊列出控制變項（*GNIcap*）。在矩陣中找到女性教育與總生育率之間的淨相關係數。此值為 −0.55，比雙變項相關係數（−0.78）弱許多（遠超過經驗法則 0.10），但仍處於「中度至強度」的範圍。

這個曖昧不明的結果意味著，教育和生育率之間的關係受到國家富裕程度的影響甚巨，至少一部分是虛假的。然而，無論國家的富裕程度為何，教育程度較高的女性確實傾向於生育較少的子女。顯然，需要進一步的分析來澄清這樣的關係，也許可以使用其他測量生育率、教育、以及富裕程度的指標。

多元迴歸：預測依變項

第 12 章介紹最小平方法迴歸線，這是一種描述兩個等距－比率變項之間的整體線性關係、以及透過 *X* 分數預測 *Y* 分數的方法。這條線是總結雙變項關係的最配適線，公式定義如下：

公式 13.2　　$Y = a + bX$

最小平方迴歸線可以調整為包含（理論上）任何數量自變項的技術，這稱為**多元迴歸（multiple regression）**。為了便於解釋，我們將討論聚焦在僅包含兩個自變項的情境。最小平方法多元迴歸方程式為：

公式 13.3　　$Y = a + b_1 X_1 + b_2 X_2$

其中，b_1 = 第一個自變項（X_1）與 *Y* 之間線性關係的淨斜率。

b_2 = 第二個自變項（X_2）與 *Y* 之間線性關係的淨斜率。

這個公式引入一些新的符號與概念。首先，依變項雖然仍標示為 *Y*，但自變項以下標進行區分。因此 X_1 表示第一個自變項，X_2 表示第二個自變項。第二，斜率的符號（b）也用和其相應之自變項的下標來區分，b_1 是第一個自變項的斜率，b_2 是第二個自變項的斜率。

淨斜率

多元迴歸方程式和雙變項迴歸方程式之間的主要差異在於斜率（b's）。在多元迴歸中，b's 被稱為**淨斜率**（**partial slopes**），它們表示，在控制方程式中其他自變項的影響下，自變項每增加一個單位，Y 相應的改變量。因此，淨斜率類似於淨相關係數，是自變項對 Y 的直接效果。

計算淨斜率（Computing Partial Slopes）。自變項的淨斜率可依據公式 13.4 和 13.5 來計算：[1]

公式 13.4 $$b_1 = \left(\frac{s_y}{s_1}\right)\left(\frac{r_{y1} - r_{y2}r_{12}}{1 - r_{12}^2}\right)$$

公式 13.5 $$b_2 = \left(\frac{s_y}{s_2}\right)\left(\frac{r_{y2} - r_{y1}r_{12}}{1 - r_{12}^2}\right)$$

373   其中，$b_1 = X_1$ 對 Y 的淨斜率。

$b_2 = X_2$ 對 Y 的淨斜率。

$s_y = Y$ 的標準差。

$s_1 = $ 第一個自變項 X_1 的標準差。

$s_2 = $ 第二個自變項 X_2 的標準差。

$r_{y1} = Y$ 與 X_1 的雙變項相關係數。

$r_{y2} = Y$ 與 X_2 的雙變項相關係數。

$r_{12} = X_1$ 與 X_2 的雙變項相關係數。

為了說明淨斜率的計算，我們將評估子女數（X_1）和丈夫教育（X_2）對丈夫家務貢獻的綜合影響。所有的相關訊息都可以從表 13.1 計算出來，並註記如下：

丈夫家務勞動	子女數	丈夫教育
$\bar{Y}=3.3$	$\bar{X}_1=2.7$	$\bar{X}_2=13.7$
$s_y=2.1$	$s_1=1.5$	$s_2=2.6$
	零階相關	
	$r_{y1}=0.50$	
	$r_{y2}=-0.30$	
	$r_{12}=-0.47$	

第一個自變項（X_1）的淨斜率為：

---

1 淨斜率可從零階斜率計算出來，但使用公式 13.4 與 13.5 更容易計算。

$$b_1 = \left(\frac{s_y}{s_1}\right)\left(\frac{r_{y1} - r_{y2}r_{12}}{1 - r_{12}^2}\right)$$

$$b_1 = \left(\frac{2.1}{1.5}\right)\left(\frac{0.50 - (-0.30)(-0.47)}{1 - (-0.47)^2}\right)$$

$$b_1 = (1.4)\left(\frac{(0.50) - (0.14)}{1 - 0.22}\right)$$

$$b_1 = (1.4)\left(\frac{0.36}{0.78}\right)$$

$$b_1 = (1.4)(0.46)$$

$$b_1 = 0.64$$

第二個自變項（X_2）的淨斜率為：

374

$$b_2 = \left(\frac{s_y}{s_2}\right)\left(\frac{r_{y2} - r_{y1}r_{12}}{1 - r_{12}^2}\right)$$

$$b_2 = \left(\frac{2.1}{2.6}\right)\left(\frac{(-0.30) - (+0.50)(-0.47)}{1 - (-0.47)^2}\right)$$

$$b_2 = (0.81)\left(\frac{(-0.30) - (-0.24)}{1 - 0.22}\right)$$

$$b_2 = (0.81)\left(\frac{-0.06}{0.78}\right)$$

$$b_2 = (0.81)(-0.08)$$

$$b_2 = -0.07$$

計算 Y 截距（Finding the Y Intercept）。現在已經確定兩個自變項的淨斜率，如此便能計算出 Y 截距（a）。請注意，a 是由依變項的平均值（符號為 $\bar{Y}$）與兩個自變項的平均值（$\bar{X}_1$ 與 $\bar{X}_2$）計算出來。

375

公式 13.6　　　$a = \bar{Y} - b_1\bar{X}_1 - b_2\bar{X}_2$

將範例的數值代入，我們將得到：

$$a = \bar{Y} - b_1\bar{X}_1 - b_2\bar{X}_2$$

$$a = 3.3 - (0.64)(2.7) - (-0.07)(13.7)$$

$$a = 3.3 - 1.7 - (-1.0)$$

$$a = 2.6$$

利用最小平方多元迴歸線預測 Y'（Predicting Y' with the Least-Squares Multiple Regression Line）。以我們的例子來說，完整的最小平方法多元迴歸方程式為：

$$Y = a + b_1X_1 + b_2X_2$$

$$Y = 2.6 + (0.64)X_1 + (-0.07)X_2$$

如同雙變項迴歸線的情況一樣，在自變項的分數已知的狀況下，這個公式可以被

用來預測 Y 變項的分數。例如，對於一個育有四個小孩的家庭（$X_1=4$），丈夫完成了 11 年的學校教育（$X_2=11$），那麼我們對於丈夫的家務勞動（Y'）的預測為何？將這些數值代入最小平方方程式中，我們將得到：

$$Y' = 2.6 + (0.64)(4) + (-0.07)(11)$$
$$Y' = 2.6 + 2.6 - 0.8$$
$$Y' = 4.4$$

一次一步驟	計算淨斜率

下方這些計算程序適用於兩個自變項與一個依變項的情境，更複雜的情境則使用統計軟體來計算，如 SPSS 統計軟體。

步驟　操作

利用公式 13.4 計算第一個自變項的淨斜率：

1. 　將 s_y 除以 s_1。
2. 　r_{y2} 乘以 Y_{12}。
3. 　r_{y1} 減去步驟 2 求得的數值。
4. 　平方 r_{12} 之值。
5. 　1 減去步驟 4 求得的數值（r_{12}^2）。
6. 　將步驟 3 求得的數值除以步驟 5 求得的數值。
7. 　將步驟 6 求得的數值乘以步驟 1 求得的數值。此值即為第一個自變項的淨斜率。

利用公式 13.5 計算第二個自變項的淨斜率：

1. 　將 s_y 除以 s_2。
2. 　r_{y1} 乘以 r_{12}。
3. 　r_{y2} 減去步驟 2 求得的數值。
4. 　平方 r_{12} 之值。
5. 　1 減去步驟 4 求得的數值（r_{12}^2）。
6. 　將步驟 3 求得的數值除以步驟 5 求得的數值。
7. 　將步驟 6 求得的數值乘以步驟 1 求得的數值。此值即為第二個自變項的淨斜率。

解釋淨斜率

淨斜率的值是指，在控制其他自變項的影響之下，自變項每增加一個單位，Y 值的變化。

一次一步驟　　**計算 Y 截距**

| 步驟 | 操作 |

使用公式 13.6 計算 Y 截距：

1. $\bar{X}_1$ 乘以 b_1。
2. $\bar{X}_2$ 乘以 b_2。
3. 加總步驟 1 與步驟 2 求得的數值。
4. 以 Y 平均值減去步驟 3 求得的數值。此即為 Y 截距。

　　我們預期這位丈夫每週貢獻 4.4 小時的家務勞動。當然，這種預測是一種「有根據的猜測」，不可能完全準確。然而，我們使用最小平方法迴歸線（且因此包含自變項的訊息）預測造成的錯誤將比其他任何預測方法少（當然這假定自變項與依變項之間存在線性關聯）。（本章後面的所有習題都提供計算未標準化斜率、Y 截距、與預測 Y 分數的練習機會。前面三個習題強調手算，其他的習題則要求使用 SPSS 統計軟體。）

376

一次一步驟　　**使用多元迴歸線預測 Y 值**

| 步驟 | 操作 |

1. 選擇一個 X_1 值，並將該值乘以 b_1。
2. 選擇一個 X_2 值，並將該值乘以 b_2。
3. 將步驟 1 與步驟 2 求得的值與 Y 截距 a 相加。此結果即為對 Y 的預測值。

多元迴歸：評估自變項的效果

　　最小平方法多元迴歸方程式（公式 13.3）使用於拆解自變項的個別影響，以及預測依變項的分數。然而，在很多情境下使用這個公式來判斷各種自變項的相對重要性會很為難——特別是當自變項的測量單位不同時（例如，子女數與受教育年數）。當測量單位不同時，比較淨斜率不必然能夠告訴我們哪一自變項的影響效果最強、因而最重要。比較測量單位不同的變項淨斜率，有點像拿蘋果來跟橘子比較。

　　我們可透過將方程式中的所有變項轉換為具相同尺度，從而消除因測量單位不同造成的淨斜率的差異，來讓比較自變項影響效果變得更容易。例如，我們可將所有變項分數轉換為標準化分數，來使所有的分布標準化，如此每個分數的分布將具有平均值為 0、標準差為 1 的特性（見第 5 章），此時比較自變項之間的重要性將更有意義。

計算標準化迴歸係數

將變項標準化為常態曲線，實際上能讓我們將所有分數轉換為等效的 Z 分數，然後重新計算斜率與 Y 截距，但這是龐大的工程，幸運的是有捷徑可以直接計算標準化分數的斜率。這些**標準化淨斜率（standardized partial slopes）**，稱為 **beta-weights**，以符號 b^* 表示。

Beta-Weights。Beta-weights 表示在控制其他自變項的效果後，自變項每改變一個標準化分數，Y 標準化分數的變化量。

公式與計算 Beta-Weights（Formulas and Computation for Beta-Weights）。當有兩個自變項，其 beta-weight 的計算如公式 13.7 與公式 13.8 所示：

公式 13.7 $\qquad b_1^* = b_1 \left(\dfrac{s_1}{s_y} \right)$

公式 13.8 $\qquad b_2^* = b_2 \left(\dfrac{s_2}{s_y} \right)$

我們現在可以計算先前範例的 beta-weights，以便看看兩個自變項中哪一個對依變項的影響效果較強。對子女數（X_1）這個自變項來說：

$$b_1^* = b_1 \left(\frac{s_1}{s_y} \right)$$
$$b_1^* = (0.64)\left(\frac{1.5}{2.1} \right)$$
$$b_1^* = (0.64)(0.71)$$
$$b_1^* = 0.45$$

對丈夫教育（X_2）這自變項而言：

$$b_2^* = b_2 \left(\frac{s_2}{s_y} \right)$$
$$b_2^* = (-0.07)\left(\frac{2.6}{2.1} \right)$$
$$b_2^* = (-0.07)(1.24)$$
$$b_2^* = -0.09$$

透過比較 beta-weights，我們可以看到子女數（X_1）比丈夫教育（X_2）對丈夫家務勞動（Y）有更大的影響。此外，第一個自變項的淨效果（在控制丈夫的教育程度之後）是正向的，第二個自變項的淨效果是負向的。

標準化最小平方法迴歸線（The Standardized Least-Squares Regression Line）。使用標準化分數得到的最小平方法迴歸方程式可以寫成：

公式 13.9 $\qquad Z_y = a_z + b_1^* Z_1 + b_2^* Z_2$

其中，Z 表示所有分數都已經標準化為常態曲線

一次一步驟	**計算** Beta-Weights（b^*）

這些程序適用於具兩個自變項與一個依變項的情境。對於更複雜的情境，可以使用像 SPSS 這種統計套裝軟體來進行計算。

步驟　操作

利用公式 13.7 計算第一個自變項的 beta-weight：

1.　s_1 除以 s_y。

2.　將步驟 1 求得的數值乘以第一個自變項的淨斜率（b_1）。此數值即為第一個自變項的 *beta-weight*。

利用公式 13.8 計算第二個自變項的 *beta-weight*：

1.　s_2 除以 s_y。

2.　將步驟 1 求得的數值乘以第二個自變項的淨斜率（b_2）。此數值即為第二個自變項的 *beta-weight*。

一次一步驟	**解釋** Beta-Weights（b^*）

Beta-weights（或標準化淨斜率）是指在所有的變項都被標準化後（或轉換為 Z 分數），其他自變項被控制的情境下，自變項的值每增加一個單位，Y 值增加的幅度。

標準化迴歸方程式可以透過排除 Y 截距加以簡化，這是因為當分數被標準化時，Y 截距永遠等於 0。這個值是迴歸線與 Y 軸的交叉點，是所有自變項皆為 0 時 Y 的平均值。將公式 13.6 中的所有自變項以 0 代入，就可以看出這種關係。

$$a = \bar{Y} - b_1\bar{X}_1 - b_2\bar{X}_2$$
$$a = \bar{Y} - b_1(0) - b_2(0)$$
$$a = \bar{Y}$$

因為任何分數的標準化分布的平均數為 0，所以標準化的 Y 值平均數為 0，於是 Y 截距也將是 0（$a=\bar{Y}=0$）。因此，公式 13.9 可以簡化為：

公式 13.10　　$Z_y = b_1^* Z_1 + b_2^* Z_2$

以我們的範例來說，以 beta-weights 表示的標準化迴歸方程式為：

$$Z_y = (0.45)Z_1 + (-0.09)Z_2$$

很明顯地，第一個自變項對 Y 的直接影響比第二個自變項要強許多。

正如我們所看到的，多元迴歸分析允許研究者概述兩個或更多自變項與依變項的關係。未標準化迴歸方程式（公式 13.2）允許從自變項的原始單位來預測 Y 值。標準化迴歸方程式（公式 13.10）允許研究者輕鬆地藉由比較 beta-weights 來衡量各種自變項的相對重要性。（所有本章最後的習題都提供計算與解釋 beta-weights 的練習機會。）

多元相關

我們使用多元迴歸方程式來拆解每個自變項對依變項各自的直接效果。利用**多元相關**（multiple correlation）技術，我們還可以判斷所有自變項對依變項的綜合效果，這是透過計算**多元相關係數**（multiple correlation coefficient, **R**）與**多元決定係數**（coefficient of multiple determination, **R²**）來達到這個目標，後者指出所有自變項共同解釋 Y 變異量的比例。

我們看到子女數（X_1）解釋 25% 的 Y 變異量〔$r_{y1}^2 = (0.50)^2 = 0.25$ 乘以 100，即為 25%〕；丈夫教育解釋 Y 變異的 9%〔$r_{y2}^2 = (-0.30)^2 = 0.09$ 乘以 100，即為 9%〕。我們不能透過簡單加總這兩個零階相關來得知它們對 Y 的綜合影響，因為這兩個自變項本身也是相互關聯的，因此它們對 Y 的影響會有所「重疊」，共同解釋一些相同的變異。公式 13.11 消除了重疊的部分：

公式 13.11 $R^2 = r_{y1}^2 + r_{y2.1}^2 (1 - r_{y1}^2)$

其中， $R^2 =$ 多元決定係數。

         $r_{y1}^2 = Y$ 與 X_1 之間零階相關的平方值。

         $r_{y2.1}^2 =$ 當控制 X_1 下，Y 與 X_2 的淨相關的平方值。

公式中的第一項（r_{y1}^2）是 X_1 對 Y 的決定係數，或 X_1 解釋 Y 變異的量。在這個量上，我們再加上控制 X_1 變項的影響之後，Y 剩餘的變異〔由 $(1 - r_{y1}^2)$ 可得〕中可由 X_2 解釋的量（$r_{y2.1}^2$）。基本上，公式 13.11 允許 X_1 盡可能解釋 Y，然後在 X_1 被控制後加上 X_2 的影響（從而消除 X_1 與 X_2 共同解釋 Y 變異的「重疊」部分）。

計算與解釋 R^2

為了觀察子女數（X_1）和丈夫教育程度（X_2）對丈夫家務勞動（Y）的綜合影響，我們需要先求得兩個值。其一是已知的 X_1 與 Y 之間的相關（$r_{y1} = 0.50$），此外在解公式 13.11 之前，我們還必須先計算出在控制 X_1 之下 Y 與 X_2 的淨相關係數（$r_{y2.1}$），此值可以透過公式 13.1 求得，不過我們在這邊直接提出：$r_{y2.1} = -0.08$。

現在我們的範例可以依據公式 13.11 來計算：

380

一次一步驟	計算多元決定係數（R^2）

這些程序適用於具兩個自變項與一個依變項的情境。對於更複雜的情境，可以使用像 SPSS 這種統計套裝軟體來進行計算。

步驟　操作

利用公式 13.11 計算多元決定係數：

1. 求得 $r_{y2.1}$ 的淨相關係數。
2. 將步驟 1 求得的數值平方。
3. 將 r_{y1} 值平方。
4. 用 1 減去步驟 3 求得的數值。
5. 步驟 4 求得的數值乘以步驟 2 求得的數值。
6. 用步驟 3 求得的數值加上步驟 5 求得的數值。此值即為多元決定係數（R^2）。

一次一步驟	解釋

多元決定係數（R^2）是所有自變項共同解釋 Y 變異的總量。

$$R^2 = r_{y1}^2 + r_{y2.1}^2 (1 - r_{y1}^2)$$
$$R^2 = (0.50)^2 + (-0.08)^2(1 - 0.50^2)$$
$$R^2 = 0.25 + (0.006)(1 - 0.25)$$
$$R^2 = 0.25 + 0.005$$
$$R^2 = 0.255$$

第一個自變項（X_1）子女數本身解釋 25% 的 Y 變異[譯註1]。丈夫教育（X_2）只增加 0.5 百分點，總共解釋 25.5% 的變異。兩個自變項加起來，總共解釋了 Y 變項變異的 25.5%。（本章最後的習題都提供計算與解釋 R 與 R^2 的練習機會。前三個習題強調手算，其餘習題則要求使用 *SPSS*。）

使用 SPSS 執行迴歸分析

本章中，研究人員使用像 SPSS 這種統計套裝計算軟體，而不是透過手算來執行迴歸分析，理由是顯而易見的。這章的「使用 SPSS」，我們將使用 *States* 資料檔來進行迴歸分析，其中交通事故死亡率（*TradDths11*）為依變項，自變項是該州 65 歲以上人口百分比（*Older*）、與人口密度（*PopDense*）——即該州每平方英里的人口數。

381

譯註 1　更仔細地說，這裡所謂的「第一個自變項（X_1）子女數本身解釋 25% 的 Y 變異」包含兩個部分，一部分是 X_1 本身對 Y 變項的單獨解釋力（$r_{y1.2}^2(1 - r_{y2}^2) = (0.43)^2[1 - (-0.30)^2] = 0.1849 \times 0.91 = 0.168$）；另一部分是來自第一個自變項（$X_1$）與第二個自變項（$X_2$）共同對 Y 變項的解釋力（$0.25 - 0.168 = 0.082$）。

高齡人口較多的州是否有較高的交通事故死亡率？人口更稠密的州對駕駛人來說是否更危險？

開始吧：

1. 載入 *States* 資料檔。

2. 從主選單中，點擊 "Analyze, Regression" 與 "Linear"。

3. 在 "Linear Regression" 頁面，將 *TradDths11* 移至 "Dependent" 視窗，將 *Older* 與 *PopDense* 移至 "Independent" 視窗。

4. 點擊 **Statistics** 並勾選 "Descriptives" 後，點擊 "Continue" 回到 "Linear Regression" 頁面。

5. 點擊 "**OK**"，結果將傳送至輸出視窗中的幾個分離的方框，其中只有一些是我們想要的結果。

6. 在 "**Correlations**" 方框中找到零階相關。

7. 在 "Model Summary" 中找到 R（$R = 0.48$）與 R^2（$R^2 = 0.23$）。

8. 在 **Unstandardized Coefficients** 之下的 "Coefficients" 方框，陳列了 a 與 b。請看標示 **B** 的欄位，第一橫列是 a 值（$a = 0.03$），第二橫列與第三橫列是淨斜率 b（*Older* 的 $b = 0.03$，*PopDense* 的 $b = -0.01$）。

9. 在同一方框中，在 **Standardized Coefficients** 與 **Beta** 下可以找到 beta-weights（$b_1^* = 0.17$、$b_2^* = -0.48$）。

我們可以先從零階相關開始。交通事故死亡率與年齡（老年人的比例越高，交通事故死亡率越高）存在微弱程度的正向關係（$r = 0.09$），且與人口密度（較低密度的州有較高的交通事故死亡率）有中等強度的負向關係（$r = -0.45$）。

多元迴歸方程式可以預測各種自變項分數組合的 Y 值，方程式為：

$$TradDths11 = 0.83 + (0.03)Older + (-0.01)PopDense$$

這兩個自變項共同解釋了各州交通事故死亡率變異的 23%（$R^2=0.23$）。Beta-weights 顯示，年齡的淨影響是正向的，而人口密度的淨影響是負向的，人口密度的影響較大。交通事故死亡率傾向於隨著較老人口增加而增加、隨著人口密度越稠密而降低。後者反映了交通死亡率在西部人口密度較低的州較高。以 Beta-weights 表示的標準化多元迴歸方程式：

$$TradDths11 = (0.17)Older + (-0.48)PopDense$$

應用統計 13.2　多元迴歸與相關

五位最近剛離婚的男性被要求對他們單身生活的適應程度進行主觀性評估，評分範圍從 5（非常適應）到 1（非常不適應）。

適應程度是否與結婚時間長度（婚齡）有關？或與以年收入測量的社經地位有關？

個案	適應（Y）	婚齡（X_1）	收入（X_2）
A	5	5	$30,000
B	4	7	$45,000
C	4	10	$25,000
D	3	2	$27,000
E	1	15	$17,000
	$\bar{Y}=3.4$	$\bar{X}_1=7.8$	$\bar{X}_2=28,800$
	$s_y=1.4$	$s_1=4.5$	$s_2=9173.88$

三變項的零階相關為

	適應（Y）	婚齡（X_1）	收入（X_2）
調適（Y）	1.00	-0.62	0.62
婚齡（X_1）		1.00	-0.49
收入（X_2）			1.00

結果指出，自變項與依變項存在強烈程度的關係，但方向相反。適應程度隨著婚齡的增加而減少，但隨著收入的增加而增加。

在找到多元迴歸方程式之前，我們必須先求得淨斜率：

婚齡（X_1）：

$$b_1 = \left(\frac{s_y}{s_1}\right)\left(\frac{r_{y1} - r_{y2}r_{12}}{1 - r_{12}^2}\right)$$

$$b_1 = \left(\frac{1.4}{4.5}\right)\left(\frac{(-0.62) - (0.62)(-0.49)}{1 - (-0.49)^2}\right)$$

$$b_1 = (0.31)\left(\frac{(-0.62) - (-0.30)}{1 - (0.24)}\right)$$

$$b_1 = (0.31)\left(\frac{-0.32}{0.76}\right)$$

$$b_1 = (0.31)(-0.42)$$

$$b_1 = -0.13$$

收入（X_2）：

$$b_2 = \left(\frac{s_y}{s_2}\right)\left(\frac{r_{y2} - r_{y1}r_{12}}{1 - r_{12}^2}\right)$$

$$b_2 = \left(\frac{1.4}{9,173.88}\right)\left(\frac{(0.62) - (-0.62)(-0.49)}{1 - (-0.49)^2}\right)$$

$$b_2 = (0.00015)\left(\frac{(0.62) - (0.30)}{1 - 0.24}\right)$$

$$b_2 = (0.00015)\left(\frac{0.32}{0.76}\right)$$

$$b_2 = (0.00015)(0.42)$$

$$b_2 = 0.00006$$

Y 截距為：

$$a = \bar{Y} - b_1\bar{X}_2 - b_2\bar{X}_2$$

$$a = 3.4 - (-0.13)(7.8) - (0.00006)(28,800)$$

$$a = 3.4 - (-1.01) - (1.73)$$

$$a = 2.68$$

迴歸方程式為：

$$Y = a + b_1X_1 + b_2X_2$$

$$Y = 2.68 + (-0.13)X_1 + (0.00006)X_2$$

對於一位結婚 30 年（$X_1=30$）、收入 50,000 美元（$X_2=50,000$）的男性，我們可以預測他的適應程度為幾分？

$$Y' = 2.68 + (-0.13)(30) + (0.00006)(50,000)$$

$$Y' = 2.68 + (-3.9) + (3.0)$$

$$Y' = 1.78$$

為了評估這兩個自變項中哪一個對適應程度的影響較大，我們必須計算標準化淨斜率。

（延續前頁）

婚齡（X_1）：

$$b_1^* = b_1\left(\frac{s_1}{s_y}\right)$$
$$b_1^* = (-0.13)\left(\frac{4.5}{1.4}\right)$$
$$b_1^* = (-0.13)(3.21)$$
$$b_1^* = -0.42$$

收入（X_2）：

$$b_2^* = b_2\left(\frac{s_2}{s_y}\right)$$
$$b_2^* = (0.00006)\left(\frac{9,173.88}{1.4}\right)$$
$$b_2^* = (0.00006)(6552.77)$$
$$b_2^* = 0.39$$

標準化迴歸方程式為：

$$Z_y = b_1^* Z_1 + b_2^* Z_2$$
$$Z_y = (-0.42)Z_1 + (0.39)Z_2$$

兩個自變項有幾乎相等的效果，但方向相反。

為了估計兩個自變項對適應的綜合效果，則必須計算多元決定係數：

$$R^2 = r_{y1}^2 + r_{y2.1}^2(1 - r_{y1}^2)$$
$$R^2 = (-0.62)^2 + (0.46)^2(1 - (-0.62)^2)$$
$$R^2 = 0.38 + 0.21(1 - 0.38)$$
$$R^2 = 0.38 + 0.21(0.62)$$
$$R^2 = 0.38 + 0.13$$
$$R^2 = 0.51$$

第一個自變項（婚齡）本身解釋了適應程度變異的 38%，[譯註2] 在這個量上，收入再額外解釋了適應變異的 13%。整個來說，這兩個變項總共解釋了適應程度變異的 51%。

日常生活 統計學

重新審視青少年懷孕的問題

在第 12 章中，我們利用 50 州的資料研究青少年生育率的相關因素（見表 12.5）。我們發現這與教育程度有很強的負向關係（$r = -0.78$），與貧窮有很強的正向關係（$r = 0.88$）。貧窮與教育程度對青少年生育率的綜合影響為何？

教育本身解釋各州青少年生育率變異的 61%，[譯註3] 而貧窮增加了 11%，兩者總共解釋 72% 的變異量（$R^2 = 0.72$）。

Beta-weights 顯示貧窮有正向的影響（在控制教育程度之後），教育有負向的影響（在控制貧窮之後）。貧窮（$b^* = 0.54$）比教育（$b^* = -0.37$）的影響更大。

關於這些結果必須注意兩個地方。首先，對社會科學研究來說，這種高度相關並不尋常，「弱至中度」範圍的關聯要常見許多，這一部分原因是源自於測量的不精確。

第二，在這些結果的基礎上，我們容易得到這樣的結論：貧窮、教育程度較低的青少女最容易懷孕。但請你一定要記住，雖然這個結論看起來合乎邏輯，但這些資料的分析單位是州，而不是個人，因此這些結果僅能顯示，貧窮程度較高、教育程度較低的州往往有較高的青少年生育率。我們需要更多資訊才有辦法對懷孕青少年的特徵提出堅定的結論。

譯註 2　這裡「第一個自變項（婚齡）本身解釋了適應程度變異的 38%」包含婚齡（X_1）本身對適應（Y）的單獨解釋力（$r_{y1.2}^2(1 - r_{y2}^2) = (-0.46)^2[1 - (0.62)^2] = 0.212 \times 0.616 = 0.13$）；以及來自第一個自變項（$X_1$）與第二個自變項（$X_2$）對 Y 變項解釋力重疊的部分（$0.38 - 0.13 = 0.25$）。

譯註 3　此處解釋生育率變異的 61%，應包含教育本身對各州青少年生育率的單獨解釋力，以及教育與貧窮二個變項對依變項共同解釋的部分。

多元迴歸與多元相關的限制

多元迴歸與多元相關是分析三個或更多變項之間相互關係的有力工具。本章介紹 384 的技術允許研究者以兩個或更多變項去預測另一個變項的分數，並根據它們對依變項直接影響的重要性來鑑別自變項，並弄清楚一組自變項對依變項的綜合影響。就技術的彈性和它們所能提供的資訊量而言，多元迴歸與多元相關是社會科學研究者能利用的強大統計技術。

強大的工具並不便宜（需付出代價）。它們需要高品質的資料與等距－比率層次的測量，但這在社會科學研究中並不容易實現。此外，這些技術假定變項之間的相互關係遵循特定的模式。首先，它們假定每一自變項與依變項間具有線性關係，透過散布圖可以快速檢查一組特定變項多大程度滿足此一假定。

第二，這些技術假定變項之間沒有互動關係。如果這些變項之間有互動關係，那麼便無法僅簡單的透過加總自變項的影響來準確估計或預測依變項。有一些技術可以處理方程式中變項之間的互動作用，但這些技術超出本書的範圍。

第三，多元迴歸與多元相關假定自變項彼此之間無關聯。嚴格來說，這個條件意味著所有的成對自變項之間的零階相關都應該為零；然而，實際上，如果自變項之間的相互關係很低，我們便認定這個假定被滿足了。

違反這些假定的情況下，迴歸係數（特別是淨斜率與標準化斜率）和多元決定係數（R^2）將變得越不可信，這些技術也越不實用。仔細檢查雙變項散布圖將有助於評估假定的符合程度。最後，我們應該注意，這邊我們僅涵蓋淨相關與多元迴歸的最簡單應用。就邏輯與解釋而言，擴展至包含更多變項的情境是相對簡單的。然而，這些情況的計算極其複雜，如果你需要處理涉及三個以上的變項，你可以運用大學校園中常見的統計套裝軟體（如 SPSS 或 SAS）來計算。這些程式僅需要最低限度的電腦知識，且能在一瞬間處理複雜的計算。有效的使用這些套裝軟體可以讓你避開繁重的工作，並且能讓你進行各地社會科學家最喜歡做的事情：思考研究結果的意義，並延伸思考社會生活的本質。

日常生活
統計學

統計與棒球

棒球是統計成癮者的天堂。幾乎球場上發生的每一方面都有記錄，且有幾十年的資料可以分析。這些堆積如山的資訊除了能解決棒球迷之間的瑣碎爭論之外，這些資訊還能被用於其他目的嗎？

根據《魔球》（*Moneyball*）（2011 年拍成電影，由 Brad Pitt 主演）的作者 Michael Lewis 的說法，答案是肯定的！Lewis 講述的是 Billy Beane 的故事，做為 Oakland 棒球隊經理，他面臨的挑戰是必須用最小的預算組一支有競爭力的球隊。Beane 之所以能實踐這一件事，一部分原因是僱用了統計學家，進行一系列的迴歸分析，以勝負為依變項，並將所有可能想像的績效指標視為自變項。

Beane 與他的研究團隊能夠指出一些衡量球員效力的指標，這些指標與勝利有很強的關係（如高的 beta-weights），卻不受其他棒球高階管理者的重視。他利用這些標準選才並以相對較低的薪資聘用非常有效力的球員。在 Beane 的管理下，這支隊伍取得相當大的成功（儘管從未贏得世界大賽），且他大部分基於迴歸的系統已經成為經營棒球隊的基本做法，這種分析風格也已經被其他運動所採用。

資料來源：Lewis, Michael. 2004. *Moneyball*. New York: Norton.

成為具批判性的閱聽人：閱讀專業文獻

你不太可能在大眾媒體或日常對話中碰上多元迴歸。但多元迴歸分析在社會科學研究中被廣泛使用，你很可能不得不與專業研究文獻中使用這種技術——或它的許多變形之一——的文章打交道。這些文章乍看之下可能複雜的無可救藥，事實上這些文章是為其他專業人員所寫，並且假定讀者有高度的統計專業。

儘管如此，如果不拒絕這項挑戰的話，「一般人」可以遵循一些準則與尋找一些核心要素，來吸取這些文章的精髓。關鍵在於把注意力放在文字敘述，而非數字。也就是說，閱讀文章是為了瞭解作者對其結果的看法，而不是那些（或許是難以理解的）大量的數字與符號。統計分析的細節可能超出你的理解範圍，但你幾乎可以破解這些文字。

分析結果通常會以表格摘要的方式呈現未標準化與標準化的係數、R^2、以及其他資訊。下面提供一個摘要表格的例子：

自變項	R^2	Beta-Weights
X_1	0.17	0.47
X_2	0.23	0.32
X_3	0.27	0.16

這個表格指出，第一個自變項 X_1 與依變項間具有最強的直接關係，它本身可以解釋依變項變異的 17%（$R^2 = 0.17$）[譯註 4]。

譯註 4　同樣地，此處的 17% 包含 X_1 本身對 Y 的單獨解釋力，以及三個自變項共同解釋 Y 變異的部分。但因為缺乏原始資料，我們無法從原文書提供的資訊拆解 17%，判斷 X_1 對 Y 的獨自影響，但從 Beta-Weights 可以得知 X_1 與 Y 有最強的關係。

第二個自變項 X_2 多解釋了 6% 的變異量（X_2 加入方程式之後，$R^2 = 0.23$）。第三個自變項 X_3 再多解釋 4% 的變異量（X_3 加入方程式後，$R^2 = 0.27$）。

讓我們簡單地檢驗一份真實研究報告的例子。研究已經表明，媒體中的高暴力程度會增加公眾對犯罪受害的恐懼，但社會學家 Valerie Callanan 想檢驗幾種可能性：不同類型的媒體是否有不同的影響？媒體暴力是否以不同的方式影響不同的社區？

基於加州居民的大規模隨機樣本，她的一些結果列於下述的表格，為了節省空間，其中一些自變項已經被刪除。

對犯罪的恐懼隨著教育增加而下降。消費媒體暴力節目（特別是實境節目）的

人更害怕，與犯罪受害者一樣。所有這些變項加起來，共解釋犯罪恐懼之變異量的 17%。

以恐懼犯罪為依變項的多元迴歸結果（$N=3174$）[+]

變項	Beta-Weights
教育	-0.17[***]
地區電視新聞	0.06[***]
犯罪劇	0.04
犯罪實境節目	0.12[**]
犯罪受害者	0.43[***]
$R^2 =$	0.17

$*p<0.05, **p<0.01, ***p<0.001.$
+ 表格採自原始文章的表 2。

要瞭解更多資訊，請參考下面的資料。

資料來源：Callanan, Valerie. 2012. "Media Consumption, Perceptions of Crime Risk and Fear of Crime: Examining Race/Ethnic Differences." *Sociological Perspectives* 55: 93-115.

重點整理

1. 在淨相關中，我們可以觀察雙變項關係在控制第三變項下所發生的變化，透過這種技術，我們可以偵測 X 與 Y 之間的直接、虛假或中介關係。

2. 我們可以透過多元迴歸方程式的淨斜率，以多個自變項的數值來預測依變項的數值，我們也能以標準化淨斜率（或稱 Beta-weights）來指出自變項的相對重要性。

3. 多元決定係數（R^2）顯示了所有自變項對依變項的綜合效果，亦即 Y 總變異被解釋的比例。

4. 淨相關、多元迴歸與相關是研究者可用的一些最有力的工具，其要求高品質的測量、變項之間的關係是線性且無互動性。此外，自變項之間的相關必須是低的（最佳是 0）。雖然這些限制的代價很高，但這些技術對於變項之間的相互關係，提供了精確與詳細的資訊，做為回報。

公式摘要

公式 13.1 淨相關係數： $r_{yx.z} = \dfrac{r_{yx} - (r_{yz})(r_{xz})}{\sqrt{1 - r_{yz}^2}\sqrt{1 - r_{xz}^2}}$

公式 13.2 最小平方迴歸線（雙變項）： $Y = a + bX$

公式 13.3 最小平方多元迴歸線： $Y = a + b_1X_1 + b_2X_2$

公式 13.4 X_1 的淨斜率： $b_1 = \left(\dfrac{s_y}{s_1}\right)\left(\dfrac{r_{y1} - r_{y2}r_{12}}{1 - r_{12}^2}\right)$

公式 13.5 X_2 的淨斜率： $b_2 = \left(\dfrac{s_y}{s_2}\right)\left(\dfrac{r_{y2} - r_{y1}r_{12}}{1 - r_{12}^2}\right)$

公式 13.6 Y 截距： $a = \bar{Y} - b_1\bar{X}_1 - b_2\bar{X}_2$

公式 13.7 X_1 的標準化淨斜率（beta-weight）： $b_1^* = b_1\left(\dfrac{s_1}{s_y}\right)$

公式 13.8 X_2 的標準化淨斜率（beta-weight）： $b_2^* = b_2\left(\dfrac{s_2}{s_y}\right)$

公式 13.9 標準化最小平方法迴歸線： $Z_y = a_z + b_1^*Z_1 + b_2^*Z_2$

公式 13.10 標準化最小平方法迴歸線（簡化）： $Z_y = b_1^*Z_1 + b_2^*Z_2$

公式 13.11 多元決定係數： $R^2 = r_{y1}^2 + r_{y2.1}^2(1 - r_{y1}^2)$

名詞彙總

Beta-weight（b^*）。見標準化淨斜率。

多元決定係數（Coefficient of multiple determination, R^2）。一種統計值，說明所有自變項共同解釋 Y 變項之總變異的比例。

控制變項（Control variable）。在多變項統計分析中，第三變項（Z）對雙變項關係的影響保持固定。

多元相關（Multiple correlation）。是一種多變項技術，用於檢驗一個以上的自變項對依變項的綜合影響。

多元相關係數（Multiple correlation coefficient, R）。是一種統計值，指出依變項與二個或更多自變項之間的相關強度。

多元迴歸（Multiple regression）。是一種多變項技術，可以拆解自變項對依變項的個別效果，可以使用於預測依變項。

淨相關（**Partial correlation**）。是一種多變項技術，可以在控制其他變項下檢驗雙變項的關係。

淨相關係數（**Partial correlation coefficient**）。是一種統計值，指出在控制其他變項下雙變項之間的關係，$r_{yx.z}$ 為在控制一個變項下淨相關係數的符號。

淨斜率（**Partial slope**）。在多元迴歸方程式中，當控制方程式中的所有其他自變項下，特定自變項與依變項關係的斜率。

標準化淨斜率（**Standardized partial slope, beta-weight**）。當所有數值都被標準化時，特定自變項與依變項關係之斜率。

零階相關（**Zero-order correlation**）。雙變項關係的相關係數。

習題

前三題練習在於讓你練習本章介紹的計算程序，因此其資料都小到有點不真實。大多數的習題都需透過 SPSS。

13.1　$\boxed{SOC}$ 習題 12.1 介紹了五個城市的選民投票率。為了方便，這裡再次提供三個變項的資料，以及描述性統計與零階相關。

城市	投票率	失業率	負面廣告 %
A	55	5	60
B	60	8	63
C	65	9	55
D	68	9	53
E	70	10	48
平均數	63.6	8.2	55.8
標準差	5.5	1.7	5.3

	失業率	負面廣告
投票率	0.95	−0.87
失業率		−0.70

a. 在控制負面廣告（Z）的影響下，計算投票率（Y）與失業率（X）關係的淨相關係數。這個控制變項對這兩個變項之關係的影響為何？投票率與失業率之間是直接關係嗎？（提示：使用公式 13.1）

b. 當控制失業率（Z）的影響下，計算投票率（Y）與負面廣告（X）之間關係的淨相關係數。這個變項對雙變項關係有什麼影響？投票率與負面廣告之間的關係是直接的嗎？（提示：你需要使用公式 13.1 的淨相關技術來計算多元相關係數）。

c. 求以失業率（X_1）與負面廣告率（X_2）為自變項的非標準化多元迴歸方程式。在一個失業率為 10%、負面廣告率為 75% 的城市，其預期的投票率為何？（提示：使用公式 13.4 與公式 13.5 來計算淨斜率，再使用公式 13.6 找到 Y 截距 a。迴歸線如同公式 13.3 的說明，將 10 代入 X_1，75 代入 X_2 計算 Y 的預測值）。

d. 計算每一自變項的 beta-weights。哪一個自變項對投票率的影響較強？（提示：使用公式 13.7 與 13.8 來計算 beta-weights）。

e. 計算多元決定係數（R^2）。兩個自變項加起來對選民投票率的總變異能解釋多少？（提示：使用公式 13.11。你已經在此題的 b 部分中計算 $r^2_{y2.1}$）。

f. 寫一段話來總結你的結論。

13.2 **PS** 習題 12.4 提供十個選區的資料，這裡再次提供這些資訊。

選區	民主黨百分比	少數群體百分比	選民投票百分比
A	33	9	36
B	78	15	60
C	62	18	64
D	50	10	56
E	45	12	55
F	56	8	52
G	85	20	25
H	25	0	42
I	13	5	89
J	33	9	88

以選民投票率為依變項，並回答以下問題。

a. 求多元迴歸方程式（未標準化）。

b. 如果有一個選區的民主黨百分比為 0%，少數群體百分比為 5%，預期的投票率將為何？

c. 計算每一自變項的 beta-weight 並比較它們對投票率的相對效果，哪一個是比較重要的因素？

d. 計算 R^2。

e. 寫一段話來總結你的結論。

13.3 **SW** 12 個家庭經轉介給一位諮商師，這位諮商師在衡量每個家庭之家庭凝聚力的量表上打分數，此外她也有關於家庭收入和目前住在家裡的子女數等資訊。請以家庭凝聚力為依變項。

家庭	凝聚力分數	收入	子女數
A	10	30,000	5
B	10	70,000	4
C	9	35,000	4
D	5	25,000	0
E	1	55,000	3
F	7	40,000	0
G	2	60,000	2
H	5	30,000	3
I	8	50,000	5
J	3	25,000	4
K	2	45,000	3
L	4	50,000	0

a. 求多元迴歸方程式（未標準化）。

b. 如果有一家庭收入為 20,000 元且育有 6 名子女，則其家庭凝聚力預期為何？

c. 計算每一自變項的 beta-weight 並比較它們對家庭凝聚力的相對效果，哪一個是比較重要的因素？

d. 計算 R^2。

e. 寫一段話來總結你的結論。

使用 SPSS 進行統計分析

13.4　**SOC** 載入 *GSS2012* 資料並分析上教堂（依變項或 *Y* 變項）與兩個自變項（年齡與子女數）之關係。你已經在習題 12.7 進行了一些分析。現在，我們將使用淨相關、多元迴歸與多元相關來進一步檢驗這些關係。

- 零階相關。

  - 點擊 **Analyze→Correlate→Bivariate**。

  - 在 "Variables:" 視窗中輸入 *attend, age* 與 *childs*。

  - 點擊 **OK**。

- 淨相關分析：*attend* 與 *age* 之間的關係是否受到 *childs* 的影響？

  - 點擊 **Analyze→Correlate→Partial**。

  - 在 "Variables:" 視窗中輸入 *attend, age* 以及在 "Controlling for:" 視窗中輸入 *childs*。

  - 點擊 **OK**。

- 淨相關分析：*attend* 與 *childs* 之間的關係是否受到 *age* 的影響？

  - 點擊 **Analyze→Correlate→Partial**。

- 在 "Variables:" 視窗中輸入 *attend, childs* 以及在 "Controlling for:" 視窗中輸入 *age*。
- 點擊 **OK**。
- 多元迴歸與相關：*childs* 與 *age* 對 *attend* 的影響效果為何？
  - 點擊 **Analyze→Regression→Linear**。
  - 在 "Dependent" 視窗中輸入 *attend*，以及在 "Independent" 視窗中輸入 *agem childs*。
  - 點擊 **Statistics** 並且勾選 "Descriptives"，點擊 **Continue** 以回到 "Linear Regression" 畫面。
  - 點擊 **OK**。

a. 用一段話來總結淨相關分析的結果，其中你需要報告所有關係的零階相關與淨相關的值。*attend* 與 *age* 之間的關係是直接的嗎？ *attend* 與 *childs* 的關係是如何呢？

b. 說明未標準化多元迴歸方程式。（提示：a 與 b 的值陳列在輸出的 "Coefficients" 方框中，在標示 B 的欄位下面。第一列的值是 a，第二列和第三列的值是淨斜率或 b。）

$$Y = \underline{\quad} + \underline{\quad} X_1 + \underline{\quad} X_2$$

c. 說明標準化多元迴歸方程式。每一關係的方向為何？哪一個自變項對 *attend* 的影響較強？（提示：beta-weights 置於 "Standardized Coefficients" 與 "Beta" 欄位之下的 "Coefficients" 方框中。）

$$Z_y = \underline{\quad} Z_1 + \underline{\quad} Z_2$$

d. 報告 R^2。兩個自變項加起來可以解釋 *attend* 總變異的多少百分比？這與每一自變項單獨解釋的變異量相比，有什麼不同？（提示：R^2 置於 "Model Summary" 的方框中，你可以從輸出視窗提供的 "Correlations" 所有相關係數資訊來計算 r^2。）

雙變項：	r	r^2
attend 與		
childs		
age		
多變項：	$R^2=$	

13.5 **SOC** 載入 *GSS2012* 資料，分析每週花在網路的時數（依變項或 *Y* 變項）與兩個自變項（年齡與受教育年數）之間的關係。我們將使用淨相關、多元迴歸與多元相關來檢驗這些關係。

- 淨相關分析：*wwwhr* 與 *age* 之間的關係是否受到 *educ* 的影響？
  - 首先取得零階相關：
    - 點擊 **Analyze→Correlate→Bivariate**。
    - 在 "Variables:" 視窗中輸入 *wwwhr, educ* 與 *age*。
  - 點擊 **Analyze→Correlate→Partial**。
  - 在 "Variables:" 視窗中輸入 *wwwhr, age*，以及在 "Controlling for:" 視窗中輸入 *educ*。
  - 點擊 **OK**。
- 多元迴歸與相關：*educ* 與 *age* 對 *wwwhr* 的影響效果為何？
  - 點擊 **Analyze→Regression→Linear**。
  - 在 "Dependent" 視窗中輸入 *wwwhr*，以及在 "Independent" 視窗中輸入 *age, educ*。
  - 點擊 **Statistics** 並 且 勾 選 "Descriptives"，點 擊 **Continue** 以 回 到 "Linear Regression" 畫面。
  - 點擊 **OK**。

a. 用一段話來總結淨相關分析的結果，其中你需要報告所有關係的零階相關與淨相關的值。*wwwhr* 與 *age* 之間的關係是直接的嗎？

b. 說明未標準化多元迴歸方程式。（提示：a 與 b 的值陳列在輸出的 "Coefficients" 方框中，在標示 B 的欄位下面。第一列的值是 a，第二列和第三列的值是淨斜率或 b。）

$$Y = \underline{\quad} + \underline{\quad} X_1 + \underline{\quad} X_2$$

c. 說明標準化多元迴歸方程式。每一關係的方向為何？哪一個自變項對 *wwwhr* 的影響較強？（提示：beta-weights 置於 "Standardized Coefficients" 與 "Beta" 欄位之下的 "Coefficients" 方框中。）

$$Z_y = \underline{\quad} Z_1 + \underline{\quad} Z_2$$

d. 報告 R^2。兩個自變項加起來可以解釋 *wwwhr* 總變異的多少百分比？這與每一自變項單獨解釋的變異量相比，有什麼不同？（提示：R^2 置於 "Model Summary" 的方框中，你可以從輸出視窗提供的 "Correlations" 所有相關係數資訊來計算 r^2。）

雙變項：	r	r^2
wwwhr 與		
childs		
age		
多變項：	$R^2=$	

13.6　$\boxed{\textit{SOC/CJ}}$　分析各州兇殺率的資料（*Hom12*）。自變項是人口密度（*Popdense*）和失業率（*Unemployment*）。

- 點擊 **Analyze→Regression→Linear** 。
- 在 "Dependent" 視窗中輸入 *Hom12*，以及在 "Independent" 視窗中輸入 *Popdense, Unemployment* 。
- 點擊 **Statistics** 並且勾選 "Descriptives"，點擊 **Continue** 以回到 "Linear Regression" 畫面。
- 點擊 **OK** 。

a. 說明未標準化多元迴歸方程式。（提示：a 與 b 的值陳列在輸出的 "Coefficients" 方框中，在標示 B 的欄位下面。第一列的值是 a，第二列和第三列的值是淨斜率或 b。）

$$Y = \underline{\quad} + \underline{\quad} X_1 + \underline{\quad} X_2$$

b. 說明標準化多元迴歸方程式。每一關係的方向為何？哪一個自變項對 *Hom12* 的影響較強？（提示：beta-weights 置於 "Standardized Coefficients" 與 "Beta" 欄位之下的 "Coefficients" 方框中。）

$$Z_y = \underline{\quad} Z_1 + \underline{\quad} Z_2$$

c. 報告 R^2。兩個自變項加起來可以解釋 *Hom12* 總變異的多少百分比？這與每一自變項單獨解釋的變異量相比，有什麼不同？（提示：R^2 置於 "Model Summary" 的方框中，你可以從輸出視窗提供的 "Correlations" 所有相關係數資訊來計算 r^2。）

雙變項：	r	r^2
Hom12 與		
Popdense		
Unemployment		
多變項：	$R^2=$	

13.7　$\boxed{\textit{SOC/CJ}}$　使用各國資料來分析汽車竊盜率（*Carthft12*）。自變項是人口密度（*Popdense*）與失業率（*Unemployment*）。

- 點擊 **Analyze→Regression→Linear** 。

- 在 "Dependent" 視窗中輸入 *Carthft12*，以及在 "Independent" 視窗中輸入 *Popdense*, *Unemployment*。
- 點擊 **Statistics** 並且勾選 "Descriptives"，點擊 **Continue** 以回到 "Linear Regression" 畫面。
- 點擊 **OK**。

a. 說明未標準化多元迴歸方程式。（提示：a 與 b 的值陳列在輸出的 "Coefficients" 方框中，在標示 B 的欄位下面。第一列的值是 a，第二列和第三列的值是斜率或 b。）

$$Y = \underline{\quad} + \underline{\quad} X_1 + \underline{\quad} X_2$$

b. 說明標準化多元迴歸方程式。每一關係的方向為何？哪一個自變項對 *Carthft12* 的影響較強？（提示：beta-weights 置於 "Coefficients" 方框中，在 "Beta" 下的 "Standardized Coefficients" 欄位。）

$$Z_y = \underline{\quad} Z_1 + \underline{\quad} Z_2$$

c. 報告 R^2。兩個自變項加起來可以解釋 *Carthft12* 總變異的多少百分比？這與每一自變項單獨解釋的變異量相比，有什麼不同？（提示：R^2 置於 "Model Summary" 的方框中，你可以從輸出視窗提供的 "Correlations" 所有相關係數資訊來計算 r^2。）

雙變項：	r	r^2
Carthft12 與		
Popdense		
Unemployment		
多變項：		$R^2=$

13.8 SOC 在習題 12.8 中，你已用 *States* 這個資料分析了區域（南方／非南方）、教育（具有大學學位的人口百分比）、和嬰兒死亡率間的雙變項關係。現在，請你以教育與區域為自變項，討論它們對嬰兒死亡率的綜合影響。

- 點擊 **Analyze→Regression→Linear**。
- 在 "Dependent" 視窗中輸入 *InfantMort*，以及在 "Independent" 視窗中輸入 *College*、*SthDUMMY*。
- 點擊 **Statistics** 並且勾選 "Descriptives"，點擊 **Continue** 以回到 "Linear Regression" 畫面。
- 點擊 **OK**。

a. 說明未標準化多元迴歸方程式。

$$Y = \underline{\quad} + \underline{\quad} X_1 + \underline{\quad} X_2$$

b. 說明標準化多元迴歸方程式。每一關係的方向為何？哪一個自變項對 *InfantMort* 的影響較強？

$$Z_y = \underline{\quad} Z_1 + \underline{\quad} Z_2$$

c. 報告 R^2。兩個自變項加起來可以解釋 *InfantMort* 總變異的多少百分比？這與每一自變項單獨解釋的變異量相比，有什麼不同？（提示：R^2 置於 "Model Summary" 的方框中，你可以從輸出視窗提供的 "Correlations" 所有相關係數資訊來計算 r^2。）

雙變項：	r	r^2
InfantMort 與		
College		
SthDUMMY		
多變項：	$R^2 =$	

13.9　$\boxed{SOC}$ 在習題 12.11 中，你已使用 *Intl-Pop* 資料分析手機使用、富裕程度（人均國民總收入）、與都市化之間的雙變項關係。現在，請你以富裕程度與都市化視為自變項，討論它們對手機使用的綜合影響。

• 點擊 **Analyze→Regression→Linear** 。

• 在 "Dependent" 視窗中輸入 *CellPhones*，以及在 "Independent" 視窗中輸入 *GNIcap*、*Urban* 。

• 點擊 **Statistics** 並且勾選 "Descriptives"，點擊 **Continue** 以回到 "Linear Regression" 畫面。

• 點擊 **OK** 。

a. 說明未標準化多元迴歸方程式。

$$Y = \underline{\quad} + \underline{\quad} X_1 + \underline{\quad} X_2$$

b. 說明標準化多元迴歸方程式。每一關係的方向為何？哪一個自變項對 *CellPhones* 的影響較強？

$$Z_y = \underline{\quad} Z_1 + \underline{\quad} Z_2$$

c. 報告 R^2。兩個自變項加起來可以解釋 *CellPhones* 總變異的多少百分比？這與每一自變項單獨解釋的變異量相比，有什麼不同？

雙變項：	r	r^2
CellPhones 與		
GNIcap		
Urban		
多變項：	$R^2=$	

13.10 **PS** 使用 *Intl-Pop* 資料分析政治與公民權利（*Rights*）。以富裕程度與收入不平等為自變項，並觀察它們對 *Rights* 的綜合影響。

注意：較低的 "*Rights*" 分數表示更大的自由。

- 點擊 **Analyze→Regression→Linear** 。
- 在 "Dependent" 視窗中輸入 *Rights*，以及在 "Independent" 視窗中輸入 *GNIcap*, *IncomeIneq* 。
- 點擊 **Statistics** 並且勾選 "Descriptives"，點擊 **Continue** 以回到 "Linear Regression" 畫面。
- 點擊 **OK** 。

a. 說明未標準化多元迴歸方程式。

$$Y = \underline{\quad} + \underline{\quad} X_1 + \underline{\quad} X_2$$

b. 說明標準化多元迴歸方程式。每一關係的方向為何？哪一個自變項對 *Rights* 的影響較強？

$$Z_y = \underline{\quad} Z_1 + \underline{\quad} Z_2$$

c. 報告 R^2。兩個自變項加起來可以解釋 *Rights* 總變異的多少百分比？這與每一自變項單獨解釋的變異量相比，有什麼不同？

雙變項：	r	r^2
Rights 與		
GNIcap		
IncomeIneq		
多變項：	$R^2=$	

13.11 **SOC/PS** 在習題 12.13 中，你已分析 *States* 資料的選民投票率（*Voters*）、教育（*College*）、與富裕程度（*MdHHInc*）之間的關係。現在，請分析自變項對投票率的綜合影響。打開 *States* 資料的情況下：

- 點擊 **Analyze→Regression→Linear** 。
- 在 "Dependent" 視窗中輸入 *Voters*，以及在 "Independent" 視窗中輸入 *College*, *MdHHInc* 。

- 點擊 **Statistics** 並且勾選 "Descriptives"，點擊 **Continue** 以回到 "Linear Regression" 畫面。
- 點擊 **OK** 。

a. 說明未標準化多元迴歸方程式。

$$Y = \underline{\quad} + \underline{\quad} X_1 + \underline{\quad} X_2$$

b. 說明標準化多元迴歸方程式。每一關係的方向為何？哪一個自變項對 *Voters* 的影響較強？

$$Z_y = \underline{\quad} Z_1 + \underline{\quad} Z_2$$

c. 報告 R^2。兩個自變項加起來可以解釋 *Voters* 總變異的多少百分比？這與每一自變項單獨解釋的變異量相比，有什麼不同？

雙變項：	r	r^2
Voters 與		
College		
MdHHInc		
多變項：	$R^2 =$	

看電視與成功的多變項分析

下方兩項計畫是延續始於第 12 章的調查。你將使用 **Regression** 這個指令來分析自變項（包含虛擬變項，如果你曾使用任何虛擬變項的話）對第 12 章中的依變項的綜合影響。

計畫 1：誰會看電視？

　　這項計畫延續第 12 章的計畫 1。依變項是 *tvhours*，正如你所記得的，它測量受訪者每天看電視的時數。

步驟 1：選擇自變項

　　請從第 12 章選用的四個自變項中挑選二個。在其他條件相同的情況下，你可以挑選與 *tvhours* 關係最強的變項。請記得，自變項在測量層次上不能是名義變項，除非你將變項重新編碼為虛擬變項。你可以使用任何具有三個類別以上的等距－比率或順序層次變項。當你選好了你的變項，請列於下表中，並精確描述它們所測量的內容。

SPSS 變項名稱	這個變項測量的精確內容？

步驟 2：陳述假設

　　再次陳述你在第 12 章中提出的假設，並就兩個自變項的相對重要性提出一些觀點。你預期哪一個自變項會有較大的影響效果呢？為什麼？

SPSS 變項名稱	假設

步驟 3：執行迴歸程序

　　點擊 **Analyze→Regression→Linear**，並將 *tvhours* 置於 "Dependent" 方框，你所選的自變項置於 "Independent" 方框。點擊 **Statistics** 按鈕以勾選 **Descriptives** 後，點擊 **OK** 按鈕以取得結果。

步驟 4：記錄結果

　　將 "Coefficients" 方框中資訊填入下方的空格處，以總結你的分析結果。Y 截距（a）列於方框中的最上面一列，以 "constant" 標示。斜率（b）列在 "B" 欄位下的 "Unstandardized Coefficients" 欄。Beta-weights（b^*）則列於 "Beta" 下方的 "Standardized Coefficients"。

1. $a =$ _____

2. a. 你的第一個自變項的斜率（b_1）= _____

　 b. 你的第二個自變項的斜率（b_2）= _____

3. 寫出最小平方多元迴歸方程式（見公式 13.3）。

$$Y = \underline{\quad} + (\underline{\ \ })X_1 + (\underline{\ \ })X_2$$

4. a. 你的第一個自變項的 Beta-weight（b_1^*）= _____

　 b. 你的第二個自變項的 Beta-weight（b_2^*）= _____

5. 寫出標準化的最小平方多元迴歸線。

$$Z_y = (\underline{\ \ })Z_1 + (\underline{\ \ })Z_2$$

6. $R^2 =$ _____

步驟 5：分析與解釋結果

　　簡短總結你的分析結果。你的總結需要指出變項，並區分出自變項與依變項，還需要根據斜率、beta-weights 與總解釋變異（R^2）來報告關係的強度與方向。你的第一個自變項解釋多少變異？第二個自變項又多解釋了多少變異？

計畫 2：成功的相關因素是什麼？

在第 2 項計畫中，我們將繼續延續始於第 12 章對成功的相關因素調查。

步驟 1：選擇自變項

請從第 12 章選用的四個自變項中挑選二個。在其他條件相同的情況下，你可挑選與你選擇之依變項（*income06* 或 *rank*）關係最強的變項。請記得，自變項在測量層次上不能是名義變項，除非你將變項重新編碼為虛擬變項。你可以使用任何具有三個類別以上的等距－比率或順序層次變項。當你選好了你的變項，請列於下表中，並精確描述它們所測量的內容。

SPSS 名稱	這個變項測量的精確內容？

步驟 2：陳述假設

再次陳述你在第 12 章中提出的假設，並就兩個自變項的相對重要性提出一些觀點。你預期哪一個自變項會有較大的影響效果呢？為什麼？

步驟 3：執行迴歸程序

點擊 **Analyze→Regression→Linear**，並將你的依變項置於 "Dependent" 方框，你所選的自變項置於 "Independent" 方框。點擊 **Statistics** 按鈕以勾選 **Descriptives** 後，點擊 **OK** 按鈕以取得結果。

步驟 4：記錄結果

將 "Coefficients" 方框中資訊填入下方的空格處，以總結你的分析結果。Y 截距（a）列於方框中的最上面一列，以 "constant" 標示。斜率（b）列在 "B" 欄位下的 "Unstandardized Coefficients" 欄。Beta-weights（b^*）則列於 "Beta" 下方的 "Standardized Coefficients"。

1. $a =$ _____

2. a. 你的第一個自變項的斜率（b_1）= _____

   b. 你的第二個自變項的斜率（b_2）= _____

3. 寫出最小平方多元迴歸方程式（見公式 13.3）。

$$Y = \underline{\quad} + (\underline{\quad})X_1 + (\underline{\quad})X_2$$

4. a. 你的第一個自變項的 Beta-weight（b_1^*）= _____

   b. 你的第二個自變項的 Beta-weight（b_2^*）= _____

5. 寫出標準化的最小平方多元迴歸線。

$$Z_y = (\underline{\quad})Z_1 + (\underline{\quad})Z_2$$

6. $R^2 =$ _____

步驟 5：分析與解釋結果

簡短總結你的分析結果。你的總結需要指出變項，並區分出自變項與依變項，還需要根據斜率、beta-weights 與總解釋變異（R^2）來報告關係的強度與方向。你的第一個自變項解釋多少變異？第二個自變項又多解釋了多少變異？

附錄 A
常態曲線上的面積

直欄 (a) 列出從 0.00 到 4.00 的 Z 分數。這裡只有顯示正向分數，因為常態曲線 是對稱的，負向分數的面積和正向分數的面積會是完全一樣。直欄 (b) 列出介於 Z 分數和平均數之間佔總面積的百分比，展示於圖 A.1 中。直欄 (c) 列出超出 Z 分數之外的面積之百分比，展示於圖 A.2。

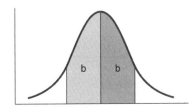

圖 A.1：平均數和 Z 之間的面積

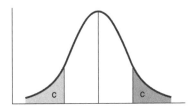

圖 A.2：超出 Z 分數之外的面積

(a) Z	(b) Area Between Mean and Z	(c) Area Beyond Z	(a) Z	(b) Area Between Mean and Z	(c) Area Beyond Z
0.00	0.0000	0.5000	0.21	0.0832	0.4168
0.01	0.0040	0.4960	0.22	0.0871	0.4129
0.02	0.0080	0.4920	0.23	0.0910	0.4090
0.03	0.0120	0.4880	0.24	0.0948	0.4052
0.04	0.0160	0.4840	0.25	0.0987	0.4013
0.05	0.0199	0.4801	0.26	0.1026	0.3974
0.06	0.0239	0.4761	0.27	0.1064	0.3936
0.07	0.0279	0.4721	0.28	0.1103	0.3897
0.08	0.0319	0.4681	0.29	0.1141	0.3859
0.09	0.0359	0.4641	0.30	0.1179	0.3821
0.10	0.0398	0.4602	0.31	0.1217	0.3783
0.11	0.0438	0.4562	0.32	0.1255	0.3745
0.12	0.0478	0.4522	0.33	0.1293	0.3707
0.13	0.0517	0.4483	0.34	0.1331	0.3669
0.14	0.0557	0.4443	0.35	0.1368	0.3632
0.15	0.0596	0.4404	0.36	0.1406	0.3594
0.16	0.0636	0.4364	0.37	0.1443	0.3557
0.17	0.0675	0.4325	0.38	0.1480	0.3520
0.18	0.0714	0.4286	0.39	0.1517	0.3483
0.19	0.0753	0.4247	0.40	0.1554	0.3446
0.20	0.0793	0.4207			

(a) Z	(b) Area Between Mean and Z	(c) Area Beyond Z	(a) Z	(b) Area Between Mean and Z	(c) Area Beyond Z
0.41	0.1591	0.3409	0.98	0.3365	0.1635
0.42	0.1628	0.3372	0.99	0.3389	0.1611
0.43	0.1664	0.3336	1.00	0.3413	0.1587
0.44	0.1700	0.3300	1.01	0.3438	0.1562
0.45	0.1736	0.3264	1.02	0.3461	0.1539
0.46	0.1772	0.3228	1.03	0.3485	0.1515
0.47	0.1808	0.3192	1.04	0.3508	0.1492
0.48	0.1844	0.3156	1.05	0.3531	0.1469
0.49	0.1879	0.3121	1.06	0.3554	0.1446
0.50	0.1915	0.3085	1.07	0.3577	0.1423
0.51	0.1950	0.3050	1.08	0.3599	0.1401
0.52	0.1985	0.3015	1.09	0.3621	0.1379
0.53	0.2019	0.2981	1.10	0.3643	0.1357
0.54	0.2054	0.2946	1.11	0.3665	0.1335
0.55	0.2088	0.2912	1.12	0.3686	0.1314
0.56	0.2123	0.2877	1.13	0.3708	0.1292
0.57	0.2157	0.2843	1.14	0.3729	0.1271
0.58	0.2190	0.2810	1.15	0.3749	0.1251
0.59	0.2224	0.2776	1.16	0.3770	0.1230
0.60	0.2257	0.2743	1.17	0.3790	0.1210
0.61	0.2291	0.2709	1.18	0.3810	0.1190
0.62	0.2324	0.2676	1.19	0.3830	0.1170
0.63	0.2357	0.2643	1.20	0.3849	0.1151
0.64	0.2389	0.2611	1.21	0.3869	0.1131
0.65	0.2422	0.2578	1.22	0.3888	0.1112
0.66	0.2454	0.2546	1.23	0.3907	0.1093
0.67	0.2486	0.2514	1.24	0.3925	0.1075
0.68	0.2517	0.2483	1.25	0.3944	0.1056
0.69	0.2549	0.2451	1.26	0.3962	0.1038
0.70	0.2580	0.2420	1.27	0.3980	0.1020
0.71	0.2611	0.2389	1.28	0.3997	0.1003
0.72	0.2642	0.2358	1.29	0.4015	0.0985
0.73	0.2673	0.2327	1.30	0.4032	0.0968
0.74	0.2703	0.2297	1.31	0.4049	0.0951
0.75	0.2734	0.2266	1.32	0.4066	0.0934
0.76	0.2764	0.2236	1.33	0.4082	0.0918
0.77	0.2794	0.2206	1.34	0.4099	0.0901
0.78	0.2823	0.2177	1.35	0.4115	0.0885
0.79	0.2852	0.2148	1.36	0.4131	0.0869
0.80	0.2881	0.2119	1.37	0.4147	0.0853
0.81	0.2910	0.2090	1.38	0.4162	0.0838
0.82	0.2939	0.2061	1.39	0.4177	0.0823
0.83	0.2967	0.2033	1.40	0.4192	0.0808
0.84	0.2995	0.2005	1.41	0.4207	0.0793
0.85	0.3023	0.1977	1.42	0.4222	0.0778
0.86	0.3051	0.1949	1.43	0.4236	0.0764
0.87	0.3078	0.1922	1.44	0.4251	0.0749
0.88	0.3106	0.1894	1.45	0.4265	0.0735
0.89	0.3133	0.1867	1.46	0.4279	0.0721
0.90	0.3159	0.1841	1.47	0.4292	0.0708
0.91	0.3186	0.1814	1.48	0.4306	0.0694
0.92	0.3212	0.1788	1.49	0.4319	0.0681
0.93	0.3238	0.1762	1.50	0.4332	0.0668
0.94	0.3264	0.1736	1.51	0.4345	0.0655
0.95	0.3289	0.1711	1.52	0.4357	0.0643
0.96	0.3315	0.1685	1.53	0.4370	0.0630
0.97	0.3340	0.1660	1.54	0.4382	0.0618

(a) Z	(b) Area Between Mean and Z	(c) Area Beyond Z	(a) Z	(b) Area Between Mean and Z	(c) Area Beyond Z
1.55	0.4394	0.0606	2.11	0.4826	0.0174
1.56	0.4406	0.0594	2.12	0.4830	0.0170
1.57	0.4418	0.0582	2.13	0.4834	0.0166
1.58	0.4429	0.0571	2.14	0.4838	0.0162
1.59	0.4441	0.0559	2.15	0.4842	0.0158
1.60	0.4452	0.0548	2.16	0.4846	0.0154
1.61	0.4463	0.0537	2.17	0.4850	0.0150
1.62	0.4474	0.0526	2.18	0.4854	0.0146
1.63	0.4484	0.0516	2.19	0.4857	0.0143
1.64	0.4495	0.0505	2.20	0.4861	0.0139
1.65	0.4505	0.0495	2.21	0.4864	0.0136
1.66	0.4515	0.0485	2.22	0.4868	0.0132
1.67	0.4525	0.0475	2.23	0.4871	0.0129
1.68	0.4535	0.0465	2.24	0.4875	0.0125
1.69	0.4545	0.0455	2.25	0.4878	0.0122
1.70	0.4554	0.0446	2.26	0.4881	0.0119
1.71	0.4564	0.0436	2.27	0.4884	0.0116
1.72	0.4573	0.0427	2.28	0.4887	0.0113
1.73	0.4582	0.0418	2.29	0.4890	0.0110
1.74	0.4591	0.0409	2.30	0.4893	0.0107
1.75	0.4599	0.0401	2.31	0.4896	0.0104
1.76	0.4608	0.0392	2.32	0.4898	0.0102
1.77	0.4616	0.0384	2.33	0.4901	0.0099
1.78	0.4625	0.0375	2.34	0.4904	0.0096
1.79	0.4633	0.0367	2.35	0.4906	0.0094
1.80	0.4641	0.0359	2.36	0.4909	0.0091
1.81	0.4649	0.0351	2.37	0.4911	0.0089
1.82	0.4656	0.0344	2.38	0.4913	0.0087
1.83	0.4664	0.0336	2.39	0.4916	0.0084
1.84	0.4671	0.0329	2.40	0.4918	0.0082
1.85	0.4678	0.0322	2.41	0.4920	0.0080
1.86	0.4686	0.0314	2.42	0.4922	0.0078
1.87	0.4693	0.0307	2.43	0.4925	0.0075
1.88	0.4699	0.0301	2.44	0.4927	0.0073
1.89	0.4706	0.0294	2.45	0.4929	0.0071
1.90	0.4713	0.0287	2.46	0.4931	0.0069
1.91	0.4719	0.0281	2.47	0.4932	0.0068
1.92	0.4726	0.0274	2.48	0.4934	0.0066
1.93	0.4732	0.0268	2.49	0.4936	0.0064
1.94	0.4738	0.0262	2.50	0.4938	0.0062
1.95	0.4744	0.0256	2.51	0.4940	0.0060
1.96	0.4750	0.0250	2.52	0.4941	0.0059
1.97	0.4756	0.0244	2.53	0.4943	0.0057
1.98	0.4761	0.0239	2.54	0.4945	0.0055
1.99	0.4767	0.0233	2.55	0.4946	0.0054
2.00	0.4772	0.0228	2.56	0.4948	0.0052
2.01	0.4778	0.0222	2.57	0.4949	0.0051
2.02	0.4783	0.0217	2.58	0.4951	0.0049
2.03	0.4788	0.0212	2.59	0.4952	0.0048
2.04	0.4793	0.0207	2.60	0.4953	0.0047
2.05	0.4798	0.0202	2.61	0.4955	0.0045
2.06	0.4803	0.0197	2.62	0.4956	0.0044
2.07	0.4808	0.0192	2.63	0.4957	0.0043
2.08	0.4812	0.0188	2.64	0.4959	0.0041
2.09	0.4817	0.0183	2.65	0.4960	0.0040
2.10	0.4821	0.0179	2.66	0.4961	0.0039

(a) Z	(b) Area Between Mean and Z	(c) Area Beyond Z	(a) Z	(b) Area Between Mean and Z	(c) Area Beyond Z
2.67	0.4962	0.0038	3.13	0.4991	0.0009
2.68	0.4963	0.0037	3.14	0.4992	0.0008
2.69	0.4964	0.0036	3.15	0.4992	0.0008
2.70	0.4965	0.0035	3.16	0.4992	0.0008
2.71	0.4966	0.0034	3.17	0.4992	0.0008
2.72	0.4967	0.0033	3.18	0.4993	0.0007
2.73	0.4968	0.0032	3.19	0.4993	0.0007
2.74	0.4969	0.0031	3.20	0.4993	0.0007
2.75	0.4970	0.0030	3.21	0.4993	0.0007
2.76	0.4971	0.0029	3.22	0.4994	0.0006
2.77	0.4972	0.0028	3.23	0.4994	0.0006
2.78	0.4973	0.0027	3.24	0.4994	0.0006
2.79	0.4974	0.0026	3.25	0.4994	0.0006
2.80	0.4974	0.0026	3.26	0.4994	0.0006
2.81	0.4975	0.0025	3.27	0.4995	0.0005
2.82	0.4976	0.0024	3.28	0.4995	0.0005
2.83	0.4977	0.0023	3.29	0.4995	0.0005
2.84	0.4977	0.0023	3.30	0.4995	0.0005
2.85	0.4978	0.0022	3.31	0.4995	0.0005
2.86	0.4979	0.0021	3.32	0.4995	0.0005
2.87	0.4979	0.0021	3.33	0.4996	0.0004
2.88	0.4980	0.0020	3.34	0.4996	0.0004
2.89	0.4981	0.0019	3.35	0.4996	0.0004
2.90	0.4981	0.0019	3.36	0.4996	0.0004
2.91	0.4982	0.0018	3.37	0.4996	0.0004
2.92	0.4982	0.0018	3.38	0.4996	0.0004
2.93	0.4983	0.0017	3.39	0.4997	0.0003
2.94	0.4984	0.0016	3.40	0.4997	0.0003
2.95	0.4984	0.0016	3.41	0.4997	0.0003
2.96	0.4985	0.0015	3.42	0.4997	0.0003
2.97	0.4985	0.0015	3.43	0.4997	0.0003
2.98	0.4986	0.0014	3.44	0.4997	0.0003
2.99	0.4986	0.0014	3.45	0.4997	0.0003
3.00	0.4986	0.0014	3.46	0.4997	0.0003
3.01	0.4987	0.0013	3.47	0.4997	0.0003
3.02	0.4987	0.0013	3.48	0.4997	0.0003
3.03	0.4988	0.0012	3.49	0.4998	0.0002
3.04	0.4988	0.0012	3.50	0.4998	0.0002
3.05	0.4989	0.0011	3.60	0.4998	0.0002
3.06	0.4989	0.0011	3.70	0.4999	0.0001
3.07	0.4989	0.0011	3.80	0.4999	0.0001
3.08	0.4990	0.0010	3.90	0.4999	<0.0001
3.09	0.4990	0.0010	4.00	0.4999	<0.0001
3.10	0.4990	0.0010			
3.11	0.4991	0.0009			
3.12	0.4991	0.0009			

t 的分布

使用此表找出，當樣本（*N*）很小之樣本平均數顯著性檢定的拒絕區（五步驟模型中的第 3 步驟）。首先，選定 *α* 水準以及單尾或雙尾檢定，接著找出自由度，以及對應的 *t* 分數，即會標示出拒絕區的起點。

自由度 (*df*)	單尾檢定的顯著水準					
	0.10	0.05	0.025	0.01	0.005	0.0005
	雙尾檢定的顯著水準					
	0.20	0.10	0.05	0.02	0.01	0.001
1	3.078	6.314	12.706	31.821	63.657	636.619
2	1.886	2.920	4.303	6.965	9.925	31.598
3	1.638	2.353	3.182	4.541	5.841	12.941
4	1.533	2.132	2.776	3.747	4.604	8.610
5	1.476	2.015	2.571	3.365	4.032	6.859
6	1.440	1.943	2.447	3.143	3.707	5.959
7	1.415	1.895	2.365	2.998	3.499	5.405
8	1.397	1.860	2.306	2.896	3.355	5.041
9	1.383	1.833	2.262	2.821	3.250	4.781
10	1.372	1.812	2.228	2.764	3.169	4.587
11	1.363	1.796	2.201	2.718	3.106	4.437
12	1.356	1.782	2.179	2.681	3.055	4.318
13	1.350	1.771	2.160	2.650	3.012	4.221
14	1.345	1.761	2.145	2.624	2.977	4.140
15	1.341	1.753	2.131	2.602	2.947	4.073
16	1.337	1.746	2.120	2.583	2.921	4.015
17	1.333	1.740	2.110	2.567	2.898	3.965
18	1.330	1.734	2.101	2.552	2.878	3.922
19	1.328	1.729	2.093	2.539	2.861	3.883
20	1.325	1.725	2.086	2.528	2.845	3.850
21	1.323	1.721	2.080	2.518	2.831	3.819
22	1.321	1.717	2.074	2.508	2.819	3.792
23	1.319	1.714	2.069	2.500	2.807	3.767
24	1.318	1.711	2.064	2.492	2.797	3.745
25	1.316	1.708	2.060	2.485	2.787	3.725
26	1.315	1.706	2.056	2.479	2.779	3.707
27	1.314	1.703	2.052	2.473	2.771	3.690
28	1.313	1.701	2.048	2.467	2.763	3.674
29	1.311	1.699	2.045	2.462	2.756	3.659
30	1.310	1.697	2.042	2.457	2.750	3.646
40	1.303	1.684	2.021	2.423	2.704	3.551
60	1.296	1.671	2.000	2.390	2.660	3.460
120	1.289	1.658	1.980	2.358	2.617	3.373
∞	1.282	1.645	1.960	2.326	2.576	3.291

資料來源：Fisher and Yates 的表 III：生物、農業與醫學研究的統計表格，Longman Group Ltd., London (1974) 出版，第六版（先前由 Oliver & Boyd Ltd., Edinburgh 出版）。

附錄 C
卡方的分布

　　　　使用此表找出卡方分布的顯著性檢定之拒絕區（五步驟模型中的第 3 步）。選定 α 水準並找到自由度，再找出對應的卡方分數，即會標示出拒絕區的起點。

df	0.99	0.98	0.95	0.90	0.80	0.70	0.50	0.30	0.20	0.10	0.05	0.02	0.01	0.001
1	0.000157	0.000628	0.00393	0.0158	0.0642	0.148	0.455	1.074	1.642	2.706	3.841	5.412	6.635	10.827
2	0.0201	0.0404	0.103	0.211	0.446	0.713	1.386	2.408	3.219	4.605	5.991	7.824	9.210	13.815
3	0.115	0.185	0.352	0.584	1.005	1.424	2.366	3.665	4.642	6.251	7.815	9.837	11.341	16.268
4	0.297	0.429	0.711	1.064	1.649	2.195	3.357	4.878	5.989	7.779	9.488	11.668	13.277	18.465
5	0.554	0.752	1.145	1.610	2.343	3.000	4.351	6.064	7.289	9.236	11.070	13.388	15.086	20.517
6	0.872	1.134	1.635	2.204	3.070	3.828	5.348	7.231	8.558	10.645	12.592	15.033	16.812	22.457
7	1.239	1.564	2.167	2.833	3.822	4.671	6.346	8.383	9.803	12.017	14.067	16.622	18.475	24.322
8	1.646	2.032	2.733	3.490	4.594	5.527	7.344	9.524	11.030	13.362	15.507	18.168	20.090	26.125
9	2.088	2.532	3.325	4.168	5.380	6.393	8.343	10.656	12.242	14.684	16.919	19.679	21.666	27.877
10	2.558	3.059	3.940	4.865	6.179	7.267	9.342	11.781	13.442	15.987	18.307	21.161	23.209	29.588
11	3.053	3.609	4.575	5.578	6.989	8.148	10.341	12.899	14.631	17.275	19.675	22.618	24.725	31.264
12	3.571	4.178	5.226	6.304	7.807	9.034	11.340	14.011	15.812	18.549	21.026	24.054	26.217	32.909
13	4.107	4.765	5.892	7.042	8.634	9.926	12.340	15.119	16.985	19.812	22.362	25.472	27.688	34.528
14	4.660	5.368	6.571	7.790	9.467	10.821	13.339	16.222	18.151	21.064	23.685	26.873	29.141	36.123
15	5.229	5.985	7.261	8.547	10.307	11.721	14.339	17.322	19.311	22.307	24.996	28.259	30.578	37.697
16	5.812	6.614	7.962	9.312	11.152	12.624	15.338	18.418	20.465	23.542	26.296	29.633	32.000	39.252
17	6.408	7.255	8.672	10.085	12.002	13.531	16.338	19.511	21.615	24.769	27.587	30.995	33.409	40.790
18	7.015	7.906	9.390	10.865	12.857	14.440	17.338	20.601	22.760	25.989	28.869	32.346	34.805	42.312
19	7.633	8.567	10.117	11.651	13.716	15.352	18.338	21.689	23.900	27.204	30.144	33.687	36.191	43.820
20	8.260	9.237	10.851	12.443	14.578	16.266	19.337	22.775	25.038	28.412	31.410	35.020	37.566	45.315
21	8.897	9.915	11.591	13.240	15.445	17.182	20.337	23.858	26.171	29.615	32.671	36.343	38.932	46.797
22	9.542	10.600	12.338	14.041	16.314	18.101	21.337	24.939	27.301	30.813	33.924	37.659	40.289	48.268
23	10.196	11.293	13.091	14.848	17.187	19.021	22.337	26.018	28.429	32.007	35.172	38.968	41.638	49.728
24	10.856	11.992	13.848	15.659	18.062	19.943	23.337	27.096	29.553	33.196	36.415	40.270	42.980	51.179
25	11.524	12.697	14.611	16.473	18.940	20.867	24.337	28.172	30.675	34.382	37.652	41.566	44.314	52.620
26	12.198	13.409	15.379	17.292	19.820	21.792	25.336	29.246	31.795	35.563	38.885	42.856	45.642	54.052
27	12.879	14.125	16.151	18.114	20.703	22.719	26.336	30.319	32.912	36.741	40.113	44.140	46.963	55.476
28	13.565	14.847	16.928	18.939	21.588	23.647	27.336	31.391	34.027	37.916	41.337	45.419	48.278	56.893
29	14.256	15.574	17.708	19.768	22.475	24.577	28.336	32.461	35.139	39.087	42.557	46.693	49.588	58.302
30	14.953	16.306	18.493	20.599	23.364	25.508	29.336	33.530	36.250	40.256	43.773	47.962	50.892	59.703

來源：Fisher and Yates 的表 IV：生物、農業與醫學研究的統計表格，Longman Group Ltd., London (1974) 出版，第六版（先前由 Oliver & Boyd Ltd., Edinburgh 出版）。重印獲得 Addison Wesley Longman Ltd. 之同意。

F 的分布

使用此表找出變異數分析檢定的拒絕區（五步驟模型中的第 3 步驟）。選定 0.05
或 0.01 的 α 水準並找到自由度，以及對應的 F 比值，即會標示出拒絕區的起點。

$p = 0.05$

$n_1 \rightarrow$ $n_2 \downarrow$	1	2	3	4	5	6	8	12	24	∞
1	161.4	199.5	215.7	224.6	230.2	234.0	238.9	243.9	249.0	254.3
2	18.51	19.00	19.16	19.25	19.30	19.33	19.37	19.41	19.45	19.50
3	10.13	9.55	9.28	9.12	9.01	8.94	8.84	8.74	8.64	8.53
4	7.71	6.94	6.59	6.39	6.26	6.16	6.04	5.91	5.77	5.63
5	6.61	5.79	5.41	5.19	5.05	4.95	4.82	4.68	4.53	4.36
6	5.99	5.14	4.76	4.53	4.39	4.28	4.15	4.00	3.84	3.67
7	5.59	4.74	4.35	4.12	3.97	3.87	3.73	3.57	3.41	3.23
8	5.32	4.46	4.07	3.84	3.69	3.58	3.44	3.28	3.12	2.93
9	5.12	4.26	3.86	3.63	3.48	3.37	3.23	3.07	2.90	2.71
10	4.96	4.10	3.71	3.48	3.33	3.22	3.07	2.91	2.74	2.54
11	4.84	3.98	3.59	3.36	3.20	3.09	2.95	2.79	2.61	2.40
12	4.75	3.88	3.49	3.26	3.11	3.00	2.85	2.69	2.50	2.30
13	4.67	3.80	3.41	3.18	3.02	2.92	2.77	2.60	2.42	2.21
14	4.60	3.74	3.34	3.11	2.96	2.85	2.70	2.53	2.35	2.13
15	4.54	3.68	3.29	3.06	2.90	2.79	2.64	2.48	2.29	2.07
16	4.49	3.63	3.24	3.01	2.85	2.74	2.59	2.42	2.24	2.01
17	4.45	3.59	3.20	2.96	2.81	2.70	2.55	2.38	2.19	1.96
18	4.41	3.55	3.16	2.93	2.77	2.66	2.51	2.34	2.15	1.92
19	4.38	3.52	3.13	2.90	2.74	2.63	2.48	2.31	2.11	1.88
20	4.35	3.49	3.10	2.87	2.71	2.60	2.45	2.28	2.08	1.84
21	4.32	3.47	3.07	2.84	2.68	2.57	2.42	2.25	2.05	1.81
22	4.30	3.44	3.05	2.82	2.66	2.55	2.40	2.23	2.03	1.78
23	4.28	3.42	3.03	2.80	2.64	2.53	2.38	2.20	2.00	1.76
24	4.26	3.40	3.01	2.78	2.62	2.51	2.36	2.18	1.98	1.73
25	4.24	3.38	2.99	2.76	2.60	2.49	2.34	2.16	1.96	1.71
26	4.22	3.37	2.98	2.74	2.59	2.47	2.32	2.15	1.95	1.69
27	4.21	3.35	2.96	2.73	2.57	2.46	2.30	2.13	1.93	1.67
28	4.20	3.34	2.95	2.71	2.56	2.44	2.29	2.12	1.91	1.65
29	4.18	3.33	2.93	2.70	2.54	2.43	2.28	2.10	1.90	1.64
30	4.17	3.32	2.92	2.69	2.53	2.42	2.27	2.09	1.89	1.62
40	4.08	3.23	2.84	2.61	2.45	2.34	2.18	2.00	1.79	1.51
60	4.00	3.15	2.76	2.52	2.37	2.25	2.10	1.92	1.70	1.39
120	3.92	3.07	2.68	2.45	2.29	2.17	2.02	1.83	1.61	1.25
∞	3.84	2.99	2.60	2.37	2.21	2.09	1.94	1.75	1.52	1.00

n_1 與 n_2 的數值分別代表組間和組內變異數估計值的自由度。

來源：Fisher and Yates 的表 V：生物、農業與醫學研究的統計表格，Longman Group Ltd., London (1974) 出版，第六版（先前由 Oliver & Boyd Ltd., Edinburgh 出版）。

$p = 0.01$

$n_1 \rightarrow$ $n_2 \downarrow$	1	2	3	4	5	6	8	12	24	∞
1	4052	4999	5403	5625	5764	5859	5981	6106	6234	6366
2	98.49	99.01	99.17	99.25	99.30	99.33	99.36	99.42	99.46	99.50
3	34.12	30.81	29.46	28.71	28.24	27.91	27.49	27.05	26.60	26.12
4	21.20	18.00	16.69	15.98	15.52	15.21	14.80	14.37	13.93	13.46
5	16.26	13.27	12.06	11.39	10.97	10.67	10.27	9.89	9.47	9.02
6	13.74	10.92	9.78	9.15	8.75	8.47	8.10	7.72	7.31	6.88
7	12.25	9.55	8.45	7.85	7.46	7.19	6.84	6.47	6.07	5.65
8	11.26	8.65	7.59	7.01	6.63	6.37	6.03	5.67	5.28	4.86
9	10.56	8.02	6.99	6.42	6.06	5.80	5.47	5.11	4.73	4.31
10	10.04	7.56	6.55	5.99	5.64	5.39	5.06	4.71	4.33	3.91
11	9.65	7.20	6.22	5.67	5.32	5.07	4.74	4.40	4.02	3.60
12	9.33	6.93	5.95	5.41	5.06	4.82	4.50	4.16	3.78	3.36
13	9.07	6.70	5.74	5.20	4.86	4.62	4.30	3.96	3.59	3.16
14	8.86	6.51	5.56	5.03	4.69	4.46	4.14	3.80	3.43	3.00
15	8.68	6.36	5.42	4.89	4.56	4.32	4.00	3.67	3.29	2.87
16	8.53	6.23	5.29	4.77	4.44	4.20	3.89	3.55	3.18	2.75
17	8.40	6.11	5.18	4.67	4.34	4.10	3.79	3.45	3.08	2.65
18	8.28	6.01	5.09	4.58	4.25	4.01	3.71	3.37	3.00	2.57
19	8.18	5.93	5.01	4.50	4.17	3.94	3.63	3.30	2.92	2.49
20	8.10	5.85	4.94	4.43	4.10	3.87	3.56	3.23	2.86	2.42
21	8.02	5.78	4.87	4.37	4.04	3.81	3.51	3.17	2.80	2.36
22	7.94	5.72	4.82	4.31	3.99	3.76	3.45	3.12	2.75	2.31
23	7.88	5.66	4.76	4.26	3.94	3.71	3.41	3.07	2.70	2.26
24	7.82	5.61	4.72	4.22	3.90	3.67	3.36	3.03	2.66	2.21
25	7.77	5.57	4.68	4.18	3.86	3.63	3.32	2.99	2.62	2.17
26	7.72	5.53	4.64	4.14	3.82	3.59	3.29	2.96	2.58	2.13
27	7.68	5.49	4.60	4.11	3.78	3.56	3.26	2.93	2.55	2.10
28	7.64	5.45	4.57	4.07	3.75	3.53	3.23	2.90	2.52	2.06
29	7.60	5.42	4.54	4.04	3.73	3.50	3.20	2.87	2.49	2.03
30	7.56	5.39	4.51	4.02	3.70	3.47	3.17	2.84	2.47	2.01
40	7.31	5.18	4.31	3.83	3.51	3.29	2.99	2.66	2.29	1.80
60	7.08	4.98	4.13	3.65	3.34	3.12	2.82	2.50	2.12	1.60
120	6.85	4.79	3.95	3.48	3.17	2.96	2.66	2.34	1.95	1.38
∞	6.64	4.60	3.78	3.32	3.02	2.80	2.51	2.18	1.79	1.00

使用統計值：研究計畫的思路

這個部分的附錄呈現四個研究計畫的概要，每一個計畫都需要使用 SPSS 來分析
本書中一再提及的 2012 一般社會調查（General Social Survey, GSS）資料庫。這些研
究計畫應該要在課程中的不同階段予以完成，每一個計畫的執行方式都有很大的空間
讓學生選擇。

第一個計畫強調描述，應該要在學到第 2 ～ 4 章之後完成。第二個涉及估計，應
該要和第 6 章一起完成。第三個計畫則使用推論統計，應該要在學到第二篇之後完
成。第四個計畫綜合推論統計和關聯性測量（也可以選擇使用多變量分析），應該在
學到第三和第四篇之後完成。

計畫一：描述統計

1. 從 2012 一般社會調查（General Social Survey, GSS）中選出五個你在先前各章
   練習時沒有用過的變項（注意：授課教師可能會指定不同數量的變數），使用
   Frequencies 指令以取得每個變項的次數分配與摘要統計值。在 **Frequencies** 指令內
   點擊 **Statistics** 按鈕以求得平均數、中位數、眾數、標準差，以及全距。將結果列
   印出來，或將螢幕上的相關資訊筆記下來。附錄 G 可查看 2012 GSS 中可用的變數
   清單。
2. 針對每一個變項，畫出長條圖或線條圖以摘要出分布的總體形狀。
3. 檢視次數分配以及統計圖，選擇合適的集中趨勢量數，以及針對順序與等距－比率
   層次的變項，選擇合適的離散趨勢量數。同樣針對有著多種分數的順序與等距－比
   率層次的變項，同時利用線條圖並計算平均數與中位數來查核其偏態。對於每一個
   變項，寫出一或兩個句子的描述，仔細地包含分布的總體形狀（見第 2 章）、集中
   趨勢（第 3 章），以及離散趨勢（第 4 章）。針對名義以及順序層次變項，務必要解
   釋所有任意的數值編碼。例如，在 2012 GSS 中的 *class* 變項（見附錄 G），1 是編
   為「底層階級」，2 是編為「勞工階級」，以此類推。這是一個順序層次的變項，你
   可以選擇報告中位數做為集中趨勢量數，如果 *class* 中位數是 2.45，舉例說明，你

可以依其脈絡將之解釋為「中位數是 2.45，大約介於『勞工階級』與『中產階級』之間」。

這裡使用虛構的資料，提供最簡要的摘要性描述之範例：

- 對一個名義層次變項（如：性別），報告眾數，還有關於整體分布的若干細節。例如：「大多數受訪者為已婚（57.5%），但是離婚（17.4%）與單身（21.3%）的情況也很常見。」

- 對一個順序層次變項（如：職業聲望），使用中位數（或者是平均數與眾數）以及全距。例如：「受訪者看報紙的次數之中位數為大約每週一次（分數為 3），且分數的分布從 1（每天）到 5（從不）。最常見的分數為 2（一週數次），平均分數則為 2.13。」

- 對一個等距—比率層次變項（如：年齡），使用平均數（或者是中位數與眾數）以及標準差（或者是全距）。例如：「樣本的平均年齡為 42.3。受訪者的年齡分布範圍從 18 到 94，標準差為 15.37。」

計畫二：估計

在本練習中，你會使用 2012 GSS 的樣本來估計美國人口的特徵。你要使用 SPSS 求出樣本統計值，然後使用公式 6.2 或公式 6.3 計算信賴區間並以文字說明。

估計平均數

1. 在 2012 GSS 中等距—比率變項相對較少，所以在這個計畫中，如果順序變項有至少三個類別或分數，也可以使用。選出符合標準的三個變項，而且是你在第 6 章沒有使用過的才行（注意：授課教師可能會指定不同數量的變數）。

2. 使用 **Descriptives** 指令以取得平均數、標準差以及樣本規模（*N*），並利用這些資訊建構每一個變項的 95% 信賴區間。將結果列印出來，或將螢幕上的相關資訊筆記下來。使用公式 6.2 計算信賴區間。

3. 針對每一個變項，寫出一個句子摘要出變項的特徵、區間、信賴水準，以及樣本規模。盡可能以白話說明，就好像在一份報紙上報告結果一般。最重要的是，你要表明你在估計美國全體人口的特徵。例如，這個摘要性句子讀起來會像：「根據 1231 名受訪者所組成的樣本，在 95% 的信賴水準下，我估計美國的駕駛者行駛在州際公路上時，時速平均為每小時 64.46 到 68.22 英里之間。」

405

估計比例

1. 選出三個名義或順序層次的變項，而且是你在第 6 章沒有使用過的才行（注意：授課教師可能會指定不同數量的變數）。
2. 使用 **Frequencies** 指令以取得每個變項在不同類別上的樣本百分比。將百分比（記得使用 "valid percents" 那欄的數字）轉換化比例，使用公式 6.3 針對每個變項的某個類別（例如 *sex* 中的女性百分比）建構信賴區間。
3. 針對每一個變項，寫出一個句子摘要出變項的特徵、區間、信賴水準，以及樣本規模。盡可能以白話說明，就好像在一份報紙上報告結果一般。最重要的是，你要表明你在估計美國全體人口的特徵。
4. 針對計畫 A 或計畫 B 所建構出來的任一區間，界定出以下的概念與用詞，並簡短解釋它們在估計中的角色：樣本、母體、統計值、參數、EPSEM、代表性、信賴水準。

計畫三：顯著性檢定

在本練習中，你會使用 2012 GSS 的樣本來進行顯著性檢定。你將使用五步驟模模型來進行檢定。

兩樣本 *t* 檢定（第 8 章）

1. 選出兩個具有三個或以上分數的等距－比率或順序層次的依變項（注意：授課教師可能會指定不同數量的變數）。選出自變項，其應為依變項邏輯上可能的肇因。記得在 *t* 檢定中，自變項只能有兩個類別，如果使用具有超過兩個類別的自變項，可以（a）使用 "Grouping Variable" 方盒指定準確的類別（如，在 *marital* 變項上選擇 1 和 5 的分數來比較已婚者（married）和從未結婚者（never-married），或者（b）使用 **Recode** 指令將具有兩個以上類別的變項加以合併。自變項可以是任何測量層次，兩個檢定也可以使用同一個自變項（見第 9 章的「你是研究者」中有如何重新編碼變項的說明）。
2. 開啟 SPSS，載入 2012 GSS 資料集，接著點擊 **Analyze, Compare Means** 以及 **Independent Samples T Test**。在 "Test Variable" 視窗中指名依變項，在 "Grouping Variable" 視窗中指名自變項。你也要指定分數來定義自變項中的群組，可見第 8 章的範例。列印出檢定結果（群組平均、計算所得 *t* 分數、顯著性、樣本規模），或將其加以筆記。針對第二個依變項再進行同樣的步驟。

406 　3. 撰寫檢定的結果。你的報告至少要清楚地界定自變項與依變項、樣本統計值、檢定統計值（第 4 步）、檢定的結果（第 5 步），以及你所使用的 α 水準。

變異數分析（第 9 章）

1. 選出兩個具有 3 個或以上分數的等距－比率或順序層次的依變項（注意：授課教師可能會指定不同數量的變數）。選出自變項，其應為依變項邏輯上可能的肇因，且自變項要有 3 到 5 個類別。兩個檢定可以使用同一個自變項。

2. 若有需要，開啟 SPSS，載入 2012 GSS 資料集，接著點擊 **Analyze**, **Compare Means** 以及 **One-way Anova**，"One-way Anova" 視窗便會出現。在左邊的變項清單中找到你的依變項，並點擊箭頭方向將變項名稱移至 **Dependent List**: 方盒中。注意你可以一次指定一個以上的依變項。接著，找到你的自變項名稱，將其移至 **Factor**: 方盒中。點擊 **Options**，接著點擊 **Statistics** 方盒中 **Descriptive** 旁邊的方框，以要求輸出平均數與標準差。點擊 **Continue** 和 **OK**。列印出檢定結果，或將其加以筆記。如有必要，針對第二個依變項重複同樣的步驟。

3. 撰寫檢定的結果。你的報告至少要清楚地界定自變項與依變項、樣本統計值（類別平均數）、檢定統計值（第 4 步）、檢定的結果（第 5 步）、自由度，以及你所使用的 α 水準。

卡方（第 10 章）

1. 選出兩個具有 5 個或以下分數（理想上是 2 到 3 個）的依變項，可以是任何的測量層次（注意：授課教師可能會指定不同數量的變數）。針對每一個依變項，選出自變項，其應為依變項邏輯上可能的肇因。自變項可以是任何的測量層次，只要它們具有 5 個或以下分數（理想上是 2 到 3 個）。如果你使用具有較少類別的變項，輸出報表會比較容易分析。兩個檢定可以使用同一個自變項。

2. 點擊 **Analyze**, **Descriptive Statistics** 以及 **Crosstabs**，"Crosstabs" 對話盒便會出現。點選你的第一個依變項，將其移至 "Rows" 方盒，接著點選你的自變項，將其移至 "Columns" 方盒。點擊 **Statistics** 鈕，再點擊 **chi square** 旁邊的方框。點擊 **Continue** 和 **OK**。列印出檢定結果，或將其加以筆記。針對第二個依變項重複同樣的步驟。

3. 撰寫檢定的結果。你的報告至少要清楚地界定自變項與依變項、檢定統計值（第 4 步）、檢定的結果（第 5 步）、自由度，以及你所使用的 α 水準。能夠一併報告直行的百分比也總是好事一樁。

計畫四：分析關係的強度與顯著性

使用雙變項表格

1. 從 2012 GSS 資料集中選出以下兩者之一：　　　　　　　　　　　　　407
   - 1 個依變項和 3 個自變項（前者可能的肇因）
   - 1 個自變項和 3 個可能的依變項（前者可能的結果）

   變項可以是任何的測量層次，只要有一些（2 到 5 個）類別或分數即可（注意：授課教師可能會指定不同數量的變數）。

2. 從變項之間的關係發展出研究問題或假設，只要確定你所指涉的因果關聯是合理的且合乎邏輯。

3. 使用 **Crosstabs** 生成雙變項表格，範例可見第 10 章與第 11 章。將依變項置於交叉表的橫列、自變項置於直行。在 "Crosstabs" 對話盒中，點擊 **Statistics** 鈕，並選擇 **chi square**, **phi** 或 **Cramer's** *V* 以及 **gamma** 。同也點擊 **Cells** 鈕以取得直行百分比。列印出檢定結果，或將其加以筆記。

4. 撰寫報告來呈現與分析這些關係。何者為依變項、何者為自變項須清楚說明。針對每一對變項的組合，報告顯著性檢定與合適的關聯量數。此外，針對每一個關係，報告並討論直行百分比、關係的模式或方向，以及關係的強度。

使用等距－比率變項

1. 從 2012 GSS 資料集中選出以下兩者之一：
   - 1 個依變項和 3 個自變項（前者可能的肇因）
   - 1 個自變項和 3 個依變項（前者可能的結果）

   變項應該為等距－比率層次，但你可以使用順序層次變項，只要其有 3 個以上的分數（注意：授課教師可能會指定不同數量的變數）。

2. 從變項之間的關係發展出研究問題或假設，只要確定你所指涉的因果關聯是合理的且合乎邏輯。

3. 使用 **Regression** 以及 **Scatterplot**（點擊 **Graphs, Legacy Dialogs** 然後 **Scatter**）來分析這些雙變項關係。列印出結果（包括 r、r^2、迴歸係數，以及 a），或將其加以筆記。

4. 撰寫報告來呈現與分析這些關係。何者為依變項、何者為自變項須清楚說明。針對　　　408
   每一對變項的組合，報告關係的強度與方向，在報告中要納入 r、r^2，與迴歸係數。

自主選擇的多變項分析。從步驟 3 中挑出一個雙變項關係，並找出另外一個合理的自變項。再次執行 **Regression**，這次使用兩個自變項，再分析結果。在納入第二個自變項之後，被解釋的變異增加了多少？在本計畫的摘要性文章之中，撰寫這個分析的結果。

附錄 F
SPSS 介紹

電腦已經影響人類社會的方方面面。不意外地，它們對於執行社會研究同樣影響深遠。研究者慣常使用電腦來組織資料並計算統計值——這些事情通常被我們視為無聊、乏味與困難，但現在有電腦可以效勞，不僅便利，也能精確完成。這樣的分工可以讓社會科學家把更多時間放在分析與詮釋之上，這些活動通常才會讓人類樂在其中，也是電腦力有未逮之處（至少目前是如此）。

時至今日，成功使用電腦所需要的技能已經相當容易上手，即便對毫無經驗的人來說也是如此。這部分的附錄將幫你做好使用名為 SPSS（the Statistical Package for the Social Sciences——社會科學專用統計套裝軟體）的統計軟體之準備。如果你有在電腦上使用滑鼠「點擊」的經驗，對於使用 SPSS 來說已經萬事俱備。就算你對於電腦完全不熟悉，你也會覺得這套軟體容易上手。完成這部分的附錄之後，你就準備好可以完成本書每章最後的練習。

在開始之前有幾句提醒：這裡的附錄只是對於 SPSS 的入門介紹，它可以提供整個軟體的概觀，以及足夠的資訊來完成本書的習題。然而，要說它可以回答你所有的問題，或為你可能遇到的所有問題提供解答，這是不可能的。好消息是 SPSS 有一個容易使用且應用廣泛的 **Help** 設施，一旦有需要便可以提供協助。要想獲得協助，只要點擊在 SPSS 螢幕上方工具列中的 **Help** 指令即可。

SPSS 是一個**統計套裝軟體**（或稱 **statpak**）：其為一組電腦程式，可以處理資料並依使用者的要求計算統計值。一旦你輸入包含某個群體觀察值的資料，毋需親自做任何計算或寫電腦程式，就能輕易快速地取得豐富的統計資訊。

何必費力去學這種技術呢？事實上，電腦能夠節省人力的效能有時的確被誇大，在某些研究情境中甚至沒有必要。像是如果你只要處理少量的觀察值，或是只需要計算幾個不太複雜的統計值，那麼統計套裝軟體可能沒有多大用處。然而，隨著個案數目增加，以及你所需要的統計值愈趨複雜精細，電腦和統計套裝軟體就會變得更為有用。

舉個例子說明。假如你已經蒐集了一個包含 150 名受訪者的樣本，而你想知道的唯一事情就是他們的平均年齡。如你所知，要計算平均，就把所有分數加起來後除以個案數目。使用掌上計算機把 150 個兩位數的數值（年齡）加在一起，你覺得要花多久時間？假如你每秒可以輸入一個分數，一分鐘有 60 秒，要輸入完所有的年齡並計算平均大概會花你 3 或 4 分鐘。就算你慢工出細活，甚至再重複一到兩次驗算，完成整個計算大概也不會超過 15 或 20 分鐘。如果這就是你所需要的資訊，電腦與統計套裝軟體的確不會節省太多時間。

然而，這種簡單的研究計畫並不實際。一般而言，社會科學研究者處理幾十甚至幾百個變項，個案數也是成百或上千。或許加總 150 個數字只花你 3 或 4 分鐘，但如果是 1500 個個案那要多久？加總 1500 個數字又不出錯的機會有多大？當研究情境愈複雜，統計套裝軟體就愈益珍貴與愈發有用。SPSS 只要點個幾下滑鼠就可以產出統計資訊，換成掌上型計算機可能就要花上好幾分鐘、好幾小時甚至好幾天。

很明顯地，這個技術值得社會研究者花點時間去掌握。有了 SPSS，就可以省去純粹計算的苦差事，花更多時間來分析與詮釋，以及執行大規模數據的研究計畫。精通這個技術在你大四或研究所階段的各種任務上都會很方便。

準備開始——資料庫與電腦檔案

計算統計值之前，SPSS 必須要有資料可以處理。**資料庫**就是經由蒐集而得並加以組織的相關資訊，例如對於一份調查的回覆。就電腦分析的目的而言，資料庫會被組織成**檔案**——蒐集而得的資訊建立在同一個名稱之下且儲存在電腦的記憶體、硬碟、隨身碟或其他載體之內。檔案中可以儲存文字和數字。如果你用過文書處理程式寫信或學期報告，你大概會將成品存在一個檔案之中，以便未來可以更新內容或更正錯誤。資料可以無限期的儲存在檔案之內。因為執行一個詳盡的資料分析可能耗費數月，故有能力將其存成資料庫是另一個使用電腦的優勢。

在本書中的 SPSS 練習，主要仰賴 *GSS2012*，這是 2012 年一般社會調查（General Social Survey, GSS）的縮寫。 一般社會調查包含上百個項目的資訊（年齡、性別、對於像是死刑之類的社會議題之看法等等），從上千個受訪者身上蒐集而來。你們或許使用的是 SPSS 的學生版，其對於變項與個案的數目有所限制。為了配合這種限制，我已經將資料庫刪減成只有 49 項的資訊與少於 1500 個受訪者。

GSS 是一項特別珍貴的資源，這麼說有（至少）兩個理由。第一，調查受訪者的抽樣方式使其足以代表整個美國人口母體。具有代表性的樣本可以將其所來自的母體之特徵具體而微的呈現出來（見第 6 章）。所以當你分析 *GSS2012* 時，就和分析到 2012 年為止的整個美國社會沒有兩樣。這筆資料相當真實，你將要分析的關係也反映出美國生活中最重要和敏感的幾個議題。

其次，GSS 從 1972 年起就定期實施，因此對於美國社會從墮胎到安樂死的議題

411

在過去四十年來的演化與改變提供持續性的紀錄。GSS 為社會研究者所執行過的上百個計畫提供了基礎。

　　雖然我們主要仰賴 *GSS2012*，我們也還是會使用其他三個資料庫。下面所列的兩個在全書中都會使用，但第三個只會在第 2 章建構圖形時才會用到。

- *States* 資料庫，包含了 50 個州的許多資訊。
- *Intl-POP* 資料庫，其多為來自約 100 個國家的人口資料（如：出生率與成長率）。
- *CrimeTrends84-10* 資料庫，包含了 50 個州關於犯罪活動的五種測量。

　　附錄 G 有提供全部四個資料庫的編碼簿。編碼簿會列出資料庫中的所有變項，解釋每個變項在測量什麼，若有必要，也會列出每個變項中的分數所代表的意義。為說明起見，請檢閱一下 *GSS2012* 的編碼簿。編碼簿中依照變項名稱中第一個字母的順序加以排列，並附有用來產生變項的閱卷題目。

　　注意到左欄的變項名稱是相關調查項目的縮寫。在某些情形裡（如：*age*），變項名稱一看就懂。在其他情形裡，變項名稱（像是 *abany* 和 *fefam*），變項名稱就不是那麼明顯。早期的 SPSS 版本要求變項名稱不能超過八個字元，因此極端的縮寫有時就成為必要。雖然 SPSS 不再強制變項名稱要在八個字元以內（在其他資料庫可清楚看出），我們還是保留簡短的名稱，以便和早期的 GSS 版本相互比較。

　　附錄 G 也顯示出題項的用字，例如，*abany* 就是關於合法墮胎問題的回答，變項名稱來自以下問題：「有任何理由應該讓人墮胎嗎？」變項 *fefam* 則是以下陳述的回覆：「如果男人在家庭以外功成名就、女人負責家務並照顧家庭，這樣對大家都好。」

　　若有需要，附錄 G 也會在變項的意義旁邊列出變項的編碼（或分數）。因此，*abany* 中的分數 1 意指受訪者「不論任何理由」都認可合法墮胎；而 *attend* 中的分數 0 代表從未參加宗教服務。

　　注意到在附錄 G 中 *abany*、*fefam* 和其他變項的可能回覆有時被標為 IAP（"Not Applicable"，「不適用」）、NA 或 DK。第一種回覆係指該題項並沒有要求受訪者回答。完整的 GSS 很長，為了讓完成問卷的時間保持在合理範圍之內，並非所有受訪者都被要求回答每一個問題。NA 代表「沒答案」（"No Answer"），係指受訪者有被問到該問題，但拒絕回答。DK 代表「不知道」（"Don't Know"），係指受訪者沒有相關的資訊。以上三種分數都屬於「遺漏值」（"missing values"），做為「無資訊」（"noninformation"）的類型，它們應該要被排除在統計分析之外。遺漏值在調查中很常見，只要數量不會太大，就不構成問題。

412

資料庫	→	統計套裝軟體	→	輸出	→	分析
（原始資訊）		（電腦程式）		（統計值與統計圖）		（詮釋）

圖 F.1　資料分析過程

很重要的是，你要瞭解統計套裝軟體（SPSS）和資料庫（*GSS2012、States*，與 *Intl-POP*）之間的差別，以及我們最終所追求的目標。資料庫包含了資訊；統計套裝軟體則處理資料庫中的資訊並產生統計值。我們的目標是將統計套裝軟體應用在資料庫之上以生成統計報表（例如，統計值與統計圖），好讓我們去分析並用以回答問題。整個過程可用圖 F.1 來呈現。

像 SPSS 一般的統計套裝軟體算是一般性的研究工具，可用來分析各種類型的資料庫，而不限於本書所提供的資料庫類型。同樣地，我們這裡的資料庫也可以用有別於 SPSS 的統計套裝軟體來分析，像是 SAS 或 Stata，或許在你的學校裡更方便使用。

開啟 SPSS 並載入資料庫

如果你使用的是完整的專業版 SPSS，你大概會在電腦教室裡作業，那你就可以立即開始執行程式。如果你要在自己的電腦上使用學生版的軟體，第一件要做的事就是安裝軟體。遵照程式的指示來安裝，待安裝完畢後，再回到這裡的附錄。

要開啟 SPSS，在你的螢幕上找到標示有 "IBM SPSS Statistics" 的圖像（或圖片），將滑鼠移至圖像上、雙擊左鍵，這樣就能開啟 SPSS。

幾秒之後，SPSS 的畫面就會出現。依照你使用的版本，你可能會看到一個介紹畫面問道：「你想做什麼？」（"What would you like to do?"），或是畫面上的左方列出「新近檔案」（"New and Recent Files"）。不管何種狀況，只要點擊初始螢幕右上角的 "x" 就能將其關掉。

下個畫面就是 "SPSS Data Editor" 螢幕。注意到，在螢幕上方橫掛著一條命令列，最左邊始於 **File**，最右邊終於 **Help**，這就是 SPSS 的主選單。當你點擊主選單上的任何一個字，就會再下拉出一個命令選單，基本上，你可點擊你的選擇來告訴 SPSS 你要做什麼。有時候還會出現下一個次選單，這時你就需要再進一步指明你的選擇。

第一件要做的事就是開啟資料集。點擊主選單左方的 **File** 命令，便會下拉出一個次選單。從次選單上點擊 **Open** 然後 **Data**。你需要找到 *GSS2012* 的資料檔，它應該已經儲存在你的電腦上，檔案名稱大概會是 *GSS2012.sav*，或其他類似的名稱。如果你沒有這個檔案，你可以在本書的網站上下載此一資料集，也可以和你的教師確認如何下載資料集。一旦你找到資料的所在，點擊檔案名稱，SPSS 就會將其載入。當資料載入後，你的電腦螢幕就會如下圖所示：

413

関於資料檔的資訊以及輸出報表的顯示方式，SPSS 提供許多選項。我會建議你告訴程式以變項名稱（如：*age*、*abany*）而非以變項標籤（如：AGE OF RESPONDENT、ABORTION IF WOMAN WANTS FOR ANY REASON）來展示變項清單。用這種方式展示清單會比較容易閱讀，也比較容易和附錄 G 相互比較。要這麼做的話，點擊主選單上的 **Edit**，然後從下拉的次選單上點擊 **Options**。一個標示為 "Options" 對話盒就會出現，其上方也會出現一系列的標籤。"General" 選項此時應該會出現，若沒看到，就點擊這個標籤。在 "General" 的螢幕裡，找到標示為 "Variable Lists" 的方框，點擊 **Display names** 和 **alphabetical**（如果它們未被點選的話），然後點擊 **OK**。如果你進行上述的修改，螢幕上會出現一個訊息告訴你，修改會在下次開啟資料檔時才會生效。

本節所介紹的程序都摘要在表 F.1。

表 F.1　**命令摘要**

開啟 SPSS	點擊 SPSS 圖像。
開啟資料檔或資料庫	點擊 **File**、**Open**、以及 **Data**。找到你要開啟的資料集之檔案名稱，然後雙擊它。
設定變項清單的顯示選項	點擊 **Edit** 以及 **Options**。在 "General" 的標籤螢幕上，確認 "Display names" 與 "Alphabetical" 有被點選，然後點擊 **OK**。

處理資料庫

414 　　注意到 "SPSS Data Editor" 視窗以二維格柵的方式加以組織，其中有從上到下（垂直）的直行，以及從左到右（水平）的橫列。每一個直行就是資料庫裡的一個變項或一個資訊項目。變項名稱會列在直行的頂端。記得你可以在附錄 G 裡的編碼簿找到這些變項名稱的意義。

　　另一個可以解碼變項名稱意義的方式，就是點擊主選單上的 **Utilities** 然後點擊 **Variables**，"Variables" 視窗就會開啟。這個視窗有兩個部分，左方是資料庫中所有變項的清單，依照字母順序排列，且第一個變項會處於點選中之狀態；右方則是 "Variable Information" 視窗，呈現出點選中的變項之資訊。*GSS2012* 資料庫中列出的第一個變項為 *abany*，此時 "Variable Information" 視窗即顯示出在調查時被問到的題目片段（「女性為了任何理由想要墮胎」"ABORTION IF WOMAN WANTS FOR ANY REASON"），以及這個變項可能出現的分數（分數 1= 是以及分數 2= 否），還伴隨著其他的資訊。

　　同樣的資訊可以針對資料集內的任何變項加以展示。例如，載入 *GSS2012* 資料庫後，要找到變項 *marital*，你可以使用鍵盤上的箭頭方向鍵，或是變項清單視窗右側的滑動器。你也可以打出你感興趣的變項名稱中的第一個字母在清單之中移動，例如，輸入 "m"，畫面就會移到清單中名稱以該字母為首的第一個變項。現在你可以看到 *marital* 變項在測量婚姻狀態，而且分數 "1" 是指受訪者為已婚，以此類推。試試看 *relig* 和 *marhomo* 兩項測量，結果如何呢？點擊視窗底部的 **Close** 鈕即可關閉視窗。

　　再仔細一點檢視 "Data Editor" 視窗，其會展示 *GSS2012* 資料庫。視窗中的每一個橫列（從左到右橫向閱讀）包含一個特定受訪者在資料庫中所有變項上的分數。注意到最左上角的細格處於點選狀態（細格的邊界顏色較深），這個細格包含受訪者 1 在第一個變項上的分數，第二個橫列包含了受訪者 2 的分數，以此類推。你可以利用鍵盤上的箭頭方向鍵在這個視窗中游移。

　　本節的 SPSS 命令摘要成表 F.2。我們現在已準備好利用 2012 GSS 資料庫執行某些統計運算。

表 F.2　命令摘要

在 "Data Editor" 視窗中游移	使用以下任一選項：
	1. 點擊你想選取的細格。
	2. 使用鍵盤上的箭頭方向鍵。
	3. 移動滑動鈕。
	4. 點擊右手邊或底部的箭頭。
取得一個變項的資訊	1. 見附錄 G。
	2. 點擊 **Utilities** 與 **Variables**。捲動清單直到找到你感興趣的那個變項，該變項的資訊就會出現在右側的視窗。

讓 SPSS 上工：生成統計值

至此為止，螢幕上的資料庫仍然只是滿滿的數字而無太多意義。那沒關係，因為你也不會真的要去閱讀這個螢幕上的任何資訊。所有你將會執行的統計運算都將始於點擊主選單上的 **Analyze**、選擇程序與統計值，然後指名你要處理的變項。

就讓 SPSS 針對 *sex* 這個變項生成一個次數分配來做為範例。次數分配是用表格來展示一個變項中的每個分數所出現的次數（見第 2 章）。所以，當我們完成這個程序，我們將可知道 2012 GSS 樣本中男性和女性的人數。

載入 *GSS2012* 資料集之後，點擊選單上的 **Analyze**，再從下拉出來的選單中，點擊 **Descriptive Statistics** 與 **Frequencies**。"Frequencies" 視窗就會出現，在左邊的方盒中則有依字母順序排列的變項清單。第一個變項（*abany*）將會處於點選狀態。使用方盒右邊的滑動鈕或箭頭鍵來捲動變項清單，直到找到 *sex* 這個變項為止，或者輸入 "s" 使畫面移至接近的位置。

一旦變項名稱被點選之後，點擊螢幕中間的箭頭鈕將變項名稱移至螢幕右邊的方盒內。SPSS 會為方盒內的所有變項生成次數分配，但現在我們只將注意力限制在 *sex* 這個變項上。點擊 "Frequencies" 視窗中的 **OK** 鈕，不用幾秒，次數分配就會輸出。

SPSS 會將所有的表格和統計值傳送到輸出視窗，或稱為 SPSS 檢視器（SPSS viewer）。這個視窗現在會跳至螢幕的最上層，而 Data Editor 視窗則會移到輸出視窗的後面。如果你要回到 Data Editor 而且它還是可見的話，點擊它的任何一個部分，它就會跳回最上層並使輸出視窗退於其後。如果看不見 Data Editor 又想顯示它的話，點擊輸出視窗右上角的 "_" 將其最小化。

次數。SPSS 的輸出報表重製為表 F.3。從這個表中可以看出什麼呢？分數的標籤（男性與女性）顯示在左邊，變項每個類別的個案數目（次數）則顯示在右側的直欄之內。如你所見，樣本中有 666 個男性和 791 個女性。再過去的兩欄提供了百分比的資

415

訊，靠右邊的最後一欄則顯示累積百分比。我們等到下個練習的時候再來討論最後一欄。

表 F.3　SPSS 輸出的範例

受訪者性別

		次數	百分比	有效 百分比	累積 百分比
有效	男性	666	45.7	45.7	45.7
	女性	791	54.3	54.3	100.0
	總和	1457	100.0	100.0	

416　　　　百分比直欄中有一個標示為「百分比」（"Percent"），另一個標示為「有效百分比」（"Valid Percent"），這兩欄的差別在於處理遺漏值的方式。「百分比」（"Percent"）直欄是基於所有的個案，包括那些沒有回答（NA）以及那些說他們沒有題目所問的資訊（DK）的人；「有效百分比」（"Valid Percent"）則排除所有遺漏的分數。因為我們幾乎總是打算忽略遺漏的分數，我們將只注意「有效百分比」（"Valid Percent"）那一欄。注意到性別（*sex*）變項沒有遺漏分數，所以兩欄一模一樣。

列印與儲存輸出表單

一旦你費盡辛苦生成了統計值、表格或圖形，你大概也會想要留下永久的記錄。有兩種方式可以達成這個目的。第一，你可以將輸出視窗的內容列印出來帶走。想這麼做的話，點擊 **File** 再點擊 **Print**。另一種方式則在主選單下那一列圖像中，找到印表機的圖像（從左邊數來第三個）並點擊。

另一種留下永久記錄的方式則是將輸出報表儲存到電腦的記憶體、隨身碟，或是其他的儲存裝置。要這麼做的話，從 **File** 選單裡點擊 **Save**，**Save** 對話盒就會開啟。給這個輸出檔案一個名字（像是 "frequency-sex" 之類的簡化名稱也可以），然後，如有必要，指定檔案所要儲存的位置。點擊 OK 之後，表格便可永久留存。

結束 SPSS 操作

一旦你儲存或印出你的成果，你就可以結束該次的 SPSS 操作。點擊選單條中的 **File** 再點擊 **Exit**。如果你還沒儲存輸出視窗的內容，系統會問你是否要這麼做。在這個當下，如果你想要的話，你可以儲存次數分配的表格。不然的話，點擊 **No**，程式就會關閉，你也會回到先前的螢幕畫面。

所有資料集的編碼簿

2012 年一般社會調查之編碼簿

一般社會調查（GSS）是由全國民意研究委員會（National Opinion Research Council）從 1972 年開始定期執行的公開民意調查。2012 GSS 的一個版本在本書的網址上可以取得，做為 SPSS 操作演示與每章最後的練習之用。我們的 2012 GSS 版本是由原本的受訪者中再隨機選出約 1500 個個案的子樣本，其中包含 49 個變項。這裡的編碼簿陳列出資料集中的每一個題項。變項的名稱就是資料檔裡所使用的名稱。問題的陳述也和原本的問題如出一轍（為了節省篇幅，有少數幾題例外）。每個選項旁的號碼也和記錄在資料檔裡的分數相同。

資料集包含了測量受訪者人口與背景特徵的變項，像是性別、年齡、種族、宗教，和數個社會經濟地位的指標。其他還包含了若干題項測量對於當前與爭議性社會主題的意見，諸如墮胎、死刑與同性戀。

大多數的變項都有遺漏值（"missing data"）的編碼。這些編碼都以斜體字的方式呈現以利於辨視。對於受訪者沒有或無法回答問題的不同狀況，都有不同的編碼方式，也都排除在所有的統計操作之外，這些編碼包括：*IAP*（受訪者沒有被問到這個問題）、*DK*（"Don't know"，受訪者沒有被問到的資訊可以提供），以及 *NA*（"No answer"，受訪者拒絕回答）。

abany	請告訴我在什麼情況下，你認為一個女性應該可以合法墮胎……
	她想要即可。
	1. 是
	2. 否
	0. IAP, 8. DK, 9. NA
abpoor	這個家庭的收入很低，而且養不起任何孩子。
	（編碼和 *abany* 相同）
age	受訪者年齡

18-89. 實際年齡

99. *NA*

418   attend   你多久上一次教堂？

0. 從未

1. 少於一年一次

2. 一年一到兩次

3. 一年好幾次

4. 大約一個月一次

5. 一個月 2-3 次

6. 幾乎每週

7. 每週

8. 每週超過一次

9. *DK or NA*

bigbang   宇宙始於一場大爆炸，對還是錯？

1. 對

2. 錯

0. IAP, 8. DK, 9. NA

cappun   對於被宣判犯了謀殺罪的人，你是否同意處以死刑？

1. 同意

2. 反對

0. IAP, 8. DK, 9. NA

childs   你有過多少子女？

1-7. 實際數目

8. 8 個或更多

9. DK, NA

class   主觀階級地位

1. 底層階級

2. 勞工階級

3. 中產階級

4. 上層階級

0. IAP, 8. DK, 9. NA

closeblk   一般來說，你覺得你和黑人有多親近？

1. 一點都不親近

　　5. 不算親近也不算不親近

　　9. 非常親近

　　0. IAP, 98. DK, 99. NA

degree　受訪者最高學歷

　　0. 低於高中

　　1. 高中

　　2. 專科

　　3. 大學

　　4. 研究所

　　7. IAP, 8. DK, 9. NA

educ　最高的受教年數

　　0-20. 實際年數

　　97. IAP, 98. DK, 99. NA

evolved　我們今天所知的人類是由早期的動物發展而來的。

　　1. 對

　　2. 錯

　　0. IAP, 8. DK, 9. NA

fear　這附近—— 一英里的範圍內——有任何區域在晚上獨自行走時會讓你感 419
　　到害怕嗎？

　　1. 是

　　2. 否

　　0. IAP, 8. DK, 9. NA

fechld　有工作的母親和全職母親一樣可以和子女建立溫暖和安全的關係。

　　1. 強烈不同意

　　2. 不同意

　　3. 同意

　　4. 強烈同意

　　0. IAP, 8. DK, 9. NA

fefam　男人在家庭之外追求事業且女人負責打理家務與照顧家人，這樣對整個
　　家庭最好。

　　1. 強烈不同意

　　2. 不同意

　　3. 同意

4. 強烈同意

0. IAP, 8. DK, 9. NA

getahead　有人說努力才能出人頭地；有人則說機運或來自他人的幫助才更為重要。你覺得何者最重要？

1. 努力更重要

2. 努力和機運同樣重要

3. 機運更重要

0. IAP, 8. DK, 9. NA

gunlaw　若有法律規定在購買槍枝之前要先取得警察發給的許可，你會贊成還是反對？

1. 贊成

2. 反對

0. IAP, 8. DK, 9. NA

happy　總的來說，你最近的狀況如何？你會說自己非常幸福、還算幸福，還是不太幸福？

1. 非常幸福

2. 還算幸福

3. 不太幸福

0. IAP, 8. DK, 9. NA

hrs1　上個禮拜你工作多少小時？

1-89. 按實際時數回答

−1. IAP, 98. DK, 99. NA

420　income06　受訪者包括各種來源的總體家庭收入

1. 少於 1000	
2. 1000 to 2999	
3. 3000 to 3999	4. 4000 to 4999
5. 5000 to 5999	6. 6000 to 6999
7. 7000 to 7999	8. 8000 to 9999
9. 10,000 to 12,499	10. 12,500 to 14,999
11. 15,000 to 17,499	12. 17,500 to 19,999
13. 20,000 to 22,499	14. 22,500 to 24,999
15. 25,000 to 29,999	16. 30,000 to 34,999
17. 35,000 to 39,999	18. 40,000 to 49,999

19. 50,000 to 59,999　　　20. 60,000 to 74,999

21. 75,000 to 89,999　　　22. 90,000 to 109,999

23. 110,000 to 129,999　　24. 130,000 to 149,999

25. 150,000 或更多

98. DK, 99. NA

letdie1　當某人罹患不治之症，你覺得如果病患與其家屬要求醫生以無痛苦的方式結束自己的生命，法律應該允許醫生這麼做嗎？

1. 是

2. 否

0. IAP, 8. DK, 9. NA

letin1　你覺得現在來到美國的移民數量應該：

1. 大幅增加

2. 些微增加

3. 維持現狀

4. 些微降低

5. 大幅降低

0. IAP, 8. DK, 9. NA

marhomo　同性伴侶應該有結婚的權利。

1. 強烈不同意

2. 不同意

3. 同意

4. 強烈同意

0. IAP, 8. DK, 9. NA

marital　你目前為已婚、喪偶、離婚、分居，或從未結婚？

1. 已婚

2. 喪偶

3. 離婚

4. 分居

5. 從未結婚

9. NA

news　你多常看報紙？

1. 每天

2. 一週數次

421

3. 一週一次

4. 少於一週一次

5. 從未

0. IAP, 8. DK, 9. NA

obey　　　　對孩童來說，學會服從好為將來的生活做準備，這件事有多重要？

1. 最為重要

2. 第二重要

3. 第三重要

4. 第四重要

5. 最不重要

0. IAP, 8. DK, 9. NA

paeduc　　　父親最高受教年數

0-20. 實際年數

97. IAP, 98. DK, 99. NA

parsol　　　你現在的生活水準，比起你的父母在你這個年紀的時候，你覺得是大幅提升、稍微提升、不相上下、稍微降低、大幅降低？

1. 大幅提升

2. 稍微提升

3. 不相上下

4. 稍微降低

5. 大幅降低

0. IAP, 8. DK, 9. NA

partnrs5　　過去五年內你有過多少個性伴侶？

0. 無伴侶	1. 1 個伴侶
2. 2 個伴侶	3. 3 個伴侶
4. 4 個伴侶	5. 5-10 個伴侶
6. 11-20 個伴侶	7. 21-100 個伴侶
8. 超過 100 個伴侶	
9. 1 個或更多，不知道數目	

95. 好幾個 98. DK, 99. NA, −1. IAP

pillok　　　對於 14 到 16 歲之間的青少年，就算他們父母不同意，也應讓他們有機會取得到生育控制的方法，對此你是強烈同意、同意、不同意，還是強烈不同意？

   1. 強烈同意

   2. 同意

   3. 不同意

   4. 強烈不同意

   0. IAP, 8. DK, 9. NA

polviews 在此有個政治觀點的七點量表，分布從極端自由到極端保守，你覺得自 422

   己會在這個量表上的哪個位置？

   1. 極端自由

   2. 自由

   3. 稍微自由

   4. 中間溫和

   5. 稍微保守

   6. 保守

   7. 極端保守

postlife 你相信人死後有來生嗎？

   1. 是

   2. 否

   0. IAP, 8. DK, 9. NA

pray 你多久禱告一次？

   1. 一天數次

   2. 一天一次

   3. 一週數次

   4. 一週一次

   5. 少於一週一次

   6. 從不

   0. IAP, 8. DK, 9. NA

premarsx 在這個國家裡對於與性有關的道德與態度正在改變的討論很熱烈。如果

   一男一女在婚前就有性關係，你認為這永遠都是錯的、幾乎永遠都是錯

   的、只有偶爾是錯的，還是完全沒錯？

   1. 永遠都是錯的

   2. 幾乎永遠都是錯的

   3. 只有偶爾是錯的

   4. 完全沒錯

0. IAP, 8. DK, 9. NA

pres08　　2008 年時你投給 Obama（民主黨候選人）或 McCain（共和黨候選人）？
（只有在這次選舉中有投票的人才回答）

　　1. Obama

　　2. McCain

　　3. 其他 6. 沒有投總統選舉

　　0. IAP, 8. DK, 9. NA

racecen1　受訪者的種族或族群身分

　　1. 白人

　　2. 黑人

　　3. 美國印第安人或阿拉斯加原住民

　　4. 亞裔美國人或太平洋島民

　　5. 拉丁美洲裔

　　0. IAP, 98. DK

423　　rank　　在我們的社會裡，有些人位處上層；有些人接近底層。以一個階梯從上
到下來類比，你會把自己放在哪一階？

1. 頂層	2.
3.	4.
5.	6.
7.	8.
9.	10. 底層

　　0. IAP, 98. DK, 99. NA

region　　訪問區域

　　1. 新英格蘭

　　2. 中大西洋區

　　3. 東北中央區

　　4. 西北中央區

　　5. 南大西洋

　　6. 東南中央區

　　7. 西南中央區

　　8. 山地地區

　　9. 太平洋區

relig　　你的宗教偏好為何？是基督新教、天主教、猶太教、其他宗教，或無
宗教？

    1. 基督新教

    2. 天主教

    3. 猶太教

    4. 無宗教

    5. 其他宗教

    8. DK, 9. NA

satjob　　總體而言，你對於你從事的工作有多滿意？（只問那些現在有工作或負責家務的人）

    1. 非常滿意

    2. 還算滿意

    3. 些微不滿意

    4. 非常不滿意

    0. IAP, 8. DK, 9. NA

sex　　受訪者的性別

    1. 男性

    2. 女性

sexfreq　　過去 12 個月內你有過幾次性行為？

    0. 完全沒有

    1. 一到兩次

    2. 大約一個月一次

    3. 一個月二到三次

    4. 大約一週一次

    5. 一週二到三次

    6. 一週超過三次

    −1. IAP, 8. DK, 9. NA

spanking　　有時管教子女還是必須使用良好、嚴格的體罰，對此你是強烈同意、同意、不同意，還是強烈不同意？　424

    1. 強烈同意

    2. 同意

    3. 不同意

    4. 強烈不同意

    0. IAP, 8. DK, 9. NA

spkmslm　　總會有些人的想法被其他人視為相當惡劣或危險。設想若有一個穆斯林教士鼓吹對美國的仇恨……他的發言應不應該得到允許呢？

    1. 是，該被允許

    2. 否，不該被允許

    0. IAP, 8. DK, 9. NA

thnkself   對於孩童而言，學著為自己著想好為將來的生活作準備，這件事有多重要？

    1. 最重要

    2. 第二重要

    3. 第三重要

    4. 第四重要

    5. 最不重要

    0. IAP, 8. DK, 9. NA

trust   一般而言，你覺得大多數人都可以被信任，還是應付他人的時候再小心都不為過？

    1. 可以被信任

    2. 無法被信任

    0. IAP, 8. DK, 9. NA

tvhours   平常的日子裡，你個人看多少小時的電視

    00-24. 實際時數

    −1. IAP, 98. DK, 99. NA

wwwhr   電子郵件不算的話，你一週花多少小時使用網路？

    0-120. 實際時數

    −1. IAP, 998. DK, 999. NA

xmarsex   已婚者和非婚姻伴侶發生性關係，對此你的意見為何？

    1. 永遠都是錯的

    2. 幾乎永遠都是錯的

    3. 只有偶爾會是錯的

    4. 一點都沒錯

    0. IAP, 8. DK, 9. NA

States 資料庫的編碼簿

這筆資料庫包含 50 個州的變項，資料來源非常廣泛，而且都是最新的資訊。 　　425

AbortRate	2008 年每 1000 個女性中的合法墮胎數
Asian	2010 年亞裔人口的百分比
Asslt12	2012 年每 100,000 人口中的**襲擊犯罪數**
BirthRate	2012 年每 1000 人中的出生人數
Black	2010 年黑人人口的百分比
Burg12	2012 年每 100,000 人口中的入室竊盜犯罪數
Carthft12	2012 年每 100,000 人口中的汽車失竊數
College	學士或以上學歷者在人口中的百分比
CommTime	2009 年平均上班通勤時間
CopSpend	2007 年人均治安花費
DeathRate	2009 年每 1000 人中的死亡人數
DivRate	2011 年每 1000 人中的離婚率
Edspend	2011 年 K-12 階段中每個學生的教育支出
FamPoor00	2000 年生活在貧窮線以下的家庭之百分比
FamPoor09	2009 年生活在貧窮線以下的家庭之百分比
ForBorn	2009 年外國出生的人口之百分比
Hispanic	2009 年拉美裔人口之百分比
Hom12	2012 年每 100,000 人口中的謀殺案件數
Hom95	1995 年每 100,000 人口中的謀殺案件數
HS	2009 年高中或以上學歷者在人口中的百分比
InfantMort	2010 年每 1000 活產數中 0-1 歲的嬰兒死亡數
Internet	2010 年使用網路的家戶之百分比
Larc12	2012 年每 100,000 人口中竊盜案件數
MarrRate	2011 年每 1000 人中的結婚數
MdHHInc	2009 年家庭收入中位數
Older	2010 年 65 歲或以上人口之百分比
PopDense	2010 年每平方英里的人口數
PopGrow	2000-2010 年人口成長率
PopRank	2010 年人口規模序位
Rape12	2012 年每 100,000 人口中強暴案件數

	Robb12	2012 年每 100,000 人口中強盜案件數
426	State	州的名稱
	SthDUMMY	南方（0）／非南方（1）
	TeenBirthRate	2011 年 15-19 歲女性中每 1000 人的出生數
	TrafDths11	2011 年每一億英里的駕駛里程中交通事故死亡人數
	TrafDths90	1990 年每一億英里的駕駛里程中交通事故死亡人數
	Unemplymnt	2012 年失業率
	Voters	2012 年總統大選投票百分比
	White	2010 年白人人口之百分比
	WmnRep	2013 年州議會中女性的百分比
	Younger	2010 年 18 歲及以下人口之百分比

國際人口（*Intl-POP*）資料庫的編碼簿

這筆資料庫的變項涵括 99 個國家，遍及不同的發展程度與地理位置。大部分的資訊來自人口諮詢局（Population Reference Bureau）發布的《2013 世界人口數據表》（*2013 World Population Data Sheet*），此外也有使用其他多種資料來源。

	BirthRate	2013 年每 1000 人中的出生數
	CellPhones	2012 年每 100 人中手機持有人數
	Corruption	2013 年公部門貪污的感受程度。分數基於一群專家的判斷，分數愈低，貪污程度愈高
	DthRate	2013 年每 1000 人中的死亡人數
	EducFemale	在中等教育單位入學的女性人口與適齡（如：18-22）女性人口之比值。如果所有年齡組的總入學人數高於特定年齡組（如：18-22）的總人數，則該比值可能超過 100
	EducMales	在中等教育單位入學的男性人口與適齡（如：18-22）男性人口之比值。如果所有年齡組的總入學人數高於特定年齡組（如：18-22）的總人數，則該比值可能超過 100
	FemaleLabor	15-24 歲女性中為有薪勞動力之百分比
	GNIcap	2012 年人均國民收入毛額
	IncomeIneq	最富有的前 20% 人口之收入佔全體收入之百分比
427	IncLevel	2012 年收入水準（依世界銀行分類）

　　　　1. 低收入

　　　　2. 中低收入

　　　　3. 中高收入

　　　　4. 高收入

INFM　　　　　2013 年嬰兒死亡率：0-1 歲間的死亡率

LEMen　　　　2013 年男性出生時的預期壽命

LEWomen　　2013 年女性出生時的預期壽命

LifeExp　　　　2013 年全體人口出生時的預期壽命

LOD　　　　　發展程度：合併之收入水準

　　　　1. 低收入

　　　　2. 中收入

　　　　3. 高收入

MaleLabor　　15-24 歲男性中為有薪勞動力之百分比

Migrate　　　　2013 年每 1000 人中的淨移民率

Nation　　　　國家的名稱

PctPopOld　　2013 年 65 歲以上人口之百分比

PctPopYng　　2013 年 15 歲以下人口之百分比

Popgro　　　　2050 年推估人口數量（以 2012 年人口數量之倍數呈現）。例如，
　　　　　　　　分數為 2 代表推估 2050 人口數量（相較於 2012）將會加倍。

Region　　　　世界的區域

　　　　1. 東亞與太平洋地區

　　　　2. 東歐與中亞

　　　　3. 拉丁美洲與加勒比海地區

　　　　4. 中東與北美

　　　　5. 南亞

　　　　6. 撒哈拉以南非洲

　　　　7. 西歐

　　　　8. 北美

　　　　9. 大洋洲

Religiosity　　人口中同意「宗教是日常生活中重要的一部分」之百分比

Rights　　　　公民與政治權利

　　　　1. 自由

> 2.
>
> 3.
>
> 4. 部分自由
>
> 5.
>
> 6.
>
> 7. 不自由

428　TFR　　　　　2013 年總體生育率：平均每個女性一生所生育的子女數

　　　Urban　　　2013 年居住在都市之人口百分比

各州犯罪趨勢（*CrimeTrends84-12*）資料庫的編碼簿

這個資料庫只用於第 2 章的繪圖練習。所有的資訊來自聯邦調查局（Federal Bureau of Investigation）的 1984-2012 之統一犯罪報告（*Uniform Crime Reports*）。

AggAssault　　　每 100,000 人口中嚴重襲擊案件數

Burglary　　　　每 100,000 人口中入室竊盜案件數

CarTheft　　　　每 100,000 人口中汽車竊盜案件數

Homicide　　　　每 100,000 人口中謀殺案件數

Robbery　　　　 每 100,000 人口中強盜案件數

Year　　　　　　年份涵蓋 1984 到 2012

名詞彙整

每一條目都包含一個簡短的定義以及介紹該術語的章節號碼。

Alpha（α）。犯錯的機率，或是信賴區間未能包含母體數值的機率。α 水準通常設定為 0.10、0.05、0.01、0.001，或者 0.0001。第 6 章。

Alpha 水準（Alpha level, α）。虛無假設為真時，在抽樣分布下包含小概率樣本結果的面積比例。同時這個也是類型一錯誤的機率。第 7 章。

變異數分析（Analysis of variance）。一種顯著性檢定，適用於檢定兩個以上的樣本平均數之差異。第 9 章。

ANOVA。見**變異數分析（Analysis of variance）**。第 9 章。

關聯（Association）。兩個變項（或更多）的關係。如果一個變項的分布隨著其他變項的各類別或分數而改變，兩個變項即存在關聯。第 11 章。

長條圖（Bar chart）。適用於僅有幾個類別的名義和順序變項的統計圖，類別是用等寬的直條表示，而每個直條的高度則對應於該類別的個案數（或百分比）。第 2 章。

Beta-weight（b^*）。見**標準化淨斜率**。第 13 章。

偏誤（Bias）。選擇樣本統計值做為估計式的標準。當統計值的抽樣分布的平均數等於所要推估的母體數值，則其為不偏。第 6 章。

雙變項交叉表（Bivariate table）。一種顯示兩個變項的聯合次數分布的表格。第 10 章。

盒形圖（Boxplot）。用於同時呈現一個或多個變項的集中趨勢與離散趨勢的統計圖。第 4 章。

細格（Cells）。雙變項交叉表中變項交叉分類的類別。第 10 章。

中央極限定理（Central Limit Theorem）。當樣本很大時，此定理明訂出抽樣分布的平均數、標準差，及其形狀。第 6 章。

卡方臨界值 [x^2 (critical)]。在所有可能樣本卡方值抽樣分布上的一個數值，是臨界域的起始點。第 10 章。

卡方檢定統計值 [x^2 (obtained)]。從樣本結果計算而得的檢定統計值。第 10 章。

卡方檢定 [Chi square (x^2) test]。適用於變項已經被組織成雙變項交叉表時的一種無母數檢定法。第 10 章。

組距（Class intervals）。在等距－比率變項的次數分配中所使用的類別。第 2 章。

決定係數（Coefficient of determination, r^2）。Y 的所有變異中可以被 X 解釋的部分，將 Pearson's r 的數值加以平方即可求得。第 12 章。

多元決定係數（Coefficient of multiple determination, R^2）。一種統計值，說明所有自變項共同解釋 Y 變項之總變異的比例。第 13 章。

直行（Column）。雙變項交叉表的垂直維度。按照慣例，每一直行代表自變項的一個數值。第 10 章。

直行百分比（Column Percentage）。在雙變項交叉表的每一直行內計算出的百分比。第 10 章。

Y 的條件分布（Conditional distribution of Y）。將兩個變項的資訊組織成表格的形式時，在自變項的特定分數或類別條件下，依變項的分數分布。第 11 章。

Y 的條件平均數（Conditional mean of Y）。對每一個 X 的數值而言，Y 的所有分數

之平均。第 12 章。

信賴區間（Confidence interval）。以一段範圍的數值來估計母體的數值。第 6 章。

信賴水準（Confidence level）。另一種常用來表示 α 水準的方式，係指區間估計不會包含母體數值的機率。90%, 95%, 99%, 99.9% 以及 99.99% 的信賴水準可分別對應到 0.10, 0.05, 0.01, 0.001 以及 0.0001 的 α 水準。第 6 章。

控制變項（Control variable）。在多變項統計分析中，第三變項（Z）對雙變項關係的影響保持固定。第 13 章。

相關矩陣（Correlation matrix）。顯示所有可能成對變項之間的相關係數之表格。第 12 章。

克雷莫 V 係數（Cramer's V）。一種基於卡方邏輯的關聯量數，適合處理具有數直行與數橫列之雙變項交叉表中名義變項的關聯性。第 11 章。

臨界域或拒斥域（Critical region, or region of rejection）。在虛無假設為真的情況下，進行假設檢定之前，預先定義抽樣分布下包含小概率樣本結果的面積比例。第 7 章。

累積次數（Cumulative frequency）。次數分配中一個可選擇陳列的欄位，展示一個組距和此組距之前的個案數。第 2 章。

累積百分比（Cumulative percentage）。次數分配中一個可選擇陳列的欄位，呈現一個組距和此組距之前的案例百分比。第 2 章。

資料（Data）。使用數字來表達的資訊。第 1 章。

資料化約（Data reduction）。使用一些統計量來表達許多數值資料。第 1 章。

依變項（Dependent variable）。被認定為效果或是結果的變項，依變項被認為是受到自變項所引起的結果。第 1 與 11 章。

描述統計（Descriptive statistics）。統計的一個分支，主要用來 (1) 統整描繪單一變項的分配狀態，或是 (2) 測量二個或多個變項間的關係。第 1 章。

離均差（Deviation）。一個分數與平均數間的距離。第 4 章。

直接關係（Direct relationship）。一種多變

項關係，表示控制變項對雙變項關係沒有影響。第 13 章。

離散（Dispersion）。一組分數分布的變化量或異質的程度。第 4 章。

虛擬變項（Dummy variable）。名義變項將之二分化後便得以在迴歸分析中使用。虛擬變項有兩個分數，一個編碼為 0，另一個編碼為 1。第 12 章。

有效性（Efficiency）。樣本結果向抽樣分布的平均聚集的程度。第 6 章。

EPSEM（The Equal Probability of SElection Method）。以平均機率抽樣法來選取樣本。母體中的每個元素或個案必須有相同的機率被選入樣本之中。第 6 章。

期望次數（Expected frequency, f_e）。如果變項之間是獨立的，在雙變項交叉表中期望的細格次數。第 10 章。

被解釋變異（Explained variation）。在 Y 的所有變異中可以歸因為 X 的效果之百分比，等於 $\Sigma(Y' - \bar{Y})^2$。第 12 章。

F 比值（F ratio）。ANOVA 檢定的第 4 步驟所計算出來的統計檢定值。第 9 章。

五步驟模型（Five-step model）。進行假設檢定的逐步指引方針，是進行所有顯著性檢定的決定和計算之框架。第 7 章。

次數分配（Frequency distribution）。顯示一個變項的每個類別的個案數的表格。第 2 章。

次數多邊形圖（Frequency polygon）。請參照折線圖（Line chart）的說明。第 2 章。

Gamma（G）。一種處理「合併的」順序變項表格的關聯量數。第 11 章。

直方圖（Histogram）。使用於等距－比率變項的統計圖。組距是由等寬（等於組上限與下限的範圍）的直條連續排列來表示，每一直條的高度則相應於該組距的案例數（或百分比）。第 2 章。

假設（Hypothesis）。源自於理論，關於變項之間關係的一個特定的陳述。第 1 章。

假設檢定（Hypothesis testing）。若母體的假定（虛無假設）為真，推估樣本結果機率之統計檢定。第 7 章。

獨立（Independence）。卡方檢定中的虛無假設。如果對所有的案例而言，一個案

例在一個變項上的分類不影響該案例被歸入第二個變項的任何特定類別的機率，則兩變項即為獨立。第 10 章。

獨立隨機樣本（Independent random samples）。在一個樣本中選擇一個特定個案不影響任何其他個案被選取的機率，而取得的隨機樣本。第 8 章。

自變項（Independent variable）。在雙變項關係中，被視為原因的變項。第 1 與 11 章。

推論統計（Inferential statistics）。統計的一個分支，主要用於將從樣本得到的發現推論到樣本所來自的母體。第 1 章。

四分位距（Interquartile range, Q）。第三個四分位數到第一個四分位數間的距離。第 4 章。

中介關係（Intervening relationship）。一種多變項關係，在控制第三變項之後，雙變項關係顯著變弱。自變數和依變數主要是透過控制變數產生關聯。第 13 章。

Lambda（λ）。一種基於削減誤差比例 (PRE) 的關聯量數，適用於處理雙變項交叉表中名義變項的關聯性。第 11 章。

測量層次（Level of measurement）。變項的數學特性與選擇統計技術的主要標準。變項可以使用三種測量層次中的任一種來測量，每一個測量層次都能使用特定的數學操作或統計技術，表 1.5 摘要了三種測量層次的特性。第 1 章。

折線圖（Line chart）。使用於等距－比率變項的統計圖。組距是由擺在組中點位置的點來表示，每個點的高度則相應於該組距的個案數（或百分比），再以直線連接所有的點。第 2 章。

線性關係（Linear relationship）。兩變項的關係在散布圖上的觀察點可以一條直線來粗估。第 12 章。

邊際（Marginals）。雙變項交叉表中直行與橫列的小計。第 10 章。

最大差異法（Maximum difference）。一種評估雙變項交叉表中變項關聯強度的方法。最大差異是指表格中任何橫列之直行百分比差異的最大值。第 11 章。

平均數（Mean）。分數的算術平均值。$\bar{x}$ 代表樣本的平均數，μ 則是母體的平均數。第 3 章。

均方估計值（Mean square estimate）。變異數的一種估計，以組內平方和 (SSW) 或組間平方和 (SSB) 除以適當的自由度計算而得。第 9 章。

關聯量數（Measure of association）。變項關聯強度的量化統計值。第 1 和 11 章。

集中趨勢量數（Measures of central tendency）。將分數的分布摘要出重點的統計值，報告分布中最典型或最具代表性的數值。第 3 章。

離散趨勢量數（Measures of dispersion）。用以描述一組分數分布的變化或異質性的統計量。第 4 章。

中位數（Median, Md）。分數的分布中的一個點，在其之上與之下各有剛好一半的個案。第 3 章。

組中點（Midpoint）。一個組距的上限與下限之間的中間點。第 2 章。

眾數（Mode）。分布之中最常見的分數。第 3 章。

μ。母體平均數。第 6 章。

μ_p。樣本比例的抽樣分布之平均數。第 6 章。

$\mu_{\bar{x}}$。樣本平均數的抽樣分布之平均數。第 6 章。

多元相關（Multiple correlation）。是一種多變項技術，用於檢驗一個以上的自變項對依變項的綜合影響。第 13 章。

多元相關係數（Multiple correlation coefficient, R）。是一種統計值，指出依變項與二個或更多自變項之間的相關強度。第 13 章。

多元迴歸（Multiple regression）。是一種多變項技術，可以拆解自變項對依變項的個別效果，可以使用於預測依變項。第 13 章。

N_d。在雙變項交叉表中，兩變項以不同方向排序的個案總對數。第 11 章。

N_s。在雙變項交叉表中，兩變項以相同方向排序的個案總對數。第 11 章。

負向關聯（Negative association）。指兩變項改變方向不同的關係。當一個變項增加而另一變項下降，一個變項的高分與另一變項的低分有所關聯。第 11 章。

無母數檢定（Nonparametric test）。 一種「無分布」的檢定，這些檢定不假定有常態分布。第 10 章。

非機率樣本（Nonprobability sample）。 不符合 EPSEM 標準所選取出來的樣本。這種樣本在社會科學研究中有很多不同的用途，但無法用來對母體進行推論。第 6 章。

常態曲線（Normal curve）。 常態曲線是一種分數的理論性分布，它是對稱的、單峰、鐘型的。標準化常態曲線的平均數總是為 0，標準差為 1。第 5 章。

常態曲線表（Normal curve table）。 常態曲線表見附錄 A，它代表任何標準化常態分布中，關於 Z 分數與平均數之間面積的詳細描述。第 5 章。

虛無假設（Null hypothesis, H_0）。 一種「無差異」的陳述。在單一樣本的顯著性檢定中，虛無假設主張從母體抽取的樣本具有某種特徵或數值。第 7 章。

觀察次數（Observed frequency, f_0）。 在雙變項交叉表中實際觀察到的細格次數。第 10 章。

單尾檢定（One-tailed test）。 一種假設檢定，用於 (1) 差異的方向可以預測時，或 (2) 只關心抽樣分布中的單一方向的差異時。第 7 章。

單因子變異數分析（One-way analysis of variance）。 變異數分析的一種應用，用於觀察單一自變項對依變項的效果。第 9 章。

極端值（Outliers）。 相較於其他大多數的分數，非常高或非常低的分數。第 3 章。

p_s。樣本比例。第 6 章。

p_u。母體比例。第 6 章。

參數（Parameter）。 母體的一項特徵。第 6 章。

淨相關（Partial correlation）。 是一種多變項技術，可以在控制其他變項下檢驗雙變項的關係。第 13 章。

淨相關係數（Partial correlation coefficient）。 是一種統計值，指出在控制其他變項下雙變項之間的關係，$r_{yx.z}$ 為在控制一個變項下淨相關係數的符號。第 13 章。

淨斜率（Partial slope）。 在多元迴歸方程式中，當控制方程式中的所有其他自變項下，特定自變項與依變項關係的斜率。第 13 章。

皮爾森相關係數（Pearson's r）。 以等距－比率層次測量的變項之間的關係量數。第 12 章。

百分比（Percentage）。 變項某一類別的個案數除以該變項所有類別個案數，再將所得數值乘以 100。第 2 章。

百分比變化（Percent change）。 這是表達一個變項從時間點 1 到時間點 2 之變化幅度的統計值。第 2 章。

Phi（Φ）。 一種基於卡方邏輯的關聯量數，適用於處理具有二直行與二橫列的雙變項交叉表（2×2 表格）中名義變項的關聯性。第 11 章。

圓餅圖（Pie chart）。 使用於僅有幾個類別的名義和順序變項的統計圖。一個圓（餅）被分為若干份，其大小與變項的每一類別之個案百分比成比例。第 2 章。

合併估計（Pooled estimate）。 根據兩個樣本的標準差，一種對樣本平均數差異之抽樣分布的標準差的估計。第 8 章。

母體（Population）。 研究者感興趣的所有可能個案的完整集合。第 1 章。

正向關聯（Positive association）。 指兩變項改變方向相同的關係。當一個變項增加而另一變項也增加，一個變項的高分與另一變項的高分有所關聯。第 11 章。

比例（Proportion）。 變項中每一類別的案例數除以該變項所有類別的案例總數。第 2 章。

削減誤差比例（Proportional reduction in error, PRE）。 一種使用於某些關聯量數的邏輯。PRE 可以指出，掌握自變項有多大程度提高對依變項的預測。第 11 章。

量化研究（Quantitative research）。 蒐集數據字形式的資料或資訊的研究計畫。第 1 章。

全距 Range（R）。 一組分數分布中最高分減去最低分。第 4 章。

比率（Rate）。 某一現象或特性的實際發生數除以每單位時間內的潛在發生數。比率通常乘以 10 的某個次方來表示。第 2 章。

比值（Ratio）。一個類別的個案數除以另一類別的個案數。第 2 章。

迴歸線（Regression line）。能夠摘要出兩變項間關係的單一最佳配適直線。迴歸線是以最小平方和法配適於資料點之上，該線會通過（或盡可能靠近）Y 的所有條件平均數。第 12 章。

代表性樣本（Representative sample）。樣本能夠複製其所來自的母體之主要特徵。第 6 章。

研究（Research）。任何系統性的蒐集資訊的歷程，仔細的回答研究問題或測試理論，在研究計畫中，統計對於蒐集數字的資訊或數據是很有用的。第 1 章。

研究假設（Research hypothesis, H_1）。與虛無假設矛盾的陳述，在單一樣本顯著性檢定中，研究假設宣稱樣本所來自的母體沒有某種特徵或值。第 7 章。

橫列（Row）。雙變項交叉表的水平維度，傳統上代表依變項的數值。第 10 章。

樣本（Sample）。從母體中經過很仔細的考量後選擇出來的子集，在推論統計中，從樣本所獲得的資訊與發現將能夠類推至母體中。第 1 章。

抽樣分布（Sampling distribution）。某個統計值在特定樣本規模之下，所有可能的樣本結果所形成的分布。在兩定理指明的條件之下，抽樣分布的形狀呈常態，其平均數等於母體數值，其標準差等於母體標準差除以樣本規模 N 的平方根。第 6 章。

散布圖（Scatterplot）。用以描繪兩變項之間關係的統計圖。第 12 章。

Σ（大寫希臘字母 sigma）。「…的加總」。第 3 章。

$\sigma_{p\text{-}p}$。是樣本比例差異的抽樣分布之標準差的符號。第 8 章。

$\sigma_{\bar{X}\text{-}\bar{X}}$。是樣本平均數差異的抽樣分布之標準差的符號。第 8 章。

顯著性檢定（Significance testing）。見**假設檢定（Hypothesis testing）**。第 7 章。

簡單隨機抽樣（Simple random sample）。母體中的每個個案或個案的組合有相同的

機率被選中的抽樣方法。第 6 章。

偏斜（Skew）。分數的分布之中出現一些極端高（正偏斜）或極端低（負偏斜）的分數之程度。第 3 章。

斜率（Slope, b）。隨著某變項改變一個單位而產生在另一個變項的改變量。b 就是迴歸線斜率的符號。第 12 章。

斯皮爾曼等級相關係數（Spearman's rho, r_s）。一種用於測量「連續性」順序變項之關聯的量數。第 11 章。

虛假關係（Spurious relationship）。一種多變項關係，在控制第三個變項後，雙變項關係顯著減弱。自變項和依變項之間沒有因果關係，而是兩者都是由控制變項所引起的。第 13 章。

標準差（Standard deviation）。這是將各個分數與平均數差距的平方相加之後除以 N，最後再對結果取平方根計算得到的統計量。是最重要而且最有用的離散量數測量。s 代表樣本的標準差；σ 代表母體的標準差。第 4 章。

平均數的標準誤（Standard error of the mean）。樣本平均數的抽樣分布之標準差。第 6 章。

標準化淨斜率（Standardized partial slope, beta-weight）。當所有數值都被標準化時，特定自變項與依變項關係之斜率。第 13 章。

設定組限（Stated class limits）。次數分配中的組距。第 2 章。

統計（Statistics）。一組用來組織與分析數據資料的數學技術。第 1 章。

司徒登 t 分布（Student's t distribution）。當 σ 未知且樣本數較小時，用於樣本平均數檢定找出臨界域的分布。第 7 章。

組間平方和（Sum of squares between, SSB）。樣本平均數和總平均數的差，先平方後再加總所得之和，並以樣本規模加權。第 9 章。

組內平方和（Sum of squares within, SSW）。樣本分數和類別平均數的差，先平方後再加總所得之和，也等於 SST−SSB。第 9 章。

t 臨界值〔t(critical)〕。標註 t 分布臨界域起始值的 t 分數。第 7 章。

t **檢定統計值**〔*t*(obtained)〕。五步驟模型中第 4 步驟計算出的檢定統計值，將樣本結果用 *t* 分數表示。第 7 章。

檢定統計值（Test statistic）。五步驟模型中第 4 步驟計算出的數值，將樣本結果轉換為 *t* 分數或 *Z* 分數。第 7 章。

理論（Theory）。兩個變項或更多變項之間關係的通則性解釋。第 1 章。

總平方和（Total sum of squares, SST）。樣本分數和總平均數的差，先平方後再加總所得之和。第 9 章。

總變異（Total variation）。*Y* 的分數沿著 *Y* 的平均數而散布的程度，等於 $\Sigma(Y - \bar{Y})^2$。第 12 章。

雙尾檢定（Two-tailed test）。一種假設檢定類型，用於 (1) 差異的方向無法預測時、或 (2) 關心抽樣分布中兩個方向的差異時。第 7 章。

類型一錯誤，alpha 錯誤（Type I error, alpha error）。拒絕一個實際上為真的虛無假設的機率。第 7 章。

類型二錯誤，beta 錯誤（Type II error, beta error）。未能拒絕實際上為假之虛無假設的機率。第 7 章。

未解釋變異（Unexplained variation）。在 *Y* 的總變異中無法被 *X* 加以說明的百分比，等於 $\Sigma(Y - Y')^2$。第 12 章。

變項（Variable）。一項特性，這項特性可以隨著個案不同而有變化。第 1 章。

變異數（Variance）。分數與平均數差距的平方和加總後除以 N。變異數是離散量數的一個測量，主要用在推論統計以及相關與迴歸分析；s^2 代表樣本的變異數；σ^2 代表母體的變異數。第 4 章。

X。使用於任何自變項的符號。第 11 章。

X_i（"**X-sub-I**"）。分布之中的任何分數。第 3 章。

Y。使用於任何依變項的符號。第 11 章。

Y **截距**（*Y* intercept, *a*）。迴歸線和 *Y* 軸交會之點。第 12 章。

Y'。代表 *Y* 的預測分數之符號。第 12 章。

Z。使用於任何控制變項的符號。第 13 章。

Z **分數**（*Z* score）。*Z* 分數亦即為標準化分數，是分數被標準化成為理論性常態曲線後的一種表達方式。第 5 章。

Z **臨界值**〔*Z*(critical)〕。標註 *Z* 分布臨界域起始值的 *Z* 分數。第 7 章。

Z **檢定統計值**〔*Z*(obtained)〕。五步驟模型中第 4 步驟計算出的統計值，將樣本結果轉換為 *Z* 分數。第 7 章。

零階相關（Zero-order correlation）。雙變項關係的相關係數。第 13 章。

索引

條目後的頁碼係原著頁碼，檢索時請查正文頁邊的數碼。